高等院校旅游管理专业精品课系列教材

餐饮实务与管理

主　编　罗　伟　程丛喜　朱　飞
副主编　徐松华　王晓巍　王　琠　黄　婧

WUHAN UNIVERSITY PRESS
武汉大学出版社

图书在版编目(CIP)数据

餐饮实务与管理/罗伟,程丛喜,朱飞主编.—武汉:武汉大学出版社,2014.7
高等院校旅游管理专业精品课系列教材
ISBN 978-7-307-13249-8

Ⅰ.餐…　Ⅱ.①罗…　②程…　③朱…　Ⅲ.饮食业—商业管理—高等学校—教材　Ⅳ.F719.3

中国版本图书馆 CIP 数据核字(2014)第 085732 号

责任编辑:叶玲利　　责任校对:汪欣怡　　版式设计:韩闻锦

出版发行:**武汉大学出版社**　(430072　武昌　珞珈山)
(电子邮件:cbs22@whu.edu.cn 网址:www.wdp.com.cn)
印刷:湖北省京山德兴印务有限公司
开本:787×1092　1/16　印张:21.25　字数:501 千字　插页:1
版次:2014 年 7 月第 1 版　2014 年 7 月第 1 次印刷
ISBN 978-7-307-13249-8　定价:42.00 元

前　言

“民以食为天”，“食”不仅是人类赖以生存的物质基础，也是旅游活动开展的必备要素之一。随着国家“十二五”社会经济的快速发展，餐饮业也呈现出勃勃的发展生机，成为推动地方经济发展和带动劳动力就业的一支重要力量。与此同时，人们餐饮消费的“追新求异”和“理性化”，也给餐饮经营与管理者带来了前所未有的挑战。

为了培养和向社会输出优秀的餐饮服务与管理人才，我们编写了这本教材。该教材具备以下几个特点：一是注重餐饮服务技能提升和餐饮管理水平的提升相结合；二是注重基本概念阐释和基本方法介绍相结合；三是注重餐饮服务理论知识和餐饮管理实践相结合。本教材密切结合餐饮服务与管理实际工作，既可作为高等院校旅游管理专业、高等旅游职业教育及中等旅游职业教育教学用书，又可作为广大餐饮从业人员、餐饮从业资格证和等级证培训或相关专业的参考用书。

本教材由武汉轻工大学罗伟博士、程丛喜教授和武汉荷田大酒店餐饮部经理朱飞担任主编，并负责全书编写大纲的拟定和统稿工作。各章节编写分工如下：罗伟（第一章、第四章、第八章），程丛喜（第三章、第十章），朱飞（第二章），徐松华（第五章），王晓巍（第六章），王琠（第七章），黄婧（第九章）。武汉轻工大学硕士研究生吴辉辉、刘保丽参与了全书文字的校对工作。

本教材在编写过程中，力求反映餐饮服务与管理的最新理念和方法，参考了许多国内外的文献、书籍和互联网资料，吸收了国内外学者的最新研究成果，在此谨向各位专家、学者表示衷心的感谢。本书的编写和出版得到了武汉轻工大学经济与管理学院、教务处、武汉大学出版社及合作者所在的武汉荷田大酒店、武汉商学院、武汉软件工程职业学院、漯河职业技术学院、武汉香海船务有限公司、武汉海天世纪船务有限公司、武汉丽莎海乘酒店管理服务有限公司等单位领导的大力支持与帮助，在此一并致谢。

由于时间有限，本教材难免有不足和疏漏之处，敬请各位学界同仁和广大读者不吝赐教、批评指正。

编　者

2014 年 5 月

前言

目　录

第一章 餐饮概述

本章简介

本章主要介绍了餐饮服务与管理相关的基础知识，涉及餐饮业、餐饮产品和餐饮服务等基本概念、地位、特点和未来发展趋势等。餐饮管理的基础是建立餐饮企业组织结构，明确组织结构中各岗位的岗位职责和职能，同时每个岗位应该具备与之相适合的素质要求。通过本章学习，可以形成对餐饮服务与管理的初步认识，也为其他章节的学习打下基础。

学习目标

了解餐饮业、餐饮产品和餐饮服务的概念。了解餐饮业未来发展的趋势和餐饮部各岗位职责和职能。

理解餐饮部的地位和工作任务。理解餐饮部组织结构设置的原则。

掌握餐饮业、餐饮产品和餐饮服务的特点。掌握餐饮服务人员应该具备的素质要求。

第一节 基本概念及特点

一、餐饮业

餐饮业是一项非常古老的行业，从古时候的王室膳食到现代经济的重要组成部分，有悠久的发展历史。中国的饮食文化源远流长，各地不同的饮食风格，风格迥异的特色菜点以及由来已久的饮食礼仪等，交织成多姿多彩的饮食文化。随着饮食文化的不断发展，餐饮业也应运而生。

餐饮业是利用餐饮设备、场所和餐饮产品为社会生活服务的生产经营性服务行业。随着社会生产力的高度发展，人们生活水平不断提高，人们在政治、经济、商贸、旅游、科技、文化等方面的交流日益频繁，家务劳动社会化程度日益提高，这些都使得现代餐饮业朝着设备精良、环境舒适、产品风味突出及服务质量优良的方向发展。

餐饮业不同于商业，不同于工业，也不同于纯服务业。在现代社会里它属于第三产业，具有生产加工、饮食品零售和劳动服务的综合属性。因此，餐饮业所具有的基本因素：一是必须有固定场所，能够满足顾客各种差异化的需求，并且经营者能够实现预期的经营目标和利润；二是能为消费者提供特定的餐饮食品和饮品；三是能提供一个让消费者放松的环境或氛围。

（一）餐饮业的特点

1. 客源市场的广泛性

所谓民以食为天，因此从某种程度来说，所有要吃饭的人都是餐饮业的客源。但是，一方面由于餐厅是固定场所，其自身条件有限，并不能满足所有人的需求，因此只能选取一部分作为自己主要的客源市场；另一方面，各种类型的餐饮企业之间具有相互取代性，就餐者也会不断追求新的口味，导致餐饮市场竞争日趋激烈。餐饮管理者必须针对主要客源市场，扩大产品知名度、扩大产品销售，获取经济效益。

2. 对国民经济的依赖性

由于餐饮业属于第三产业，是国民经济的一个重要组成部分，其生存和发展也依附于国民经济的发展。社会生产力提高了，经济发展了，人们才会有更多的可支配收入，外出就餐的消费就会提高，这也为餐饮业的发展开拓了更广泛的客源市场。同时，对于不同客源市场的要求，餐饮业也要向多类型、多层次、多结构、多方位的方向发展，以满足各个社会阶层的需要。

3. 经营方式的灵活性

餐饮业的发展受交通、季节、气候、企业地理位置等多种因素的影响，特别是受旅游业的发展程度及季节波动性的影响。对此，各个餐饮企业必须根据所处的外界客观环境采取灵活多样的经营方式，并且充分利用市场的调节方式，推出相应的营销活动，来达到吸引客源的目的。

4. 产品的特色性

各个地区因环境、信仰以及生活习惯的不同，食品原料的种类及做法也各不相同。对于餐饮企业来说，其关键是要具有自己的特色，在产品选材及风味上有自己的独到性，这也是餐饮企业在竞争中取胜的关键。

5. 生产的及时性与即时性

及时性是指客人点菜后马上生产，即现点、现做、现消费，就餐者从点菜到消费的时间是相当短暂的，也就是说要尽可能缩短客人等待的时间。即时性是指生产的速度快，餐饮产品的生产是通过对食品原料的加工、切配、烹饪来完成的，即现点现做。这就要求菜品的烹饪阶段是即时进行的，一份菜肴的制作往往只需要几分钟或十几分钟，即使是一次宴会也不过是几个小时。上菜的快慢可以反映出一个餐饮企业的经营管理水平。

6. 产品的不可储存性

不可储存性主要体现在菜品及原料的不可储存。餐饮产品一经生产，就必须马上提供给客人，不能储存和转移，菜品的制作过程与顾客的消费过程是同步进行的。

7. 餐饮消费的多功能性

餐饮消费是为了满足人们生存、发展的基本要求，餐饮产品和餐饮消费具有不可替代性。餐饮是一种以消费者个体自身需要满足为目的个体活动，也是一种公共性的、集体性的活动，人们有进行思想的、文化的、情感的以及经济和政治的交流需要，餐饮产业扮演了一种社会交往媒介的角色。因此，消费的多功能性催生了不同市场定位的业态，高档酒楼、小吃店、快餐店、休闲餐厅满足了不同消费者的消费需求。

8. 劳动力密集性

餐饮企业的运营需要大量的厨师、服务人员、管理人员和其他岗位的工作人员。虽然一些现代化、自动化的餐饮生产设备和服务设施被投入到了餐饮生产和服务的工作中，但受餐饮生产复杂性、个别性和特殊性的影响，机器设备尚不能完全取代员工的手工劳动。因此餐饮业尤其是大众化餐饮属于劳动密集型产业，长期以来餐饮业在扩大就业，特别是弱势群体就业方面，一直发挥着重要的作用。

（二）餐饮业的地位与作用

餐饮业是人类赖以生存和发展的基础。作为关系国计民生的重要行业，餐饮业与许多其他产业息息相关，如农产品生产与加工、安全卫生、环境保护、文化、海关、进出口等。

餐饮业作为流通领域与人民群众生活息息相关，关系广大人民群众根本利益的一个基础性、渗透性强的产业，在市场经济条件下，发挥着重大作用。

1. 餐饮是旅游业六大要素的重要组成部分

食、住、行、游、购、娱是旅游业的六大要素。大力发展国际、国内旅游，有助于加强国际、国内经济、文化交流，增进各国和各民族间人民的相互了解和友谊；有助于我国吸收外汇，促进国民经济的发展；也有助于增加就业，满足国内人民日益增长的物质和精神生活的需要。随着我国旅游业的不断发展，大批海内外旅游者前来游览观光、探亲访友、从事科学考察等。与此同时，他们需要品尝异域的饮食风味，领略当地的风土人情。餐饮业为他们提供风味独特、环境优美和服务优良的餐饮产品，不仅可以满足客人的需求，而且其高超的烹饪艺术、独具特色的饮食产品，也是饮食文化的结晶，本身又可以成为旅游资源，广泛吸引海内外旅游者前来旅游。

2. 餐饮业是活跃经济、繁荣市场、促进相关行业发展的重要行业

餐饮业的发展规模、速度和水平，往往直接反映一个国家、一个地区的经济繁荣和市场活跃程度。它是国民收入和人民生活水平迅速提高，消费方式和消费结构发生深刻变化的重要体现。同时，餐饮业的迅速发展，需要国民经济提供基础设施、生产技术设备、物资用品和各种食品原材料，这必然促进轻工业、建筑、装修、交通、食品原材料和副食品生产等相关行业的发展。

3. 餐饮业是创造社会财富、实现国民收入再分配的重要服务行业

餐饮业利用餐饮设备技术，通过食品原材料加工制造产品，本身可以增加产品价值。在为海外旅游者服务的过程中，可以创收外汇，将其他国家的国民收入转化为我国的国民收入。特色餐饮业同时为国内旅游者、当地居民和各种企事业单位服务，处于国民收入再分配环节，可以大量回笼货币，从而对国民经济的发展起到积极的推动作用。

4. 餐饮业是促进社会消费方式和消费结构变化、扩大劳动就业的重要行业

人类的饮食消费主要在家庭、工作单位和社会餐饮服务业中进行。经济越发达，国民收入水平越高，人们的对外交流活动越频繁，家务劳动社会化程度越高，越能促进餐饮业的发展。餐饮业的迅速发展，为人们的社会饮食消费创造了条件，可以减轻人们的家务劳动，促进其消费方式和消费结构的改变。同时，餐饮业的发展，为大批人员提供了就业机会，成为解决我国职工就业和下岗职工再就业的重要出路之一。到目前为止，我国餐饮业的从业人员已达到 2 000 万人左右。今后，随着我国餐饮业的发展，还将为越来越多的人提供就业机会。

5. 餐饮业是我国向国外宾客介绍、宣传我国饮食文化的重要行业

现代社会中，一个国家的餐饮已成为吸引国际旅游者的重要旅游资源。中国的饮食文化和烹饪艺术博大精深、历史悠久、享誉天下，已成为吸引众多外宾来华旅游的因素之一。作为餐饮业重要组成部分的饭店餐饮部门以及社会高级餐厅，担负着弘扬我国饮食文化、挖掘我国旅游资源的重任。

（三）餐饮业的发展趋势

人类进入 21 世纪，人们的饮食步入多元化格局，顺应时代变化，追求时尚美食，已成为当代人的饮食趋向和特征。餐饮发展趋势隐藏着巨大的潜力，可以产生巨大的效益，可以帮助企业走出困境，寻求新的对策，带来竞争优势。

1. 餐饮业将持续快速发展

餐饮业每年以高于 10% 的速度发展，既归因于政策因素，也归因于市场因素，但市场因素是根本性的。从政策角度来说，政府制定了专门的政策和规划，促进第三产业、服务业和餐饮业的发展。从市场角度来说，餐饮业是足够放开的，是市场化程度最高的行业之一，餐饮业的发展步伐与我国市场化的进程是一致的。随着人民生活水平的提高，家庭厨房社会化和外出就餐经常化的消费观念的转变，中国餐饮市场继续看好是毋庸置疑的。大众化餐饮市场中家庭私人的消费比重已占到 80%。节假日市场和旅游市场对餐饮业的拉动作用将更加明显。节假日市场不断扩大，节假日市场的经营额较平日普遍增长 20% 以上。

2. 中外餐饮业相互学习

中西方餐饮业都有着悠久的发展历史，受到本国和本地区群众的喜爱，也能被一部分异国和异地区人群接受。他们都有各自的固有优势。西方餐饮业在资金管理和制度上占有优势，中国餐饮业在市场和文化上占有优势，两者完全应该互相虚心学习，相互促进。

改革开放以来，中国餐饮业虚心、努力地向西方餐饮业学习，首先是学习他们经营管理的成功经验。如学习麦当劳和肯德基的成功经验：稳定的质量和规模（严格的流程，量化的操作，快速、新鲜、洁净、营养的食品，一贯的质量和口味，统一的价格）；规范

的服务（有限的品种，良好的态度，规范的服务行为）；先进的营销方式（特许经营，明确的企业理念，统一的企业外观设计、亲和的产品形象、令人愉快的用餐环境）等。通过学习，中国的餐饮业收获颇丰，已经有了很大的改观。

在中国落户的西方餐饮业也在向中国五千年的饮食传统学习。他们发现中国的消费者更喜欢新鲜的菜肴，如鱼必须是现杀的，而不太喜欢从冰箱里取出来的材料，对绿色蔬菜特别关注；中国消费者喜欢有家庭氛围的热闹宴请，讲究烹饪技艺，追求文化氛围和体现社会地位的排场。对于菜品的喜好，中国人也有别于西方人。因此西方餐饮业也采取了菜单本地化的措施，如汉堡王新增了鸡肉菜品，在一些菜品中添加了辣椒。肯德基在迎合中国人口味上做得最多，如供应南瓜粥、老北京鸡肉卷以及早餐菜谱上的油条。坦白地说，西方餐饮业的学习热情和成效远不如他们的中国同行，但有朝一日西方餐饮业会放下架子的。

3. 连锁经营将健康发展

餐饮连锁经营的是企业提高效率、降低成本的经营方式，能够帮助企业突破发展中的管理瓶颈。连锁经营具有成本优势、价格优势、品牌优势，有着极强的竞争能力。麦当劳、肯德基的成功经验，使国内餐饮业看到了连锁经营的种种好处，纷纷将连锁作为主攻方向。经过几十年的发展，已成为餐饮业普遍应用的经营方式和组织形式，显示出强大的生命力和发展潜力。以快餐连锁为代表的规模化经营和现代科学化管理，使大众餐饮逐步向标准化操作、工厂化生产的目标迈进。近年来我国已经涌现了一大批多业态的餐馆、快餐连锁企业。在国家统计局和中国饭店协会公布的中国餐饮“百强”企业中，实行连锁经营的企业有 79 家，营业额占百强的 85. 6%。连锁经营对餐饮业发展起着决定作用。国家经贸委已将特色餐饮连锁经营、快餐送餐连锁经营、配送中心和中心厨房建设等，列入国债贴息项目给予重点支持。国家工商总局、财政部、国家税务总局也已经制定了相应的政策，使一些有实力、管理好的优秀企业连锁企业成长起来，引导餐饮连锁经营的健康发展，共同把餐饮市场做好做大，促进餐饮业的繁荣。

4. 食品物流和统一配送发挥作用

食品物流配送也是西方餐饮业的强项，欧美一些先进企业（如麦当劳、肯德基）进军我国以后，逐渐把专业食品物流服务的观念和技术引入中国。麦当劳、肯德基在中国所有的门店都能保证供应菜单上有的品种，品质新鲜统一，靠的就是顺畅的食品物流。食品物流是以食品、食品相关服务及相关信息为对象的物流，是为满足消费者需求的食品供应链的组成部分，是食品从田头到餐桌的系统管理和综合应用。食品物流的过程由采购、加工、包装、质检、连锁配送等环节组成。食品物流发挥着流通环节的桥梁作用，把食品生产、加工企业和专卖店、餐饮企业联系整合在一起。我国专业的食品物流企业，努力学习国外先进经验，实现“食品物流，物有所值，共享资源，统一配送”目标。

5. 更加注重餐饮食品安全

餐饮企业服务质量的核心是餐饮食品的安全质量。近年来食品安全问题，其中包括餐饮食品安全问题层出不穷，受到政府和人民的高度重视。例如，“苏丹红事件”等。

为保证餐饮食品安全，我国餐饮业开始引进国际通行的 HACCP 食品安全卫生体系标准，建立餐饮加工安全保证体系，对操作工人个人卫生、原料、成品、餐具等进行严格的卫生检查，对餐食的制作时间、温度、储存期限等作出严格规定，确保了餐食原料和成品的安全。目前，我国航空配餐生产企业走在全国餐饮业的前列，建立了航空热餐和冷餐生产加工的安全保证体系，确保了航空餐饮食品的安全质量。

6. 更加注重餐饮食品营养

消费者们已经意识到，吃健康比吃美味更重要。为了保障消费者的健康，减少青少年肥胖问题，各国政府和行业协会已经采取宣传和法规措施，引导消费者拒绝“垃圾食品”，促使提供“垃圾食品”的快餐连锁店关注营养问题。例如，美国医学会宣布，要求全美的餐厅在食品菜单上附上食品的营养含量，标明食品的热量、脂肪、饱和脂肪、反式脂肪以及盐的含量。纽约卫生委员会也作出新规定，纽约市的快餐连锁店必须在菜单的显著位置上标出所有食物的热量值。在我国，许多餐饮企业以营养保健作为品牌诉求，推出“三低、两高、多素”（即低脂肪、低盐、低热量、无胆固醇，高蛋白、高纤维，多维生素、微量元素）的菜品及食疗的菜品，取得较好的社会效益和经济效益。

7. 绿色餐饮引领未来发展趋势

绿色消费已成为新的时尚。绿色消费旨在通过政府、企业、社会各界的努力，通过文明健康的消费方式，促进建立绿色生产模式（资源节约、环境友好、清洁生产等），达到经济主体的经营活动在经济效益、环境效益和社会效益的协调，从而减少在生产消费过程中对环境造成压力。绿色餐饮的概念：警醒人们增强环境保护意识，控制、减少各种方式造成的污染和对环境的破坏，共同净化我们赖以生存的生活空间；提示人们注意节约日益稀少的各种资源，让有限的资源为人类创造尽可能多的产品和财富；告诫人们要用科学合理的加工方法，保护原料自身的营养，杜绝对人体的伤害。

目前我国餐饮企业在蓬勃发展的背后存在着许多违背绿色餐饮理念的问题，如不少企业严重浪费原材料，污水废气严重污染环境，环保卫生不符合标准，食品不安全、令人不放心，原料的残留物超标，超量使用化学物品，屠宰动物时没有遵守动物保护的规定等。因此，餐饮业应提高整体素质，净化整个行业的市场环境，使餐饮符合人们绿色消费的需求。餐饮业可以做到：树立餐饮企业的职业道德标准，推行绿色价值链管理；餐饮企业在采购原材料时选择有企业社会责任感的供应商，选择执行绿色生产的供应商；餐饮企业自身应提高资源利用率、减少单位能源耗费、注意产品安全、减少包装材料、重复使用包装、使用再生材料包装和可降解包装等。于是，餐饮企业开始将绿色作为自己的卖点，尽可能为消费者提供简朴自然的餐饮服务。

二、餐饮产品

餐饮产品是餐饮实物（菜肴、点心、酒水）、餐饮服务（烹调技术、对客服务）和餐饮环境的有机结合。餐饮产品具有以下特点：

1. 产品的无形性

餐饮是复合型的产品，它包括有形产品和无形产品两大类，有形产品主要指餐饮产品经营的硬环境，如设计风格、装修、场地设置、设施、设备、菜肴、出品等直观产品；无形产品主要指服务水平、氛围、文化等客人能感觉到，却摸不着的东西。无形产品的销售活动对餐饮产品的整个销售过程起着至关重要的作用，因此，这是餐饮经营面临的第一个挑战。

2. 产品的不可储存性

餐饮产品不像其他行业的产品可以储存，具有一定阶段的储存性。餐饮生产属于个别定制生产，产品规格多，批量小，只有在客人进入餐厅、根据菜单点菜后，才能进行组织菜肴、出品等产品生产、销售和服务活动。这与工业产品大批量、统一规格的生产不同。餐饮产品的生产是以手工制作为主，它既是厨师的技术性操作过程，同时又是烹饪艺术的构思创作过程，这给餐饮产品标准的统一和质量管理带来了难度。

3. 产品生产过程时间短

餐饮产品的生产、销售和服务几乎是同时进行的，客人从点菜到消费的过程相当短暂，能否在较短的时间内生产出令客人满意的优质产品，这对厨房的管理水平和厨师的技术水平都提出了较高的要求。

4. 生产量难以预测

客人的餐饮消费具有较大的随机性，客人何时来，人数多少，消费什么餐饮产品，都是变量。由于餐饮需求变动因素较多，餐饮生产量很难确定，因此，餐饮生产具有不确定性的特点，所以这就要求经营管理者严把餐饮产品质量关，并服务好每一位客人，让客人的每一次消费都达到最大限度的满意，以此来提高客人对餐饮品牌的忠诚度。

5. 产品及原料的管理难度大

餐饮产品具有一次性消费的特点，相当一部分餐饮产品是用鲜活的餐饮原料烹制而成的，其具有很强的时间性和季节性，若处理不当极易变质，从而失去食用价值。因此其对原料管理及成本的控制有着较高的要求。

6. 产品生产过程环节多，管理难度较大

餐饮产品的生产从原材料的采购、验收、储存、加工、烹制、服务、销售到结收账款，整个过程的业务环节较多，任一环节出现差错都会影响餐饮产品的质量及企业的经济效益，因此，餐饮产品生产过程的管理难度较大。

7. 生产成本的多变性

餐饮生产从原料的加工、切配到烹制、装盘、销售，经历了多个环节，每个生产环节的管理和控制都会对生产成本造成影响。因此，在生产过程中必须建立一整套完整的操作规程和生产标准，减少成本浪费，确保应有的经营利润。此外，原材料季节性变化较大，市场价格波动也会造成生产成本的变化，从而影响到餐饮生产成本的控制。

8. 产品与服务的一致性

餐饮生产者、服务人员的素质、知识、技巧和层次的各不相同，决定了他们所提供产品质量、服务水平是不一样的。如菜肴的制作，如何保证色、香、味、形的稳定性，如何保证良好的出品能高效服务客人，这都对从业者提出了较高的要求。

三、餐饮服务

餐饮服务可以分为直接对客服务和间接对客服务。直接对客服务是指各餐厅、酒吧等营业点面对面地为客人提供一线服务；间接对客服务是指如仓库、厨房等部门为一线所提供的后台服务。后台服务是前台服务的基础，前台服务是后台服务的目的。餐饮服务具有如下特点：

1. 直接性

餐饮服务的直接性是指餐饮产品的生产、销售、消费是同步进行的，即生产的过程就是消费的过程。没有客人光临，员工就失去了服务对象；没有客人点菜，厨师就无法烹饪。

2. 一次性

餐饮服务的一次性是指餐饮服务只能当次享用，无法储存。餐饮服务的一次性给我们提出了两个要求：一是尽可能提高餐饮接待量。例如飞机的座位、饭店的客房，如果今天没有销售出去，与明天的销售量是没有关系的，因为服务无法储存。二是要求服务一次成功。劣质产品可以调换（如一台计算机），而劣质服务则很难挽回，所以要接待好每一位客人，才能招来回头客，形成客源。

3. 无形性

餐饮服务的无形性是指与其他有形产品相比，餐饮服务在销售前是无法展现的，在服务中是无法量化的，在服务后是无法收藏的。客人只有在购买并享用了餐饮产品后，才能判断服务质量是否达到了令人满意的程度。

4. 差异性

餐饮服务的差异性表现在两个方面：

一是员工的差异性。不同的员工，由于年龄、性别、性格、教育、培训、工作经历的不同，对服务的理解是不一样的，对客服务效果当然也是有差异的；另外，即使是同一名员工，在不同的场合、不同的时节、不同的情绪下，其服务态度和方式也会发生相应的变化，表现出差异性。这就要求制作服务标准和操作规程，尽可能使服务工作规范化，做到有章可循。

二是宾客需求的差异性。不同的客人，同样由于年龄、性别、性格、教育、区域的不同，即使面对同样的服务，其满意程度也是不一样的。所以，餐饮服务应在规范化和标准化的基础上，根据不同宾客的需求提供有针对性和个性化的服务。

第二节　餐饮部的地位和工作任务

一、餐饮部在酒店中的地位

餐饮部是现代饭店中的一个重要部门。它不仅要满足客人对餐饮服务产品的需求，为饭店在社会上树立良好的企业形象提供一个窗口，还要为饭店创造较好的经济效益。

餐饮部在饭店中的地位，同社会的进步和饭店业发展的日新月异密切相关。受社会经济发展和人们生活水平的限制，在饭店业发展初期，餐饮业往往只能提供一些简单、经济的饭菜，在饭店中处于从属地位，主要解决住店者对饮食的基本需求。20 世纪初以来，随着社会生产力的迅速发展，国际、国内各种交往的日益频繁，饭店业因城市的变化而得以迅猛发展。另外，伴随着世界经济的迅速增长，社会生活节奏加快，妇女就业增多，越来越多的人去饭店、餐馆用餐，给餐饮业的繁荣和发展提供了条件。餐饮业内部的竞争也日趋激烈，经营管理者竞相利用特色来吸引就餐者。所有这些因素促进了餐饮业的发展，使餐饮部在饭店中的地位得以提高。

1. 餐饮部生产满足人们基本生活需要的产品

古人云："食、色，性也。"民以食为天，饮食是维持生命的基本条件。西方著名心理学家马斯洛将饮食列为人类五个需求层次中最基本的需求。饭店作为旅游者离家以后的"家"，其餐饮场所是他们主要的膳食消费地点。现代饭店的餐饮部不仅拥有众多的餐厅、宴会厅，还有酒吧、音乐茶座、KTV 包房、房内用餐服务等餐饮设施与服务项目，这些都为饭店所在地的各行各业、各种阶层、各种消费层次的人们提供了良好的餐饮消费环境。因此，拥有一个完善的、与饭店经营定位和客人消费相适应的餐饮部，是搞好饭店经营的基本要求。

2. 餐饮收入是饭店收入的重要组成部分

餐饮部是饭店获得经济收益的重要部门之一。餐饮部的收入在饭店总收入中所占的比重因地、因饭店状况而异，受到饭店本身主、客观条件的影响，如饭店的经营思想、饭店的位置、内部的设计、档次等。就目前国内星级饭店而言，餐饮部的营业收入占整个饭店营业收入的 38% ~40%。少数地区的饭店，餐饮收入已大大超过饭店的客房收入，占整个饭店营业收入的 1/2 以上。这一势头仍有继续发展的趋势，这同西方发达国家饭店餐饮收入所占比重及地位是相吻合的。因为饭店客房数量是基本固定不变的，但餐饮部可通过提高工作效率、提高服务质量、提高菜肴质量等措施，使餐座的转率和人均消费水平得以提高，最终使餐饮部的营业收入达到最大值。

即使从部门盈利来讲，虽然餐饮部的成本开支大，其盈利仍可占到饭店利润总额的 10% ~20%，对于一家年利润上千万的饭店来讲，这个比例就相当可观了。

3. 餐饮部管理、服务水平直接影响饭店声誉

美国饭店业的先驱斯塔特勒先生曾经说过："饭店从根本上说，只销售一样东西，那就是服务。"提供劣质服务的饭店是失败的饭店，而提供优质服务的饭店则是成功的饭店。饭店的目标应是向宾客提供最佳服务。

餐饮服务水平的高低仅仅是种表象，是宾客能够直接感受和体会到的，而决定服务水平高低的因素则是餐饮管理水平的高低，服务水平的高低是管理水平的最终表现。餐饮的有形产品不仅可以满足宾客最基本的生理需求，还可以从色、香、味、形、器等方面使宾客得到感官上的感受。当宾客在典雅舒适的就餐环境中受到热情款待和周到服务时，他们可在精神上得到享受和满足。

饭店餐厅的服务人员与宾客直接接触，其一举一动、只言片语，均会在宾客心目中留下深刻印象。宾客可以根据餐饮部为他们提供的食品、饮料的种类、质量和分量，服务态度及方式来判断一个饭店服务质量的优劣和管理水平的高低。所以，餐饮管理和服务水平的高低直接关系到饭店的声誉和形象。

4. 餐饮部的经营活动是饭店营销活动的重要组成部分

在日趋激烈的饭店市场竞争中，餐饮部占有极其重要的地位，一直充当饭店营销的先锋。相对于饭店的其他营业部门来说，餐饮部在竞争中更具灵活性、多变性和可塑性。现

代饭店如果是同星级的，其客房设施标准相对比较接近，而餐饮和其他服务设施常被客人作为挑选饭店的重要因素。餐饮经营还可以为本地消费者提供良好的就餐场所。上海锦江集团所属的饭店大部分是1949年前建造的，虽经过设备、设施等的更新改造，但在硬件方面与同星级的新建饭店仍然存在一定差距。但锦江人扬长避短，发挥自己经营历史悠久、特色鲜明的优势，使每家所属饭店的餐饮独树一帜，如锦江饭店的川菜、粤菜，和平饭店的淮扬菜，国际饭店的京鲁菜，金门大酒店的闽菜等，都在餐饮业中独执牛耳，成为同行瞩目的领头羊。餐饮业经营的红红火火，又反过来促进了饭店其他部门的生意。

除此之外，饭店餐饮部还可以根据自身的优势和环境的状况，举办各种食品节等餐饮推广、义卖活动，树立饭店的市场形象，增加饭店的餐饮收入。

5. 餐饮部是饭店用工最多的部门

饭店业属于劳动密集型行业，而餐饮部通常又是饭店中使用员工数量最多的部门。餐饮部的工作岗位多，目前这些岗位对员工的文化要求不高，因而很受社会上普通劳动力的欢迎。

二、餐饮部的工作任务

1. 提供能够满足客人需要的优质菜点和饮料

中国的饮食魅力无穷，饮食已作为消费者美的追求和享受。餐厅所提供的餐饮食物不仅可以满足宾客最基本的生理需求，还可以在其色、香、味、形、温度、质、器及营养方面使宾客得到多角度的享受。餐厅服务员可以通过日常服务及时掌握各种不同宾客的饮食需求，有针对性地进行有效服务；还可以通过征求意见、获取信息、积累经验，建立科学的客史档案，准确记录客人的特殊需求，不断推出受消费者欢迎的优质菜点和饮料。餐厅的餐饮产品最终是通过餐厅服务员的介绍、推销提供给消费者，从而达到销售目的的。

2. 提供恰到好处的优良服务，满足客人的就餐需要

餐厅是酒店餐饮产品的销售场所，又是提供优质服务的直接领域。优质的餐厅服务包含了一流的服务态度、服务技艺、服务水平及服务方式。餐厅服务人员主动、热情、耐心、周到的服务必将吸引更多的宾客，餐厅服务人员的一举一动、只言片语都将引起宾客的高度重视。训练有素的餐厅服务员都能正确认识宾客的每一心理需求，设计并保证实施有效的服务程序，倡导和养成亲切的服务态度，精心筹划自己独特的服务项目，创造和发掘风格迥异的服务方式，尽可能地扩大餐厅服务的范围，做到有针对性的服务在客人开口之前、服务在宾客需要的时候。

3. 扩大营业收入，促进企业经营活动的开展

增加餐厅营业收入，为饭店创造更多的经济效益，这是餐厅的主要经营目标之一，也是一项重要的任务。酒店能否取得较好的经济效益，优质的服务工作有着举足轻重的作用，它关系到企业在市场竞争环境下能否生存与发展，关系到企业的发展速度和规模，关系到员工的利益分配。就目前国内而言，餐饮部的营业收入约占饭店营业收入的1/3，发达地区的某些饭店餐饮收入已超过了客房收入，占整个饭店营业收入的1/2左右，这一势头仍有发展的趋势。餐厅服务具有灵活多变、复杂多样、工艺性强等特点，其经营活动具有波动性和伸缩性，如果经营得当，将会大大地提高经济效益。

4. 树立酒店高品质的服务形象

餐厅服务是酒店服务的一个重要环节，餐厅服务员代表着企业直接为宾客服务。因此，优质的服务将得到宾客的信任，并通过宾客对酒店的宣传，扩大酒店的社会影响，树立酒店高品质的服务形象，提高酒店的知名度。

其一是树立窗口形象。餐厅是企业的窗口，餐厅服务人员是企业的主人。餐厅服务员与宾客接触面广、量大，面对面的服务时间长，从而对客人的影响也大。若在餐厅服务中，服务人员能尊老爱幼，对宾客有礼有节，帮助困难宾客，就会使宾客在餐厅中感受到温馨和宾至如归的氛围，领略到企业良好的道德风尚和精神文明风貌。餐厅通过优质服务能树立文明窗口形象及酒店高品质的服务形象。

其二是树立整体形象。餐厅服务与酒店的客房服务、前厅服务、商场服务及其他与宾客直接接触的第一线服务是密切相连、融为一体的。宾客在饮食方面的满意程度，对餐厅服务质量的评价，都将影响和涉及酒店的整体形象。餐厅服务又是衔接企业各个工作环节的枢纽，餐厅是企业经营活动的一面镜子，同时也是架设在酒店各部门之间的一座桥梁。若宾客对酒店某一部门、某一环节略有不满，而在餐厅得到热情友好的接待，就会缓和一些矛盾，消除宾客的不满情绪，维护酒店的整体形象，从而展示酒店高品质的服务形象。

5. 弘扬中华民族灿烂的烹饪文化艺术

中国被誉为“烹饪王国”，中国的历史与饮食有密切关系，被誉为饮食文化之邦。中国饮食文化既博大精深，又具自己的民族特色及生活风貌。“吃在中国”有口皆碑，饮食作为美的追求和享受，已是宾客心理上关注的重要内容之一。餐厅服务员要抓住机遇，广泛宣传中华民族灿烂的烹饪文化艺术，这也是一项义不容辞的任务。

第三节　餐饮部的组织机构和岗位职责

一、餐饮部组织机构建立的原则

餐饮部组织机构设计除了要遵循科学合理、高效精简、统一指挥等组织机构设计的基本原则外，根据自身的经营特点，还应遵循以下原则：

（一）以部门规模为根据

饭店餐饮部的规模大小主要取决于饭店客房的总体数量和酒店的星级。大型饭店客房数量多，一般设立多个不同风格的餐厅、面积不等的宴会厅，所以餐饮部的规模较大，人员众多，管理层级也会随之增加。反之，小型饭店由于客房数量少，餐饮部的规模也小。而经济型饭店往往不设立餐饮部。

（二）灵活多变

规模较大的饭店，餐饮部的各个餐厅可以根据自身的特点灵活地设立组织机构。如宴会部在人员配置上可以采用零时雇用人员的方法；中型饭店可以不单独设立客房送餐组，而改由餐厅传菜员兼任。

餐饮部还要根据客人需求、市场变化、酒店管理要求等，不断调整组织机构设置。如餐厅专业点菜员的出现，就是为了满足客人的需求，提升餐饮销售业绩。

(三) 建立自主管理模式

为了在组织机构设计上建立更广泛的沟通机制，餐饮部在横向型的组织机构上建立自主管理型团队。从而使团队中每个员工与团队目标、绩效紧密相连，团队的整体能力可以有效提升。

二、餐饮部组织结构图

餐饮部组织结构图首先要直观地反映出一个组织的职能设置；其次，要便于管理者进行管理；再次要便于管理者进行管理与指挥；最后要便于不断对组织设计进行改革。

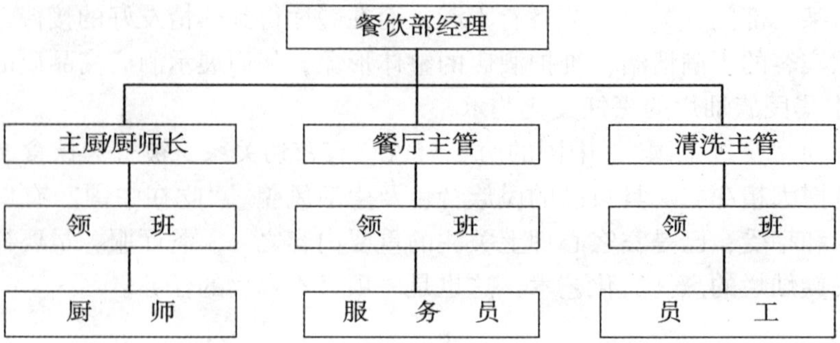

图 1-1　小型饭店餐饮部的组织结构图

三、餐饮部的主要岗位及职责

岗位职责又可称为工作描述，是一个组织正常运转的前提，准确而分工合理、协作有序的岗位职责划分，为餐饮部各组织机构协调一致地为客人提供专业化服务、针对性服务、一站式服务提供了有效的保障。岗位责任的确定，有利于员工明确工作职能，并且按照相应规范进行操作，确保任务的完成。

(一) 餐饮总监

1. 岗位性质

(1) 直属领导：饭店副总经理或总经理。

(2) 管辖：餐饮部所有员工。

(3) 联系：饭店内其他部门经理。

2. 主要职责

(1) 负责餐饮部整体的正常运转，进行计划、组织、监督及控制等工作，通过最大限度地满足客人的需求，达到餐饮经营的社会效益和经济效益目标。

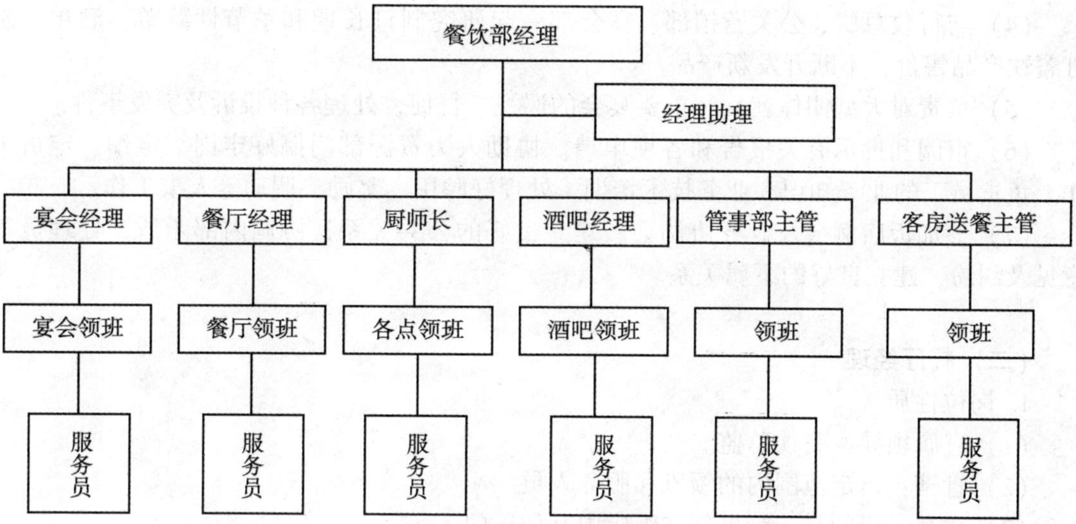

图 1-2 中型饭店餐饮部的组织结构图

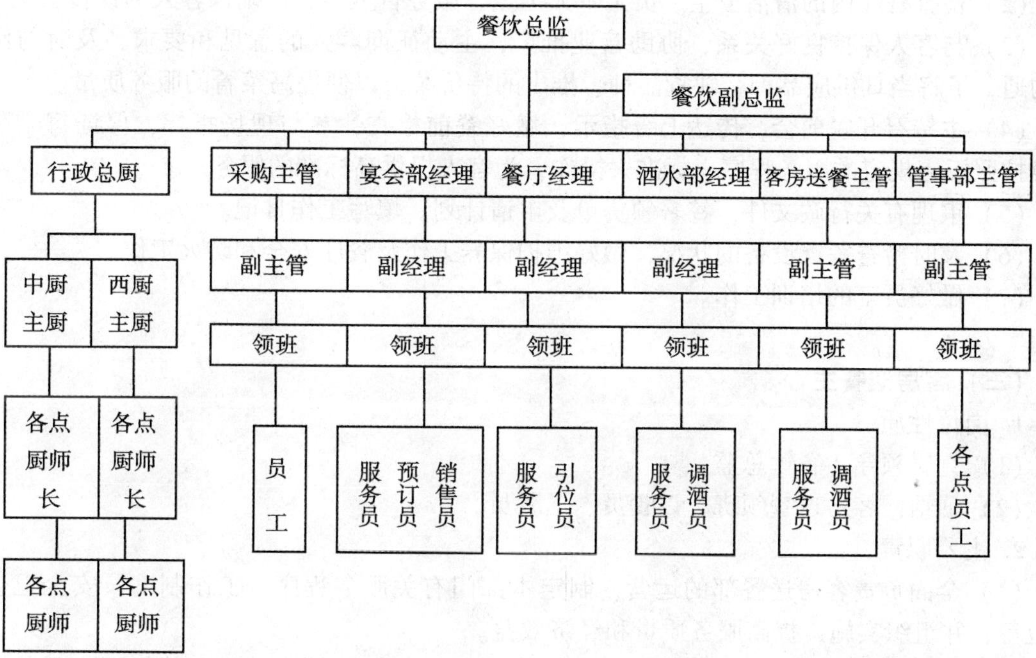

图 1-3 大型饭店餐饮部的组织结构图

（2）编制餐饮部预算，控制成本和营业费用，达到预期的指标，策划推广宣传活动，审阅营业报表，进行营业分析，做出经营决策。

（3）制定各类人员操作程序和服务规范，建立和健全考勤、奖惩和分配等制度，并切实实施。

（4）与行政总厨、公关营销部、宴会部一起研究制订长期和季节性菜单、酒单；制订餐饮产品售价，不断开发新产品。

（5）负责对大型团体就餐和重要宴会的巡视、督促，处理各种投诉及突发事件。

（6）审阅和批示有关报告和各项申请。协助人力资源部门搞好定岗、定编、定员工作。负责员工的业务知识和业务技术培训。处理好聘用、奖励、调动等人事工作。

（7）参加饭店例会及业务协调会。建立良好的公共关系，协调内部矛盾，处理员工意见及纠纷，建立良好的下属关系。

（二）餐厅经理

1. 岗位性质

（1）直属领导：餐饮总监。

（2）管辖：指定范围内的领班和服务人员。

（3）联系：厨师长、管事部和饭店内其他部门。

2. 主要职责

（1）负责餐厅的日常运作。

（2）检查餐厅内的清洁卫生、员工个人卫生、服务台卫生，以确保客人的饮食安全。

（3）与客人保持良好关系，协助营业推广，主动征询客人的意见和要求，及时与厨房沟通，了解当日供应品种、缺货品种、推出的特价菜，以便提高菜肴的服务质量。

（4）主持召开餐前会，传达上级指示，做好餐前检查，参与现场指挥，保证每个服务员按照饭店规定的服务程序、标准去操作，为客人提供高标准的服务。

（5）审理有关行政文件，签署领货单及申请计划。填写工作日记。

（6）及时检查餐饮设备的状况，做好维护保养工作及餐厅安全和防火工作。

（7）做好员工的培训工作。

（三）客房送餐主管

1. 岗位性质

（1）直属领导：餐饮总监。

（2）管辖：客房送餐领班、订餐员、送餐员。

2. 主要职责

（1）全面负责客房送餐部的运营，制定本部门有关服务程序、工作制度及安全卫生规范等，并组织实施，提高服务质量和经济效益。

（2）参加餐饮部例会，传达饭店有关指令，负责部门内外协调沟通，保证各环节正常运作。

（3）负责部门内各项业务培训，提高部门员工的业务水平和服务质量。

（4）控制营业成本及各项费用。

（四）宴会部经理

1. 岗位性质

（1）直属领导：餐饮总监。

（2）管辖：宴会厅经理、宴会策划师。

（3）联系：宴会厨房、管事部、酒吧。

2. 主要职责

（1）制订宴会部的市场营销计划和经营预算，建立并完善宴会部的工作程序和标准，制定宴会部各项规章制度并组织实施。

（2）参加饭店管理人员会议和餐饮部例会，主持宴会部例会，完成上传下达的任务。

（3）控制宴会部的市场销售、服务质量、成本费用，建立并完善宴会部客户档案，保证宴会部各环节正常运转。

（4）与餐饮部经理和行政总厨沟通协调，共同议定宴会的菜单和价格，不断收集宾客信息，进行菜肴的创新。

（5）与其他部门沟通、协调、密切配合，保证宴会部的工作质量和经济效益。计划、组织、督导和实施宴会部的培训工作，提高员工素质。定期对下属进行绩效评估，按奖惩制度实施奖惩。

（6）完成餐饮部经理分派的其他工作。

（五）酒水部经理

1. 岗位性质

（1）直属领导：餐饮总监。

（2）管辖：各酒吧领班。

2. 主要职责

（1）制定酒水部的安全、卫生、酒水服务及成本控制等各项规章制度，并组织实施。

（2）参加餐饮部例会，了解饭店餐饮营业部门的运营状况，召开本部门例会，安排员工班次，布置任务，督导酒水部日常工作。

（3）随时掌握整个饭店的酒水库存情况，严格控制整个酒水部的成本。与采购部密切联系，及时为有特殊要求的客人提供满意的服务。

（4）建议并组织与酒商搞酒水促销活动。设计佐餐酒酒单和饮料酒。制定各种鸡尾酒的配方及调制方法。

（5）与餐厅经理密切配合，处理客人对饮品的投诉，并主动了解客人的意见和建议。

（6）督导实施培训，确保本部门员工的素质和工作态度达到岗位要求。进行绩效评估，按奖惩制度实施奖惩。

（7）负责本部门所用硬件设施及工具的维护和更新。

（六）管事部主管

1. 岗位性质

（1）直属领导：餐饮总监。

（2）管辖：管事部领班、洗碗工、杂役、保管员。

2. 主要职责

（1）直接向餐饮部经理汇报工作，全权负责整个管事部的运转，包括制订和实施工作计划，培训管事部的员工，合理控制餐具损耗。

（2）确保管辖范围内的清洁卫生，餐具及服务用品卫生要达到国家卫生消毒标准，负责宴会厅二级库的各种餐具物品的保管。

（3）负责每日、每月、每季及每年的盘点工作，统计和记录各餐厅及厨房的餐具使用情况，控制各点的留存量。

（4）督导属下每日按正确的工作程序完成本职工作，进行绩效评估并实施奖惩。

（七）行政总厨

1. 岗位性质

（1）直属领导：餐饮总监。

（2）管辖：各点厨师长。

（3）联系：各餐厅经理、管事部、宴会部经理。

2. 主要职责

（1）负责厨房正常运转工作，建立标准菜谱，制订菜单，适时推出时令菜、特选菜。

（2）负责菜肴的质量管理及成本控制。亲自为重要客人主厨。

（3）根据客人情况及库存状况提出食品原料的采购计划，验收食品原料，把好原料质量关。

（4）出席部门例会，协调厨房与餐厅的关系。处理客人对菜肴的投诉。

（5）负责对各点厨师长的考评和厨师的技术培训工作。合理调配员工。

四、餐饮部各部门的职能

（一）餐厅部

餐厅是以服务形式销售食品、饮料的场所，是客人用餐的地方。它以清洁、高雅、考究的环境作为就餐场所，提供优质食品、饮料和上等服务而获取利润。

我国旅游饭店的餐厅根据供餐方式，可分为八种。

1. 零点餐厅

零点餐厅即点菜餐厅，是指按可客人的口味随意点菜、按数结账、自行付款的餐厅。它早、中、晚都供应中西菜点，是饭店中最主要的餐厅。

由于在零点餐厅用餐的客人多而杂，各种需求不一，因而零点餐厅的供应品种比较广泛，加之客人用餐时间交错，工作量大，因此在服务上要把握好接待、点菜、上菜、结算几个环节，做到迅速、快捷而不紊乱。

2. 团队餐厅

我国有些旅游饭店还大量接待来华旅游的包价旅游团队和国内外的会议团队。这两类客人大都由旅行社或会议主办单位包餐，并规定用餐标准。因此，我国的旅游饭店普遍设置专门的团队餐厅。它主要供应中式包餐，也安排西式菜点。这样，既能为会议和旅行团客人提供一个舒适、安静的专门餐厅用膳，使客人满意，又能使餐厅各项服务更加方便。

3. 风味餐厅

风味餐厅是旅游饭店根据自己的特长，向客人提供有代表性的地方风味菜点的餐厅，具有独特的风格。如杭州花港饭店的杭州风味厅专供杭帮风味，广州中国大酒店的“食街”为客人提供潮州、上海、四川、扬州等地的风味菜点。此外，风味餐厅还在餐厅的布置陈设等方面各具特色。如成都的西藏饭店的红宫歌舞餐厅，取西藏拉萨布达拉宫的红宫之名，厅内布置仿藏风格，服务人员着藏服、跳藏舞、唱藏歌，并献上藏民表示吉祥的哈达。创造一种具有浓郁民族风味的就餐环境，会给客人留下了深刻的印象。

4. 自助餐厅

自助餐厅是一种快餐餐厅。它主要供应早、中两餐，以西式菜点为主，也供应中菜、中点。其特点是菜食事先准备好，供应迅速、快捷，客人花费较少又能在短时间内吃到品种多且风味不同的菜点。

5. 咖啡厅

咖啡厅是小型的西餐厅。它除了供应咖啡外，还提供比较简单而又大众化的西式菜点及酒水。其服务迅速，方便客人，服务时间较长，而且咖啡厅的价格较西餐厅来说相对便宜。

6. 酒吧

酒吧是客人喜爱的场所，是专供客人享用酒类、饮料、休息和娱乐的不可缺少的地方，也是饭店增加服务项目和收入且利润较高的一个部门。酒吧主要供应中、西式酒类饮品，包括各式鸡尾酒，也供应非酒精饮料如汽水、果子汁等，同时还供应一些小吃以供客人饮酒。现代饭店视其规模大小，可设有数个不同性质的酒吧，以适应不同需要的客人使用，如花园酒吧、屋顶酒吧、高空酒吧、迪斯科酒吧、录像酒吧、卡拉 OK 酒吧，融酒吧与娱乐为一体。

7. 客房送餐

饭店一般设有为客人提供客房送餐的服务，以方便客人的生活。大饭店的客房送餐服务由餐饮部送餐组担任。中小型饭店一般由客房服务员兼任。

8. 外卖部

外卖部主要向本地居民、住店客人或观光客人提供餐饮部的特色烧烤、风味菜肴、点心面包及加工包装的新鲜水果或蔬菜等食品。也应一些使馆、公司、商社、体育团队等单位的要求，在店外提供食品、饮料和服务。外卖部的菜点体现了本饭店的特色，是饭店餐饮部的窗口。

（二）宴会部

饭店餐饮部通常设有宽敞的宴会厅，可为客人提供理想的设宴场所，宴会厅备有现代化的灯光、音响、视听甚至多种语言的同步翻译等设备。宴会厅接受客人的委托，组织各种类型的宴会、酒会、招待会、茶话会等活动，并根据客人的要求制订菜单、布置厅堂、备餐铺台，为客人提供完整的宴会服务。

现代旅游饭店一般都设有一个多功能厅，可用于举行各种宴会、酒会、自助餐、团队餐、会议、舞会等，又可作为展览中心，电影放映厅、剧场等，还具有可分割成大小厅的功能。既节约场地，又可扩大营业范围，增加餐饮部的收入。

（三）厨房部

厨房部是饭店唯一的生产有形产品的部门，负责整个饭店所有的中、西式菜点的准备与烹制，此外，它还要负责厨师的培训、菜点的创新、食品原料采购计划的制订及餐饮成本控制等工作。

（四）采保部

采保部是餐饮部的物资供应部门。它主要分采购和储藏两部分。前者根据实际需要以最有利的采购价格按时、保质、保量为餐饮部组织和采购所需的食品原料和酒类饮料等，并随时补充餐饮部的消耗，保证营业的正常进行。后者要负责所采购物品的验收、储存、领用发放等制度的制定和执行，并进行餐饮成本控制和仓库存货控制，以避免原料的损失和变质。

（五）管事部

管事部是餐饮部的后勤部门，他负责整个餐饮部的餐酒具和器皿的领取、供给、收集、洗涤、消毒、储存、补充和控制，并将餐饮部所需换洗的部件及时送交洗涤部门。管事部还负责厨房、餐厅、酒吧等处的所有清洁卫生，必要时，还派员工支援餐饮部门以满足它的临时需要。

第四节　餐饮服务人员的素质要求

餐饮服务人员在餐饮业中的地位是相当重要的，因为餐厅服务人员直接代表企业接待每一位顾客，而服务水平的高低、服务质量的好坏，是通过餐厅服务人员的综合素质表现出来的，直接影响着企业的声誉和经济效益。所以，对于餐饮服务人员来说，素质方面的培养和训练是必不可少的。

一、思想素质

（一）树立正确的世界观和人生观

一个人的行动是受其思想所支配的，人生观和世界观是人们确定生活方向、人生道路的指导思想，是人们一切行为的总枢纽。一个人只有具备了正确的人生观和世界观，才能树立共产主义的远大理想，才能把崇高的理想与脚踏实地的奉献精神结合起来，才能全心全意地为人民服务，忠实地履行岗位职责并作出应有的贡献。自己对社会、对他人的义务，体现在自己的工作岗位上。

（二）树立稳固的专业思想

做好餐厅服务工作，提高餐厅服务质量，必须要有一支相对稳定的专业技术队伍。长期以来，由于世俗的偏见，餐厅服务工作被认为是伺候人的低档工作，餐厅服务员也得不到社会的尊重。然而在市场经济的大潮下，这种偏见已失去了立足之地，人的价值已不在于其地位的高低、财富的多少、职业的差别，而在于他对人民的利益和社会的进步事业作出的贡献。人们无论从事何种工作，都是社会的需要。因此，餐厅服务员必须充分认识餐厅服务工作对发展旅游业及整个国民经济的重要性，要热爱自己的专业，积极培养对本专业的浓厚兴趣。只有这样，才能激励自己努力学习专业知识，奋发向上，开拓创新，为祖国多作贡献。

（三）培养高尚的职业道德

道德是指一定社会用以调整人们之间以及个人和社会之间关系的行为准则。道德既是人们行为的规范，又是评价人们行为的尺度和标准。

所谓职业道德，是指从事一定职业的人，在职业活动的整个过程中必须遵循的职业行为规范。换句话说，它是社会对从事一定职业者的一种道德要求，是社会道德在职业生涯中的具体表现。

餐厅服务与其他服务行业一样，都是市场经济中生产与生活不可缺少的部分，都是为人民服务的。因此，服务人员的道德规范与其他职业的道德规范在本质上是一致的，都贯穿着共产主义道德的基本原则。但餐厅服务工作兼有生产、销售和服务三种职能，有其特殊性。因而对餐厅服务员也有相应的道德要求。

1. 要有满腔热忱的服务精神

满腔热忱的服务精神是服务人员高尚道德情操的具体表现，也是职业道德的基本要求。满腔热忱的服务精神，主要体现在“主动、热情、耐心、周到”地为宾客服务，使宾客高兴满意。

（1）主动服务：就是要服务在宾客开口之前。主动服务表现了酒店功能的齐全与发挥；主动服务也意味着要有更强的情感投入。有了酒店的服务规范和工作标准，只能说是为了达到一流服务而应具备的基础条件，并不等于就有了一流的服务。餐厅服务员只有把自己的情感都投入到一招一式、一人一事的服务中去，真正把客人当做有血有肉的人，真正从心里理解他们，关心他们，才能使自己的服务更具有人情味，让客人倍感亲切，从中体会到餐厅的服务水准。

例如，北京的一家酒店餐厅早餐时间，餐厅服务员注意到一位年岁较大的来自欧洲国家的客人先用餐巾纸将煎鸡蛋上的油小心擦掉，又把蛋黄和蛋白用餐刀切开，再就着面包把蛋清吃掉，而且在吃鸡蛋时没有像其他客人那样在鸡蛋上撒盐。服务员揣摩客人可能是患了某种疾病，才会有这样特殊的饮食习惯。第二天早晨，当这位客人又来到餐桌落座后，未等其开口，服务员便主动上前询问您是否还是用和昨天一样的早餐。待客人应允后，服务员便将与昨天一样的早餐放在餐桌上。与昨天不同的是，煎鸡蛋只有蛋白而没有蛋黄。客人见状非常高兴，边用餐边与服务员谈起，之所以有这样的饮食习惯，是因为他患有顽固的高血压症，必须遵从医嘱。以前在别的饭店用餐，他的要求往往被服务员忽视，而这次在这家酒店住宿用餐，他感到非常满意，为服务员的细致观察、主动服务精神所折服。

（2）热情服务：是指服务人员出于对自己从事的职业有肯定的认识，对客人的心理有深切的理解，因而富有同情心，发自内心地、满腔热情地向客人提供的良好服务。服务中多表现为精神饱满、热情好动、动作迅速、满面春风。

例如，在一家酒店的中餐厅，午餐时间，一位来自香港的客人到餐厅进餐。客人入座后，服务员热情地为客人端茶、送香巾。上菜时，还主动为客人介绍菜肴特点及烹饪方法。但看到客人愁眉不展似有心事时，服务员便轻声询问能帮助做些什么。原来这位客人要去拜访一位朋友，具体地址和联系电话却又不慎丢失，只记得大概方位。服务员凭借平时注意积累的常识，进行重点提示，结果使客人想起地址名称。对于服务员这种非本职工作范围内的“分外”热情服务，客人非常满意。

（3）周到服务：是指服务内容和项目上，想得细致入微，处处方便客人、体贴客人，千方百计帮助客人排忧解难。这些服务是实质性的，客人能直接享受到。周到服务还体现在不但能做到共性规范服务，还能做到做好个性服务。在当前酒店业竞争日益激烈的情况下，对相近星级和类型的饭店而言，最根本、最有效、最持久的竞争手段，是通过向客人提供竞争对手无法学到或短期内无法效仿的、客人需要的、酒店可长期坚持下去并能促进盈利的服务，这也是人们常说的个性服务。

个性服务是国外酒店业为进一步提高服务水平而摸索总结出的新的服务领域。著名心理学家马斯洛把人的需求划分为五种：生理需求、安全需求、归属需求、尊重需求和自我实现需求，后来，他又补充了认知需求和审美需求。宾客来到酒店后，除想得到基本的五种需求外，还希望得到其他方面的满足，如个人癖好的满足，人格被尊重的满足和特殊要求被解决的满足等。宾客的这些高层次、深层次的要求，往往不是按标准程序操作规范服务所能完全解决的，这样，就需要针对不同宾客的国籍、年龄、性别、职业、身份、性格等的不同，因人而异、力所能及地向他们提供周到、细致的优质服务，这就是个性服务的内涵。

个性服务有别于一般意义上的规范服务，它要求有超常服务。所谓超常服务就是用超出常规的方式满足宾客偶然的、个别的、特殊的需求。著名的法国里兹大酒店，为了让一位心血来潮、临时要求吃到海胆的客人满意，专门雇请渔夫下海捕捞，空运到巴黎。香港一家五星级酒店承办一家公司在酒店举行的招待会时，公司老板为扩大知名度，点名要求正在欧洲休假的著名女演员前来剪彩，困难可想而知。但通过酒店的努力，女演员如期而至。

周到服务还要求有更灵活、更具体、更细致的服务。宾客到餐厅消费，寻求的不仅是实物产品，更重要的是希望享受到轻松的氛围、惬意的回忆、体贴的照顾。这就要求餐厅能从客人的角度出发考虑问题，根据其不同需要提供针对性的服务。比如，衣着艳丽、打扮入时的女士，往往挑选居中显眼的餐位，并喜欢服务员靠近服务；热恋中的情侣一般喜欢选择安静的角落，希望服务员站得远一些，尽量少打扰他们等。对这两种需求不同的客人，就应在保证他们舒适满意地用好餐的前提下，针对他们不同的身份，细致入微地

“投其所好”，满足其内在要求，这样才能体现出一家餐厅的服务水准。

要想达到周到的服务要求，首先要有良好的规范服务作为前提和基础。个性服务并不是想当然的、没有标准的服务，而是源于规范服务，却又高于规范服务。两者互为依存、互相促进。如果只停留和满足于规范服务，不向个性服务发展，酒店的质量水准就难以上新台阶。个性服务与规范服务并重，更能显示出服务的周到性来。

（4）耐心服务：就是无论在何种情况下，不急躁，不厌烦，为宾客提供优良的服务。作为餐厅服务人员，每天要面对面地给宾客服务。服务再好，也难免宾客产生误会，常常要听取客人的各种抱怨以至于近似吹毛求疵的质问，甚至要面对可能是粗暴的态度。即使这样，也不能不予理睬而一推了之，而应妥善处理。要耐心的予以倾听，并区分具体情况分别对待。若“小不忍”则会“乱大谋”，就有可能影响餐厅甚至整个酒店的声誉。如何才能做到耐心呢？途径很多，但主要靠自我培养和锻炼，即养成良好的修养。

例如，某酒店餐厅迎宾员在餐厅门口值班。一位就餐客人在急匆匆经过自动门时，因自己不慎，被门卡了一下。这位女士大发雷霆，冲着迎宾员又喊又叫，并一通指责。迎宾员实在感到很委屈，但为了顾全大局，加上平时的修养，还是克制住了自己。她关切地对那位女士说道：“真对不起，请问挤得严重吗？刚才怪我没有向您提示一下注意防挤。”忍耐的神态，关切的询问，化解了那位女士的火气，她转而向迎宾员道歉。

2. 要有廉洁奉公的优良品质

廉洁就是不损公肥私，不占公家和他人便宜，不侵占、贪污公家财产；奉公就是要一心为公。每个餐厅服务员都应具有廉洁奉公的良好职业品质，要尽忠职守、克己自律，对企业负责，对国家负责，不追求除应得劳动报酬以外的个人特权和私利。当个人利益和国家、企业集体利益发生冲突时，应牺牲个人利益。

餐厅服务员要具备廉洁奉公的优良品质，需要认真解决好以下几个问题：

（1）在餐厅接待服务中要站稳立场，坚决维护国家利益和声誉，坚决维护企业集体利益，不允许丧失立场私自同客人做交易，不允许损害企业利益向客户单位索取财务和贿赂，切实做到廉洁奉公。

（2）在提供优质服务，同客人交往过程中，要坚持原则，不辱国格、人格，不索取小费，不私收回扣，更不许以小费的多少来决定服务态度和服务方式。

（3）餐厅人员要敢于同自私自利、贪污腐化的不良行为做斗争。对个别利用职权谋私的人和事，要敢于坚持原则，大胆揭发。反对和抵制来自酒店外部的不正之风。

3. 遵守商业道德，正确开展社会主义竞争

我国是社会主义国家，酒店业的竞争必须遵守社会主义商业道德，要树立质量第一、信誉第一、顾客第一的观念。以管理水平、服务质量的竞争为基础，坚持国际竞争为主、国内竞争服从国际竞争的原则，反对不顾质量、不讲信誉、巧立名目随意涨价、乱收费用，坚决反对不顾国家利益、尔虞我诈、肥水外流等各种不正确的做法。只有坚持讲信誉、重质量、以服务质量和管理水平为基础来开展公平的市场竞争，才能收到良好的效果。

(四) 要有良好的纪律修养

严格的组织纪律是做好餐厅服务工作的重要保证，餐厅服务人员要有严格的组织观念和法制观念，服从领导，服从分配，遵守餐厅劳动纪律，严于律己，宽以待人。服务中不怠慢、不冲撞客人，自觉遵守劳动纪律，提高服务质量，顺利完成餐厅接待任务，为酒店创造良好的经济效益和社会效益。

二、心理素质

(一) 气质的要求

气质是一个人生来就具有的心理活动的动力特征，具体表现为心理过程的强度、速度和灵活性，就是我们平时所说的性情、脾气。餐饮服务工作的服务对象复杂多变，人际交往频繁发生，这就要求服务人员有适中的感受性和灵敏性、较高的耐受性和可塑性。

1. 感受性适中

感受性是指人对外界刺激产生感觉的能力。一个人对引起感觉所需要的刺激量越小，他的绝对感受性就越大。人的感觉器官能觉察出的最小刺激量是不相同的。比如，有的餐饮服务人员对客人的一些态度、语言马上就感觉意思有所指向，从而有所反应，情绪降低，而有些服务人员却没有反应。

餐饮服务人员的感受性不需要太高。在工作中，接待的客人来自四面八方，形形色色，各个阶层、各个年龄段、各种文化程度的客人都有，如果服务人员的感受性过高，注意力就会因外界刺激的不断变化而分散，从而影响服务工作的有序开展。当然，餐饮服务人员的感受性也不可过低，否则就会对客人的服务要求熟视无睹，怠慢客人，降低服务质量。

2. 灵敏性

灵敏性主要是指餐饮服务人员心理反应的速度。它包括两类：一类是不随意的反应性。例如，有的服务员能够忍受工作中的委屈，能够很好地调节的心态，有的服务员稍有委屈就受不了，还有餐饮服务人员看见有的顾客消费高，很会享受，就会联想到自己的处境，马上情绪有所波动。另一类是指一般的心理反应和心理过程的速度，包括说话的速度、记忆的速度、注意力转移的灵活程度、一般动作的反应灵活程度。有的服务员说话速度过快，让客人反应不过来；有的服务员动作过快，给客人很不稳重的感觉，这些都不是好的工作态度。

3. 耐受性

耐受性是指人在受到外界刺激作用时表现在时间和强度上的耐受程度和在长时间从事某种活动时注意力的集中。餐厅临近打烊的时间，时常还有很多客人没有走的意思，有的服务人员还能够保持良好的工作状态，而有的服务员表现出情绪低落，不耐烦。可以看出，餐饮服务人员还需要较强的耐受性，才能够保证工作质量。

4. 可塑性

可塑性是指人适应环境的能力和根据外界事物的变化而改变自己行为的可塑程度。凡是容易顺应环境、行为果断的人，表现出较大的可塑性。而在环境变化时，情绪上出现纷扰，行动缓慢，态度犹豫的人表现为较弱的可塑性。实际上，餐饮服务人员也会面临轮换工作环境的时候，有的人能够很快适应新环境，保证工作质量，而有些人却适应起来比较困难。餐饮人员的服务对象十分复杂，有的人可以很好地与客人沟通，适应客人的交往方式，满足客人的不同需求。较强的可塑性是餐饮服务人员提高服务质量的一个必要因素。

（二）性格要求

性格是个体表现出的态度和行为方面比较稳定的心理特征。不同人之间性格差异很大，有的人热情开朗，有的人深沉多虑；有的人自信有余而耐心细致不足，有的人谨小慎微、做事认真，却显得朝气不足，等等。性格对一个人行为的影响是明显的，因此服务人员应具备以下几方面的性格特征。

1. 友善

餐饮服务业是为人提供服务的行业，因此，餐饮服务人员不可避免地要频繁地与各种各样的客人打交道。良好的性格，可以使餐饮服务人员始终保持良好的服务状态，对客人提供的服务，也会使对方心情愉快；从服务人员自身来说，处于友善和谐的工作环境中自己也会身心愉悦，许多餐饮企业都能注意友善氛围的营造，要求员工在见面时互相问好，这样的友善氛围不但能够提高企业形象，也能够带给客人良好的感觉。

2. 自信

自信是对餐饮服务人员心理素质的基本要求之一。充满自信的餐饮服务人员，往往能在客人面前充分展现出出色的服务技能和技巧，给客人以优雅、稳重、大方之感。自信能够减少在服务中手忙脚乱出错的几率。餐饮客人对服务人员的依赖性很高，自信的服务人员能够得到客人的信任。自信是由内而外的力量，很多企业培养服务人员走路抬头挺胸、目视前方，展示出自信心和活力，从而树立了餐饮服务人员和企业的良好形象。

3. 热情

从事餐饮服务工作的员工要具备热情的性格。对待工作，对客人都要热情。餐饮服务工作持续时间较长、内容单调乏味，很容易产生厌倦和疲劳感。所以，要保持热情良好的心态进行自我调节。对工作充满热情，全身心地投入，才能够为客人提供优质的服务，对客人的要求才不会漠不关心，这样才能够胜任餐饮服务工作。

4. 责任心

餐饮服务人员在工作中要严格要求自己，认真工作，处处为客人和企业着想，这就是责任心。只有具有责任心的服务人员，才能够提供优质的餐饮服务，减少工作中的疏漏。

（三）情感要求

餐饮服务人员的情感和情绪是由工作中的客观存在引起的。工作顺利时，可能产生高兴、喜悦、满意的情感和情绪；反之，可能出现相反的情感和情绪。情感状态在餐饮服务工作中是不可忽视的因素，如果对不良情绪不加以有效控制会造成行为的失控。餐饮工作者在正常工作的情况下情感形式是多种多样的，主要表现为心境、激情、应激，等等。

1. 要有良好的心境

在餐饮服务行业流传着一句顺口溜：“别人坐着，我站着；别人吃着，我看着。”很形象地描绘了餐饮服务工作的实际情况，面对这样的工作性质，很多服务人员产生了心理上的不平衡。对于这个问题关键在于餐饮人员自身的认识，怎样去看待这个问题，怎样平衡自己的心理。作为服务人员要善于把握自己，做心境的主人，只有保持良好的心境，才能积极地工作。餐饮企业的管理者应该注重员工的心境变化，注意正确引导。

2. 要有适度的激情

餐饮服务人员应该在工作中保持适度的激情，积极的激情可以产生工作的热情，增强干劲。但是激情不能过度，有的餐饮服务人员在工作中过于激情，过度服务，对客人产生干扰，让客人反而感觉很不舒服，这种情况需要降温抑制。在与客人发生矛盾时，更要冲淡激情爆发的程度。

3. 要有灵活的应激能力

应激是在出乎意料的紧急情况下所引起的情绪状态。比如，在餐厅中，客人之间发生冲突或出现一些特殊事件，这时需要餐饮服务人员迅速判断情况，在瞬间做出决定。应激能力首先取决于餐饮服务工作者的经历与经验。有丰富阅历的人在突发事件面前能临阵不慌，迅速做出准确判断，采取有效措施，化险为夷。还取决于餐饮工作者的责任心，只有有责任心的人，遇到突变才会产生一种积极的态度，保持适度的应激力。

（四）意志的要求

意志是自觉地确定目的，并根据目的支配调节自己的行动，克服各种苦难以实现预定目的的心理过程。餐饮服务人员在工作中要不断地克服由各种主、客观原因造成的各种障碍，需要不断发挥主观能动作用，增强自己的意志素质。餐饮服务人员需要具备以下几个方面的意志心理素质。

1. 自觉性

自觉性是指餐饮服务人员在服务工作中具有明确的目的性，并充分认识服务工作的意义，使自己的行动服从于工作的要求。自觉性较强的餐饮服务人员，能够有较强的主动服务意识，积极服务；相反，会被动服务，会使服务效果大打折扣。

2. 坚韧性

坚韧性是指在实现目标时能坚持到底，在行动中能长期保持充沛的精力、坚韧不拔的意志，勇往直前，顽强地克服达到目标途中重重困难的意志品质。在餐饮服务工作中，也需要坚韧性，无论遇到如何挑剔的客人都能够始终如一地友好面对。餐饮服务人员的坚韧性还应该表现在对工作的热情上，对工作充满希望、提高忠诚度，这样在岗位上才能够得到良好的发展。

3. 自制力

自制力是指能够完全自觉、灵活地控制自己的情绪，约束自己的行为和言谈方面的品质。有自制力的餐饮服务人员能控制住自己消极的情绪和冲动的行为，无论在何种情况下，无论遇到多么刁钻的客人，都能克制并调节自己的行为。

意志品质是可以培养和锻炼的，要树立正确的认识论和方法论，加强技能培训和体育锻炼，不断学习，才能够锻炼出良好的意志。

三、知识素质

良好的文化素质和广博的社会知识，不仅是做好服务工作的需要，而且有利于帮助服务人员形成高雅的气质、广泛的兴趣和坚忍不拔的意志。

餐厅服务涉及面广，服务项目多，因此要有上通天文、下知地理的广泛知识。

1. 专业知识方面

（1）了解基本的菜肴知识

了解基本的菜肴知识，包括熟悉中、西菜肴的特点和质量标准，掌握餐厅提供菜肴的价格、制作时间和服务要求等。

（2）了解基本的烹饪知识

了解中、西餐的基本烹饪知识，包括菜肴的基本烹饪方法、步骤和制作过程，善于鉴别菜肴的品种和口味，熟悉现代厨房设施设备的性能。

（3）了解基本的酒水知识

了解基本的酒水知识，包括熟悉中外各地名酒的产地、价格、制作原理、风味特点和服务要求。

（4）了解基本的食品、营养和卫生知识

了解基本的食品、营养和卫生知识，包括食品营养的搭配组合，掌握食物中毒的预防与食品卫生知识。

（5）了解各民族的风俗与饮食习惯

了解各民族的风俗与饮食习惯知识，包括主要客源国和中国不同地区的风俗习惯、宗教信仰和饮食禁忌知识。

2. 政策法规知识

掌握或懂得有关企业、国际商务、对外贸易、国家安全、财税、合同等法律、法规知识，了解涉外人员工作手册。

3. 外语方面

要求能熟练运用一门外语阅读、翻译酒店专业外语资料，并能与宾客交谈会话。

四、礼貌礼节

无论是中餐厅的服务员，还是西餐厅的服务员，规范到位的礼貌礼仪服务是决定对客服务的基本准则，具体内容有以下几点：

1. 迎送礼

（1）客人来时有欢迎声；

（2）客人走时有道别声，并要恰到好处，不要过早或过晚。

2. 称呼礼

（1）“先生”一词，用于称呼男性客人；

（2）“太太”一词，一般是在得知对方已婚情况下，对女子的尊称；

（3）“小姐”一词，主要是对未婚女性的称呼；

（4）在知道客人姓名后，可以将姓名和尊称搭配使用；

（5）“史密斯太太”是指“史密斯先生”的夫人，因为西方人婚后女子随夫姓；对于有军衔、职位、学位的人员以及皇室成员等，应予以相应的称谓，在使用外语称呼时，要注意外语的习惯表达法与汉语的区别。

3. 微笑礼

（1）经常用微笑善待每一位客人；

（2）与客人谈话时必须站立，保持0.8～1m的间隔，目光注视对方面部，表情自然并微笑；

（3）微笑时要看客人的眼睛。

4. 操作礼

（1）与客人直接接触时，服务接待要注意“三轻”：说话轻、走路轻、操作轻，在引领客人时，应走在客人左前二、三步处（约1.5m）；

（2）随客人同步行进，遇台阶或拐弯处，应及时侧转身，示意客人留意，乘用电梯时应礼让客人先行。

5. 言谈礼

（1）女服务员的言谈举止要有淑女风范，男服务员的言谈举止要有绅士风度；

（2）谈话时，精力集中，不得左顾右盼，漫不经心，不要与同事议论客人的行为举止或穿戴；回答客人询问时，表达要准确、清楚，语言简洁；

（3）谈话声音以双方能够听清为限，语调平稳、轻柔、速度适中，不要谈及对方不愿提到的内容或隐私，不能使用“不知道”等否定语，应积极、婉转地回答问题；

（4）如客人心情不好、言辞过激时，不能面露不悦，态度要平和；

（5）不要在客人面前与同事讲家乡话，不能扎堆聊天，在为客人服务过程中，不要经常看手表；

（6）切忌中途打断客人说话，应让客人讲完后再作答，因工作原因，需暂时离开正讲话的客人时，要先说声“对不起，请稍后”，回来继续为客人服务时，应主动表示歉意“对不起，让您久等了”；

（7）遇急事需要找谈话中的客人时，应先说声“对不起”，征得客人同意后，再与客人谈话；

（8）接听电话时，应主动报岗位，致以问候，再征询客人要求；当与客人交谈时，如果发现有其他客人走近，应主动示意客人的到来，不应无所表示。

6. 应答礼

（1）应答客人询问时要站立，思想集中，全神贯注地聆听；

（2）不能侧身或目视别处，或心不在焉，或说话有气无力，提倡边听边记录的职业习惯；

（3）应答客人提问或征询有关事项时，语言应简洁、准确，语气婉转、声音大小适中，不能随心所欲地谈天说地，或声音过大，或词不达意；

（4）客人讲话含糊不清或语速过快时，可以委婉地请客人复述，不能听之任之，主观臆想，随意回答；

（5）回答多位客人询问时，应从容不迫，按先后次序、轻重缓急回答，不能只顾一位客人，而冷落了其他客人；

（6）对于客人提出的无理要求，必须沉得住气，或委婉拒绝，或委婉地回答“可能不会吧”、“很抱歉，我确实无法满足您的这种要求”，要表现得很有教养，而不失礼；

（7）对于客人直率的批评指责，如果确实属于操作不当或失职，应首先向客人道歉，对客人的关注表示感谢，并立即向上级报告或妥善处理；

（8）只要答应给客人办的事，应该言而有信，并迅速地按要求去办，不能敷衍了事、疏忽遗漏。

五、服务技能

餐饮服务的基本技能是指与餐饮业务相关的规范的基本技能或技巧。熟练地掌握餐饮服务基本技能是做好服务工作、提高服务质量的基本条件。餐饮服务的每个环节都有特定的操作方法、程序和标准，因此服务人员要努力学习餐饮基本理论知识，刻苦训练，熟练掌握过硬的餐饮服务基本技能，做到在操作规范化、程序化和标准化的基础上，提供优质的个性化服务。

1. 较强的认知能力

餐饮服务人员应该尽可能地在客人开口之前把服务工作做在前面；能够做到这一点需要较强的认知能力。认知能力包括以下三个方面的内容。

（1）观察能力：这是一种能在不显著之处看到事物的特征和特性的能力。餐饮服务人员要善于观察客人的特点，养成勤于观察的习惯，全面迅速地把握情况。

（2）分析能力：分析是把观察到的感性材料上升到理性的高度，揭示事物的本质和规律。餐饮服务人员也应该善于透过现象看本质，分析客人的好恶倾向和情绪变化的原因，因势利导。

（3）预见能力：预见能力是根据事物的发展规律，推断和预测未来的能力，有较强的预见能力，工作才能主动，才能根据事物的发展规律提早决定自己应采取的行为方式。这种能力在餐饮服务工作中极为重要，它可以提早消除这种不利因素，防患于未然。

2. 良好的记忆能力

良好的记忆能力对于搞好服务工作是十分重要的。它能够帮助餐饮服务人员及时回想起工作中的程序和环节，餐饮服务工作本身就是很细致的工作，需要较强的记忆能力。同时，如果工作人员能够记住常客的喜好也可以使客人得到心理上的满足。

3. 较好的操作能力

餐饮服务工作大部分环节需要实际动手操作，较好的操作能力是做好工作的基础。

（1）掌握托盘的使用方法

托盘是餐厅服务员运送各种餐饮品及其用具的基本工具之一。托盘的作用一是清洁卫生；二是方便操作。正确使用托盘是每位餐厅服务人员必须掌握的一门服务技术。正确和熟练地使用托盘，不仅体现了餐厅服务的规范化，也显示出服务人员的文明水平。在服务中，服务人员应根据不同的物品和工作的需要，选用不同规格的托盘来端托物品。为了提高服务质量和服务效率，无论是摆台还是撤换餐具，或是进行走菜、托送酒水等服务工作，都要使用托盘。

（2）掌握斟酒服务技巧

酒水服务是餐厅服务工作的重要内容之一。尤其是在高档的宴席、宴会中，所用酒水品种较多，对服务人员的酒水服务技艺要求较高。因此服务人员应认真学习斟酒服务技术，做到技术规范正确，姿势优美，动作迅速，这样才能为客人提供周到满意的服务。

（3）掌握餐巾折花技艺

餐巾，又称口布、饭巾、席巾、花巾、茶巾等。它既是宴会、酒席等使用的卫生用品，又是一种装饰美化餐台的艺术品。餐巾折花是餐厅服务员的一项基本功，餐厅服务员通过艺术创造，将餐巾折成各种形态，插摆在口杯、盘碟中供人欣赏。目前，随着国际交往的发展和人们生活水平的提高，许多宾馆、酒店、餐厅都把餐巾折花作为提高服务质量的重要内容。因此，掌握餐巾折花技艺是每个餐厅服务员必须掌握的一门技术。

（4）掌握各种摆台方法

摆台是指各种餐具按要求摆放在餐桌上，它是餐厅配餐工作中的一项重要内容。摆台是一门技术，摆台的好坏直接影响到餐厅的面貌。

（5）熟练掌握上菜与分菜技巧

上菜与分菜是菜点服务的主要环节。一般宴会对上菜和分菜的要求较高，对于上菜程序、上菜位置、服务节奏、菜肴台面图案均有讲究，分菜也是一项技术性较高的工作。因此，餐厅服务要求服务员熟练掌握上菜与分菜的技巧。

（6）学会熟练地撤换餐具

服务人员在为客人提供就餐服务的过程中，撤换餐具是一道必不可少的工序。服务人员要注意撤换时机、次数、需求、方式等，这些都是餐厅服务员必须掌握的技能。一般情况下，较高级的酒席、宴会，往往有多种菜品和饮料，这就需要服务员及时地更换餐具和酒具，并注意服务礼节，以显示宴会的规格和服务员的技艺。

六、身体素质

（一）健康的体格

服务人员“日行百里不出门”，站立、行走、端托等都要求有一定的腿力、臂力和腰力。只有健康的体格才能胜任此项工作。要求服务员饮食起居有规律，坚持参加体育锻炼，保持旺盛的经历和体力。服务员每年必须进行一次体格检查，取得健康证后方可上岗，凡患有各种传染病和皮肤病的人不宜从事餐厅服务工作。

（二）端庄的仪表

服务人员处在接待工作的第一线，服务人员仪表端庄大方、和蔼可亲，会给宾客留下美好的第一印象，而这个第一印象会使客人对其他服务人员乃至整个酒店产生好感。仪表即人的外表，一般来说，它包括人的容貌、服饰、体形、姿态等。服务人员的仪表在一定程度上体现了酒店的服务形象。形象代表档次，档次决定价格，价格产生效益，这是一个连锁反应循环圈。良好的仪表会产生积极的宣传效果，同时还可能弥补某些服务设施方面一时未跟上的不足。所以，仪表在酒店优质服务中是非常重要的。

酒店作为高级消费场所，在接待服务过程中应十分重视服务员的仪表。其基本要求如下：

1. 面容整洁

人之相对，先见其面。面容是给客人留下第一印象的关键。餐厅服务员要保持面容整洁，一要经常修面，保护肌肤，使面容光洁、皮肤细嫩美观。男性服务员要经常刮脸，不留小胡子、大鬓角；女性服务员要经常洗脸，洗脸最好用冷水，多做面部按摩运动。二要适时理发，保持发型美观大方。男性服务员不留长发，女性服务员不梳披肩发。发型要适当选择，不留怪发型。三是保护牙齿，不吃零食，少吃甜食，保持牙齿洁白美观。四要保护眼睛。要常做眼部运动，美化眼眶、眉毛，不使眼睛疲倦。

2. 化妆淡雅

餐厅服务员上班前要化妆，特别是女性服务员经过梳洗打扮，看起来更加年轻美丽，充满青春活力。但化妆要淡雅自然，不可浓妆艳抹，给人造成娇艳、轻佻、华而不实的感觉，使人产生反感。

3. 饰物适当

一般情况，餐厅服务员不戴饰物，特别是女性服务员不戴贵重耳环、首饰、项链等。必要的饰物如手表、胸针、胸花、头上发结、发夹等要选择适当，使其和面容、发型、服饰协调一致，美观大方。

4. 服饰美观合体

餐厅服务员上班时要穿规定的服装。注意制服、衬衫、领带、裤子、裙子、鞋袜等的整齐、清洁、挺括、协调，保持服装美观，以突出女性的形体美，给人以舒适、美观的感受。

5. 讲究个人卫生

个人卫生对仪表起配合作用，又是提供优质服务的重要条件。所以餐厅服务员一要养成勤洗澡、勤换内衣的习惯，以保持形体干净，皮肤细润光滑，以显得年轻、有活力。二要养成饭后刷牙的习惯，保持口腔清洁无异味。三要不食葱蒜、韭菜等有强烈刺激气味的食物。

（三）文雅的举止

服务人员的举止主要指在服务工作中表现出来的言谈和各种动作的姿态及面部表情等。

1. 言谈

言谈即服务员在餐厅服务接待工作中的语言谈吐。其要求如下：一要文明、礼貌；二要语言完整、准确、合乎语法；三要语言简练、清楚，注重场合；四要会使用敬语、礼貌语；五要声音清晰，大小适中。

2. 姿态

姿态即服务员在行走、站立和就座时，身体应保持的姿势。

（1）行走时步子要轻而稳，上体正直，身体重心可稍向前倾，头部要端正，颈要硬，双目平视，肩部放松，挺胸，直腰，腹部略微上提，两臂自然前后摆动。两脚行走轨迹应是正对前方成直线，两脚尖不要形成“内八字”或是“外八字”。要做到迎客行在前，送客走在后，客过要让路，并行不抢道，不要在宾客之间穿行。行走时脚步要利落，有鲜明的节奏感，不要拖泥带水、踢里踏拉蹭着走，显得步履沉重，老态龙钟。

（2）站立时身体要挺拔端正。其要求如下：挺胸、收腹、目平视，环顾四周，面带微笑，双手自然下垂或体前交叉，以保持随时为宾客提供服务的最佳状态。女子站立时，双脚呈“V”字形，双膝靠拢，脚跟靠紧。男子站立时，两脚自然分开与肩同宽，防止重心偏左或偏右。

（3）就座时，要坐直坐正，其要求如下：人体中心垂直向下，腰部挺起，脊柱向上伸直，挺胸，双肩平、松，颈、躯干、腿、脚正对前方，手自然放在双膝上，双膝并拢，目平视。但不要前俯后仰，摇腿跷足。

3. 表情

表情一般指眼睛、眉毛、嘴巴、面部肌肉及它们的综合运动所反映的心理活动和情感世界。在餐厅服务中，服务人员的面部表情是与宾客交流感情的方式之一。其基本要求如下：稳重端庄，不卑不亢，笑脸常开，和蔼可亲，出自内心，毫不做作。表情是一种无声的语言，适度的表情，可向宾客传递对他们的热诚、尊重、宽容和理解的信息，给宾客带来亲切和温暖。

案例链接

热闹的婚宴

一天，上海某饭店的宴会厅内正在举办一个大型的婚宴。席间气氛热烈，参与者不停地走动、敬酒、说笑，向新人祝贺，整个大厅充满了喜庆的气氛。宴会在热烈进行，一位服务员手托一盆刚出锅的热汤向主桌走去。刚到桌旁停住，新郎突然从座位上站起准备向别人敬酒，一下子撞到了服务员的身上。服务员出于职业本能和潜意识的支配，将汤盆向自己身上拉来，高温的热汤泼到了他的胳膊上。顿时，他感到剧痛钻心，但他却强忍疼痛，不哼一声，脸上仍带着微笑，并向新郎道歉。

婚宴还在进行，这位服务员继续忙着为客人们上酒上菜，直到大家一一离席为止。当新人向接待婚宴的服务员道谢时才发现，这位服务员的手臂上烫起了几十个水泡。大家问他为什么被烫的时候不说？服务员回答，如果被烫时表现出反常神情，便会影响婚宴喜庆的气氛。新郎和新娘听后，异常感动，半天都说不出话来。

结合以上案例，通过学习本章内容，试分析以下问题：

1. 案例中服务员的做法是否恰当？为什么？

2. 这个案例说明服务人员应该具备什么样的素质？除此之外，你觉得还有哪些素质对餐饮服务人员来说非常重要？

本章习题

1. 餐饮业的特点、地位和作用是什么？
2. 餐饮产品和餐饮服务的特点分别是什么？
3. 餐饮部组织机构建立的原则有哪些？
4. 餐饮服务人员的素质要求有哪些？
5. 试画出餐饮部的组织结构图。

第二章 餐饮服务基本技能

本章简介

酒店所有的对客服务过程中，餐饮服务是最直观、最复杂、最系统以及最能代表酒店综合服务水平的活动。如何为客人提供优质而高效的服务，熟练的技能是必不可少的。基本服务技能是餐饮服务的核心之所在，始终贯穿于服务活动的各个环节。因此，从业者只有具备了广泛的专业知识、熟练的操作技能和丰富的实践经验，才能为客人提供标准化、规范化及个性化的服务，也才能为企业及自身的发展打下坚实的基础。

学习目标

了解餐饮服务的基本技能；熟悉餐饮服务基本技能在中、西餐服务过程中的差异性；掌握并运用餐饮服务基本技能进行操作服务。

第一节 餐饮服务操作技能

在酒店餐饮服务过程中，六大服务技能是指托盘、餐巾折花、摆台、斟酒、上菜和分菜。掌握六大基本服务技能是行业入门的基本要求，也是提高从业人员专业素养和综合服务能力的基础。

一、托盘

托盘操作是餐饮服务人员必备技能之一，在餐饮服务过程中，托盘是对客服务的载体，所以，托盘亦被称为餐饮服务员的“朋友”。在实际的工作中，根据托送物品的不同，所选用的托盘也有所不同，同时，很多酒店还要求中餐服务员送物、取物都不离托盘，即要求其有“盘不离手”的基本功。

（一）托盘的种类和用途

1. 按材质分

托盘分木质、金属（银、铝、不锈钢）以及胶木防滑托盘等。目前饭店及大众餐饮多采用胶木防滑托盘，部分酒店大型宴会期间还使用金属托盘。

2. 按用途分

根据用途的差异，托盘又分为大、中、小号三种规格的圆形、长方形或方形托盘。长方形托盘（大、中号）一般用于托送菜点、酒水和盘碟等较重物品，而小号长方形托盘（10cm×15cm）主要用于递送账单、收款及信件等。圆形托盘中，小型圆盘最为常用，一般用于席间斟酒、展示饮品、上菜、分菜服务。特大号托盘（extra tray）在国内酒店不常用，但部分国际邮轮酒店会使用其作为重托服务的工具。

在使用托盘的过程中，服务员应选择大小与负载物品相称的托盘。除防滑托盘外，应选择专用垫巾铺于托盘内，以防止物品在托运过程中滑倒。

（二）托盘的方式

1. 轻托

轻托也称为胸前托，常用于餐饮席间服务，所托物品重量一般在 5 千克以内。其要领如下：左手臂弯曲成 90 度，手肘距离腰部 15 公分左右，掌心向上呈凹形，五指稍曲分开，指端及掌跟部托住托盘底部中心位置，掌心不可接触盘底，并平托于胸前（正常站立时，托盘边缘与身体成切线，略低于胸部，见图 2-1）。轻托主要分为理盘、装盘、起盘、行走和落盘五个步骤。

（1）理盘：根据所托物品选择合适的托盘，将托盘洗净、消毒、擦干，在盘内铺上专用垫巾，垫巾大小和托盘相宜，外露部分均匀，并将其铺平拉直，确保其整洁美观。

（2）装盘：根据所托物品的形状、体积和使用的先后顺序合理装盘，盘内物品应摆放整齐，错落有致。除托运盘、碗、碟类重物外，装载不同类型的物品时，应将重物、高物置于托盘内侧，轻物、矮物置于外侧。原则上，为确保物品安全上桌，便于拿取，先上桌的物品在前、在上，后上桌的物品在后、在下。

（3）起盘：左脚靠前半步，右脚在后，弯腰屈膝。右手轻轻将托盘拉出 1/3 的位置，左手托于托盘底部并找准重心，右手扶住托盘边缘，起托并撤回左脚。

（4）行走：行走时要头正肩平，上身挺直，目视前方，表情自然，不可左右摇晃，随步伐稳健前行过程中，托盘会在胸前自然摆动，但以菜汁、酒水不外溢为宜。在过通道或与同事、客人交叉相遇时，应尽量靠右侧行走，以免碰撞，防止意外事故的发生。

（5）落盘：所托送的物品到达目的地以后，左脚在前，右脚在后，右手扶住托盘边沿，待托盘与台面平稳接触时，弯腰，身体略向前倾，将托盘向前平稳推移，放至工作台或餐台上。

图 2-1　轻托

相关链接：

托盘的常用步伐可以归纳为常步、快步、碎步和垫步。常步的特点为步履均匀且平缓，端托一般物品时使用；快步又称为疾行步，其步履稳健、步幅稍大，快而协调，在端送火候菜或取拿急需物品时使用；碎步即步幅较小而步速较快的一种步法，通常用于端送汤类菜品；垫步又称为辅助步，特点为行进过程中前脚进一步后脚跟一步，一般在穿过狭窄通道时使用。

2. 重托

重托又称肩上托，一般用于托送较重菜品、盘碟类物品。其理盘、装盘要求与轻托较相似。重托的起托要领为双手将托盘移至服务台边 1/2 处，左手向上弯曲，手肘距离腰部 15 厘米，掌心向上，略高于肩，托起盘底后，让前肩与身平行，并调整好重心，右手协助左手将盘底慢慢托起，托稳后，右手可扶住盘边或直接撤回呈自然下垂姿势。

在重托服务过程中，服务人员要始终保持均匀用力，而且所托物品不得与身体的头发、嘴唇等部位接触。其优点为行走起来动作高雅、迅捷。但目前，国内饭店很少采用此类方式，因为其对员工身体素质和技术要求较高，而且存在安全风险，所以很多酒店采用推车或其他工具取而代之。部分游轮酒店因工作环境和用工人员的特点仍在沿用此方式，在此不作重点讲解。

相关链接：

酒店餐饮服务员日常使用托盘的过程中，掌握一些小知识也是很有必要的。例如：在装盘时，若所盛装物品有商标，则商标面必须朝外；对客服务过程中，使用托盘时，须将右脚插入客人右边空间1/2处，左手托盘并将其打开至客人身后，不得影响客人的进餐；从盘内取物品时，应随时移动托盘，调整重心；另外，服务员手持空托盘下垂时，应将盘面朝向自己，且在餐厅内取拿任何物品时都得使用托盘。

二、餐巾折花

（一）餐巾的作用

1. 美化餐台、烘托气氛

不同的餐巾折花造型，蕴含着不同的含义。惟妙惟肖的餐巾花，给人视觉上的享受，还能达到烘托气氛的效果。

2. 清洁卫生

客人在进餐过程中，餐巾可用来擦嘴，又可铺于双腿上以防止汤汁、酒水弄脏客人衣物。

3. 突出主题

餐巾花型的摆放可标示出宾、主席位的座次。在宴会服务过程中，还能起到突出宴会主题和提高宴会档次的作用。

4. 就餐进程“信号”

在西餐服务过程中，餐巾的“信号”作用更为彰显。如在正式宴会上，女主人把餐巾铺在腿上是宴会开始的标志，如果中途需暂时离开，其会将餐巾放在本人座椅面上，若主人将餐巾置于餐桌上，则暗示着宴会的结束。

（二）餐巾的种类

1. 按质地分

（1）全棉或棉麻混纺餐巾：特点为吸水去污性强，触感好、色彩丰富，易于造型，但每次洗涤必须上浆、容易褪色，平均寿命为4~6个月，目前高档饭店使用较多。

（2）化纤餐巾：特点为易于清洗晾干，不用上浆，自然挺括度较高，成本低廉，但吸水去污性较差，造型的可塑性不如全棉或棉麻混纺类餐巾。

（3）维萨餐巾：特点是色彩鲜艳丰富，挺括，便于洗涤，不褪色且使用寿命可以达到2~3年，但是吸水性差，成本价格较高。

（4）纸质餐巾：一般为一次性使用，常见于快餐、简餐厅。

2. 按色泽分

餐巾按色泽可以分为白色和彩色类。白色餐巾给人文静淡雅之感，有助于调节视觉，安抚情绪。彩色类餐巾有暖色调和冷色调之分。暖色调餐巾，如红色、橘黄色，给人富丽堂皇及愉悦之感，有助于振奋人的食欲。冷色调餐巾，如淡绿色、浅蓝色给人清新、凉爽的感觉，并带来遐想无限。通常，主题餐厅为营造温馨的就餐环境及和谐的氛围，会选择不同颜色的餐巾进行搭配，以塑造富有感染力的艺术氛围。

3. 按规格分

一般餐巾为 50～65 厘米见方的规格。

（三）餐巾折花的种类及应用

1. 种类

（1）根据功能和摆放方式的不同，餐巾折花分为杯花、盘花和环花。杯花和盘花在各种宴会中的应用较为广泛，环花常用于主题餐厅。实际应用过程中，杯花插入杯中即完成造型，可进行简单的二次整理，从杯中取出即散开；盘花独立成型的效果较好，一般成型后不易散开，可置于盘中或席面；环花是将餐巾平整卷好或折叠成筒状尾端，套入口布圈内的花型。目前，随着行业的发展，大方、简洁、美观的盘花类折花备受行业青睐，因其叠法快捷，操作方便，清洁卫生度高。

（2）根据造型的外观，可将餐巾花分为植物、动物、实物三大类。植物类花型丰富，品种多样，造型多变。动物类花，可取其“形”或“意”进行造型，花型生动活泼。实物类花，品种较少，以彰显或突出个性主题为目的，其应用不是很广泛。

2. 摆放

（1）杯花的摆放应考虑杯身的特点及纵深度，不能挤压杯口或歪斜、偏倚；盘花摆放时应正而挺立，居于盘中。

（2）主题花要能突出宾、主席位的座次。

（3）所有花型的观赏面应朝向客人。

（4）同桌摆放不同的花型时，应交错、对称摆放，不宜将造型相似的花摆在一起。

（5）便于服务拿取，且不能挡住客人的视线。

3. 选择与应用原则

（1）根据宴会主题选择花型。

（2）根据就餐环境、出品特点选择花型。

（3）根据季节特点选择花型。

（4）根据客人身份、宗教信仰、个性及爱好选择花型。

（5）根据宾主座次的安排选择花型。

（四）餐巾折花的基本方法及要领

1. 叠

叠是餐巾折花最基本、最常用的方法。通常将餐巾单层叠成多层或折叠成各种几何图形。要求根据餐巾的尺寸大小一次成型，其折痕须均匀，避免多次折叠，影响美观。

2. 推

推是将口布叠面推折成折裥的形状，使花形层次丰富、紧凑的方法。推折时要利用拇指与食指紧握折裥，中指控制间距向前推移，一般由中间向两边推折，不可向后拉伸。

3. 卷

将口布卷成圆筒形。一般方法：两手用力均匀，同步卷动，确保花型紧凑而不松散。

4. 穿

用工具从餐巾的夹层褶缝中边穿边收，形成褶皱的一种方法。

5. 翻

餐巾进行基本造型后，将某些部位翻折成所需花样。一般有上翻、下翻、侧翻、夹层外翻等方法。

6. 拉

拉是让餐巾更为挺括的一种手法，常配合翻的动作使用。在拉的过程中，双手要紧密配合，力度适中，避免餐巾因受力过大而变形。

7. 捏

主要是将餐巾角部捏压成鸟或其他动物头的方法，通常由一只手的拇指、中指和食指配合完成。

8. 攥

配合其他折花动作所使用的方法，主要保证折花的半成品不走样、不变形。

9. 掰

一般用于植物花型的制作，将餐巾花已形成的层次用手一层层掰开成花瓣状。

三、摆台

摆台指在餐饮服务区为达成对客服务和美化环境的目的，进行餐具、用具、饰品摆设等工作的过程。摆台的内容主要包括布置餐桌和餐椅、铺设台布或餐垫、设置席位、准备用具、摆放餐具、美化席面等。

（一）整体布局

合理布局是中、西餐摆台的总体原则。设计不同的台形风格要求考虑经营场所的空间、结构、面积、设计风格等因素，同时也要考虑就餐客人的类型和实际需求，如宴会的主题、规格、客人的用餐习惯、风俗等。

1. 设置餐桌、餐椅

根据餐饮运营场地的不同，餐桌、餐椅的配备情况也有所不同。中餐宴会摆台过程中，所选用餐桌的规格一般为直径1.8米或2米的圆桌（主宾席餐桌直径或更大），每桌占地面积约为10平方米，摆设成型后，桌间距为1.5~2米，所以，配备餐椅时会考虑餐桌的大小、桌身高度、对客服务的空间等因素；部分特殊的宴会对餐桌、餐椅的样式、材质、形状也有特别要求，如立式酒会、鸡尾酒会。餐桌、餐椅的总体摆设原则：让客人感觉舒适和便于服务员操作。

2. 台形布局

（1）中餐布局

中餐宴会摆台过程中，要求突出主桌位置，即“一个中心”的总体原则。主桌定位好后，以正门及主桌方位来确定其他桌子的摆设位置，一般遵循“以右为尊，高近低远”

的原则。“以右为尊”是因为按照国际惯例，安排在主桌右席位客人的地位会高于左席位客人地位，而“高近低远”是指身份高的客人会安排在离主桌较近的席位，反之，则离主桌较远。中餐宴会台形布局的原则：突出中心，错落有致，均匀对称。

（2）西餐布局

西餐的台形布置与中餐有较大差别，常用的餐桌有长桌、方桌、圆桌或“宴会拼桌”。长桌是最为正式的餐桌，在宴会中较为常见，一般以“男、女主人居中对立而坐”的原则来确定其他客人的座次。以方桌排位时，就座于餐桌四面的人数应相等。而圆桌排位布局的形式较为少见，在隆重而正式的宴会场所有时会使用。“宴会拼桌”是根据宴会的规格、人数、主题将餐桌拼装成特别的图形，常见“U”字形，“T”字形、“一”字形等。

3. 工作台

设置工作台是摆台工作的重要组成部分。所有的对客用品、服务用具都将以工作台为“中转站”，也是服务员进行餐前准备、餐中服务、餐后收尾工作的载体。高规格的宴会厅或餐厅都设置了专门的工作台或备餐台，便于服务员为客人提供高效的服务。设置工作台时，要考虑其与服务区的直线距离，便于操作，且所有工作台的台面装饰或摆放必须统一、整齐、美观、与整体环境相协调。

（二）安排座次

根据就餐的形式，宴会的主题、规格或客人的特别要求，中、西餐座次的排序有所差异，但也遵循部分相同的原则。

以中餐 10 人桌的正餐为例：一般，主人都坐在面向正门能纵观全局的位置，副主人与主人相对而坐，主人的右左两边分别安排主宾和副主宾，副主人的右左两侧分别安排第三、第四主宾，其他座位则安排陪同客人。宴会期间，主人和副主人会安排在主桌就座。

另外，多桌宴会时，其他桌次的安排一般以主桌位为基准，遵循“自上而下，从右至左”的原则。重点为主人位安排，其安排的方法有两种：一种是各桌主人位与主桌主人位位置相同并朝向同一方向；另一种是各桌主人位与主桌副主人位置相同，与主桌主人位相呼应。

西餐宴会所有的来宾之中，即使有其他宾客的身份、地位或年纪要高于主宾的，主宾也始终是主人关注的中心。在排定座次时，主人位一般安排女主人就座，朝向正门的位置，而男主人安排在副主人位置，与女主人相对而坐。男、女主宾则分别紧靠着女主人和男主人就座，以便受到殷勤的照顾。其安排的总体原则：突出主宾，女士优先，交叉排列。

（三）摆台要求

1. 中餐零点摆台

根据就餐形式和规格要求，将所需餐具，台上用品摆放于餐桌之上。摆放的原则：图案对正、距离适中，整齐美观、便于使用。

（1）中餐零点早餐摆台

中餐零点早餐摆台较为简单，一般以主餐盘进行定位，餐盘右侧为客人摆放筷子及筷架、餐盘上方摆放口汤碗和汤勺即可。见图 2-2。

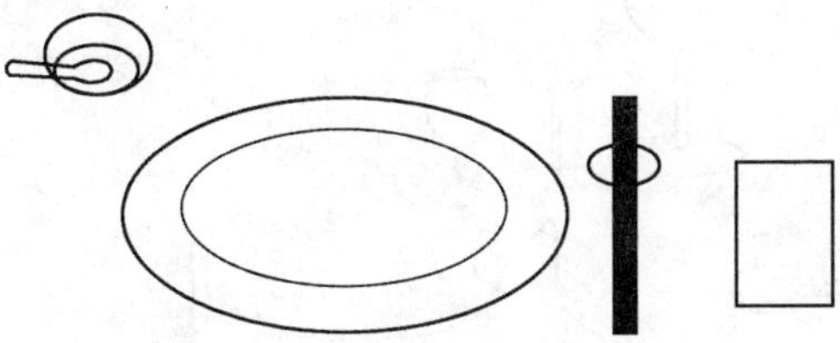

图 2-2　中餐零点早餐摆台

（2）中餐零点正餐摆台

中餐零点正餐摆台根据每个餐厅的要求也各不相同，其与中餐宴会摆台的基本要求一样，但所摆放餐具略有差别。中餐零点正餐所摆设的餐具主要包括：主餐盘、毛巾碟、两用筷架、席面更、茶杯及茶碟、口汤碗及汤勺、多功能杯、餐巾花等。见图 2-3。

图 2-3　中餐零点正餐摆台

2. 中餐宴会摆台

（1）准备工作

①将双手洗净、消毒。

②根据宴会的主题，选择各类餐具、用具、布草等。要求：餐具洁净、无破损，布草尺寸合适、整洁、平整。

③折叠宴会所需餐巾花。

（2）摆台见图 2-4。

①铺台布、台裙。台布的铺设方法有三种，分别为抖铺式、推拉式、撒网式。须铺设台裙时，台裙中心与台布中心重叠，四周下垂距离相等。若采用围裙取代台裙时，围裙须与桌边齐平，一般用围裙夹进行固定。

②放转盘。根据餐桌尺寸、出品的类型，选择合适的转盘，将其轻置于餐桌中心。转盘转面须无破损，盘面整洁、转芯无异常。

③配餐椅。以 10 人台为例，主人与副主人相对一侧分别摆放三把餐椅，陪同席两侧

图 2-4　中餐宴会摆台

各摆放两把餐椅。

④摆放餐具

A. 摆放骨碟。将骨碟合理放置于托盘之内，左手托盘，右手摆放；从主人位开始，按顺时针方向依次摆放。骨碟边缘距离桌边 1.5 厘米，定位均匀，图案或 logo 正面朝向客人。

B. 摆味碟、汤碗、汤勺。味碟位于骨碟正前方 1 厘米处；汤碗摆放在味碟左上方 1 厘米处，汤勺置于汤碗内，勺柄朝左，并与骨碟平行。

C. 摆水杯、葡萄酒杯和白酒杯。水杯、葡萄酒杯和白酒杯从左至右依次摆放于骨碟正上方。要求：葡萄酒杯位于味碟正上方 2 厘米处，水杯位于葡萄酒杯左侧，白酒杯位于葡萄酒杯右侧，杯肚间距为 1.5 厘米，三杯成斜线与水平成 30 度角。

D. 摆放筷架、筷子、长柄勺。

筷架置于骨碟右上方 45 度角处，与味碟成一直线。依次摆放长柄汤勺、筷子；长柄汤勺距离骨碟 3 厘米，筷子置于筷套内，正面朝上，摆放在筷架上，筷套尾端距离桌沿 1.5 厘米；牙签袋正面朝上，置于长柄勺与筷子中间，并与长柄汤勺齐平。

E. 摆放茶具。茶杯置于茶碟正中，茶碟位于筷子右侧 2 厘米处，与骨碟中心成同一条直线。

⑤摆放烟缸。在主人位与主宾位之间摆放一个烟缸，并配备烟缸碟，按顺时针方向依次每两位客人之间摆放一套。

⑥摆公用餐具。公筷及公匙，每桌两副，摆放在正、副主人“三杯”的正前方。按先公筷后公匙的顺序摆放于筷架上，筷架与水杯中线横向垂直，间距 1 厘米，筷子在内侧，公勺在外侧，筷尾与勺尾向右。

⑦摆放餐巾花。从主人位按顺时针依次摆放，花型应突出宾、主的席位。

⑧摆放桌花。桌花应置于转盘的中心位置。

⑨拉椅定位。摆放餐椅，并距离台布或台裙 1 ~ 2 厘米的距离，椅背中心与骨碟中心在同一直线上。

（3）检查工作

检查所有的摆台工作是否完善，是否有遗漏，是否与整体环境相协调。

相关链接：

1. 摆台的小常识

① 在实际摆台的过程中，各种餐具、用具的准备必须充分，避免遗漏。部分营业场所，服务员的摆台工作是在客人面前完成的，因此，摆台时必须使用托盘进行操作。

② 在拿取餐具时，应注意卫生，原则上取拿盘碗时要拿边，取拿刀、叉、勺时应拿柄，取拿杯具时应拿颈部或底部。

③ 摆放公用器具时，应将台号牌摆在便于客人看见的位置，烟缸的摆放须加碟，且不同大小的餐台、烟缸及碟摆放数量也不尽相同，应根据具体的情况而灵活把握。

2. 台布

台布的种类：台布的种类很多，因纯棉台布吸水性好，大多数餐厅均使用纯棉提花材质台布。台布的图案有团花、散花、工艺绣花等样式，其代表颜色有白色、黄色、金黄色、粉色、红色、绿色、蓝色等。使用时，不管选择何种颜色或材质的台布，其要与餐厅的风格、装饰、环境相协调。台布的形状大体有三种：正方形、长方形和圆形。正方形常用于方台或圆台，长方形则多用于西餐餐台，圆形台布主要用于中餐圆台。其中，方形台布常见 140cm×140cm、160cm×160cm、200cm×200cm、220cm×220cm、240cm×240cm、260cm×260cm 等规格。使用时应根据餐桌的大小选择合适规格的台布，如 140cm×140cm 的台布适用于 90cm×90cm 的方台；160cm×160cm 的台布适用于 100cm×100cm 的方台；180cm×180cm 的台布适用于直径 160cm 的圆台；220cm×220cm 的台布适用于直径 180cm 的圆台；240cm×240cm 的台布适用于直径 220cm 的圆台。长方形台布常见的有 160cm×200cm、180cm×300cm 等不同规格。这类台布常用于西餐餐台或拼台，使用时可根据餐台的大小、形状而选用不同数量的台布进行拼接，拼接时注意将接口处接压整齐。圆形台布的规格也较多，其多用于定制或组合的餐台，并配合围裙使用。一般，根据餐台的大小，将台布定制成大于餐台直径 60 厘米的圆形台布，使台布均匀铺于餐台上，以四周下垂 30cm 为宜。

铺设台布：铺台布之前，首先根据就餐人数确定餐椅数目，将所需餐椅并列摆放于餐台的四周。然后，服务人员应将双手洗净，并对准备使用的台布进行检查，发现有破损、油渍和皱褶明显的台布应更换。最后根据整体的布局环境来确定宾、主席位。铺设台布时，服务员应站在副主人处距离桌边 40cm 的位置。中餐服务员铺设台布时常使用以下三种方法：（1）推拉式，即服务员用双手将台布打开后放至餐台上，将台布贴着桌面平行推出去再拉回来。这种铺法多用于零点餐厅。通常，有客人在进餐或操作空间狭窄的情况下，选用此种方法。（2）抖铺式，即服务员双手将台布打开，平行对折后将台布提在双手中，身体正立，利用双腕的力量，将台布向前抖开并平铺于餐台上。这种铺台方法适合在较宽敞的餐厅或周围没有客人就座的情况下进行。（3）撒网式，即服务员双手将桌布横折夹起，通过左旋撒或右旋撒的方式，将桌布盖于台面上的铺设方式。所有的台布铺设完后，应进行简单整理，确保其铺平、四周下垂均匀、美观。

3. 西餐摆台

（1）西餐零点早餐摆台（见图2-5）。

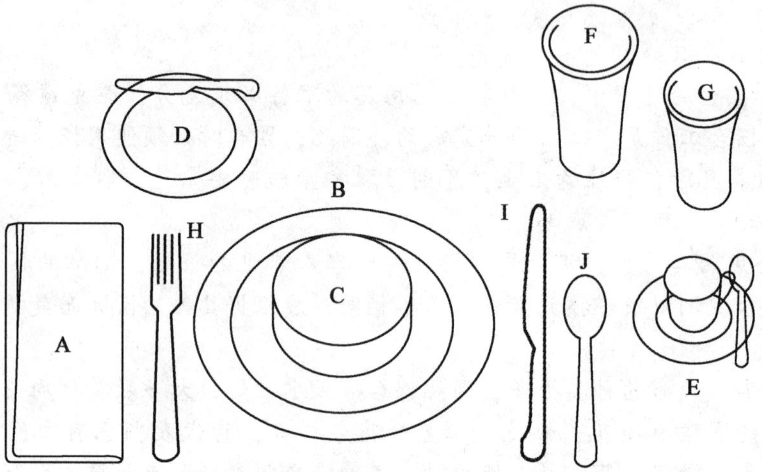

图2-5　西餐零点早餐摆台

A：口布　C：杂粮碗　E：咖啡杯及碟　G：果汁杯　I：主餐刀

B：主餐盘　D：面包碟及黄油碟　F：水杯　H：主餐叉　J：汤勺

（2）西餐宴会摆台

西餐摆台常用餐具：

银器类别：

①咖啡壶：主要用于盛装咖啡及保温。

②洗手盅：用作宴会前客人洗手用，一般水装6分满，并在水中加入柠檬片。

③田螺盘：专门用来盛放田螺的银盘，一般盘中有凹凸状的设计，以避免田螺在盘中滑动。

④面包篮：用于盛装各式面包。

⑤酒篮：用于服务红葡萄酒时使用。

⑥坚果架：用于服务各式坚果。

⑦汁斗：用于盛装各种酱汁或调味品。

不锈钢类：

①主餐刀及叉：主要在食用主菜时配合使用。

②扒刀：主要在食用肉类主菜时使用。

③鱼刀、鱼叉：专用于所有热的鱼、虾、贝类菜肴。

④头盘刀及叉：在食用头盘或沙拉时配合使用。

⑤黄油刀：一般放于面包盘上，供吃面包涂抹黄油时使用。

⑥甜品刀：食用水果、甜品时使用。

⑦甜品勺：食用部分甜品时使用。
⑧汤勺：喝汤时使用。
瓷器类：
①装饰盘：摆台时用于定位及装饰。
②主餐盘：食用主菜或部分其他类菜肴时使用。
③沙拉盘：食用各种沙拉时使用。
④面包碟：用于盛装各式面包。
⑤甜品盘：盛装各类甜品时使用。
⑥汤盘：用于食用各类汤品时使用。
⑦奶缸：盛装牛奶用，一般在饮用咖啡或茶时使用。
⑧糖缸：用于盛装服务咖啡及茶时所需的糖。
⑨椒盐瓶：盛装作调味用的胡椒或盐。
⑩水果盘：用于盛装各种水果。
玻璃器皿类：
①水杯：饮用冰水或矿泉水时使用。
②白葡萄酒杯：用于盛装白葡萄酒。
③红葡萄酒杯：用于盛装红葡萄酒。
④香槟杯：盛装香槟酒、葡萄汽酒。
⑤甜酒杯：盛装各式利口酒或餐后甜酒。
⑥果汁杯：用于盛装各种软饮料及果汁。
⑦鸡尾酒杯：盛装各式鸡尾酒。
西餐宴会摆台的餐具摆放：
①展示盘置于餐位的中央，餐巾置于展示盘的中央或左侧。
②展示盘两边分别摆放主餐刀、主餐叉，鱼刀、鱼叉，汤勺、头盘刀、头盘叉。
③杯子摆放在刀类餐具的上方，依次为水杯、红葡萄酒杯、白葡萄酒杯或香槟杯等。
④面包黄油碟摆在叉类餐具的左侧。
⑤甜品勺摆在装饰盘的上方。
⑥摆放其他用具或用品，如椒盐瓶、花瓶、烟缸等。
西餐宴会摆台见图 2-6。

四、斟酒

斟酒服务是餐饮服务员重要的工作内容之一。迅捷、规范、优美的斟酒服务往往给客人留下美好而深刻的印象。

（一）服务酒单

专业的餐饮经营场所会根据其产品的特点，提供有针对性的酒类品种并制作专业的酒单。在对客服务过程中，服务员应主动向客人提供酒单，并介绍酒品的种类、口味、产地、香型、瓶装容量、价格等情况。

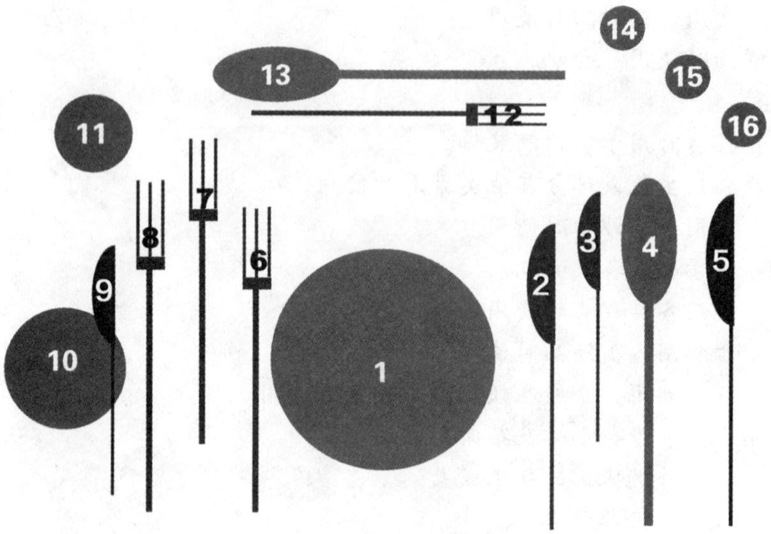

图 2-6　西餐宴会摆台

1. 装饰盘	2. 主餐刀	3. 鱼刀	4. 汤勺
5. 头盘刀	6. 主餐叉	7. 鱼叉	8. 头盘叉
9. 黄油刀	10. 面包盘	11. 黄油碟	12. 甜品叉
13. 甜品勺	14. 水杯	15. 红葡萄酒酒杯	16. 白葡萄酒酒杯

（二）领取酒水，检查酒水质量

根据客人的需求，服务员领出酒水后首先检查酒瓶是否干净，标签是否完整，瓶塞有无破裂。如：通过检查有无悬浮物或明显的沉淀物、装瓶量是否标准、酒体是否浑浊等情况来判断酒水的质量。当发现问题时要及时更换。

（三）示酒

示酒时服务员应站在易于主人观察到的位子，左手轻托瓶底，右手扶住瓶颈，酒标朝向客人，让客人辨认商标、品种并最终确认所点酒水。见图 2-7。

相关链接：

1. 示酒的意义：示酒工作适用于所有的中、西餐服务。其显示出对客人的尊重，同时也是服务员销售工作的重要环节，在实际服务过程中，服务员通过与客人的交流、沟通可以了解客人对酒类产品的个性需求，也有助于其建立良好的对客服务关系。

2. 示酒的方法：准备一条洁净的口布，将口布叠成长 20 厘米，宽 12 厘米左右的长方形，竖放于左手小臂及手腕处，将示酒瓶放于左手手臂上，左手食指顶住瓶底，右手握住瓶颈，将酒瓶标签处展示于客人面前，并配合使用敬语，如："您好，这是您点的××酒，您看可以帮您打开了吗？"

图 2-7　示酒服务

（四）调节酒水温度

1. 冰镇

根据客人所点酒水，在服务酒水前，为达到最佳的饮用效果，必须对部分酒水进行冰镇处理。冰镇，通常分为用冰块冰镇和冰箱冷藏两种方法。冰块冰镇的方法：准备好需要冰镇的酒水和冰桶，桶中放入颗粒大小适中及适量的冰块，将酒瓶插入冰块中，10 分钟后，即达到冰镇效果。冰箱冷藏冰镇的方法则需要提前将酒水放入冷藏柜内，使其慢慢降温至饮用温度。通常，饮用前需进行冰镇的酒类包括白葡萄酒、香槟酒、葡萄汽酒、啤酒、部分果酒等。

2. 温酒

根据酒的特点，部分酒饮用前需要进行加温处理。温酒的常见方法有水烫、烧煮、燃烧、混合升温四种。如：日式清酒在饮用前可根据酒体的“骨感”和味型，而选择性地进行加温；部分鸡尾酒饮用前可以进行燃烧处理。

相关链接：

酒水的最佳饮用温度：（1）啤酒的最佳饮用温度在 8℃ ~11℃，服务员应视自然温度的高低确定啤酒是否需要冰镇或冷藏。（2）黄酒，适合加温饮用，一般将酒注入温酒壶内，用开水烫热，达到40℃～50℃即可，不可用烘烤和燃烧的方法，以免酒温过高影响其香醇度或品质。(3) 干型白葡萄酒的饮用温度宜为8℃～12℃，因此，在服务白葡萄酒时，应视室温高低来确定冰镇的时间。

（五）准备酒具

服务员要根据客人所点的酒水而服务相应的酒杯。专用的酒杯会让客人感受到服务的专业，使客人产生良好的消费心理和品尝情绪。同时，不同的酒杯在设计初期已经考虑其造型对饮用口感的影响，因此，服务员在服务酒水时，应避免出现“一杯”盛装多种酒的情况。在服务过程中，无论用什么样的酒杯，杯具必须清洁卫生，无水渍、油迹、指纹等，而且杯身晶莹透亮。

（六）开酒瓶

（1）准备好开瓶器、口布。

（2）使用正确的开瓶器。开瓶器有两类：一种是专门开启瓶塞的酒钻，常见有多功能开瓶器、翅式开酒钻；另一种是开瓶盖用的扳手。

（3）开瓶时，瓶身要正立于桌面，动作要轻，尽量减少晃动。

（4）开启瓶塞以后，要用干净的口布擦拭瓶口。

（5）开启后的封条、盖子等杂物，不要直接放在桌子上，可以放在服务兜里，按照惯例，开启木塞类封口的葡萄酒时，一般会将瓶塞留下，以供客人赏鉴。

相关链接：

红白葡萄酒的开启方法：两种葡萄酒的开启方法基本相同，只不过白葡萄酒应先通过冰桶或冰箱冰镇后再开启。先用酒刀将瓶颈上的铅封切开剥掉，并用餐巾擦拭瓶口，将酒钻按顺时针方向垂直转入瓶塞，注意不要旋转酒瓶，待酒钻完全钻入软木塞后，缓缓向上拔出。再用餐巾擦拭瓶口，最后将瓶塞放到小碟中，置于主人的右手侧，以便主人鉴赏。白葡萄酒服务时要用干净的餐巾包住瓶身，红葡萄酒服务时则应使用酒篮。

香槟的开启方式：用酒刀将瓶口的锡纸剔除。左手握住瓶颈，同时用拇指紧压瓶塞，瓶身倾斜45度，右手将瓶颈外的铁丝圈拧开取掉。在瓶口盖上一块干净的餐巾，双手在餐巾下操作。左手依旧握住瓶颈，右手握住瓶塞，双手同时反向转动并缓慢地上提瓶塞，直至瓶内的气体将瓶塞完全顶出。开启瓶塞后，用干净的餐巾擦拭瓶口，擦拭时不要让瓶口积垢落入瓶中。注意，开拔瓶塞越轻越好，防止发出突爆声。最后，将瓶塞放于小碟中，置于主人右侧，供主人赏鉴。开香槟酒时，应注意瓶口始终不能朝向顾客，以防酒水喷洒到客人身上。

滤酒：有些葡萄酒在储存的过程中会产生沉淀，这是正常现象，因此，服务员应主动为客人滤酒。准备一个滤酒瓶，一支蜡烛，轻轻倾斜酒瓶，使酒液慢慢流入滤酒瓶中，注意动作一定要轻，不要搅起瓶底的沉淀物。同时，应对着烛光操作，直到酒液全部滤完，然后手持滤酒瓶，进行席间斟酒服务。

（七）尝酒

在斟酒前先斟倒 1/5 杯在主人的酒杯中，让主人品尝，征得主人同意后再为其他客人斟酒。

（八）斟酒服务

1. 斟酒方法

一般可以分为徒手斟酒和托盘斟酒两种。见图 2-8。

图 2-8　托盘斟酒

（1）徒手斟酒：左手拿一块洁净的餐巾，置于身后，右手拇指分开，除食指外的其他三指并拢，握酒瓶中部，酒标朝外展示给客人。斟酒时，服务员站在宾客右后侧，身体微向前倾，右脚插入两椅之间，将右臂伸出进行斟倒。斟至适量时，持瓶的手按顺时针方向旋转 45°，同时收回酒瓶，使最后一滴酒随瓶身的转动均匀分布在瓶口边沿，避免酒液洒落，也可用左手所持的餐巾把残留在瓶口的酒液擦拭干净。

（2）托盘斟酒：使用托盘斟酒时，服务员站在客人的右后侧，右脚向前侧身而立，左手托盘，保持平衡，然后略弯身，将托盘中的酒水展示在客人眼前，让客人选择自己喜欢的酒水。待客人选定后，服务员直起上身，将托盘移至客人身后。注意托盘不可逾越客人的头顶，掌握好托盘的重心，将托盘向外托送，避免托盘碰到客人，最后用右手从托盘上取下客人所需酒水进行斟酒，方法与徒手斟酒相同。

相关链接：

徒手斟酒的基本方式有两种：一种叫桌斟，一种叫捧斟。桌斟指顾客的酒杯放在餐桌上，服务员持瓶向杯中斟酒，斟酒时，瓶口应离杯口 2 厘米左右为宜；斟汽酒或冰镇酒时，二者以相距 5 厘米左右为宜。

捧斟斟酒服务时，服务员站立于顾客右侧身后，右手握瓶，左手将酒杯捧在手中，向杯中斟满酒后，绕向顾客的左侧将装有酒液的酒杯放回原来的杯位。捧斟方式一般适用于非冰镇类酒品。

2. 斟酒量

（1）白酒一般斟至八分满。

（2）红葡萄酒斟入 1/2 或 1/3 杯满（根据杯型），白葡萄酒斟入 2/3 杯满。

（3）斟香槟酒时，应将酒瓶用干净的餐巾包好（避免冰镇后，酒瓶表面水珠滑落），先向杯中斟倒 1/3，待泡沫退去后，再往杯中斟至 2/3。

（4）啤酒斟倒时一般分两次进行，以泡沫不外溢为宜。

（5）白兰地酒斟 1/8 杯满。

（6）鸡尾酒调制时，酒体占杯身容量的 3/4（便于客人观赏、拿取）。

3. 斟酒的顺序

一般从主宾位置开始，按顺时针方向斟倒。遵循主宾在先，主人在后，女士在前，男士在后的原则。大型宴会一般提前 5 分钟左右将客人的酒斟倒好。若是两名服务员同时为一桌客人服务，则一位从主宾开始，另一位从副主宾开始，然后按顺时针方向依次为客人斟倒酒水。

4. 斟酒注意事项

（1）斟酒时，瓶口不能与杯口接触，以相距 2～5 厘米为宜。

（2）注意观察瓶内酒量，控制酒液流下的速度。

（3）斟酒时若不慎将酒杯碰翻，应主动向客人表示歉意，同时递上毛巾供客人擦拭，并将干净的餐巾铺于酒湿处，检查杯具是否有破损，若有破损须立即帮客人更换，并再次为客人斟酒。

（4）瓶内酒水不足一杯时不能向客人斟倒。

（5）宴会期间，主人开始讲话时，所有服务员应停止一切活动，站在适当的位置，讲话结束后才能继续进行相关服务。

（6）服务员应注意巡台、观察客人的进餐情况，及时把握斟酒或添加酒水的时机。

五、上菜与分菜

（一）上菜的位置

1. 零点餐厅的上菜位置

零点餐厅的上菜位置有别于宴会上菜服务。一般，服务员应根据餐厅的餐台布局选择宽敞的位置上菜，以不打扰客人为宜。严禁从主人和主宾之间上菜，同行也尽量避免从老人和小孩中间上菜。

2. 宴会上菜的位置

陪同或副主人的右侧可以作为宴会上菜的位置，宴会期间，服务员不得随意更改上菜口。

（二）上菜的方法

1. 单手侧身法

一般适用于较轻，尺寸小于 14 寸的菜盘。上菜时，服务员站于客人的右侧，提醒客人即将上菜，右手拿菜盘的边沿，右脚向前半步，右手手指先着桌面或盘面，将菜盘轻轻地放下，退出半步至客人右后方，报菜名，辅以手势并请客人慢用。

2. 双手平身式

菜盘规格大于 14 寸或菜盘较重时上菜的使用方法。双手持住盘边沿，提醒客人即将上菜，右脚在前，左脚在后，进入到上菜位置，身体略向前倾，双手小指先着桌面或盘面，将菜盘轻轻放下，退出半步至客人身后，报菜名，辅以手势并请客人慢用。

相关链接：

上　菜

不管采用何种方式上菜，上菜时切忌因动作较大而发出声响，而手指接触桌面或台面能有效地减小菜盘与桌面或转盘产生的摩擦声。部分设置了转盘的餐桌，上菜时要确保菜肴均匀分布在转盘边沿以内的位置，若转盘上摆满菜品，则可以将客人吃得较快的菜品向转盘中央移动，让“新菜”置于转盘上；若是方桌、长桌上菜，则遵循“一中心、二平放、三三角、四四方、五梅花”的摆放标准。所有菜品上桌后，整体摆放要求：菜式搭配合理、布局美观，尊重礼仪、无空盘或叠盘的情况出现。

（三）上菜的时机

1. 零点餐厅上菜时机

一般，冷菜应在客人点菜后 8 分钟以内上桌，冷菜吃到一半时，应保证热菜开始上桌，且所有的菜品应在 30 分钟以内全部上齐，若是客人有特别要求，则应灵活把握上菜时机。

2. 宴会上菜时机

根据宴会的性质和特点，一般提前 5～10 分钟上冷盘。当所有冷盘吃到一半时，开始上热菜。宴会上菜的过程中，服务员应仔细观察客人的进餐情况，控制上菜的节奏。

（四）上菜的顺序

1. 零点餐厅的上菜顺序

中餐零点的上菜顺序不是特别的严格，但也遵循相关规律，一般按先冷后热、先主后次、先荤后素、先咸后甜、水果最后的顺序上菜。但部分菜式的上菜顺序也受当地文化及进餐习惯影响，如粤菜、鲁菜等。

2. 宴会的上菜顺序

传统宴会都会配备专门的宴会菜单，其上菜顺序须严格按照宴席菜单顺序进行。

相关链接：

上菜的文化

上菜并不是一件简单的事情，传统的中餐上菜过程也是一门摆放艺术。如：上鱼类菜肴时，要求“鱼不献脊”，上全鸡造型菜肴时，要求“鸡不献头”，上鸭、鹅类菜肴时，要求“鸭、鹅”不献‘掌’”。

3. 上菜的要领

（1）上菜前须仔细核对台号、品名，避免上错菜。

（2）上菜前应及时调整菜盘之间的距离，并整理台面，确保正常的上菜空间。

（3）上菜时，菜盘不得越过客人肩上或头顶上。

（4）往转盘上上菜时，应将新上的菜转至主人和主宾之间。

（5）部分配有调味品的菜，应先上调味品，再将菜上桌。

（6）及时撤去桌上的空盘，保持台面清洁美观。

（7）上菜时，动作要轻盈、迅捷，不得影响客人进餐。

（五）分菜

根据客人就餐的规格和部分菜肴的特点，服务员应主动为客人提供分菜服务。

1. 分菜的用具

中餐分菜的常见用具：分菜勺（叉）、长柄汤勺、公筷、分菜夹等。

2. 分菜的顺序

先宾后主，先女士后男士。

3. 分菜的基本要求

逢汤必分，整型菜需分；高规格的宴席菜，每道菜需分。

4. 分菜的方法

（1）叉勺分菜法：常用于炒菜或点心。菜上桌后，服务员左手持盘，右手持分菜叉和勺，从主宾位左侧按顺时针方向依次为客人分菜。

（2）旁桌分菜法：在餐桌旁便于客人观赏到的位置设置餐车或服务台，根据就餐人数准备好分菜盛装用的餐盘，待所需分的菜品上桌后，先报菜名，然后双手将其取下，选择合适的分菜工具在餐车或服务台上进行分菜，然后从主宾位开始，按顺时针方向将分装好的餐盘送至每位客人。此种方法，常用于整型菜的分菜。

（3）各客分菜法：常用于高端分餐服务，即厨师提前根据客人的人数，将每道菜肴分成每人一份或例，服务员从主宾位开始，按顺时针的顺序将菜服务给客人。

相关链接：

分 餐 服 务

在用餐标准较高或是客人身份较高的宴会上，每道菜肴均需分派给客人。所有需要分派的菜品，都必须在宾客面前先展示一下，让客人看过一遍，并简单介绍菜名及其特色，征得客人同意后再拿下去派分，如果客人要求在台面上分，这时服务员可一人操作或两人配合，动作要干净、利索，千万要注意，不能把汤汁之类的东西滴到客人身上。

（六）分菜服务注意事项

（1）分菜时应注意手法卫生，不得将掉在桌上的菜肴拾起再分给客人；手拿餐碟的边缘，避免污染餐碟；服务员在分菜时动作要轻、快、准，千万不可在分菜给最后一位客人时菜已冰凉。

（2）分菜时服务员要做到心中有数，给每位客人的菜肴要大致等量，凡带骨的菜肴，骨与肉要分得均匀，部分禽类菜肴，头、尾、翼尖的部分不能分给客人。

（3）部分菜肴要上调料或味碟，分菜时应先上味碟、调料并向客人说明其食用方法。

相关链接：

中餐整鱼服务程序

（1）报菜名：上鱼时先报菜名，向客人展示后，撤至服务台，鱼尾向右。

（2）剔鱼脊骨：服务员左手持叉，右手持刀，用叉轻压鱼背，避免鱼在盘中滑动，先用刀在鱼头下端及鱼尾处各切一刀，再用餐刀从鱼头刀口处沿鱼腹中线将鱼肉切开至鱼尾处，将刀叉同时入鱼腹中线处，用叉轻压鱼身，用餐刀沿鱼脊中线将鱼肉两边剔开，让整条脊骨露出来，从鱼尾刀口处将鱼脊骨整条剔出，放在一旁的餐碟上。

（3）整理成形：用刀叉将鱼肉合上，整理成鱼原状，再将鱼上佐料，稍微整理，然后端上餐桌。

中餐带骨、壳类菜肴服务程序

（1）上洗手盅：当客人点了虾、蟹、鸡翅、鹅掌类的菜品时，服务员须送上温度适中的柠檬水洗手盅，然后使用托盘将洗手盅分送给每位客人并摆在餐位的右上方，同时要礼貌地向客人说出其用途。

（2）上湿巾及茶水：客人洗手完后，服务员应递送湿巾并敬送茶水。

（3）撤餐具：当客人用完该道菜并洗手后，服务员应将洗手盅、茶具、湿巾同时撤下，然后再将餐盘、刀叉撤离以保证客人的正常进餐。

第二节　餐饮电话服务技能

餐饮电话服务是餐饮服务的初始环节，也是餐饮综合服务不可缺少的组成部分。

餐饮电话服务是指酒店餐饮部门以电话方式为餐饮产品的消费客人及潜在客户提供服务的过程。餐饮电话服务的内容主要包括：餐饮电话咨询、电话预订、电话销售等内容。

一、咨询服务

咨询是客人通过电话沟通方法了解酒店餐饮产品的基本方法。通常，在整个消费活动的初始阶段，客人会通过主动拨打电话的方式来了解酒店餐饮产品的类型、功能、出品类别、环境特点、价格标准、优惠政策等信息。

1. 类型及功能

电话服务员应在第一时间为客人提供酒店餐饮产品的基本类型或功能，如酒店的中餐厅、西餐厅、自助餐厅、风味餐厅等以及每类功能性产品在餐饮服务运营中所占的比重。

2. 出品类别

客人了解各餐厅的出品类型后，会进一步了解部分细分产品的信息，如：中餐厅的菜式有多少，有哪些特色菜；西餐的出品中是否提供法餐、意大利餐、环球美食；酒店是否有专业的扒房、咖啡厅或酒吧等。电话服务员介绍完产品类别后，应有效把握客人的基本需求，对客人的需求进行“过滤”并提供有针对性的说明或解答。

3. 环境

通常情况下，酒店在设置餐饮产品的过程中，会充分考虑环境因素。酒店不同类型的餐饮产品往往通过“环境”要素来体现其产品特色。电话服务员在介绍酒店餐饮产品的过程中应能准确描述酒店所有出品的服务环境及特点，如常见描述就餐环境的表达有“生态式中餐厅”、“纯欧式包房”、“花园式咖啡厅”、“园林式美食沙龙”等。

4. 价格及优惠政策

在咨询服务的结尾阶段，电话服务员应在服务介绍中提供关于价格、优惠政策等客人较为关注的信息，以促成或达成客人消费的目的，例如服务员可以告知客人“包房或零点的人均消费价格仅为××元，××特色菜肴正在做特价活动，消费满××元即送精美礼品”等类似的“刺激信息”或优惠政策。

相关链接：

酒店电话服务员在提供咨询服务的过程中，除了应具备良好的专业知识外，还应具备较好的公共知识、社会知识。专业的服务人员应充分了解本酒店所处的地理位置、交通环境、酒店的特色或文化等内容。同时，在提供咨询服务的过程中，应及时为客人提供“核心信息”，避免因提供的信息繁杂、冗长而达不到预期沟通目标或浪费客人的宝贵时间。

二、预订服务

接受预订是为客人提供餐饮服务的初始环节，优秀的电话预订服务能给客人留下美好的第一印象。服务员在进行餐饮电话预订的过程中应把握以下几点：

1. 时间：客人消费及酒店运营时间。在电话预订的过程中，服务员应主动与客人进行时间信息的确认，如客人的到店时间，所要求的上菜时间。同时，根据客人所提供的时间信息，电话服务员应告知客人酒店餐饮部门常态的运营时间及客人所作预订的最终保留时间，以免客人的消费时间与酒店的运营时间冲突而产生误会。

2. 地点：就餐地点。电话服务员获取客人的就餐时间信息后，应准确告知客人就餐的区域或地点，如楼层号、包房号、餐台号等信息。

3. 人数：了解客人大概的就餐人数，并提供备用方案（临时增加或减少人数）。充分了解客人的就餐人数及根据人数进行合理安排能有效提高酒店运营的效率和增加酒店餐饮的综合收入。

4. 就餐形式：了解客人的就餐形式，用餐规格。如零点、包房、自助等。同时应主动获取客人期望的消费标准、就餐规格等信息。

5. 特殊要求：充分了解客人的个性需求。如口味、菜式搭配、出品的品牌、特殊菜肴的制作以及其他方面的要求。

三、电话销售服务

餐饮电话服务过程中，销售活动始终贯穿整个服务的过程，并占有重要的主导地位，良好的电话销售服务对增加营业收入及树立酒店餐饮品牌形象有着重要的意义。

1. 餐饮电话销售的目标

①根据客人的实际情况，确定客人所需餐饮产品的类型。

②根据客户的消费意愿，提供酒店产品的销售延伸服务。

③让客人接受电话销售员的建议，并愿意接受其服务及安排。

④获取准客户的相关信息，引起潜在客户的消费兴趣。

⑤通过与客人的沟通，完善酒店餐饮产品的功能及服务质量。

2. 餐饮电话销售的常用方法

①提问：通过提问的方式来主动了解客人的需求并进行有效的推销。如“请问您喜欢湖景包房吗？”“请问您喜欢原装进口的红葡萄酒吗？”“请问，本店××招牌菜，您上次觉得还可以，今天需要为您再安排吗？”“我们正好有一个您所需要的场地，您要不过来看看？”

②主动提供建议：在餐饮电话销售的过程中，服务人员应根据客人的情况，主动为客人提供消费建议。如“您好，您所要求的菜，应该已经够吃了，如果不够，我们临时再为您增加，行吗？”“我觉得这个菜肴的性价比很高，而且分量很足，要不试试？”

③通过问候的方式：在实际的销售过程中，部分常客会因为工作或其他原因而无法到店消费，销售员应定期对客人进行电话问候，通过此方式达到促成客人来店消费的目的。如“×先生，您还好吗？工作还顺利吗？我们都很想念您，要不，周末和家里人一起来聚聚，好好放松下？”

3. 电话销售服务的注意事项

①明确销售目标。

②在一分钟以内，准确讲述所销售餐饮产品的基本信息。

③注意销售语言的措辞或表达。

④详细记录销售反馈意见。

四、电话服务总体原则

1. 电话接听的基本要领

（1）应保持正确的姿势，让上身尽量挺直。

（2）所有来电均在三响之内接听，一般为电话铃声响起两声后接听，以让自己和对方有充裕的时间准备，如因特殊情况，超过三声后才接听，应先向对方道歉。

（3）保持微笑，然后左手握听筒，右手准备笔和纸，准备记录谈话的内容。

（4）主动问候对方，如“早上好！”然后自报家门，如“您好！××酒店，××餐厅，××（姓名）为您服务”，再主动询问帮助，如“请问有什么可以帮助您？”等。

（5）详细记录电话交谈的主要信息。认真倾听对方的电话事由，如需传呼他人，则应礼貌请对方稍候，然后轻轻放下电话，马上传呼他人；若是对方通知或询问某事，则应该按要求逐条记下，复述并答复对方。

（6）记下对方所阐述的事情或所提要求中的核心信息，如“时间、地点、数量、号码、何人、何事”等信息。

（7）向对方的来电表示感谢。

（8）等待对方挂断电话，自己再挂断。

2. 接听电话服务中的注意事项

（1）正确使用称呼，如对方的职务、身份等，通常按照姓氏冠以职务称呼，如“张主任”、“刘总”等，如果不知道对方的姓名或职务，也可以按照姓氏冠以“先生”、“小姐”等来称呼，如“李先生”、“王小姐”等。

（2）选用正确的措辞或表达，注意使用敬语。

（3）对容易造成对方误会或听错的“同音字”或“词”，要注意发音准确、咬字清楚。

（4）不要对客人讲俗语或酒店行业的专用术语，以免客人听不懂、不理解而造成误会。

（5）语言要精练、明了，不要拖泥带水，以免浪费客人的时间，引起对方反感。

（6）接听电话时，无论对方是陌生人还是熟人，应尽量避免使用幽默或开玩笑的话语，因为在无法观察到对方肢体语言的情况下，使用幽默或开玩笑的言辞往往容易引起误会。

（7）接听电话过程中应尽量不失礼节地去了解对方的姓名、工作单位、电话号码等信息，但是当客人实在不愿意透露时，也不能过分勉强，以免造成客人的不满。

（8）在接听电话过程中，若遇客人拨错电话的情况，要耐心、礼貌地告诉对方拨错了号码，而不能显示出不耐烦的情绪。

相关链接：

餐饮行业电话销售的现状

目前我国餐饮企业对电话销售在销售工作中的意义尚不够重视。据2008年4月12日～19日杭州联盈企业管理公司专业调查机构对杭州市100家餐饮企业进行的电话营销专项调查结果显示，电话销售在当前餐饮行业的销售工作中呈现了不容忽视的三个特征：

（1）餐饮企业电话销售额占总销售额的比例整体偏低，94%的餐饮企业电话销售额占总销售额的比例在60%以下，电话销售的提升空间巨大。

(2) 以电话销售为主要销售方式的企业比例明显偏低，83%的餐饮企业不重视电话销售，电话销售的意义有待普及提高。

(3) 被动接受电话预订达成销售的企业远远多于主动进行电话营销达成销售的企业(88.2%：11.8%)，主动电话营销有待整体加强。

同时，调查人员在整体调查中进行的抽样调查反映出，餐饮行业对电话销售的观念意识及态度也不容乐观，亟待正确引导和加强。

第三节　餐厅失窃及火警的处理

一、餐厅失窃及其处理

(一) 餐厅失窃的原因

1. 外来人员盗窃

指社会上的一些不良分子混进饭店，发现部分客人在进餐过程中放松了对财物的警惕，伺机进行的盗窃行为。

2. 宾客盗窃

主要指客人中潜藏的个别不法分子，在就餐过程中，向其他客人行窃的行为。

3. 员工内盗

部分低素质的员工，会顺手牵羊，这也是餐厅失窃的部分原因。因此，饭店在员工招聘时应把好关，避免低素质人员的流入，同时加强员工的思想教育工作，提高员工的道德准则。

(二) 失窃事件的预防

1. 防止外来人员的流入。餐厅应加强进出口的控制，并加强服务区的巡查，服务人员应主动做好当班的值台检查工作。

2. 加强运营区域安全闭路监控的监管力度，确保区域内无盲点。

3. 注意形迹可疑人员。

4. 严格把控员工招聘源头，避免低素质人员流入饭店。

5. 加强员工上下班时所携带物品的检查，并对员工储物柜或宿舍进行不定期抽查。

(三) 失窃事件的处理

饭店宾客的财物被盗以后，如宾客直接报警，由公安部门负责处理，饭店提供相关协助即可。但是宾客若没有报警，而是向饭店反映情况，则由饭店全权负责处理，处理程序如下：

1. 当值服务员第一时间向上级报告情况。

2. 酒店保安部在接到报案后，在第一时间安排管理人员前往现场处理。

3. 询问客人及相关人员情况，并做好记录。

4. 确保当事人全部在场，并不得离开。

5. 保安部发现窃案成立，但是无法侦破时，应及时向公安机关报案。

6. 保安部若发现案件成立条件不足，应告知饭店值班经理，并由值班经理向客人解释。

7. 若客人坚持要求酒店调查，可告知客人去公安机关报案，保安部予以协助。

8. 对抓获的现行窃案，本部门应立即展开调查，由酒店管理人员或公安机关处理。

相关链接：

大厅拎包

××××年3月2日中午12时，餐厅生意较好，里面的餐位满满的。上海来的一个团队两桌只能安排在靠近门口的位置上，其中一位张先生坐在靠近通道口的位置上，把自己随身携带的黑色背包放在椅子旁边就埋头用餐，张先生用完餐后想去拿包时却发现包不见了。

服务员将情况报安全部，安全部通过监控发现一位男子背着张先生的包迅速从餐厅通道离去。酒店安全部出面，根据客人的要求陪同到达派出所备案，回来后对客人做了安抚，同时请客人留下联系电话，公安机关有消息将通知本人。因为客人也认为自己粗心，丢失物品不多，所以没有向饭店追究。事后餐厅规定，所有用餐客人的物品及脱下的衣服，餐厅再忙也要给客人的衣物套上衣套，确保安全。

二、火警的处理

遇到火警，应该根据每个酒店的消防应急预案执行，具体问题具体解决：

（一）警铃响起时的处理

1. 服务人员要主动辨别火警的信号和指令。

2. 听到火警信号后，应立即了解并查看火情是否发生在本区域。

3. 处于待命岗位的工作人员，应保持镇静，等待指令，并做好客人的安抚工作。

4. 除指定人员外，任何人都不得使用电话，应保持所有电话线路的畅通。

（二）听到疏散信号时的处理

1. 迅速打开安全门、安全梯，有步骤地组织宾客疏散。

2. 疏散时，所有人应走楼梯，禁止使用电梯。

3. 各安全出口应有专职人员负责，为逃生人员引路。

相关链接：

火警预防与灭火器使用

（一）预防知识

1. 起火的三要素：温度、空气中的氧气、火源材料。

2. 防火于未然是预防的最好措施。

3. 各种能源（电、煤气、酒精膏、蜡烛）人离开必须先熄灭。

4. 要经常检查餐厅、厨房通道、卫生间、杂物房是否有火种留下，特别是结束营业的时候必须要仔细检查。

5. 收桌布的时候不能包裹任何用具和杂物。

6. 烟灰在倒入垃圾筒前必须先把所有的火种灭掉之后再倒。

7. 服务用的卡式炉、酒精炉必须在使用前先检查是否安全，确定安全之后才能提供服务。

8. 所有的煤气罐、酒精、酒精膏、蜡烛要分离保管（铁皮箱），远离火种，并且上锁。

（二）灭火器材的使用

1. 所有的灭火器材都是根据起火的三要素原理制造出来的。

2. 餐饮常用的灭火器材：（小型）1211 灭火器、泡沫灭火器、灭火手毯、干粉灭火器（大型）、含高压胶喉和高压布水带的消防栓、推拉式泡沫灭火车。

3. 1211 灭火器使用时先把保险杆拉出，然后对准火苗的根部扳动压杆，1211 化学剂马上喷出来直至火苗扑灭，这种灭火器属于全能型，无论是电、油、煤气、燃料、电器所产生的火灾都适合，不损坏物件，它的灭火原理是降低温度，瞬间隔离空气中的氧气，是一种最好用的小型灭火器材。

4. 泡沫灭火器在使用时用手指按住喷嘴，左手抓住筒底，右手抓住筒耳，把灭火筒倒转过来略微摇动一下，然后让灭火筒继续保持倒转，左手的手指松开喷嘴，让泡沫喷射出来，绕着火苗从外向里喷射泡沫，直至火苗熄灭。由电所产生的火警禁用这种灭火器。它的灭火原理是利用泡沫把空气中的氧气隔离而起到灭火的作用，这种灭火器原料比较便宜，但有时间的有效期限制，并且容易损坏物件。

5. 在使用灭火手毯时，先把灭火毯打开，双手抓住两个毯的角，迅速把灭火毯拖到火苗处，然后松手把灭火毯铺盖住火苗，但注意松手前火毯是否已正确拖到火苗范围。其原理是利用石棉特制的毯盖住火苗，把空气中的氧气瞬间隔离而起到灭火的作用。

6. 干粉灭火器在餐厅里使用比较少，它的灭火原理是利用化学干粉降低温度和隔离空气中的氧气，这种灭火器使用时污染比较大，所以餐饮业一般不使用这种灭火器。

7. 一般必须经过严格的训练之后才能正确地使用消防栓，所以消防栓适合专业的酒店消防员或正式的消防部门使用，一般人不要随便动用，掌握不了很容易受伤。

三、其他突发情况的处理

（一）醉酒客人的处理

服务员遇上醉酒客人时，应根据醉酒客人的不同情况进行处理，一般采取以下措施：

1. 客人若是有喝醉的迹象时，服务员应拒绝给客人添加酒水。

2. 给客人递上热毛巾，并介绍一些不含酒精的饮料，如茶、果汁、矿泉水等。

3. 对醉酒程度较轻的客人，应适时劝导，并提醒他的朋友予以关照。

4. 对于因醉酒而大吵大闹的客人，要加以留意，并通知值班经理和保安部。

5. 对于随地呕吐的客人，要根据具体情况处理，并及时清理呕吐物。

6. 对倒地不省人事的客人，应与其随行人员将其搀扶离开。

7. 对于醉酒客人的纠缠要礼貌回避。

8. 若客人因醉酒而严重损坏酒店物品时，则应由安保人员出面干涉，并协商赔偿处理。

（二）突然停电事件的处理

突然停电事故可能由外部供电引起，也可能由于酒店内部供电系统发生故障。一般大型饭店都应配备应急供电系统。不管何种情况，发生停电情况时，应做好以下工作：

1. 若预先知道停电消息，应提前告知客人，并做好解释工作。

2. 若是突然停电，应立即了解停电的原因并向客人做好解释，安抚客人。

3. 停电期间协助工作人员转移可能滞留在走廊或电梯间的客人。

4. 注意安全保卫，防止有人趁机行窃。

5. 防止客人点燃明火以引起火灾。

6. 恢复供电后，应仔细检查各个电气设备是否正常运行，有无损坏。

7. 及时向客人道歉并解释原因。

8. 做好相关记录工作。

餐饮服务过程中还会经常碰到各种意想不到的问题，所有工作人员有责任和义务解决这类问题，问题处理的质量对客人及酒店双方的利益会产生不同程度的影响，因此，我们应掌握此类问题的处理原则，谨慎对待。

案例链接

“投降”

某天晚上，老汪正在宴请远道而来的老朋友小李一行。在点菜时，服务员小陈热心地向老汪推荐应时的大闸蟹，老汪欣然接受。当大闸蟹上桌时，小陈又热情地向小李等人介绍本地大闸蟹的特色，在座的客人们非常满意小陈的服务。在客人们津津有味地品尝大闸蟹时，小陈走近小李说：“对不起，先生，给您换一下餐碟好吗?”此时的小李右手拿着半只螃蟹，见状后忙侧身让开，为避免碰到小陈，小李还把右手举过了肩膀，小陈发现餐碟中还有半只螃蟹时，便提醒小李：“先生，还有半只螃蟹呢。”小李又连忙用左手拿起另外半只螃蟹。双手各拿半只螃蟹的小李为不影响小陈更换餐碟而成举手投降状，一旁的老汪看到后便打趣地说：“小李，是不是喝不下酒而向我投降了?”小李一听，忙自嘲地说：“我是向漂亮的服务员小姐投降。要说到喝酒，我哪会怕你。等小姐换好餐碟，我好好与你喝几杯。”等小陈换好餐碟，小李果真要与老汪喝酒，老汪也不甘示弱。当两人干完第一杯后正凑在一起说着话时，小陈过来说：“对不起，先生，给您倒酒。”小李和老汪不约而同地向两边闪，小陈麻利地为两人斟满酒，两人又干了一杯，然后又凑在一起说话，小陈又不失时机地上前说：“对不起，先生，给您倒酒。”此时的小李忽然对着小陈大声怒吼道：“没看到我们正说着话吗？”小陈一脸茫然，不知该怎么办才好。

1. 请对本案例进行点评。
2. 如果你是服务员小陈，你会怎么做？

本章习题

1. 餐饮服务的六大基本技能指的是什么？
2. 轻托与重托服务有何差别？
3. 餐巾折花有哪些基本的作用？
4. 中餐宴会摆台与西餐宴会摆台有哪些差异？
5. 进行斟酒服务时，有哪些具体的要求？
6. 酒店电话服务应遵循哪些规范？
7. 如何处理餐饮服务过程中的失窃事故？
8. 如何处理酒店餐饮服务过程的火警事故？

第三章 餐饮服务基本流程与方法

本章简介

标准化、规范化的餐饮服务程序是现代饭店科学管理的重要组成部分。餐饮服务工作是一项程序繁琐而具体的活动，酒店建立标准化、规范化的餐饮服务流程及标准有助于各项餐饮管理工作的顺利开展。因此，学习与了解餐饮服务程序是服务人员入门的基本要求，同时，良好的服务方法也为酒店提供优质的餐饮服务提供了重要保障。

学习目标

了解中、西餐零点服务的基本流程，中、西餐服务流程的差异性，宴会服务的基本流程和酒吧、餐饮 VIP 服务的基本内容。

掌握零点服务的基本方法、宴会预订的基本方法。

能根据餐饮服务的流程，并运用相关服务技能，为客人提供标准化、规范化的服务。

第一节 零点服务

零点服务是餐饮服务的基本内容，其总体服务程序适用于中餐、西餐、咖啡厅及酒吧等。餐饮零点服务的流程设计与管理即为餐厅服务环节的管理，主要包括餐前准备、餐中服务和餐后结束三部分。

一、餐前准备

餐前准备是餐厅正常运转及为客人提供优质服务的重要保障，其内容主要包括任务分配、餐厅准备、客情了解和菜单准备等内容。

（一）任务分配

任务分配是餐厅服务工作的第一步。目前，很多饭店的零点餐厅都会将服务区进行“自然分隔”，此种方法有助于餐厅经理根据服务人员的实际情况，将服务人员分成若干小组，并由各组员负责所在区域内客人的服务工作。通常，管理人员在进行任务分配的过程中会考虑以下因素：

（1）当天基层管理人员与员工的实际在岗人数。

（2）餐厅新老员工的配比情况。

（3）服务人员的经验及能力。

（4）有无重要预订或其他安排。

（5）运营区域的利用率。

（二）餐厅准备

零点餐厅的准备工作主要包含以下内容：

（1）卫生准备：良好的卫生环境是餐厅运营的基础，服务人员了解自己的工作分配区域后，第一时间应检查所有服务区域、公共区域、备餐区域及所有客用物资的卫生情况，发现问题时应立即进行处理与完善。

（2）餐桌椅检查：餐桌椅的检查包含餐桌椅定位、桌椅的稳固情况、预留餐桌席位的安排等内容。

（3）餐具准备：餐具准备包括摆台餐具和工作台用具准备两部分。摆台餐具的准备工作一般根据餐厅的实际摆台要求及服务区的座号设置进行，在完成实际摆台工作后，通常会预留20%左右的餐具以作备用。工作台用具的准备工作应根据预计的客情准备，要求如下：准备充足、摆放有序、确保运营。

（4）工作台准备：工作台又称餐具柜，是服务员进行对客服务的载体。工作台既可以存放餐具、客用品，又可以作为服务过程中菜肴的中转站。不同类型的餐厅其工作台的设置也有所差异，中餐厅的工作台除了存放备用餐具、用具外，还备有中餐服务所必需的调料，如酱油、醋等。西餐或咖啡厅的工作台往往还会准备如辣椒仔、椒盐瓶、糖盅、奶盅等必备服务用品。

（5）台面布置：餐厅的台面布置即摆台是餐前准备中的一项重要工作。服务员应严格按照餐饮服务的各种摆台标准执行。

（三）客情了解

服务员在餐前准备工作中还应了解当日的预订或当餐的客情，以便完善各项准备工作。在了解基本客情的同时，服务员应准确记录部分已做预订客人的到店时间、就餐人数、规格及特别要求等信息。

（四）准备菜单

零点餐厅都制作了专业的菜单，服务员除了应按要求准备好常用菜单外，还应该准备一份临时菜单，即当天的“特殊菜肴”，如急推菜、售缺菜、当日特荐菜等，这样有助于在点菜过程中更好地向客人推荐或提供建议。同时，在餐饮行业内，牢记菜单也是服务员必备的一项技艺，优秀的服务员应不看菜单就能准确向客人讲述菜单上所有菜肴的“文化”、价格、味型、制作方法或烹饪工艺等。

另外，熟悉菜单、了解菜肴也是餐厅服务员进行推销工作的需要，对提高餐厅的服务质量和促进销售量都有着重要的意义。

（五）召开餐前会

根据惯例，饭店餐饮部门的各餐厅在每天运营前夕都会召开餐前会，餐前会一般由各餐厅经理或主管主持，会议的主要任务包括部署餐前工作准备、仪容仪表的检查、酒店会议精神的传达等，餐前会的一般流程如下：

（1）检查员工仪容仪表及出勤情况。

（2）总结前一个运营阶段的服务情况，指出服务中存在的问题并提出改进方法。

（3）通报餐厅当餐运营的预订情况及客人的相关要求。

（4）通报当日特选菜肴、急推菜肴和售缺菜肴。

（5）传达酒店相关精神。

（6）再次明确分工及工作内容，准备营业。

相关链接：

餐前会适用于所有的餐饮行业，除了布置任务、传递信息，餐前会还是一个很好的培训机会。在实际的工作中，管理者应有效利用餐前会的机会给员工进行培训或帮助员工解决工作或生活中所碰到的问题，这对提高员工工作技能、服务水平、综合素质和部门管理水平都有着积极的意义。

二、餐中服务

餐中服务是餐饮服务的主要环节，也是餐厅运营的核心所在。

1. 中餐零点

中餐零点的餐中服务流程主要包括迎接客人、引客入位、接受点菜、服务茶水、上菜及台面服务、结账、送客等内容。

（1）迎接客人

中餐零点服务的过程中，迎接客人的工作通常由管理人员或专职迎宾员负责。建立这种机制有两种好处：第一，迎接顾客的到来，是餐饮服务的基本礼仪和要求，由管理人员或专职迎宾员迎接客人会让其感觉到备受尊重，客人也容易对餐厅的专业服务留下美好的第一印象；第二，管理人员迎接客人的同时能有效观察餐厅的客流量，使餐厅处于其控制之下，有助于提高运营效率。

通常在餐饮服务的迎客环节中，都遵循“8531”原则：8 米内发现客人，5 米内向客人微笑，3米内主动向客人问好，1米内迎接客人。在迎接客人的过程中，工作人员应做到“声貌俱全”。

（2）引客入座

迎宾人员将客人带到指定的桌位后应主动和服务员进行交接，当值服务员应先向客人问好并安排客人入座。通常情况下，零点餐厅给不同的客人安排座位时讲究以下技巧：

①一张餐桌只安排同一批的客人就座；

②根据客人的人数安排合适的桌子，如人数较多可以安排大圆桌，反之可以安排小桌；

③较为喧闹的大批客人应安排单间或者靠餐厅内侧的位子，以免影响其他客人；

④老年人或残疾人应尽量安排在靠近通道或餐厅门口的地方；

⑤年轻的情侣喜欢“角落”，应安排在僻静或环境优美的餐桌。

（3）接受点菜

客人入座后，服务员应主动向客人服务菜单及酒水单，准备为客人点菜或酒水。通常情况下，在3分钟以内，征得客人同意后，服务员方可为客人点菜。点菜过程中，服务员应在客人的右侧，主动向客人介绍所点菜品的口味、制作工艺、所需出品的时间等内容。

客人点菜完毕，服务员应主动向客人复述所点菜品的品名、数量及要求，以免在下单的过程中出现差错而导致错单、漏菜等情况。

相关链接：

点菜的方法

点菜前服务员应站在客人的右侧，双手打开菜单的扉页并递送给客人。点菜时客人会问到各种类型的问题，服务员应随时准备回答，在回答客人的问题时应先后退半步，再回答，以示尊重。在记录客人所点菜品的过程中，服务员应详细介绍每个菜品的特点、制作方法、文化内涵等内容，同时应把握时机主动向客人推荐本店的特色菜或急推菜，推荐菜肴时，不能让客人感觉到服务员是为提高餐厅的利润而推销，而是主动在为他们提供服务，因此，推销的语言技巧非常重要，应多使用建议性的语言，切忌强行推销。服务员点菜完毕，应主动和客人确认上菜的时间，并及时告知传菜部、厨房。

（4）下订单、出菜

服务员点菜完毕，应立即下单，并在收银台建立消费账单。服务员所下订单若为手写单，应将各单联及时派发至厨房、传菜部、吧台、收银台；若为电子系统出单，则应仔细核对各出单系统存根联，以防漏单。通常服务员下订单时必须注意以下几点：

①按出单顺序，先下的单先出菜，特殊情况，与厨师长商量。

②有特殊要求的订单应向厨房管理人员解释清楚。

③适时了解厨房的供应情况，以免延误下单时间。

④及时与厨房、传菜部保持沟通，确保出菜工作顺利进行。

⑤不长时间逗留厨房，以免客人投诉。

菜肴出品工作正常进行时，传菜部应注意以下几点：

①仔细核对菜单存根联，避免拿错菜。

②注意菜肴的出品标准是否规范，不符合出品标准的菜肴，应返回厨房与厨师长沟通后重新出品。

③菜盘应由传菜员通过托盘平稳送至服务台，不得徒手托菜。

④应及时将菜肴出品的进展信息告知服务员，以方便服务员上菜。

(5) 上菜及台面服务

上菜及台面服务是指把客人所点要的食品、饮品及时送到餐桌，并在整个进餐过程中，主动为客人提供全面服务的过程。

上菜及台面服务过程中，应做到以下几点：

①从指定位置为客人上菜，上完菜后，主动退后一步，清楚地报出菜名。

②注意观察客人的就餐情况，及时调整菜盘位置，撤去空盘，避免餐盘重叠影响客人进餐和桌面美观。

③及时为客人添加酒水和饮料。

④及时为客人更换骨碟及烟缸（烟缸内烟蒂一般不超过三个）。

⑤客人用餐过程中中途离座或返回座位时，服务员应主动帮助客人拉椅让座或请客人入座。

⑥客人用完餐后，应及时为客人清理台面，并保留酒杯或饮料杯，再次为客人添加茶水。

⑦从餐桌上撤下的餐具应妥善放置于托盘或收餐盒中，操作时动作要轻，不能影响客人进餐。

在餐饮服务过程中，节省时间，掌握好服务节奏，提高服务效率也是很重要的。服务员在操作时，应尽量减少不必要的走动。过多的走动，既浪费时间，又影响客人进餐，还会给人造成忙乱的感觉。当服务员在为一张餐桌的客人服务时，还应观察值台区域内的其他客人，尽量做到“眼观四路，耳听八方”。

缩短为客人服务的时间，不仅可以提高工作效率，而且可以增加餐厅的接待量。所以服务员应具备扎实的基本功，从而为客人提供更多优秀而高效的服务。

(6) 结账

结账服务是餐饮服务过程的延续，也是餐饮服务最为重要的环节之一，因为账单往往是客人最为关心的问题，一旦处理不好，就会前功尽弃，甚至会造成客人投诉。通常，客人可以选择到收银台付款，也可以让服务员帮助其结账。零点餐厅的结账方式一般有现金、刷卡、挂账、签单等方式。

相关链接：

结账的方式

①现付：当客人要求结账时，服务员应迅速到账台打印账单并仔细核对，确认无误后将账单放至收银夹或小托盘中递给示意要求结账的客人，客人付现以后，服务员应在客人

面前清点所收现金数目，并迅速送至收银台，由收银员收账并找零，服务员再将找零和发票一同回呈客人，并向客人致谢。

②签单：签单结账是饭店住店客人通常采用的结账形式，即客人在餐厅消费时凭房卡进行签单，离店时统一结账。当客人示意结账时，服务员只需将打印好的账单呈客人核对，客人核对无误后在账单上签字，然后服务员再核对客人的房卡号并查询其后台的预付款或押金，再将此账单转至后台，最后由后台统一结算并开具发票；另外一种签单结账方式为月结，通常为消费单位提前与酒店签署消费协议，先消费，然后每个月与酒店结算一次，或者是先按月度预存部分费用到酒店账户，然后进行分次消费，最后结算。不管采用何种消费结算方式，消费单位与酒店签订协议时都要指定有效签单人，并留存有签名备查。日常的签单结算工作中，服务员必须每次将客人签字联交与账台核对，确认无误后方有效。

③刷卡：刷卡结账是饭店目前比较盛行的方式，服务员只需了解酒店授权刷卡的银行卡种类即可，当客人示意结账时，服务员准备账单，收款员负责刷卡，打印收款单，由客人在收款单上签字即可。

④其他形式：酒店餐饮结账付款的方式还有很多，如支票、转账、挂账等。

(7) 送客工作

酒店的服务讲求善始善终，送客服务与餐饮迎宾服务相呼应，也是餐饮服务的最后一道程序，通常由餐厅经理或迎宾员向客人主动道别，并欢迎客人再次光临。

2. 西餐零点

西餐零点服务的流程与中餐大体相同，但是也存在部分差异，主要体现在以下几个方面：

(1) 出品特点

中餐菜肴的文化博大精深，但用材取料的要求极为苛刻，其出品要求色、香、味、形一应俱全，而西餐的菜肴选材及用料广泛，摆设精致，口味上讲究老嫩均衡、干湿搭配并注重营养。

相关链接：

西餐菜肴的特点

①注重营养搭配，根据人体对各种营养成分或热量的需求来安排菜品并选择加工烹调方法。

②选料广泛，各种生食都可以作为出品对象，但一般不食用动物内脏和无鳞鱼类。

③口味香醇，常使用独特的香料、酒类、奶制品进行调味。

④注重肉类菜肴的老嫩程度。

(2) 点菜

中餐的零点点菜过程与西餐有着本质的差别，西餐零点服务过程中，服务员为客人点菜时，须记录每个客人所坐的位置，且上菜时，严格按照每个客人所点菜品的顺序、所坐的位子上菜。原则上每个客人都各自点自己需要的菜品。而中餐零点服务过程中，点菜的客人可以根据安排将整桌的菜点齐，服务员按照上菜的基本顺序及时保证菜肴上桌即可。另外，在西餐零点服务点菜过程中，部分扒类菜肴，如牛扒、羊扒，服务员须了解客人对成熟度的要求。

相关链接：

部分扒类菜肴的常见成熟度

一成熟（Rare）：表面焦黄，中间为红色，装盘后可见血水渗出。三成熟（Medium Rare）：表面焦黄，外层为粉红色，中间呈红色，装盘时不见血，但切开后断面有血渗出。五成熟（Medium）：表面褐色，中间呈粉红色，切开后断面流出的肉汁中仍可见红色。七成熟（Medium Well）：表面深褐色，中间略见粉红色，切开后流出的汁为透明色。全熟（Well Done）：表面为焦黄色，中间全部为茶色，肉中无汁水流出，肉硬度较高，不易咀嚼。

（3）上菜顺序

西餐零点服务遵循严格的上菜顺序，即按头盘、汤、副菜、主菜、甜品的顺序上菜，而中餐零点服务只需遵循基本的上菜顺序即可。同时，西餐零点服务的上菜过程中，客人每吃完一道菜肴，服务员必须将此道菜肴的空盘及餐具撤离，然后通知厨房出品下一道菜肴，并及时更换、补给下一道菜肴所需餐具。

相关链接：

西餐菜肴的上菜顺序及菜肴代表

①头盘（Appetizer）：又称开胃菜、开胃品，是开餐的第一道菜。头盘的量一般较少，色泽鲜艳、多用清淡的海鲜、熟肉、蔬菜、水果制作，旨在刺激客人的食欲。开胃头盘有冷热之分，其中较有代表的菜有法式煎鹅肝、鱼子酱、芝士海鲜盘、烟熏三文鱼配奶酪、意式生牛柳等。同时在西餐服务中沙拉作为头盘的系列也深受客人的喜爱，常见的沙拉有恺撒沙拉、蔬菜沙拉、鲜虾沙拉、水果沙拉等。常见的沙拉配用汁酱（Dressing）有蛋黄酱（Mayonnaise）、油醋汁（Oil & Vinegar）、法汁（French Dressing）、千岛汁（Thousand Island Dressing）等。

②汤（Soup）：汤类在西餐中占有重要的地位，按照西餐的进餐程序，上热菜前先喝汤。西餐的汤类大都有丰富的鲜味物质和有机酸等，有刺激胃液分泌、增进食欲的作用。西餐的汤类品种较多，可以分为冷汤和热汤。热汤又有清汤和浓汤之分。常见的代表有法式洋葱汤、意式海鲜汤、西班牙冻汤、奶油蘑菇汤、牛尾清汤等。

③主菜（Main Course）：主菜是西餐正餐中最重要的部分，制作考究，营养要求高，多选用海鲜、牛、羊、猪肉和禽类作为原料。著名的主菜有西冷牛扒、T骨牛扒、挪威三

文鱼、巴黎龙虾、美式火鸡、爱尔兰烩羊肉、新西兰羊柳等。主菜对调味汁的选用也较为考究，如配牛排用的黑椒汁（Black Pepper Sauce）、班尼士汁（Bearnaise Sauce）、红酒汁（Red Wine Sauce）、蘑菇汁（Mushroom Sauce）、培西汁（Bercy Sauce）、迷迭香汁（Rosemerry Sauce）等，配羊排用的薄荷汁（Mint Sauce），配猪排用的苹果汁（Apple Sauce），配家禽用的黄汁（Yellow Meat Sauce），配鱼类用的荷兰汁（Hollandaise Sauce）、白葡萄酒汁（White Wine Sauce）等。

④甜品（Dessert）：主菜过后是甜品，甜品有冷热之分。常见的有煎饼（Pancake）、松饼（Muffin）、蛋糕（Cake）、派（Pie）、馅饼（Tart）、冰激凌（Ice Cream）、布丁（Pudding）、冻膏（Jelly）等。

（4）服务形式

西餐的服务形式较中餐也有很大差别，其中较有代表性的服务形式有法式服务、英式服务、俄式服务、美式服务。目前，国内的零点西餐厅多采用美式服务形式。

①法式服务（French Style Service）：又称为里兹服务（Ritz Service），产生于法国，是西餐服务中最豪华、最讲究、最细腻和最周密的服务方式。通常，法式服务用于法国餐厅即扒房。法国式餐厅装饰豪华高雅，以欧洲宫廷式为特色，餐具常采用高质量的瓷器或银器，酒具常采用水晶杯。通常采用手推车或旁桌现场的方法为客人提供加热、菜肴调味和分割服务。法式服务过程中，对备餐的要求很高，通常由两名服务员为一桌客人服务，一名为正服务员（Waiter）主要负责为客人提供点菜、菜肴制作、装盘等服务，另外一名为助理服务员（Assistant Waiter）主要协助进行取菜、撤盘等工作。法式服务的优点在于服务周到，每位客人都能得到悉心的照顾，注重服务程序和礼仪礼貌，具有较好的观赏性，但其缺点在于餐厅能接待的客人量较少，所需的服务人员多、空间较大，花费较高、服务节奏缓慢，餐厅的利用率和餐位的周转率都比较低。

②俄式服务（Russian Style Service）：又称为银盘服务，产生于俄国。俄式服务与法式服务在很多方面有相似之处，如台面的基本布置、就餐的礼仪礼貌、服务员对客人的照顾程度都能很好地体现，但是其服务的方法略有不同。俄式服务讲究优美文雅的风度，将装有整齐、美观菜肴的大浅盘端给所有的客人过目，让客人欣赏厨师的装饰和手艺，以刺激客人的食欲。俄式服务中，每一个餐桌只需要一个服务员，服务方式简单、快捷、空间利用率高、进餐氛围良好，因此此种服务形式深受客人欢迎，但是在上菜过程中，服务员要分多次为客人进行分菜，因此，其对银盘器皿的投入要求较大。

③英式服务（British Style Service）：又称为家庭式服务。进餐过程中，由男主人将整块食物切片装盘，并配上蔬菜，服务员把装盘的菜肴依次端送给女主人、主宾及其他客人；而调味品、沙司和配菜都摆在餐桌上，由客人自取或相互传递。英式服务的特点：家庭气氛浓厚、节省餐厅人力，但用餐节奏缓慢。目前高级餐厅应用此种方式不多。

④美式服务（American Style Service）：又称为盘子服务，产生于美国。其服务的基本流程为服务员为客人点菜，所点菜肴由厨师在厨房按照客人的要求烹制装盘，再由服务员按顺序端送给每一位客人。美式服务是简单又快捷的餐饮服务方式，一名服务员可以看数张餐台。美式服务的特点：服务简单且规范，餐具和人工投入成本低，空间利用率和座位

周转率都比较高，是零点西餐厅理想的服务方式，目前在国内应用较为广泛。

相关链接：

西餐菜品与酒水的搭配

西餐中的酒水一般分为餐前酒、佐餐酒、餐后酒三种，其各自又分为很多具体的种类。总的来说，口味清淡的菜式与香味或口感淡雅的酒品搭配，深色的肉禽类菜肴与香味或口感浓郁的酒品搭配，餐前常饮用开胃酒，而餐后常饮用各式甜酒以助消化。

（一）餐前酒

餐前酒又称为开胃酒，常用于开餐前饮用或伴随开胃菜一起食用。常见的餐前酒如法国生产的味美思，也有客人习惯在餐前选用鸡尾酒作为餐前酒，如玛格丽特、红粉佳人等。

（二）头盘

吃头盘时，可以根据头盘的内容选择不同类型的酒水品种，如吃鱼子酱可以配上上等的基酒——伏特加，吃海鲜类菜肴可以配上干型或半干型的白葡萄酒，吃沙拉时可以配上淡雅的气泡酒，如香槟。

（三）汤类

食用不同的汤类也应选配不同类型的酒品，如牛尾汤可以配雪莉酒，蔬菜汤可以配干型白葡萄酒等。

（四）主菜

佐餐酒是西餐正餐中最为重要的酒类，常见为葡萄酒。一般遵循“白酒配白肉，红酒配红肉”的原则。白肉通常指鱼类、海鲜类、鸡肉类等主菜，食用这类菜肴时，可以选择白葡萄酒与之搭配。而红肉是指牛肉、羊肉、猪肉类菜肴，食用此类菜品时，应选择红葡萄酒与之搭配。

（五）甜品

通常，食用甜品时，可以选择甜酒、葡萄气酒、香槟酒等与之搭配。

（六）餐后酒

餐后酒的选用依每个人的习惯而定，一般选用有助于消化的酒类，如利口酒、干邑等。

值得一提的是，香槟酒是西餐中不可缺少的酒类品种，其口感丰富，回味无穷，令人愉悦，饮用时可以与各类菜肴随意搭配。

相关链接：

西餐的礼仪

西餐是所有出品、加工工艺、文化有别于任何中餐元素的餐饮形式的统称。目前在高级西餐厅用餐已成为一种新的潮流，但西餐有西餐的礼仪与规矩，不论是请客，还是应邀做客，都要遵循正式的礼仪，这也是西餐礼仪文化的魅力所在。

图 3-1　西餐服务礼仪

（一）优雅的坐姿

客人到达自己的位子时，一屁股坐下是不礼貌的动作。正确的入座方式是由椅子的左侧入座，先用一只脚跨入桌椅之间的空隙，另一只脚随后跟上。到达座位后，上半身保持挺立，下半身弯曲垂直坐下。就座时身体应保持端正，手肘不要放在桌面上，不可翘足，更不可随意摆弄桌上的餐具。用餐时上臂和背部要靠到椅背，腹部和桌子应保持约一个拳头的距离，避免两脚交叉的坐姿，进餐时，要抬头挺胸。将食物送进口中时，要以食物就口，而不要弯下腰以口去吃食物。

（二）餐巾的正确用法

吃西餐时，服务员会将餐巾折成三角形或者方形平铺于客人的大腿上，折口朝外，以承挡可能掉在身上的食物。不要把餐巾塞入衣领口。餐巾可以用来擦嘴或擦手，但不可用来擦餐具和擦脸。擦嘴时要用餐巾的反摺的内侧来擦，而不能弄脏其正面，这是应有的礼貌。

（三）刀叉的使用方法

刀叉的使用顺序与上菜的顺序保持一致。一般从外侧往内侧取用刀叉，要左手持叉，右手持刀；切东西时左手拿叉按住食物，右手拿刀将食物切成小块，用叉子往嘴里送。用刀的时候刀刃不可朝外。刀叉在配合使用时，都应该是每次只切一片或一块，不可将食物一次性切好，然后一块一块食用；进餐过程中需要休息时，可以放下刀叉，并将其摆成“八”字形，放于盘子中央，以表示还未吃完。每吃完一道菜，将刀叉并排或叠放在盘中，此时暗示服务员可将这道菜或盘子撤走。谈话时可以手拿刀叉，但不能在空中挥舞。不用刀时，可用右手拿叉，但需要做手势时，就应放下手中的刀叉。不要一手拿着刀或叉，而另一只手拿餐巾擦嘴，也不要一手拿酒杯，用另一只手拿叉取菜。

（四）食用主食时注意事项

吃鱼、肉等带刺或骨的菜肴时，不要直接外吐，可用餐巾捂嘴轻轻吐在手上再放入盘内。吃剩的鸡、鱼、骨头和渣应放在自己盘子的外缘，不要直接放于桌上，更不能丢于地上。盘内剩余少量的菜肴时，不要用叉子刮盘底，更不要用手指直接食用，应以小面包或者叉子相助食用。吃面条时，要用叉子先将面条卷起再送入口中，不可叉勺同用。

（五）喝咖啡时注意事项

喝咖啡时如需添加牛奶或糖，添加后用咖啡勺搅拌均匀，将咖啡勺放在咖啡底碟上。饮用时应右手拿杯把，左手端底碟，直接用嘴喝，不可用咖啡勺一勺一勺舀着喝。吃水果时，不要拿着整个水果去咬，应先用水果刀将水果切成瓣状，然后用刀去皮、核，用叉子叉着吃。

（六）其他方面的注意事项

喝汤时，用汤勺由内往外舀取汤汁食用，不可发出声音；盘中的汤快喝完时，用左手将汤盘的外侧稍稍翘起，用汤勺舀尽即可；喝完汤时，将汤勺放在盘中，汤勺凹陷的部分朝上，汤勺柄朝右。吃面包时，面包一般掰成小块送入口中，不要拿着整块面包去咬。拿取食物时，拿不到的食物可以请别人帮助传递，不要站起身来；每次送到嘴里的食物别太多，吃的时候要闭嘴咀嚼；不要在餐桌上化妆，不要用餐巾擦鼻涕；其他客人与你饮酒干杯时，即使不喝，也应将杯口在唇上碰一碰，以示敬意或尊重；当别人为你斟酒时，如果不需要，可以简单地说一声："不，谢谢！"以委婉谢绝；进餐过程中，不要解开纽扣或当众脱衣。如果主人请客人宽衣，男客人可以把外衣脱下，搭在椅背上，但不可以把外套或随身携带的东西直接放在餐台上。吃西餐时可以进行愉悦的交谈，但在说话和喝酒前，应先用餐巾擦一下嘴，说话时嘴中不可有食物。另外，打喷嚏时，要将脸转向左侧或右侧，用餐巾遮住嘴巴，之后要向其他在座客人致歉。

（5）付款方式

西餐零点服务中，客人的结账方式也因文化、地域差异而有所不同。西餐服务结账时，常出现"AA 制"付款或客人只负责自己所消费部分金额的情况。因此，西餐的结账工作往往较为繁琐，要求服务员前期就做好准备工作，如点菜完毕后应保存好客人的座位图，所点菜肴的内容及金额等信息，在结账时应仔细核对每一位客人所食用菜肴或酒水品种、数目等。而在中餐服务过程中，客人结账时，通常为"请客"客人或者指定客人负责整桌账单的结算，这样的结账方式往往便于服务员操作。

相关链接：

琥珀西餐厅服务员点菜记录便签

桌号及方位	人数及描述	酒水	菜品	金额
A11. 主人	Person：1 女士、 红色外衣	Pink lady/1 杯 House-wine/1 杯	Set-198 Garden salad, Mushroom soup, Sirloin/BPS/MW/F. F, Cheese cake	 48 28 198

续表

桌号及方位	人数及描述	酒水	菜品	金额
A11. 主人旁	Person：1 男士、 蓝色领带	House-wine/1 杯 Black label/1 杯	Chicken salad, Seafood soup, Sirloin/RDS/M/GLC Bread	28 58 38 58 158 18
A11. 主人对面	Person：1 女士、 橙色围巾	Pink lady/1 杯 Rose wine/1 杯	Smoked salmon, Mushroom pizza, Chocolate-cup	48 28 58 58 38
A11. 主人斜对面	Person：1 男士、 黑色风衣	House wine/1 杯 Black label/1 杯	Shrimp salad, Onion soup, Pork-chop/APPS/GLC Vegetable	28 58 48 88 18

通过对上述表格的分析，我们可以总结出以下几点：

1. 西餐零点服务的过程中，单桌一般选取某个客人的位子来定位（一般为主人），然后以此为标准，再来记录其他客人所坐的方位。

2. 每位客人所点的菜肴和酒水会有所不同，因此要详细记载每位客人所点菜肴、酒水的内容及特殊要求。

3. 要具备扎实的基本功。在西餐厅，很多菜品下单时通常采用“简写”来表示，以上述“点菜便签”中主人所点菜肴为例，“Set-198”表示其所点为“Set-Menu”198 元的套餐，而套餐内容则通过明细罗列了出来，其中“sirloin”表示西冷牛扒，“BPS”表示“Black Pepper Sauce”，意为配黑椒汁，“MW”表示要求牛扒为“Medium Well”七成熟，而“F. F”表示为薯条，含义为作牛扒的配菜。这样的“简写”方法便于服务员记录、下单，有助于提高餐厅的综合服务效率。

4. 要熟悉每个产品的价格标准。因为标注每个产品的价格有助于收银员核对账单，对结账工作至关重要。

5. 高级西餐厅服务对外语有着较高的要求，按照惯例，大部分的西餐菜单、酒水单的内容均为外文表述，因此具备一定的外语能力也是对从业者的基本要求。

6. 如果是常客消费，通过以上的方法记录相关信息，能够深入了解客人的喜好与需求，对完善餐厅出品结构、提高服务质量、促进销售都有着重要的意义。

三、餐后结束工作

零点餐厅的餐后结束工作主要包括两个方面的内容，即餐厅收尾、翻台和总结工作。

1. 收尾、翻台工作

客人离开餐厅后，各值台区域的服务员应进行收拾清理，按照先台面、地面，后公区的程序进行整理、清洁工作，然后按照规定及要求重新布置台面并保证所有餐台达到运营前的标准。同时，服务员还应对服务台进行收拾、清理，补充备用品或服务用品，最后由餐厅管理人员负责监督所有收尾工作的执行与落实情况。

2. 总结会

目前，有些零点餐厅在开餐结束后还会召开总结会。总结会的主要内容有两个：一是总结本次开餐的服务情况，对服务员进行现场培训。这种方式和餐前会的模式一样，培训时间不长、内容不多，但通过现场讲解，能起到很好的作用，服务员也比较容易接受。另外一个内容就是收集服务信息。收集服务信息或宾客意见是餐厅管理中一项重要的工作，其对指导、改进餐厅的日常服务工作和提升餐厅的形象有着重要的意义。

相关链接：

餐厅收市工作应注意的问题

1. 按照“从上到下、由里至外”的程序进行清理与整理。“从上到下”指的是按照先整理台面后清理地面的顺序进行收尾。而“由里至外”指的是先进行内用物资、客用物资的补给，再进行服务区域、运营区域的宏观整理及补给。

2. 值班人员或管理人员要做好各区域的检查记录。要仔细检查服务及厨房区域的水、电、气、空调等设备的运转情况及部门节能控制工作的落实情况。

3. 在收尾工作中，垃圾清理是较为重要的环节。工作人员在收市阶段应对各类垃圾进行隔离、分类、整理，并通过专用通道将其运出运营区域。

4. 注重团队协作精神。收市工作系统而繁杂，工作人员完成本职工作后应积极协助其他人员，而不应该旁观或对新员工的工作予以指责，应发扬主人翁的集体精神，协同同事完成所有工作，方能离岗。

5. 管理人员要严格做好工作日志，收集、整理运营信息并呈报餐厅负责人。

第二节　宴会服务

随着现代饭店和餐饮行业的逐步发展，宴会已经成为餐饮经营企业最重要的经济收入与来源之一。宴会是政府机关、社会团体、企事业单位、公司或个人等因某种社交活动的需要，根据前期的准备与筹措或相关程序而进行的一种隆重、正式的聚餐活动。

宴会的服务程序主要包括宴会预订、宴会服务、宴会结束三个部分。

一、中餐宴会服务

（一）宴会的预订管理

1. 宴会预订的方式

根据宴会消费对象的差异和宴会主题内容的差别，宴会的预订方式也有所不同。

（1）电话预订

电话预订普遍应用于现代餐饮或酒店行业中，也是饭店或餐饮企业与客户联络的基本方式。宴会电话预订服务中，客人的电话预订一般不作为确认性预订的条件，酒店电话预订主要包括了解客人宴会主题、宴会时间、场地需求、消费需求、硬件要求等基本内容。电话预订过程中，预订员应遵循酒店电话服务的标准，与客人保持良好的初步沟通，尽可能向客人介绍或推荐酒店宴会产品，并作详细记录，以为后期的面谈工作打下基础。

（2）面谈预订

面谈预订是最为直接的预订方式。销售员可以直接向客人介绍或推荐酒店的宴会产品，客人也可以通过实地参观、考察的形式了解酒店宴会产品的信息。面谈预订有助于获取客人的信任与认可，是宴会预订比较有效的方法。在面谈预订的过程中，宴会细节可以得到基本确认，客人的特殊要求也能得到立即解决。

（3）信函预订

信函预订适用于酒店回头客。一般采用信函预订的客人对酒店的宴会产品有比较全面的了解，往往会通过信函提前较长时间的预订，销售员收到客人的预订请求后，一般会告知客人适时的宴会产品信息或促销活动信息，以达成客人来店消费的目的。

（4）网络预订

网络预订是目前较为流行的预订方式。酒店一般会通过网络平台或分销商进行宴会产品的宣传与推广，客人通过网络途径可以基本了解酒店宴会产品的概况、优惠政策等信息。网络预订的形式对酒店网络预订员的专业知识要求较高，预订员要及时通过网络平台解决客人所关心的问题，并与客人保持积极的沟通，以避免网络客户的流失。

2. 宴会预订程序

（1）接受预订。接受预订是建立在客户与酒店达成消费意愿的基础上进行的。在此阶段，宴会预订员要了解酒店宴会的实时信息，能完全了解客户的消费需求，并能根据客户的需求量身定制客人需要的产品，双方达成一致后，预订可以进入到系统备份。

（2）填写宴会预订单（表3-1）。填写宴会预订单是预订工作较为重要的环节。预订单的内容一般包括宴会举办的单位或个人信息、联系方式、宴会类型、出席人数、付款方式、预计消费额度、销售人员签名等。宴会预订单一般为一式几联或为电子单的形式，由销售部门或运营部门进行分发。

（3）填写宴会运营日志。确定宴会预订单的基本信息后，预订员应进行专项的记载和管理。应将预订信息细节按照时间顺序记载于运营日志簿上。同时对没有确定的预订予以标记，对已经确认的预订，要标明宴会时间、宴会类型、出席人数、客人及联系方式等相关内容，以便运营部门提前做好统筹与部署。

表 3-1　　　　　　　　　　　　　　酒店宴会预订单

宴会预订单
订单编号：__________
单位名称：__________
宴会名称：__________
客人姓名：__________
电话号码：__________
地址：__________
举办日期：_____年_____月_____日
宴会形式：__________
收费标准：__________
付款方式：__________
预订人数/桌数：__________　保底人数：__________
基本要求
菜单：__________　台卡：__________　席位卡：__________
签到台：__________　鲜花：__________　横幅：__________
讲台：__________　POP 牌：__________
设备要求
灯光：__________　舞台板：__________
音响：__________　投影：__________
电子屏：__________　桁架：__________
音乐多媒体：__________
其他要求
客房：__________　娱乐：__________
休闲：__________　VIP 接待：__________
备注：__________
订金：____________________
接洽人：__________
签署人：__________
日期：__________

（4）签订宴会合同，收取定金。通常宴会的确认性预订都会通过合同或收取客人定金的方式来体现。一旦客人确认预订，店方应主动与客人签署消费协议、以防止潜在的

“变卦”问题出现。签订消费协议对客人而言也是一种保障，对于酒店而言是确保运营正常有序进行的条件。同时为达成合作消费的诚意，酒店会要求客人预付一定数额的定金，通常大型宴会都会收取客人宴会预计消费额40%左右的定金，一般来说，定金在客人宴会消费活动结束时可以用来冲抵部分总的消费额度。

相关链接：

签署消费协议及收取定金注意事项

①酒店与客人签署消费协议时，一定要明确双方职责、权限、消费活动细节处理、遇不可抗拒因素出现时的处理预案等内容，以免因内容不清、不详、不细而造成不必要的纠纷。

②预订员与客人签署消费协议时，要立足于酒店实际情况，不能以完成任务为目的，随意承诺客人相关条件，以免造成酒店的重大损失。

③定金作为客人消费活动的保障，一旦收取，酒店有责任与义务进行妥善保管，并提前为客人做好相关准备工作。

④定金的收取额度，应该充分考虑宴会的性质、规模、流程设计、运营预计支出、客人的承受能力范围等因素。

（5）下发宴会通知单（表3-2）。宴会正式确认以后，一般由餐饮部或市场销售部向酒店各部门下发宴会通知单，并告知各部门在该宴会中应执行的工作。酒店宴会的成功举办需要所有部门的通力协作，在宴会通知单内容中，下发部门应明确每个工作执行部门的具体事项及要求，以确保宴会活动中，每个环节紧密相连，以达到最佳的服务效果。

（6）宴会预订的再次确认。在酒店实际的宴会预订过程中，很多大型宴会需要提前数月或更长时间预订。由于间隔时间较长，导致宴会变更的因素也会很多，如增加或减少人数、菜单变更、就餐标准临时变更等。为确保宴会能正常顺利进行，酒店应在宴会举办前的一周，以电话或传真方式与客人再次确认所有预订信息，如有变更，酒店应立即通知各相关部门。

（7）宴会的变更与取消。酒店预订服务过程中，取消或更改预订是不可避免的情况。酒店宴会的变更或取消，主要有以下几个方面的原因：

①国家政策影响。部分企事业单位会因为国家的政策要求或变化，而临时取消部分宴会活动。

②企业或公司负责人的行程变更。如企业的负责人因公务繁忙而无法出席宴会活动，而导致活动取消。

③预订单位的活动日程变更。如因时间冲突，临时更改宴会活动时间。

④个人原因。如婚宴日期的更改导致婚宴预订的更改。通常因为个人单方面取消的宴会，酒店会收取一定的赔偿金。若是档期的更改，酒店会适时与客人沟通，选择双方都认同的时间。

表 3-2　　宴会通知单模版

宴会通知单

文件号：E12-102

1. 发送日期：2014 年 1 月 5 日
2. 宴会日期：2014 年 1 月 15 日
3. 会议组织：王××
4. 客户单位：湖北××有限公司（商务宴）
5. 联系方式：×××××××××
6. 部门事项：

序号	部门	用餐时间	地点	人数	保底人数	餐标	备注
A	餐饮部	2014 年 1 月 15 日，中午	宴会厅	300 人	280 人	××元/ 桌	桌餐
B	厨部	请按宴席单要求、标准进行出品，确保菜肴质量。					
C	礼宾部	请指引客人到指定地方用餐。					
D	PA 部	请做好公共区域的清洁、维护、保养工作。					
E	前厅部	请做好客人贵重物品保存工作，叫车服务工作。					
F	康乐部	请提前预留 KTV 包房中包三间。					
G	工程部	请做好灯光、音响、投影等设备调试工作。					
H	服务部	请做好现场客人的跟踪服务工作。					
I	安保部	请做好客人停车指引及现场安保工作。					
J	财务部	客人已交付定金××元，请核查并做好收银工作。					

6. 若有不明之处，请与市场部联系，联系电话
7. 签发人：
8. 签发部门：

⑤遭受不可抗拒的自然灾害。如地震、火灾。

⑥政府场地征用。如遇重要政治接待，政府临时征用场地。

当然，不管是客人方面还是酒店自身原因而导致宴会无法如期举办，都要提前至少一周时间通知对方。双方应以签订的协议为基础，妥善进行协商解决。

（8）宴会售后管理与服务要到位。

①信息收集：宴会结束后的一周以内时间，酒店相关部门应主动征询主办单位或个人对本次宴会活动的意见或建议，并对其选择本酒店举办宴会表示再次感谢。针对客人提出的意见或建议，酒店相关部门应认真分析、总结并积极改进，以提高酒店宴会承办的整体水平。

②跟踪回访：酒店销售部门应与所有客户保持长期的联系，在节假日以邮件、电话或其他方式表达酒店的问候与祝福，并及时了解客户的消费需求，使客户渴望再次莅

临酒店。

③建立宴会档案信息：专业的酒店会组织专业人员负责客户宴会档案的建立、维护工作。宴会档案的建立包括整理预订信息、归纳现场执行情况、总结宴会消费者的个性需求等内容。建立宴会档案，有助于完善宴会服务质量、提高酒店宴会的服务效率和更好地为客人提供针对性或个性化的服务。

（二）宴会服务的流程

1. 宴会前的准备工作

酒店运营及相关部门在接到宴会通知单后，应根据宴会通知单的内容及要求，在宴会前期进行相应的准备工作。餐饮部作为宴会组织、运营的核心部门，其前期的准备工作主要包括根据宴会的主题进行现场设置、人员分工、餐前准备、召开餐前会等内容。

（1）宴会的现场设置

酒店宴会在现场设置的过程中会考虑以下因素：

①宴会的性质以及设计的艺术性和实用性：运营部门应根据顾客的需求或宴会的性质来设定宴会的主题。宴会的主题较为广泛，常见的有婚宴、寿宴；特殊的商务宴、答谢宴、升学宴；还有话题性很强的乡土宴、官府宴；源自于历史故事的红楼宴、满汉全席等。这些主题可以由客人来确定，也可以由酒店预先设计好。

②餐具的选用：普通的宴会，一般饭店会使用常用的餐具进行台面的布置，但是对于特殊题材的宴会，就必须根据宴会的主题选择相应的餐具、器具，如寿宴、乡土宴。

③用品和装饰品：宴会餐台布置关键在于台面的整体设计和装饰，因此主题明确后，应选择相应的用品或物品对桌面进行点缀。以中式婚宴为例，中式婚宴最为鲜明的特征就是喜庆，因此在台面布置上就应该以红色为主，如选用红色的桌布、玫瑰花、寓意百年好合的红色口布等进行布置。

④外围的环境设计：虽然宴会的设计重点在于台面，但是能突出、衬托宴会主题的外围环境设计也是不容忽视的因素，如绿植的搭配、主题灯光的使用等。

⑤客人的风俗习惯、特殊要求、个性需求。

⑥场地的实用性：在现场布置的环节中，应充分考虑场地的使用率，即所有设置是否让客人感觉舒适和便于工作人员操作。

相关链接：

主题宴会设计的注意事项：

①宴会的台面布置与餐台主题相吻合。

②主题新颖、不俗套。

③色彩搭配合理、协调、主色调突出。

④餐具、用具整洁卫生，并尽可能地表现主题。

⑤台面的辅助用品要起到补充或衬托作用，切忌喧宾夺主。

（2）人员分工

宴会工作人员的分工与宴会的规模、类型、规格及服务员自身的工作能力有着密切的联系。大型宴会的工作人员分工应遵循以下原则：

①按宴会的台型布局进行分工图示。

②根据个人的特长进行工作安排。

③充分考虑服务员的男女比例和宴会服务的经验值。

④工作人员处理突发问题的能力。

⑤主桌位工作人员与其他区域工作人员的配比。

（3）物品准备、餐前检查

宴会对服务员餐前准备工作的要求较高，一般来说，宴会服务员应根据宴会的人数、菜肴的数量来准备不低于20%左右的备用餐具。宴会开餐前的检查工作主要包括：

①卫生检查：包括个人的卫生检查、餐具卫生检查、整体环境卫生检查。

②设备检查：主要包括温控设备、灯控设备以及保证宴会运营的其他设备。

③安全检查：检查各服务安全出口是否通畅、桌椅是否稳固、是否有易燃易爆物品、工作通道是否防滑等。

（4）召开餐前会

①点到及检查员工仪容仪表。

②明确所有现场人员的任务分工。

③通报宴会的客情，明确主桌或VIP接待注意事项。

④分配宴会菜单。

⑤明确宴会收尾工作内容及分工。

2. 迎宾服务

宴会迎宾工作与零点服务的迎宾工作有着相同之处，但是也有差异。

（1）相同之处：都遵循迎宾→引位→拉椅让座→衣帽服务的基本流程和规范；都遵循“8531”的迎宾准则；都遵循先女士后男士的拉椅让座顺序。

（2）不同之处：①在同一时段内宴会的迎宾量较大。②宴会的迎宾服务过程中，突发情况较多，如问路、咨询。③宴会的迎宾员往往被要求充当公共区域协调员的角色。

3. 就餐服务

（1）入席服务

待客人坐定后，服务员应即刻从主宾位开始按顺时针方向依次为客人送上湿巾，提供茶水，帮客人落餐巾、拆筷套、撤走席位卡和花瓶。

（2）酒水服务

从主宾位开始按顺时针方向依次给客人斟倒酒水。宴会期间，若有多种酒类提供，服务员在斟酒水时应遵循以下原则：先斟葡萄酒，再斟烈酒，最后添加饮料。同时应及时撤下不用的酒杯、酒具。

（3）上菜服务

宴会的上菜顺序较零点服务有很大的差别。宴会期间服务员须严格按照宴会菜单的上菜顺序进行，一般在宴会开始前的5～10分钟开始上冷盘，当冷盘用去2/3时上第一道热菜，然后依次上其他菜肴，最后上甜品及水果。上甜品及水果时，服务员应将客人的酒杯撤离，留下饮料杯，并及时更换骨碟，同时配上果叉及甜品餐具。所有菜品上齐后及时告知客人，并及时清理台面，撤走多余餐具，更换茶水。

（4）巡台服务

①毛巾服务：通常高规格的宴会会提供毛巾服务，而且在一场宴会中会帮客人更换数次毛巾。提供毛巾服务时，服务员应将准备好的毛巾放入毛巾篮中，然后用托盘进行分发、更换。毛巾服务也因季节的差异而有所差别，一般夏季上凉毛巾，冬季上热毛巾。

②更换骨碟：目前，大部分的饭店为体现其优质服务，要求宴会期间服务员更换骨碟的次数不得少于三次。事实上，在高档宴会中，每吃完一道菜，服务员都应帮助客人更换骨碟。一般情况下，更换骨碟也讲求以下时机：上大菜前应更换一次骨碟；用完鱼类菜肴后应更换一次骨碟；上口味差异较大的菜肴前应更换一次骨碟；上甜菜前也应更换一次骨碟。

③更换烟缸：宴会期间，因为客人人数较多，因此烟缸的准备也应该足量。通常当烟缸内超过两个烟头时，服务员应主动帮客人更换。宴会期间更换烟缸的方法通常为“一换一”，即指将一只干净的烟缸放在托盘内，将其盖在用过的烟缸上，再将两只烟缸撤离，再将干净的烟缸摆回桌上。

④综合服务：宴会服务期间，服务员应做到“眼观四路、耳听八方”，同时要做到“三轻、四勤”，即“说话轻、操作轻、行走轻，眼勤、手勤、腿勤、嘴勤”。应及时帮客人添加酒水；应及时整理台面；应及时将空盘撤离；应及时满足客人的其他要求。

4. 结账服务

宴会结账服务是收尾工作的重要环节。其结账的方式与零点服务大体相同，主要有现金、刷卡、支票转账、挂账等形式。宴会结账过程中应注意以下问题：

（1）宴会结账的金额往往较大，服务员应仔细核对账单，以免出现差错。

（2）宴会的客流量大，在进餐过程中，产生客赔的几率也会很大，宴会结束前，现场管理人员应仔细检查所有的餐具、用具、布草、地毯等客用物资或用品，一旦发现有人为损坏情况，应及时告知宴会组织者并及时与客人沟通处理。

（3）大型宴会时，一般客人会提前预付定金，结账时工作人员应主动提醒客人出具定金收据，以冲抵部分消费，从而避免不必要的纠纷。

5. 送客服务

宴会结束时，工作人员应提醒客人带好随身物品，并主动与客人道别，现场管理人员应及时了解举办方客人对宴会的满意程度，针对客人提出的建议或意见，应及时采纳或改进，并向客人道谢。

6. 结束工作

宴会结束后，工作人员应第一时间对宴会厅进行清理、整理。并及时检查、关闭相关的设施、设备。管理人员应及时组织专题会对本次的宴会服务进行总结，以提高宴会服务的质量和水平。

二、西餐宴会服务

西餐宴会是一种按照西方国家礼仪习俗举办的宴请，西餐宴会摆台正式隆重，菜品丰富，服务讲究标准化的流程和规范，讲究食品与酒水的搭配，有较高的礼仪要求，注重就餐环境和氛围。

（一）西餐宴会的准备工作

1. 了解宴会的基本情况

西餐宴会前应详细了解宴会的人数、标准、台型设计、客人身份、风俗习惯、菜单要求、酒水内容和服务要求等。

2. 宴会设置

（1）环境布置

西餐宴会的设置对环境的要求较高，除了各种具有艺术气息的装饰品如油画、桌旗、古典饰品等之外，绿植、音乐、表演等也是不可缺少的部分。

相关链接：

吃西餐的六个“M”

如何品味西餐的文化，研究西餐的学者经过长期的探讨和总结认为：吃西餐应讲究以下六个“M”。

第一个是“Menu”（菜谱）。

当您走进咖啡馆或西餐厅时，服务员会先领您入座，待您坐定后，首先送上的便是菜谱。菜谱被视作餐厅的门面，老板也一向重视，采用好的材料做菜谱的封面，有的甚至用软羊皮打上各种美丽的花纹，显得格外的典雅精致。

如何点好菜？这里介绍一点经验之谈，那就是打开菜谱后，看哪道菜是以店名命名的，这道菜可千万不要错过。因为没有哪一家餐厅会拿自己店的名誉来开玩笑，所以他们下工夫做出的菜，肯定好吃，这道招牌菜大家一定要点。

另外不要把吃中餐的习惯带入西餐厅，即不要对菜谱置之不理。不要让服务员为你点菜。人手一本菜谱是西餐的一种文化。在法国，即便是总统吃西餐也得看着菜谱点菜。因为看菜谱点菜已经成为吃西餐一个必不可少的程序，是一种优雅生活方式的体现。

第二个是“Music”（音乐）。

高级的西餐厅，往往会有乐队演奏一些柔和的乐曲，一般的西餐厅也会播放一些优雅美妙的乐曲。但这里讲究的是乐声的“可闻度”，即声音要达到“似听又听不到的程度”，就是说，要集中精力和友人谈话就听不到，在休息放松时就听得到，这个火候要掌握好。

第三个是“Mood”（气氛）。

吃西餐讲究环境典雅，气氛和谐，一定要求有音乐相伴，餐台整洁干净，所有的餐具要洁净。如遇晚餐，要灯光暗淡，桌上要有烛台，营造一种浪漫、迷人的气息。

第四个是“Meeting”（会面）。

也就是说和谁一起吃西餐，这个是有选择的。吃西餐最好是和亲朋好友或是趣味相投的人一起。吃西餐是为了联络感情，最好不要在餐桌上谈生意。所以在西餐厅内，氛围一般很温馨，很少有面红耳赤的场面出现。

第五个是“Manner”（礼俗）。

这一点是指“吃相”和“吃态”。既然是吃西餐就应该遵循西方的习俗，勿有唐突之举，特别是在拿刀叉时，若手舞足蹈就会“失态”。在西餐宴会中，主人都会安排男女相邻而坐，以方便男士更好地照顾女士，同时讲究“女士优先”的绅士们会表现出对女士的殷勤。

第六个是“Meal”（食品）。

西餐的食品原料广泛，形色多样，摆设精致，鲜美香醇，老嫩讲究；另外有工艺独特、烹制考究、营养丰富等特点。在合理搭配营养的同时，可以充分享受自己喜爱的西餐美食。

（2）台型设计

西餐宴会的台型设计与中餐有较大差异，常见的台型有以下几种：

①“一”字形长台：“一”字形长台通常设在宴会厅的正中央，与宴会厅四周的距离大致相等，且留有较充分的空间，以便于服务员操作。见图 3-2。

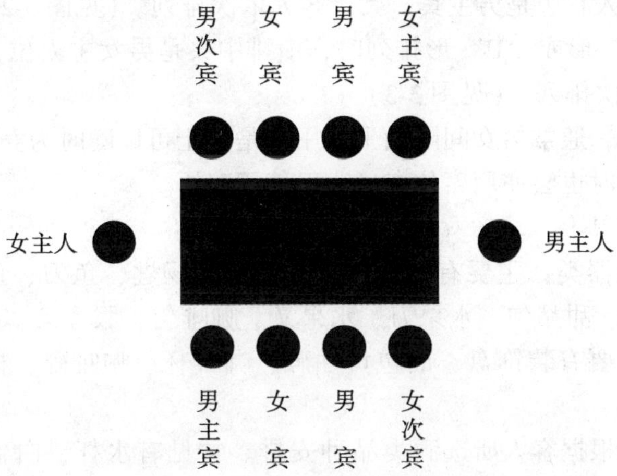

图 3-2　“一”字形长台座位安排

②“U”字形台：“U”字形台又称马蹄形台，其特点为横向长度比竖向长度要短。

③“回”字形台：回字形台是较为正式的餐台，与中餐的分餐台型较为相似，一般设在宴会厅的中心位置，是一个中空的台型。

除上述基本台型外，还有“T”字形台、鱼骨形台等。西餐中采用圆桌来进行台型设计的情况不多见。总之，所有台型的设计应该根据宴会的规模、宴会厅的大小和举办者的要求来安排。见图 3-3。

3. 席位安排

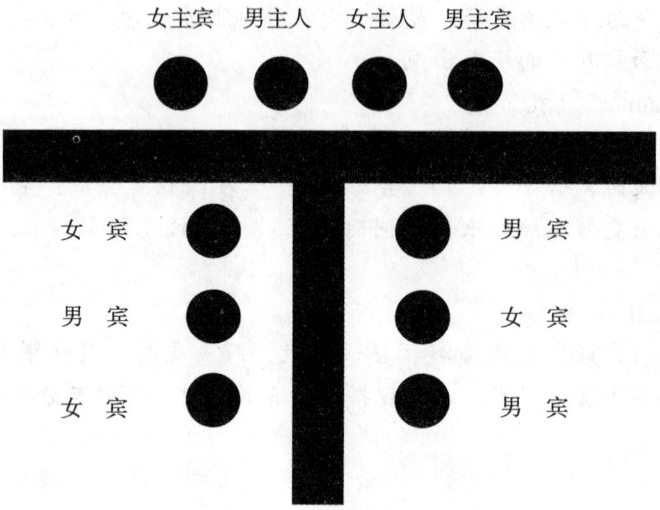

图 3-3 “T”字形座位安排

（1）宴会主人坐背对门的位置，面对门的位子则是主宾位，由最重要的客人就座。

（2）长形桌排列时，男女主人分坐两头，门边为男主人，另一端为女主人，男主人右边是女主宾，女主人右边是男主宾，其余客人依次排列。（见图 3-2）

（3）桌子是“T”形或“U”形排列时，横排中央是男女主人位，身旁两边分别为男女主宾座位，其余依次排列。（见图 3-3）

（4）西餐排位时，通常男女间隔而坐，用意是男士可以随时为女士服务。（见图 3-3）

（5）西餐宴会同时也会使用席位卡，一般使用双语。

4. 准备餐具、用具

（1）不锈钢或银器类：主要有头盘刀、头盘叉、汤匙、鱼刀、鱼叉、主餐刀、主餐叉、黄油刀、甜品叉、甜品勺、水果刀、水果叉、咖啡勺、服务叉、服务勺等。

（2）瓷器类：主要有装饰盘、面包黄油碟、咖啡杯、咖啡碟、椒盐瓶、牙签盅、花瓶等。

（3）杯具：一般根据客人所选酒类品种安排。常见有水杯、白葡萄酒酒杯、红葡萄酒酒杯、香槟酒杯、鸡尾酒酒杯等。

（4）布草类：主要有台布、餐巾、桌垫、桌旗等。

（5）服务用具：主要有托盘、开瓶器、席位卡、冰桶、烛台、火柴、纸巾盒等。

5. 宴会摆台

西餐宴会摆台的基本顺序：

（1）铺台布，摆装饰盘。将台布均匀铺于桌上，保证四周下垂距离相等；将装饰盘的中线对准餐椅中线，装饰盘距离桌边 1 ~ 2 厘米。

（2）摆放刀叉、黄油碟。装饰盘的左边按从右至左的顺序依次摆放主餐叉、鱼叉、头盘叉；装饰盘右边按从左至右的顺序依次摆放主餐刀、鱼刀、汤匙、头盘刀；头盘叉左边摆放面包碟，面包碟右上方摆放黄油碟，黄油刀置于面包碟内，刀柄朝下；装饰盘上方摆放甜品叉和甜品勺，甜品叉的叉头朝向右，甜品勺的勺柄朝向右。

（3）摆放杯具。主餐刀的上方按从左至右的顺序依次摆放水杯、红酒杯、白葡萄酒酒杯。

（4）摆放餐巾。将叠好的餐巾造型摆于装饰盘中央，观赏面朝外。

（5）摆放其他物品。摆放椒盐瓶、花瓶、烟缸、烛台、菜单。

6. 准备酒水饮料

根据客人的要求准备好宴会所需用的酒水。一般在宴会期间，可以在宴会厅的一侧设置临时吧台，吧台内会配备本次宴会所需要的酒水及用具，如备用酒杯、酒壶、酒篮、冰桶、开瓶器等，并由专职吧员负责服务。

（二）西餐宴会的服务程序

1. 迎宾服务

西餐宴会迎宾服务的基本顺序及内容如下：

（1）使用敬语，将客人引领至餐桌。

（2）为客人拉椅让座，按照先女士后男士、先宾后主的顺序进行。

（3）为客人铺设餐巾。

（4）为客人保存好衣物。

2. 宴会中服务

（1）在宴会开始前几分钟摆上黄油，为客人分派面包。面包作为佐餐食品可以在任何时候与任何菜肴搭配食用，应及时为客人添加面包、黄油。西餐宴会服务中，面包、黄油服务在客人的左侧进行。

（2）严格按照菜单顺序上菜，一般顺序为开胃头盘、汤、鱼类、副菜、主菜、甜品、咖啡或茶。

（3）根据菜单的内容服务相应的酒水。

（4）客人每用完一道菜，应将所用的餐具、餐盘撤下。

（5）西餐宴会要求等所有宾客都吃完一道菜后才可以一起撤盘，多桌时，以主桌为准。

（6）主菜服务的要求

①主菜的最佳部位对着客人放，而配菜自左向右按白、绿、红的顺序摆放。

②主菜的沙拉要立即跟汁，沙拉盘应放在客人的左侧。

（7）服务甜点、水果

①上甜品前先撤下除酒杯以外的餐具，包括主餐盘、主餐刀叉、面包碟、黄油碟、椒盐瓶等。

②上甜品叉勺。

（8）服务咖啡或茶

①先准备好糖缸和奶盅。

②咖啡杯或茶杯放在客人的右手边。

③有些高档宴会需推酒水车，应问询客人是否需要餐后酒或雪茄。

(9) 席间服务注意事项

①除了派送面包、黄油服务是在客人的左侧进行的，所有服务都应遵照右撤右上的原则。

②所有服务都遵循先宾后主、先女士后男士的原则。

③注意宴会期间的巡台服务，及时为客人添加酒水、更换烟缸。

3. 结账服务

宴会结束前，服务员应仔细核对并准备好账单。西餐宴会的结账形式与中餐宴会有相似之处，一般为宴会负责人结账。

4. 送客服务

客人离开时，服务员应主动为客人拉椅，并取回所存衣物，提醒客人带好随身物品，热情道别。

5. 宴会收尾工作

(1) 检查台面有无客人遗留物品。

(2) 收拾台面，清理餐桌。

(3) 进行服务知识总结与完善，提高服务水平。

相关链接：

主题宴会的设计原则

主题宴会设计是近几年来在饭店或餐饮行业逐步流行起来的一种服务形式。它是围绕某个特定宴会主题，对餐台、餐椅、环境等进行重新布置和装饰以达到为宾客营造出一份特有的温馨与享受的目的。主题宴会在设计的过程中，一般会遵循以下原则：第一，实用性原则。如主题宴会的设计要求餐具的摆设与选择要有创意，但是最终所有的摆设应能满足客人的使用需求和服务员的操作需求。第二，观赏性原则。即设计的主题类型能让人感觉赏心悦目。第三，礼仪性原则。宴会设计还必须考虑到就餐者的声望、地位、举办宴会的目的、来宾情况等因素，因此所有的设计与布置应能尊重客人的习惯或适合客人的习俗。

第三节　自助餐服务

自助餐已发展成为越来越受欢迎的餐饮服务方式。可简单理解为客人从餐厅预先布置好的餐台上任意选择自己所喜爱的食品、饮品，然后在餐桌上享用的一种用餐形式。

一、自助餐的特点

(1) 菜品丰富，陈列精美，品种繁多，能充分唤起人的食欲。

(2) 餐台布置美观，层次分明，方便取用，用餐不限时及次数，较为自由。

(3) 进餐速度快，客人进餐厅后，几乎无需等待即可取食菜品，适合现代社会快节奏的生活方式。

（4）餐厅的座位周转率高，可显著增加餐厅的营业收入。

（5）节省人力。因为是客人自己取餐的形式，所以工作人员仅需要提供简单的服务，从而节省了人力资源，降低了费用。

二、自助餐的常见类型

（1）会议、团队餐自助：常见于酒店大型团队，往往根据就餐的人数及价格提前做好出品准备。

（2）早餐自助：常见于酒店的免费早餐服务，常伴有欧陆式或美式服务。

（3）常态型自助：提供各种中、西美食或特色产品，制定有吸引力的价格，进行常态经营。

三、自助餐台的设计与布局

不同的自助餐厅应根据其产品的特点和餐厅的布局来进行合理安排。一般自助餐厅的餐台会设置于餐厅的中央，可以由若干个餐台组成，通常包含冷菜区、汤类区、热菜区、甜品区、饮品区等。自助餐餐台又分为固定式餐台和移动式餐台，在进行餐台布置时应遵循以下要求：

（1）美观、醒目、富有吸引力。

（2）功能区分明显，方便客人取菜。

（3）主题性突出，灯光、装饰、陈设能突出主题。

（4）餐台设计合理、方便添加食品、饮品，具有很好的保温效果。

（5）自助餐炉干净整洁、摆放有序，具有观赏性。

四、自助餐的服务程序

1. 餐前准备

①摆放好餐台各类菜品，根据出品的具体要求注意保温或冰镇。

②摆放好各类客用餐具，如主餐盘、汤勺、汤碗、甜品盘等。

③摆放好取餐用的各类用具，如自助餐夹、餐勺等。

④摆放好各种调料或菜肴配料。

⑤做好餐桌基本摆台工作，如刀叉、椒盐瓶、烟灰缸、牙签筒等。

⑥做好台面的布置、装饰、清洁工作。

2. 餐前检查

①检查所有的菜品、饮品是否摆放完全。

②检查餐台的整体摆设是否美观、适用。

③检查所有的餐具摆放是否齐全。

④检查灯光、空调、背景音乐是否达到运营要求。

⑤检查员工的仪容仪表是否符合要求。

3. 餐中服务

（1）迎宾服务

迎宾服务的主要内容：

①主动向客人问好。

②了解客人是否有预订或是否有自助餐券。

③分发座位号并安排客人到指定座位就餐。

④为客人拉椅让座，并请客人带好随身携带的物品。

⑤祝客人进餐愉快。

（2）酒水服务

常态的自助餐厅一般只为客人提供部分免费饮品或酒水，当客人在进餐过程中需要点取其他酒水时，服务员应主动为客人送上酒水单，并做相应的介绍和推荐。客人点取酒水后，服务员应遵照相关标准为客人进行酒水服务。

（3）餐桌服务

客人进餐过程中，服务员应及时清理、收撤客人用过的餐盘、餐具或其他物资，并及时送至洗碗间，以便循环使用，同时应及时清理、收拾客人使用过的餐桌，以提高餐位的周转利用率。

（4）结账服务

自助餐的结账服务不同于其他餐饮服务形式。若客人为团队预订型进餐形式，在进餐前，只需要出示就餐券即可，最后由团队会议组与餐厅根据进餐客人数量来进行统一结算；若客人为临时上门散客，则应该由值台区域的服务员负责客人的结账工作。

（5）送客服务

因自助餐的人流量会较大，其送客服务工作一般由迎宾员或管理人员完成。当客人就餐完毕，工作人员应与客人礼貌道别，感谢客人的光临并祝客人愉快。

4. 餐后服务

自助餐某个时段结束后，工作人员应迅速整理桌椅、清理台面，并重新摆台，准备迎接下批客人的到来。运营中剩余菜品应撤至厨房处理，并及时做好餐台的清理工作。

5. 自助餐服务注意事项

（1）自助餐服务的过程中，餐台始终是客人关注的焦点，因此各个餐台的值台人员应及时对餐台进行清理、更换服务用具。

（2）各餐台应根据功能区分，由专人负责出品添加工作。

（3）原则上餐炉中所剩菜品少于1/3的量时，就应及时补给。

（4）客人点取收费酒水时，要向客人说明并做好解释工作。

（5）自助餐的运营特点为“循环”，无论是“出品菜肴的循环”还是“物资回收利用的循环”，始终要求餐厅的服务人员与后台保持密切的配合与协调。

相关链接：

游轮酒店自助餐厅服务的“高效性”

游轮酒店因为其是流动型的酒店，载客量大，客人大多来自世界各地，所以在为客人准备精美的食品时，自助餐为常见的出品形式。游轮酒店自助餐厅的种类及数量往往较多，在众多的餐厅管理之中，通过多年的总结与探索，游轮酒店建立了一套完整的自助餐服务管理体系。部分游轮酒店的自助餐厅大到可以容纳近千人就餐，但其员工的配置却“寥寥无几”，显得合理而又高效。

游轮酒店自助餐的迎宾员俗称 Hostess，往往只有一到两名员工组成，而在运营的高峰期，他们的主要工作就是分发餐位卡，而实际的迎宾工作则由管理人员完成。在游轮酒店自助餐厅，岗位有很多有趣的表达，如“Runner”、“Coffee man”、“Buffet man”、“Pick up boy”、“Segregation man”等。“Runner”指推收餐车的人，通常，收餐车的设计也是科学、高效、安全的，你会发现在最繁忙的时间里，一个餐厅最多也就两名左右“Runner”，而他们的工作就是驾驭收餐车穿梭于各垃圾分离台与洗碗间之间；“Coffee man”事实上指看管饮品台的服务员，通常只有一个人，而他每餐至少要负责准备进餐人数 1.5 倍以上的各种咖啡杯、奶昔、糖、甜品盘、饮料杯等，甚至还要随时负责冲调三个以上品种的冷饮并保证其不间断供应；“Buffet man”指的是看管自助餐台的人，以 1 000 人的就餐规模为例，在单个运营时间段，“Buffet man”累计要搬送餐盘 3 000 多套；“Segregation man”指的是垃圾分离人员，游轮上的垃圾处理工作较为严谨，垃圾按干、湿等进行分类，垃圾分离员的工作就是将服务员收回客人餐具里面的剩菜、食物渣滓进行分类存放、腾出餐具的工作，而这份工作需要仔细且快速……

如何完成这些工作？也许有人感到诧异，但是事实上，游轮上每个工种的设立与合作是非常紧密的。以自助餐运营为例，客人到游轮酒店的自助餐厅进餐时，服务区的服务员会不停地巡视餐桌，一旦发现有空盘，立即礼貌地从用餐客人的桌上撤离，服务员将撤离的餐盘送至垃圾分离处，由专职垃圾处理员进行垃圾分离后，再将餐盘放入收餐车，然后由专人将餐车送入洗碗间，再由洗碗工将餐具分类放入洗碗机，再由管事员将干净餐具收回、叠放，最后由各餐台值班人员将干净的餐具搬出。就是这样，周而复始地进行，但是这种看似简单的运转事实上运用了很多高效的管理手段，如专人专岗、餐具有效循环、流程协作分工明确、技术培训过硬等。

的确如此，笔者曾经亲历游轮餐厅工作现场。快速的服务节奏似乎是游轮工作服务的基调，你很少可以看见有闲置的人员在某个地方偷懒，因为一个百分之百依赖团队协作的行业，在管理中不会落下任何一个人。

第四节　酒吧、酒会服务

一、酒吧服务

（一）酒吧的定义及发展历史

“酒吧”一词来自英文“Bar”的谐音，原意是指一种出售酒品的长条柜台，是昔日水手、牛仔、商人及游子消磨时光或宣泄感情的地方，经过数百年的发展演变，各种崇尚现代文明、追求高品位生活、健康优雅的“酒吧”正悄然走进人们的生活，同时也是现代城市中一道亮丽、独特的文化景观。现在，酒吧通常被认为是各种酒类供应与消费的主要场所，它是饭店餐饮部门的运营板块之一，专为客人提供饮料及休闲服务而设置。酒吧服务常伴以轻松愉快的氛围，通常供应含酒精的饮料，也随时准备部分非酒精饮品为不善饮酒的客人服务。

最初，在美国西部，牛仔们很喜欢聚在小酒馆里喝酒。由于他们都是骑马而来，所以酒馆老板就在馆子门前设了一根横木，用来拴马。后来，汽车取代了骑马，骑马的人逐渐减少，这些横木也多被拆除。有一位酒馆老板不愿意扔掉这根已成为酒馆象征的横木，便把它拆下来放在柜台下面，没想到却成了顾客们垫脚的好地方，受到了顾客的青睐。其他酒馆听说此事后，也纷纷效仿，于是柜台下放横木的做法便普及起来。由于横木在英语里念“bar”，所以人们索性就把酒馆翻译成“酒吧”。

酒吧最初源于欧洲大陆。但“bar”一词也还是到16世纪才有“卖饮料的柜台”的含义，后来又在美洲进一步的演变、拓展，大约15年前进入我国。近年来，随着改革开放在我国的进一步深化，酒吧产业在中国得到了迅猛的发展。目前，国内几乎所有涉外旅游饭店都设有酒吧的专营场所，很多城市设有酒吧一条街。相关数据表明，我国的酒吧数量正以每年20%左右的速度增长。目前，国内酒吧业全年的消费额占全国餐饮服务业消费额的4.63%，因此，在未来的时间里，我国酒吧产业的发展前景将会越来越好。

（二）酒吧的设计

一个好的酒吧，一定要有好的设计、优雅的装修、合理的灯光布置、美妙的氛围等特点。在设计过程中应充分考虑以下几个方面的因素：

1. 门面的设计

独具一格的门面设计会给人留下深刻的第一印象，客人来酒吧消费前，往往会通过酒吧的门面来判断酒吧的主题风格或特色。因此富有特色的门面设计往往能吸引客人的眼球。

2. 空间布局的设计

如何确保在有限的空间里容纳最大量的客人，且不会使人感到拥挤、杂乱无章，良好的空间设计是必不可少的。

3. 装修的设计

酒吧的装修并不是要一味追求豪华，而是要根据酒吧的主题或自身定位来恰如其分地装修、点缀，以彰显自己的特色。

4. 灯光的设计

灯光的设计在酒吧运营中起到至关重要的作用，灯光能给人很直观的感觉，良好的灯光设计往往可以对酒吧的运营起到画龙点睛的效果。

5. 吧台的设计

吧台是酒吧的核心区域，良好的吧台设计既有助于提高酒吧的服务效率，又能满足顾客的消费、欣赏需求。

（三）酒吧的常见类型

1. 主酒吧（Main Bar）

主酒吧大多装饰美观、典雅、别致，具有浓厚的欧美风格。其视听设备比较完善，靠柜吧凳、吧椅、杯具、调酒器、载杯等用具备量多，酒水种类齐全，摆设得体，特点突出。许多主酒吧的另一特色是具有各自风格的乐队表演或向客人提供休闲游戏。在主酒吧消费的客人大多为了享受音乐、美酒以及无拘无束的人际交流，因此，其对酒吧调酒师的业务技术和文化素质要求较高。图 3-4 为香港兰桂坊。

图 3-4　香港兰桂坊

2. 酒廊（Lounge）

这种形式的酒吧在饭店或音乐厅最为多见，装饰方面一般，没有突出的特点，以经营各种饮料为主，另外还提供一些美点或小吃。

3. 服务酒吧（Service Bar）

服务酒吧是一种设置在餐厅中的酒吧，俗称餐厅吧台，服务对象以用餐客人为主。中餐厅服务酒吧较为简单，酒水种类也以国产居多。西餐厅服务酒吧较为复杂，设置、配置要求较高，各种酒类陈设、储存较多，对调酒师或吧员的操作技能和服务水平及综合知识要求较高。

4. 宴会酒吧（Banquet Bar）

宴会酒吧是根据宴会规格、形式、人数、厅堂布局及客人要求而专门摆设的酒吧，其临时性、机动性较强。外卖酒吧（Catering Bar）则是根据客人要求在某一地点，如大使馆、公寓、风景区等临时设置的酒吧，外卖酒吧在经营模式上属于宴会酒吧范畴。

5. 多功能酒吧（Grand Bar）

多功能酒吧大多设置于综合娱乐场所，它不仅能为午、晚餐的用餐客人提供酒水服务，还能为有不同需求的客人提供种类繁多、风格迥异的综合服务。这一类酒吧融合了主酒吧、酒廊、服务酒吧的基本特点和服务功能，对从业者的外语能力、业务技能、娱乐知识、综合知识都有较高要求。

6. 主题酒吧（Saloon）

目前比较流行的“氧吧”（Oxygen Bar）、“网吧”（Internet Bar）、“冲浪吧”（Surfing Bar）等都属于主题酒吧范畴。这类酒吧的明显特点在于主题突出，来此消费的客人大部分也会来享受酒吧提供的特色服务，但酒水消费却往往排在次要的位置。

（四）酒吧的服务流程

1. 准备工作

（1）所有工作人员根据分工，做好酒吧的环境清洁工作。

（2）调酒师做好酒吧吧台营业前的各项准备工作。

（3）酒吧服务员做好服务前的各项准备工作。

（4）准备好运营期间所有服务器具、用品，如托盘、抹布、服务巾、冰桶、圆笔、酒水订单簿、冰夹、调酒壶、载杯、开瓶器等。

（5）调节好酒吧灯光、音乐。

（6）了解当天的预订情况，并做好记录。

2. 检查工作

服务区检查：

（1）检查所有摆台是否规范，吧桌、吧椅摆放是否整齐。

（2）检查所有酒单是否准备充分，是否有破损。

（3）检查所有台卡、品名卡是否上桌并摆放整齐。

（4）检查所有服务区的卫生是否达到标准。

（5）检查所有备餐用具是否妥善安排于工作柜上。

（6）检查所有的娱乐设施、设备是否正常。

吧台区域检查：

（1）检查所有的小食品质量是否达到要求以及零售酒水的保存情况。

（2）检查所有吧台设备及用具，如冷藏柜、雪柜、搅拌器、榨汁机、调酒壶、量杯等的准备情况。

（3）检查各种酒类（含配制酒）的储存及备存情况。

（4）检查各种酒类常用调味品、饰品如橙角、柠檬、车厘子、薄荷叶、兰花、水榄等的备量。

3. 服务工作

（1）迎宾工作

客人到来时，服务员应主动微笑向客人打招呼，如果是熟客，应直接称呼客人的名字，并伸手请客人进入酒吧，服务员应在距离客人前方1.5米带领客人，为客人领位。

（2）引领客人入座

若客人为散客，提前未做预订，则应先了解客人是否对安排的座位满意，否则，立即为客人更换位子。引领客人入座时，应该主动为客人拉椅让座，同时遵循先女士后男士的原则。

（3）服务酒单

客人坐定后，服务员应打开酒单的扉页，从点单客人右侧为客人送上酒单，并退后一步，准备好笔、酒水订单簿，准备为客人点单。

（4）点单

客人示意点单后，服务员应站在客人的右侧详细记录客人所点酒水的数量及要求，并同时主动向客人推荐产品。下单后，重复客人所点酒水的内容，礼貌地向客人致谢并请客人稍等，然后迅速将订单送至吧台及收银台。

（5）服务酒水

为客人服务酒水时应遵循以下原则：

①客人所点酒水上桌后，应先在客人面前展示（瓶装酒），待客人确认。

②客人所点酒为整瓶时，开瓶前应先征得客人同意，后开瓶。

③客人所点酒水须现场调制时，应在客人面前操作。

④服务酒水时，应先女士后男士。

⑤服务酒水前，若客人点取了小食品，则小食品应先上桌，酒水跟上。

⑥服务期间，服务员应及时巡台，为客人添加酒水、更换烟缸、撤换味碟，并及时为客人清理桌面。

（6）结账服务

客人要求结账时，服务员应主动为客人呈上账单，协助客人结账。

（7）送客工作

客人消费完毕，服务员应主动送别客人，感谢并邀请客人下次光临。

（8）收尾工作

酒吧运营结束后，工作人员应主动对酒吧进行清理、整理，达到运营前的标准。

（9）注意事项

①酒吧人流量较大，因此做好安保和现场秩序维护工作是不容忽视的问题。

②服务员在为客人点取酒水时，一定要注意记清酒水的数量、分量，特殊酒水服务时要问清客人的要求。

③客人醉酒后，服务员应主动协助本桌客人，做好醉酒客人的醒酒服务，不得再向醉酒客人推销酒精饮品。

④注意客损、客赔的记录情况。

⑤部分由调酒师出品的酒水如鸡尾酒、混合饮料，其出品的分量要统一，不得欺瞒客人。

相关链接：

如何设计葡萄酒酒单？内容、平衡、展示、适宜性皆需考虑

美国作家克里夫顿·费迪曼指出：“如果说美食是美好生活的身体，葡萄酒则是它的灵魂。”

罗素调查公司（Russell Research）公布的一项美国市场调查表明：49%的被调查者希望餐厅能有更多的葡萄酒供其选择，66%的被调查者希望餐厅能在其就餐时提供如何选择葡萄酒的指导，50%的被调查者承认如果餐厅提供了相关建议，他们将会消费更多的葡萄酒。

从餐厅利益角度看，美国酒店行业培训教材《专业酒水》的统计数字表明，酒水的销售约占餐厅总销售额的35%，并且创造了多于40%的利润。《专业酒水》指出：“对于

餐厅来说，没有成功的葡萄酒销售方案，即使拥有好的设施也难以生存，更谈不上兴隆，这是很重要的事实。”

那么，如何制订成功的葡萄酒销售方案？权威机构告诉我们要考虑以下四个方面。

内容（Content，比重占35%）：葡萄酒的数量充足（最低门槛：供应20款葡萄酒、酒窖库存足够消耗10天）；品种覆盖开胃酒、白葡萄酒、红酒、桃红酒、起泡酒、甜点酒、雪利酒、波特酒和白兰地；供应陈年老酒和稀有葡萄酒；品种与产区对应；采购自多个酒商；独家性的选择；对每款酒有恰当的描述；足够的酒杯。

平衡（Balance，比重占30%）：高价酒与平价酒的平衡；名牌酒与新品牌的平衡；有进口葡萄酒和香槟；有来自本土不同产区的葡萄酒；葡萄酒与食物的平衡；葡萄酒与餐厅风格的平衡（例如意大利风格餐厅与意大利葡萄酒之间的平衡）。

展示（Presentation，比重占25%）：显示年份；显示产区；正确的拼写；信息的准确性；有类型的提示（比如“干”、“半干”、“强化葡萄酒”、“Unwooded/未经橡木桶贮藏型”等）；提供与佳肴的搭配建议；便于阅读和浏览的版式设计，包括酒单封面的总体设计。

适宜性（Suitability，比重占10%）：葡萄酒适宜餐厅的烹饪方法、适宜餐厅的风格和形象。

相关链接：

六大基酒

一、白兰地

白兰地是一种以水果为原料，经发酵、蒸馏酿制成的酒。酒精度通常为40°～43°，一般为40°。世界上以法国的白兰地最为著名，其中以法国南部可涅克出产的最为出名，被称为“白兰地之王”。白兰地主要是以葡萄为原料，经发酵、蒸馏而成的酒，但有些优质白兰地也以苹果、樱桃等为原料，所以称为樱桃白兰地、苹果白兰地。白兰地也叫可燃烧的酒，法国人称之为“生命之水”，在法国著名的四大名品，如轩尼诗、人头马、马爹利等系列都是以葡萄为原料酿制的。白兰地常按年代区分，如：☆☆☆表示这款酒为5～8年；VO表示10～12年的中档酒；VSOP则为较高档酒，一般为20～30年；FOV为高档酒，30年以上；XO则为特档酒，一般在50年以上。白兰地酒体呈琥珀色，清亮透明、口味精细、风度豪壮英烈，十分独特。白兰地是一种很高贵的酒，对于饮用的酒杯也有专门要求。在通常情况下饮用白兰地，需用专用的白兰地杯，斟倒1盎司左右，用手掌握住杯肚，轻轻摇晃，让手掌的温度使其香味溢出。喝白兰地一般是先闻后品，每次饮用时不能倒入太多。白兰地的喝法：净饮、加冰、混合饮用等。

二、威士忌

威士忌是以谷物、大麦、黑麦、燕麦、玉米等为原料，经发酵、蒸馏后放入橡木桶中醇化而酿成的烈性酒。有人开玩笑说，“在苏格兰，人们把它看得比什么都重要，要想婴儿停止哭闹，给他吃威士忌浸过的糖；若是感冒伤风了，那就在开水里加点威士忌和糖”。威士忌的酒精度一般为40°～43°。其中最具代表性的威士忌：英格兰威士忌、爱尔兰威士忌、美国威士忌、加拿大威士忌。由于所用的谷物、水质、蒸馏方法的不同，使得四种威士忌具有特别的颜色和味道，其中以苏格兰威士忌最负盛名。苏格兰威士忌有着类似中国黄酒的色泽，颜色呈棕黄略带红色，酒体清澈透明，口感干冽、醇厚、劲足、圆正柔绵，气味焦香，常伴有烟熏味。例如著名的芝华士 12 年，是由谷物和麦芽混合酿制而成的，酒质丰润，口感平和，独具水果的芳香和烟熏味，是苏格兰威士忌中的珍品，有“苏格兰威士忌王子”的美誉。威士忌常见的品牌还有皇家礼炮、黑方、红方等。而爱尔兰威士忌是以大麦、燕麦、黑麦、小麦为原料，陈酿而成的，其色泽呈淡琥珀色，酒液浓厚、口感柔绵长润、略带甜味却无烟熏味，著名的有杰克丹尼、占边等。加拿大威士忌是由玉米、黑麦、大麦麦芽等谷物酿制而成的，其特点为酒体呈棕黄色、香味芬芳，口感轻快爽实、丰满，淡雅温和，常见的品牌有加拿大俱乐部。威士忌的饮用方式：净饮、加冰、加水、混合饮。

三、金酒

金酒也称琴酒、毡酒、杜松子酒，是以谷物如大麦、黑麦、玉米等为原料，经过发酵、蒸馏而成的。其常选用杜松子、桂皮、甘草、柠檬皮等多种香料浸泡以达到调香效果。金酒的特点为颜色透明，酒香浓郁，口感干冽、醇美，酒精度通常为 38°~43°。金酒的饮用方法：净饮、加冰、混合饮。

四、朗姆酒

朗姆酒是以甘蔗、糖蜜等为原料经过发酵、蒸馏而成的烈性酒。酒精度为 35°~75.5°，主要产于波多黎各、牙买加、加勒比海等地，有“海盗之酒”的雅号。具有冒险精神的人喜欢用朗姆酒作为他们的一种饮料。由于朗姆有提升水果类饮品味道的功能，因此朗姆酒已成为调制混合酒的重要基酒。朗姆酒的饮用方法：混合饮、加冰、调制饮用等。著名的品牌：摩根船长、美雅士、百加得等。

五、伏特加

伏特加酒是以土豆、玉米、小麦等谷物为原料，经过发酵、蒸馏、过滤等工艺制作而成的高纯度烈性酒，最高可达 96°。伏特加在原苏联消费比较广泛，被翻译为俄得克酒，最初用大麦为原料，后来逐渐改用含淀粉的玉米、土豆作为原料。伏特加通常不需要陈酿，其制作程序如下：先将原料糖化，经过两次蒸馏，再以蒸馏水稀释，最后经过白桦树制成的活性木炭过滤。通常，伏特加酒在蒸馏后酒精含量可高达 96°，用蒸馏水稀释后为 40°~60°。其特点为无色、无味、酒体透明，口味猛烈、劲大，咽后腹暖，但饮后无上头感觉。其常见饮用方法：净饮（古典杯），加冰、再加一片柠檬，混合饮，如加橙汁或汽水。伏特加著名的品牌：芬兰伏特加、瑞典伏特加、红牌伏特加、皇冠伏特加等。

六、特基拉

特基拉又称为龙舌兰酒，是以龙舌兰植物为原料的蒸馏酒，产于墨西哥的特吉拉小镇，属于烈酒。其制作程序如下：先将龙舌兰加热（糖化）粉碎、压汁，再将其发酵、蒸馏两次，最后过滤。特基拉酒常见为银白色（没在橡木桶中陈酿）或金黄色（橡木桶中陈酿 1~3 年，甚至更长的时间）。口感特点：柔顺、醇厚、酒香突出。著名的品牌：金奥美加、金、银雷博士、白金武士等。特基拉在墨西哥是非常受喜欢的一种酒，常用于净饮，饮用方式非常独特：先准备一盎司特基拉、一碟食盐、一块柠檬片，先用柠檬片在（虎口）拇指与食指连接的地方擦一下，再在擦过的地方撒上一些盐，然后将柠檬片放入口中，再含上一口盐，等到口中有酸咸味后，再将特基拉酒一口喝下去。特基拉酒也可加冰、调制饮用。

二、酒会服务

（一）酒会的特点及种类

酒会是西方国家比较流行的一种宴会形式，目前在我国正逐渐流行，因气氛热烈、交流方便、进餐形式轻松而受到客人的欢迎。

1. 酒会的种类

根据进餐的形式，酒会可以分为以下两种。

（1）立式酒会：特点为所有来宾都站立用餐，但设置了专门的休息区域。

（2）坐式酒会：所有来宾都坐着进餐，与宴会进餐形式相同。

2. 酒会的特点

（1）菜品丰盛，布置环境优雅。

（2）一般选用自助的形式进餐，气氛热烈。

（3）用餐形式较为自由。

（4）用餐持续时间较长。

（二）酒会服务的基本流程

1. 餐前准备

（1）餐台设置及摆台

① 酒会的餐台设置应该根据客人的人数及现场的空间结构摆放，一般常采用“一”字形、“T”字形、或“V”字形摆设。

② 将各类提前准备好的菜品摆放于餐台上。

③ 摆放各类餐具，如主餐盘、汤碗、甜品盘。

④ 摆放好取餐用的服务器具。

⑤ 摆放好各类调料。

⑥ 设置专门的吧台，并准备好各类酒杯、酒具及酒水。

⑦ 设置迎宾台。一般酒会都会设置迎宾台，并备有名片托盘等。

（2）摆台

通常，立式酒会讲求用餐形式的自由，但是也会设置专门的餐台或酒桌以便客人放置用过的餐盘或酒杯。

坐式酒会的摆台遵循西餐零点摆台的原则，主要摆放主餐刀、主餐叉、汤勺、面包黄油碟、椒盐瓶等。

（3）检查工作

① 检查餐台的摆放是否美观、整齐。

② 检查所有的菜品是否摆放完全。

③ 检查所有菜品的温度是否合适。

④ 检查所有的餐具、服务用具是否准备充分。

⑤ 检查灯光、音乐、空调及现场环境是否达到运营要求。

⑥ 检查工作人员的仪容仪表是否达到工作标准。

2. 餐中服务

（1）迎宾服务

客人到达酒会的现场时，服务员遵循餐饮迎宾服务的标准，面带微笑并主动向客人问好，然后将客人带到签到台，协助客人签到，再将客人带至酒会现场。

（2）酒水服务

酒会服务不同于其他形式的宴会服务，酒会开始后，服务员应主动将各式酒水用托盘端送至客人面前供客人选择（见图 3-5）。

图 3-5　各种酒会用酒

（3）餐桌服务

服务员为客人服务酒水的同时，应立即将客人用过的餐具、餐盘进行清理，并做好巡台服务，如帮客人撤换烟灰缸、更换酒具等。

（4）结账服务

当客人用完餐后，服务员应根据参加酒会的客人人数，将准备好的账单交与酒会负责人，并与客人核对、结账。

（5）送客服务

酒会结束后，工作人员应提醒客人带好随身物品，并热情地向客人道别。

3. 餐后服务

酒会结束后，将剩余菜品撤至厨房处理，及时清理未饮用完的酒水，并及时清理现场。

相关链接：

鸡尾酒会服务

鸡尾酒会的服务形式较为灵活，主要以供应各种酒水为主，通常备有简单的小吃，客人通常站立进餐或自由自在地走动。鸡尾酒会对现场摆台或设置的要求不高，但是对调酒师的技艺要求较高。高端的鸡尾酒会通常伴有花式调酒的现场表演，因为绚烂多姿的现场表演往往能振奋客人的情绪并能活跃现场的气氛。

第五节　餐饮 VIP 接待及综合服务

一、酒店 VIP 客人的特点

1. 身份、职位、地位较高。
2. 具有一定的社会影响力。
3. 在某一领域具有较高号召力，如经济、政治领域。
4. 具有一定的消费能力。

二、VIP 客人的划分

根据客人的身份、地位、社会背景及层次的不同，酒店又将 VIP 客人划分为四个等级。VA 级：国家元首、政要等；VB 级：市政府主要领导或大型企业负责人；VC 级：社会名流、明星等；VD：在酒店有较高的消费记录，且达到酒店某个消费级别的重要客户。

三、VIP 接待的准备工作

1. 酒店市场部：在接到 VIP 客人预订时，应首先明确客人的到店时间、地点、就餐规格、用餐类型、特殊要求等信息，及时告知酒店领导，并迅速填写、下发 VIP 客人接待通知单。

2. 酒店安保部：与市场部同事进行沟通，做好停车位的预留和现场安保准备工作。

3. 工程部门：根据预订单的信息，做好运营区域灯光、音响、空调等设施设备的调试工作。

4. 其他部门：做好客人到店前的相关准备工作。

四、VIP 接待的工作程序

1. 接受任务，了解情况

（1）根据预订单的内容，了解客人的国籍、身份、风俗文化等信息。

（2）了解客人的菜单及特殊要求及喜好。

（3）与厨房进行沟通，合理安排菜单，并确定上菜顺序。

（4）准确获取客人的上菜时间等信息。

2. 布置服务区域

（1）准备茶具、茶叶。

（2）准备休息或"会见区"，并做好现场基本装饰布置。

（3）检查现场空气流通情况及质量。

（4）配合工程部调试好灯光、空调等设施、设备。

（5）准备好毛巾、餐巾纸。

3. 餐前准备

（1）检查餐位是否按标准摆设。

（2）检查所有的摆台是否规范，餐具是否完整无缺且洁净卫生。

（3）检查所有的布草是否平整、无破损。

（4）检查所有备餐工作是否充分。

（5）检查所有的器具、用具是否到位。

（6）检查所有人员的在岗情况是否正常。

4. 迎宾工作

（1）员工仪容仪表规范、面带微笑，使用敬语，协同酒店领导一起迎接客人。

（2）帮客人拉椅让座，接拿客人衣物，并妥善挂好。

（3）从主宾位按顺时针方向，为客人服务茶水。

（4）视情况为宾客点烟。

（5）站在客人右边，依次为客人铺口布、脱筷套、并询问酒水。

（6）将客人所点酒水示瓶，征得客人同意后，开酒。

（7）从主宾位开始，按顺时针方向依次为客人服务酒水。

5. 上菜及介绍菜式

（1）开餐 10 分钟以前开始上凉菜。

（2）严格遵照菜单顺序，为客人上热菜，并报菜名，介绍每道菜的特色。

（3）每次将新上桌的菜转至主人和主宾面前。

（4）遵照"鸡不献头，鸭不见掌，鱼不献脊"的原则为客人服务。

（5）主动为客人派菜、分菜。

（6）若有配料的菜，则应先上配料再上菜。

6. 席间服务

（1）及时更换烟缸、烟碟。

（2）及时更换骨碟。

（3）及时为客人添加饮料及酒水。

（4）若小味碟的调料不够，及时添加。

（5）及时为客人更换毛巾。

（6）及时对桌面进行清理，保持桌面美观整洁。

（7）上水果时应按位来上，并及时上果叉。

（8）服务员上汤类菜品时，要先帮客人把汤盖打开。

7. 结账及送客服务

（1）提前将账单准备好，并交予客人核对，协助客人结账。

（2）为客人取衣、拿帽，并提醒客人带好随身物品。

（3）协同酒店领导恭送客人出门。

（4）提醒安保部门梳理车位、通道。

（5）向客人致谢，并祝客人愉快。

8. 客人离店后工作

（1）及时对台面进行清理，并查看是否有客人遗留物品。

（2）检查所有的设施、设备，并做好关闭工作。

（3）向厨师反映客人对菜品的满意程度。

（4）管理人员做好 VIP 接待记录概要，呈酒店领导。

（5）市场部针对接待的全过程，做好建档工作。

五、VIP 接待注意事项

（1）用餐前期应注意接待客人的类型，并准备好恰当的鲜花、绿植。

（2）高规格的接待，应给每位客人准备专用的菜单，供客人鉴赏。

（3）VIP 接待对细节工作的要求较高，所有备餐工作不得有遗漏。

（4）服务毛巾时应注意把握好温度，而且食用海鲜类菜品时要多次更换毛巾。

（5）所有酒类的出品须严格遵循斟酒服务标准。

（6）部分 VIP 接待要做好“保密工作”，不得携带电子设备进场服务。

（7）注意满足客人的个性化需求。

（8）对于 VIP 接待工作，所有酒店管理层要做到亲力亲为。

（9）建档工作要翔实、具体，以便于下次接待服务水平的提升。

相关链接：

酒店 VIP 接待的总体要求及跟踪服务

VIP 代表着尊贵，代表着忠诚的消费度，代表着相互优良的印象值，代表着高品质的付出与回馈，代表着无上的重要性。

通常酒店对于 VIP 的界定取决于客户的身份与消费能力，还有一部分 VIP 是在酒店为了扩大客户群的情况下，有些随机而且随意给予界定的，这一种 VIP 客户通常不具有真正的 VIP 意义。单独就酒店营销来讲，其实每一位客户都是 VIP，因为每一位客户我们都应该给予高度的重视，这是指酒店对待客户的态度。

VIP 客户的特点除了尊贵、讲究品位、对服务的品质要求比较高以外，在时间概念、着装仪表、接待礼仪、私密性、个人感官、个人喜好、对细节上的追求、对待他的宾客、拜访与回访、电话沟通、不同场合、个人卫生、生活习惯等方面，都有很高的要求。

综合来讲，酒店应该在接待VIP客户时给予这样的安排：安排整体形象比较好、身份相对较高、语言表达流利清晰、灵活应变、接待礼仪比较好、能与客户建立良好的沟通、并能适当安排客户其他需要的人选来进行接待。

在选定接待人员之后，通过客户对接待的评价来评定接待人员的能力，从而使VIP客户对酒店的印象值达到最高。也可以确定针对性的接待人选。

在确定接待人选之后就是确定接待方案，接待方案的确定是要依据上述VIP客户的特点，因为知己知彼方能百战不殆。

在VIP的接待过程中，总结出完善的接待方案和特殊案例，建立好档案。在接待工作结束后，要在适当的时间内进行电话回访，适当的时间内进行登门拜访。接下来的工作就是跟踪服务，这一点重点体现了营销方案的准备，例如：定期的联系，咨询和问候，例如客户近期的活动情况、近期的需要、近期的安排，对其身边亲人和家庭的问候以及客户在其他酒店所获得的优势待遇等，在跟踪服务方面抓住客户的心，抓住客户的需求，也就抓住了客户。

VIP客户的满意程度代表着一个酒店的整体的服务水准，客户满意度是一个真实的标杆，把这个标杆树立好，酒店的服务水准才能得到实际的锻造，才能在客户接待与服务上做出自己的特点，或者说做好自己的特色服务。

案例链接

不与宾客争辩

某三星级酒店的零点餐厅里座无虚席，还有一些客人坐在厅外的长沙发上阅读报纸杂志，等候安排。坐在靠后窗小桌前的是一位从丹麦来的中年客人，桌上两个盘子已去了一大半。不一会儿服务员小林端上一碗热汤。客人朝鲜红色的汤瞟了一眼，脸上露出了不悦的神色，他对小林说这汤没有一点热气，要求给热一下，他不喜欢喝不冷不热的汤。小林想告诉客人，汤是很热的。刚从厨房取出，只是因为汤上面有一层油，把热气遮住了，所以看上去就如冷的一样。她刚想开口解释，但很快改变了主意。“对不起。”她轻声地向客人道歉，并弯下身子把汤重新放进盘子里端走了。

两分钟后，小林复又出现，把汤轻轻地放到客人面前。其实她只是到厨房去转了一下，回来时随手带了一把汤勺。客人两眼盯着刚送来的汤，刚才毫无热气的汤顿时冒出气来，她朝客人甜甜地一笑，轻盈地转身走了。

客人付账时一再向小林道谢，显然，他已明白了一切。在接下来的两天里，这位丹麦客人每晚都挑选这个座位，看来他十分欣赏小林的艺术。

1. 请问服务员小林的做法对吗？
2. 如果你碰到这样的情况，你会怎么做？

本章习题

1. 中餐零点服务的程序是什么？
2. 西餐零点服务的程序是什么？
3. 中、西餐零点服务有哪些差别？
4. 中、西餐宴会服务的流程有哪些差异？
5. 什么是自助餐服务？
6. 酒吧服务有哪些特点？
7. 酒吧服务与酒会服务有哪些差别？
8. VIP 接待的要求有哪些？

第四章　餐饮服务质量管理

本章简介

餐饮服务质量是餐饮企业的生命线，是餐饮企业生存发展的重要保证。餐饮服务质量既包括有形产品的质量，又包括无形服务的质量，二者有机组合，缺一不可。餐饮服务质量管理是餐饮企业提高服务质量、实现经济效益和社会效益的重要举措。本章介绍了餐饮服务质量的基本概念、意义、内容、特征和措施等，并从建立餐饮服务质量管理体系、实施全面质量管理、开展餐饮服务质量控制以及采取多种手段和方法控制餐饮服务质量等方面说明了餐饮服务质量管理的基本内容。处理客人投诉是餐饮管理者的重要职责，本章介绍了宾客投诉的主要原因、处理原则、处理程序和方法等。

学习目标

了解餐饮服务质量的意义、内容与措施以及宾客投诉的原因。

理解餐饮服务质量管理的方法，餐饮服务质量控制的手段与监督的内容。

掌握餐饮服务质量的概念、全面质量管理的原理及方法，处理宾客投诉的原则、程序和方法。

第一节　餐饮服务质量概述

一、餐饮服务质量的概念及意义

（一）餐饮服务质量的概念

对于餐饮服务质量的理解通常有两种。一种是狭义上的服务质量，指餐饮服务的质量，它纯粹是指由餐厅服务员的服务劳动所提供的、不包括提供的实物形态的使用价值。另一种是广义上的餐饮服务质量，它包含组成餐饮服务的三要素：设施设备、实物产品和服务的质量，是一个完整的服务质量的概念，整体来说，包括有形产品质量和无形产品质量两个方面。

本书所指的服务质量主要指广义的服务质量，即餐饮企业以其所拥有的设施设备为依托，为宾客所提供的服务在使用价值上适合和满足宾客物质和精神需要的程度。根据该定义，餐饮企业所提供的服务既要能满足宾客生活的基本需要，即物质上的需求，还要满足宾客的心理需要，即精神上的需求。而所谓适合，是指餐厅为宾客提供服务的使用价值为宾客所接受和喜爱。所谓满足，是指该种使用价值为宾客带来身心愉悦的享受，使宾客感到自己的愿望和期盼得到了实现。

（二）提高餐饮服务质量的意义

任何餐饮企业都要以服务质量求生存，以服务质量求信誉，以服务质量占市场，以服务质量赢效益。提高餐饮服务质量，把精湛的烹饪艺术与完美的服务技术有机结合起来，是餐厅赢得信誉的根本所在。

1. 提高服务质量是餐饮企业赖以生存和发展的生命线

服务质量是餐饮企业的生命。服务标准和质量的降低会引起顾客的不满和需求的衰退，导致设施利用率降低、利润率降低，使餐饮企业无力进行新的投资，进而服务标准和质量进一步降低……如此形成恶性循环。这就是著名经济学家罗斯德的“恶性循环分析理论”揭示的真理。

2. 提高服务质量是餐饮企业竞争的需要

随着旅游业的快速发展，我国餐饮企业也如雨后春笋般迅速发展。餐饮行业的竞争是所有餐饮企业经营与管理必须要关注的重要问题。餐饮竞争涉及多方面的内容，既包括在地理位置、外观装饰、广告宣传方面，也包括服务项目、产品推销、价格优惠等方面。但餐饮企业的竞争最终是以服务质量的竞争为首。谁能够为顾客提供全面的最佳服务，谁就能取得优势地位，谁就能招徕更多顾客，进而在激烈的竞争中占有一席之地。

3. 服务质量是判断餐饮管理水平的重要标志

餐饮经营与管理是一项复杂细致的工作，服务员的劳动对象是人不是物，实物产品仅仅是联系餐厅和顾客之间的中介物，餐饮工作最终是人对人的服务。有良好的服务才能招徕并留住顾客，而顾客是餐饮企业生存和发展的基础和条件。因此，提高服务质量是餐饮经营管理的中心工作。要想提高服务质量，必须使管理的各种职能充分发挥作用并相互配合协调。服务质量水平是餐饮管理水平的综合反映，从服务质量的优劣表现可以判断出餐饮经营者管理水平的高低。

二、餐饮服务质量的内容

餐饮服务是有形产品和无形劳务的有机结合，餐饮服务质量则是有形产品质量和无形劳务质量的完美统一，有形产品质量是无形产品质量的凭借和依托，无形产品质量是有形产品质量的完善和体现，两者相辅相成，共同构成完整的餐饮服务质量的内容。

（一）有形的产品质量

有形产品质量是指餐饮部提供的设施设备、实物产品和服务环境的质量，主要是满足客人在生理上、物质上的需求。

1. 餐饮设施设备的质量

餐饮设施设备齐全、先进、方便、舒适，能够满足客人物质享受和精神享受的需要。这是提高餐饮服务质量的基础条件，即物质基础和硬件要求。它包括以下方面：

（1）餐厅容量；

（2）餐饮环境布置；

（3）音响；

（4）家具；

（5）餐具、用品。

2. 菜点花色品种

（1）合理安排菜点品种，能适合客人多类型、多层次的消费需求；

（2）根据餐厅的营业性质、档次高低、接待对象的消费需求，选择产品风味和花色品种；

（3）花色品种和厨房烹调技术、原料供应、生产能力相适应。

3. 餐饮价格

价格合理包括两方面含义：一是产品和服务按照市场价值规律制定相应的价格；二是客人支付一定数量的费用，就应该享受与其相称的一定数量和质量的产品或服务。只有使客人感到"物有所值"，餐厅经营的经济效益和社会效益才能实现。

（二）无形的服务质量

无形服务产品质量是指餐厅所能提供的劳务服务的质量，主要是其适合和满足客人在心理上、精神上的需求程度。它具体体现在服务人员的仪容仪表、礼貌礼节、服务态度、服务技能、服务效率和清洁卫生等方面。

1. 仪表仪容

餐饮服务人员仪容仪表的基本要求：

容貌端正，举止大方；端庄稳重，不卑不亢；

态度和蔼，待人诚恳；服饰庄重，整洁挺括；

打扮得体，淡妆素抹；训练有素，言行恰当。

2. 礼节礼貌

餐饮服务中的礼节礼貌通过服务人员的语言、行动或仪表来表现。同时，礼节礼貌还可以表达谦逊、和气、崇敬的态度和意愿。餐厅所有人员要将礼貌服务贯穿于服务过程的始终。

3. 服务态度

从迎宾、就餐到送走宾客，整个餐饮的销售过程自始至终伴随着服务员的服务性劳动。因此，服务人员要用良好的服务态度去取得顾客的信任和好感，从双方一开始接触就建立起友善的关系。良好的服务态度是进一步做好服务工作的基础，是贯彻“宾客第一”和员工有“服务意识”的具体表现。

在餐饮服务中，良好的服务态度主要表现在以下几个方面：

（1）面带微笑，向客人问好，最好能称呼顾客的姓氏。

（2）主动接近顾客，但要保持适当距离。

（3）含蓄、冷静，在任何情况下都不急躁。

（4）遇到顾客投诉时按处理程序进行处理，注意态度和蔼，以理解和谅解的心理接受和处理各类投诉。

（5）在服务时间、服务方式上，处处方便顾客，并在细节上下工夫，让顾客体会到服务的周到和效率。

4. 服务技能

一方面餐饮服务人员在服务过程中的站、行、坐、蹲等身体姿势动作要标准、规范、美观、便于服务操作；另一方面，餐饮服务人员的基本服务技能，如托盘、斟酒、摆台、餐巾折花、上菜、分菜等服务工作要按照标准化和程序化的要求进行操作。

5. 服务效率

服务效率是服务工作的时间概念，是餐饮服务员为顾客提供某种服务的时限。它不但反映了服务水平，而且反映了管理的水平和服务人员的素质。为保证效率，必须对菜点烹制时间、规程、翻台作业时间、顾客就餐时间等做出明确的规定并将其纳入服务规程之中，作为员工培训的指南和操作的标准。餐厅应尽量消除就餐宾客等候服务的现象。

6. 安全卫生

餐饮服务人员要保持良好的健康卫生习惯，如头发梳理整洁，男服务人员不留鬓角、胡须，女服务人员不留长指甲、不浓妆艳抹等。另外，员工制服要经常换洗，保持干净整洁等。

个人卫生要做到“四勤”，即勤洗手、洗澡；勤理发、修面；勤换洗衣服；勤修剪指甲；上班前不吃生葱、生蒜等有浓烈气味的食品。

三、餐饮服务质量的特征

餐饮服务及经营的特殊性决定了餐饮服务质量具有以下几个特点：

（一）综合性

餐饮服务是一个复杂的过程，环节众多，而餐饮服务质量是各个环节服务与管理水平的综合反映。餐饮服务从计划的制订，到产品生产，到提供服务所依赖的设施设备维修与保养、物资供应、财务保障等，最终到服务得以实现的主体——服务人员，任何一个环节出现问题，都会导致服务链断裂，最终影响到服务质量的整体水平。餐饮服务质量的综合性提醒我们，餐饮服务质量管理是一个系统工程，要从系统观念出发，进行多方面评价，全面、综合地探讨餐饮服务质量及管理问题。

（二）短暂性

餐饮服务从生产到销售再到服务几乎是同时进行的，在这么短的时间内向宾客提供尽善尽美的服务，对每一个餐饮从业人员都是一个严峻的考验。因此，餐饮企业必须在如此短的时间内采取多种措施提高服务质量来满足客人的需求。

（三）协调性

良好的服务质量是由众多因素构成的，缺一不可，任何一个因素的缺陷都可能使服务出现残品、次品。餐饮服务每个环节之间都有很强的关联性，好的服务质量是以每个环节之间的协调为基础的。在要求协调的同时，我们还应特别提出“二线为一线，全员为酒店”的企业文化，其根本是以顾客为工作的重心来协调各项服务。

（四）一致性

管理学中的“木桶理论”认为，一只由长短不一的木条拼成的木桶，其盛水量不是取决于木条的平均长度，而是取决于那根最短的木条的长度。餐饮服务质量各标准应保持一致，即消费环境、产品质量、服务水平应相辅相成，共同提高。餐饮服务质量可以有自己的强项和特色，但不能有明显的弱项和不足，否则就会影响服务质量的整体水平。

（五）主观性

虽然餐饮服务质量水平是客观存在的，但由于服务的主体是顾客，客人对服务质量的认定存在较大的主观性，而且客人的评价直接影响到饭店的声誉与客源市场的稳定。因此我们应该特别注意客人对服务质量的评价，特别是某些“偏见”。服务中应有意识地引导客人，将客人吸引到餐厅的整个经营活动中来，影响和改变客人，与客人建立融洽的客我关系。

（六）一次性

客人餐饮服务质量的认定同时具有一次性的特点。如果客人经历了一次不愉快的用餐，我们很有可能就失去了再次提供服务的机会。因此，要重视客人的投诉，把它看做改进服务、补救与客人关系的良机，尽可能让客人对处理结果满意，以不断提高我们的服务质量。

四、提高餐饮服务质量的主要措施

1. 从餐饮部经理到各级管理人员都应具备丰富的质量管理思想，并身体力行做出榜样。有关的标准和准则，如无强有力的督察手段是不可能被所有员工自觉地接受并加以维护的。

2. 负责质量控制和质量维持的责任不仅仅是几个人的事情，只有全员进行全过程的管理和参与，才能有服务质量的稳定和提高。

3. 餐饮各部门应该有清晰的职能划分，各个岗位的工作人员应该有明确的职责分工，并严格遵循服务规格，才能为宾客提供高质量的服务。

4. 对已取得的质量成果要不断加强和巩固，并坚持长期不懈地做出系统化的努力。

5. 前台质量与后台质量必须一致，对两者的控制也应步调一致，前台对质量管理的目的是确立并加强通向积极循环的机制，后台对质量管理的目的是拥有可供选择的各种质量管理的策略。

6. 随着消费变革、价格波动和服务项目的变化而提出新的质量标准和实施计划，并跟踪监督实施。

7. 设立质检机构，对员工仪容仪表、工作状态、店规店纪的执行情况及对客服务的质量进行评价，纠正各种违反规定的行为。

8. 加强现场指挥，切实提高销售水平和服务质量。

第二节　餐饮服务质量管理与控制

一、餐饮服务质量管理的意义

认识餐饮产品质量是开展有效质量管理的前提，餐饮服务质量管理就是餐饮企业围绕其产品质量开展的一系列管理活动的总和，是餐饮管理的一个中心环节。实行餐饮服务质量管理的意义具体包括：

（一）可以提高餐饮企业的竞争力

目前餐饮企业遵循这样一条规律“质量=竞争力”，只有不断提高餐饮企业的质量才能获得持久的市场竞争力，这充分说明了服务质量管理在餐饮企业中所处的重要地位。

1. 质量管理减少了出错环节，降低了出错几率，从而间接降低了经营成本

在日益激烈的竞争面前，餐饮企业的发展既要开源，也要节流，创造、生产低缺陷甚至无缺陷的产品，进而合理、高效地降低经营成本也就成为很多餐饮企业节流的一个重要途径。同时，减少出错率就会减少返工，这样就减少了不必要的浪费，降低了成本。为了使成本具有竞争力，餐饮企业必须不断降低产品的缺陷水平，还应减少在生产产品的过程中出现的缺陷，通常我们用缺陷率来表示，缺陷率越低，质量等级就越高。

2. 质量管理能不断增强餐饮产品的可用性，从而提高了客人的满意度

一个产品或一项服务的质量由顾客感知到的可用性来决定，即餐饮企业的质量是顾客对其产品或服务可用性感知的综合。不少餐饮企业利用尖端的顾客反馈技术，收集顾客信息，以此来确定不断变化的顾客需要，在了解顾客需求的基础上采取调整措施，不断改进自身的产品，提高了产品的可用性，使得顾客对产品满意，造就了产生回头客的关键因素。

3. 质量管理能有效形成与竞争对手的抗衡局面，分流竞争对手的客源

质量管理凭借对设施设备、实物产品、服务三个方面的综合协调和控制，达到全面提升的效果，从而比竞争对手具有更多的优势和更强的实力，可在一定程度上实现对竞争对

手客源的分流。

（二）可以提高餐饮企业员工的工作效率

不少餐饮企业采用渐进性改进的方式，改进或优化现行的工作过程，不仅使餐饮企业的质量稳步提升，而且在速度方面得到稳步改善；也有餐饮企业采用突破性改进的方式，重新设计工作过程，结果，无论在质量方面还是速度方面都得到前所未有的提高。比如现在很多餐厅实行平板电脑点餐，服务人员在客人点完餐之后直接通过网络将菜单信息传递给厨房，减少了书写、递送等工作流程，节省了时间，提高了工作效率。

（三）有助于建立权责清晰、适度的新型组织制度

1. 质量管理能明确权责

高效的质量管理能够将全面质量过程一一分解成多个质量环节，并将每一个环节落实到各个责任部门和个人，这样可以帮助管理者做到心中有数，查找失误所在，做到奖惩分明。

2. 质量管理能有效遏制过度集权

过度集权一般发生在有多重管理阶层的命令控制系统中，在这里，每一阶层的管理者都要向上层管理者报告工作，上层管理者再向下层传递任务，每一位管理者的管理跨度相对狭小，职责相对有限，从而决策过程也相当缓慢而繁琐，即便是日常简单的操作问题也需要经过多层审批后才能执行解决。过度集权严重影响了产品质量，与此同时，管理者和员工也被迫只能关注自己具体的工作职责和任务，忽视了餐饮企业的基本价值和目标。

高效质量管理提出“以顾客为中心”的原则打破了这一僵化的局面，它要求餐饮企业为了能及时满足客人需求必须快速解决对待客人过程中产生的一系列问题。所以，合适的管理跨度、权责的适度灵活性也就成为必然。在不与质量管理原则冲突的前提下，低层的员工也能行使超越他权限的权力而不必先征求其领导的同意，这可以让员工意识到餐饮企业的存在价值和意义，也抑制了餐饮企业的过度集权。

二、建立餐饮服务质量管理体系

服务质量是餐饮企业经营管理的生命线，这一点早已取得餐饮业同仁的共识，但如何加强餐饮企业服务质量管理，创建服务精品，营造核心竞争优势，使企业在这个快速变动、激烈竞争的市场中处于领先地位，这是许多餐饮管理者和业内人士一直在研究和探讨的话题。因此，必须建立餐饮服务质量管理体系。建立餐饮服务质量管理体系包括以下几方面内容：

（一）建立严密的服务质量管理规章制度

无论是新筹建的，还是正在运营中的餐饮企业，都必须首先建立起一套严密而严肃的服务质量管理规章制度。制度是餐饮企业人员管理、经营管理、服务质量管理的核心准则，是保障餐饮企业良好运营，给客人提供优质服务的法典。国内许多知名饭店，如南京金陵饭店、广州白天鹅宾馆、北京王府饭店等，在筹建之初就着手制定了完善而严密的服

务质量管理规章制度，这些制度保证了服务质量管理体系的良好运行和服务工作程序的落实到位。

（二）有一批对服务质量工作高度负责的管理人员队伍

餐饮服务质量的好坏，管理水平的高低，最关键的因素是首先要造就一批有高度质量意识、服务意识、对质量工作高度负责的管理人员队伍，这是保证餐饮企业服务质量优质的灵魂。

纵观国外饭店职业经理人，他们在进入饭店前，都进行了严格的专业技能和服务质量标准化、规范化、优质化的教育和培训。餐饮企业要想保证其服务质量的优良，就必须从“头”抓起，首先培养一批勇于负责，有高度敬业精神、开拓精神、服务意识、质量意识的经理人。

（三）有管理到位的工作力度和工作作风

餐饮服务质量的优劣，与管理人员的自觉性、工作力度、督导检查、管理到位是密不可分的。有许多餐饮企业的老总和部门经理认为，抓服务质量是质检部的事，把自己游离于抓企业整体服务质量的管理工作之外。餐饮企业虽然也制定了一整套服务质量管理制度，奖励处罚条例，但由于企业老总或个别管理人员服务质量管理意识不到位，工作力度不强，致使服务质量督导检查工作在企业中流于形式。

（四）有全员高度服从质量检查管理的思想观念

餐饮服务质量管理体系一旦建立，就必须教育全体员工，要自觉树立优质服务的思想，做好对客服务的每一项具体而细小的工作，服从餐饮质量管理工作的思想观念。只有全员高度树立了服从质量管理的思想，餐饮企业的各项服务质量管理工作，检查考评制度才能落实到位，才能保证整个质量管理体系的良好运行。特别是中层管理人员应该认识到，质检部门发现了自己没有发现的服务质量、卫生质量问题，是在帮助本部门完善工作，提高管理水平，绝不能有“质检部门给本部门挑毛病或故意过不去”的思想。

同时，各部门工作人员都必须无条件地对部门存在的服务质量问题加以改进、完善和提高。只有在层层管理、逐级负责、垂直领导的过程中，树立全员高度服从质量管理的思想观念，饭店的管理水准、服务质量才能提高。

（五）有日检、周检、月检的质量检查管理体系

餐饮企业在制定了严密而严肃的服务质量管理规章制度之后，还应建立起一套全方位、立体化的服务质量检查督导系统，建立和完善日检、周检、月检的质量检查管理体系，以保证服务质量管理工作的贯彻执行，实施全面服务质量管理。餐饮企业每日的检查工作由质检部工作人员进行例检。周检工作由质检部经理牵头，带领各部门主管、领班（各一名）进行检查。月检工作在每月月底的最后一天，由质检部、总经办牵头由总经理（或常务副总）带领各部门经理，对餐饮企业各部门、各岗位进行全方位的服务质量、卫生保洁、设备养护、节能降耗、安全防火、服务人员仪容仪表、礼节礼貌、外语水准等工作，实施全面督导检查。

（六）有奖罚严明的质检纪律条例

餐饮服务质量控制，一靠预防，防患于未然，杜绝发生质量事故；二靠检查督导控制，实行日检、周检、月检；三靠与经济利益挂钩，奖罚严明。

在餐饮服务质量管理控制中，最难做的工作就是第三道程序——“处罚”问题，因为一旦触及经济利益，不要说服务人员，许多部门经理都会表现出不接受、不情愿、不执行的情况。所以，餐饮企业在制定《服务质量奖罚条例》时，一定要总经理亲自挂帅，统一部署，全员参加，各部门建立质检奖罚条例起草小组，让餐饮企业全体人员共同参与制定。起草制定的过程，也是对全体员工进行《服务质量奖罚条例》培训学习和教育的过程，变传统的事后劣质服务质量处罚管理为预防服务质量管理。

（七）有创造服务精品，进行精细化服务与管理的全员意识

服务质量是餐饮企业生存发展的前提，优质化是保障服务工作标准化、快捷化、个性化、超值化的基本条件，服务质量管理已成为当今餐饮管理的一门艺术。在现代餐饮经营过程中，有许多餐饮企业往往偏重于公关营销，市场客源拓展，但往往忽略了企业内部服务质量管理的精细与创新。营销部花了大量的时间、精力、宣传费用，好不容易把客人吸引到饭店，但由于企业在服务管理中，没做到共性优质服务与个性优质服务的双管齐下，使部分客人感到不满意，形成了100-1=0的服务结果。在外招徕的客人，却被餐饮企业中个别低劣的服务赶走了，这种不合格的服务产品一旦成为事实，对企业产生的不良影响是十分巨大的。在这种情况下，在外招徕的客户越多，对企业产生的不良影响面就越大。

三、餐饮服务质量管理的方法

（一）全面餐饮质量管理

1. 全面餐饮质量管理的概念

全面质量管理（Total Quality Management，TQM）于20世纪50年代末，由美国通用电气公司的费根堡姆和质量管理专家朱兰提出，是指一个组织以质量为中心，以全员参与为基础，目的在于通过让顾客满意和本组织所有成员及社会受益而达到长期成功的管理途径。

结合餐饮产品质量的特点和全面质量管理的含义，所谓全面餐饮质量管理是指在全体餐饮员工和各个部门的共同协作中，充分运用现代科学分析与管理的手段和方法，从最经济的水平上研究、设计和生产餐饮产品，并配合优良全面的服务，把生产运行与全面服务等一系列活动融为一体的一种有效的管理体系，以实现顾客对产品质量最高满意度的综合活动。

全面餐饮质量管理包括两层含义：一是餐饮产品质量是由实物和外围两部分组成，因此质量的形成是从生产到服务的全过程，而且以服务为主要内容的外围质量尤其起决定性的作用；二是解决餐饮产品质量是一个系统工程，可采用多种多样的方法、手段和措施等。

2. 全面餐饮质量管理的内容

全面餐饮质量管理的建立和实质都体现在一个“全”字上，其主要内容包括以下五个方面：

（1）全方位管理

全面餐饮质量的构成因素众多，涉及内容广泛。因此，全面质量管理必然是全方位的质量管理，既包括有形产品的质量管理，也包括无形产品的质量管理；既包括前台的各种质量管理，也包括后台的各种质量管理。

（2）全过程管理

全面餐饮质量管理是为客人服务的，而影响对客服务质量水平的各种因素十分庞杂，它们体现在餐饮服务的各个方面，体现在餐饮业务管理过程的始终。从客人消费的角度来看，从客人进店到客人离店是一个完整的服务过程，餐饮企业的每项业务活动，从开始到结束都会形成一系列的服务过程。因此，全面餐饮服务质量管理，既要做好事前质量管理，又要做好事中和事后质量管理，属全过程的质量管理。

（3）全员性管理

餐饮服务质量是由所有员工共同创造的，它贯穿于各层次人员执行餐饮企业质量计划、完成质量目标的过程之中。前台人员直接为客人提供各种服务，后台人员通过为一线人员的工作服务而间接为客人服务，管理人员则组织前台和后台人员共同为客人服务。所以，必须把餐饮企业全体员工的积极性和创造性充分调动起来，不断提高员工的素质，人人关心服务质量，人人参与服务质量管理，共同提高服务质量。

（4）全方法管理

餐饮全方法质量管理是多种多样的管理方法的有机结合，是在有机统一的前提下，根据实际需要，采用灵活多样的各种方法和措施来提供优质服务。

（5）全效益管理

餐饮服务既要讲究经济效益，又要讲究社会效益和生态效益，是三者的统一。餐饮企业作为企业，它所进行的经营管理活动属于市场行为，只有在获得一定经济效益的基础上，餐饮企业才能生存和发展。同时，作为社会的重要一员，餐饮企业又必须兼顾社会效益和生态效益。从本质上讲，创造社会效益和生态效益，既有利于社会发展和生态环境保护，同时有利于提高餐饮企业的知名度和美誉度，创造口碑，为餐饮企业的发展带来长远利益。

3. 全面餐饮质量管理的原则

（1）坚持“以人为本，员工第一”的原则

餐饮企业各级各部门、各环节、各岗位的优质服务都是广大员工创造的。为此，在餐饮服务质量管理的全过程，必须始终坚持“以人为本，员工第一”的原则，要始终把人的因素放在第一位，关心爱护员工，要运用科学理论和方法，运用各种激励手段充分调动广大员工，特别是一线员工的主动性、积极性和主人翁责任感，才能提高服务质量，做好全面质量管理工作。

（2）贯彻“宾客至上，服务第一”的原则

要贯彻“宾客至上，服务第一”的原则，餐饮企业必须以客人的活动规律为主线，以满足客人的消费需求为中心，认真贯彻质量标准，将标准化、程序化、制度化和规范化管理结合起来，加强服务的针对性，切实提高服务质量。

（3）坚持“预防为主，防范结合”的原则

餐饮服务质量是由一次又一次具体的服务所创造的使用价值来决定的，具有显现时间短的特点，事后难以返工和弥补。因此，全面质量管理必须坚持预防为主，防范结合的原则。其具体要求如下：一要根据各种服务的实际需要，把质量管理的重点放在事先做好准备，排除各种影响服务质量的因素上面；二要重视餐饮服务质量的现场管理、动态管理和优质服务的现场发挥，从而确保服务质量。

（4）坚持“共性管理和个性服务相结合”的原则

餐饮服务质量既有共性问题，又有个性问题和个性化服务。从全面质量管理的角度来看，主要是要抓住那些带有共性的、全局性的问题，同时又要重视那些影响服务质量的个性问题。另外，还要特别提倡广大服务人员的应变能力和个性化、情感化服务，要赞扬那些超越程序和标准的优质服务人员和事迹，以便切实提高服务质量，做好质量管理。

（5）坚持“定性管理和定量管理相结合”的原则

餐饮服务以劳动为直接形式，这种服务的质量标准难以用数量标准来界定，大多只能用定性说明的方法来确定其质量程度和水平。因此，全面餐饮质量管理可以将定性管理和定量管理结合起来，以定性管理为主。能够定量的质量问题、质量标准尽可能定量。特别是在质量检查、考核评估中，要尽量运用质量统计数据来说明问题，以此提高餐饮质量管理的客观性和科学性。

（二）餐饮服务质量分析法

1. PDCA 循环法

PDCA 循环又叫戴明环，是美国质量管理专家戴明博士提出的，它是全面质量管理所应遵循的科学程序。全面质量管理活动的全部过程，就是质量计划的制订和组织实现的过程，这个过程就是按照 PDCA 循环，不停顿地周而复始地运转的。

PDCA 是英语单词 Plan（计划）、Do（执行）、Check（检查）和 Act（处理）的首字母缩写，PDCA 循环就是按照这样的顺序进行质量管理，并且循环不止地进行下去的科学程序。P（Plan）计划：包括方针和目标的确定以及活动规划的制订。D（Design）设计：根据已知的信息，设计具体的方法、方案和进行布局；再根据设计和布局，进行具体运作，实现计划中的内容。C（Check）检查：总结执行计划的结果，分清哪些对了，哪些错了，明确效果，找出问题。A（Action）处理：对检查的结果进行处理，对成功的经验加以肯定，并予以标准化；对于失败的教训也要总结，引起重视。对于没有解决的问题，应提交给下一个 PDCA 循环去解决。

PDCA 循环法在餐饮服务质量管理中的应用主要体现在以下四个方面：

（1）计划阶段。要通过市场调查、用户访问等，摸清顾客对餐饮产品质量的要求，确定质量政策、质量目标和质量计划等。具体步骤如下：现状调查（包括调查顾客对餐饮产品的喜好以及意见和建议）、分析（重点分析餐饮产品和服务质量存在问题的原因）、确定要因（对原因进行筛选，确定主要问题）、制订计划（根据原因，确定改善措施和计划）。

此时要明确以下问题："Why"——为什么要制订这一措施或目标；"What"——预计解决什么问题，达到什么目标；"Where"——在什么部门或什么范围内执行这一措施；"Who"——由谁或哪个部门具体负责实施；"When"——什么时间开始，什么时间完成；"How"——如何执行这一措施或计划。

（2）设计和执行阶段：实施上一阶段所规定的内容。根据餐饮产品质量标准进行产品设计、试制、试验及计划执行前的人员培训。

（3）检查阶段：主要是在计划执行过程之中或执行之后，检查执行情况，看是否符合计划的预期结果或效果。

（4）处理阶段：主要是根据检查结果，采取相应的措施。巩固成绩，把成功的经验尽可能纳入标准，进行标准化，遗留问题则转入下一个 PDCA 循环去解决。

需要注意的是，PDCA 循环法在餐饮服务质量管理中的应用是循环往复以至无穷的，每一个循环执行的效果都要优于之前的一个循环，最终使整个餐饮企业的服务质量进入一个良性循环的轨道（图 4-1）。

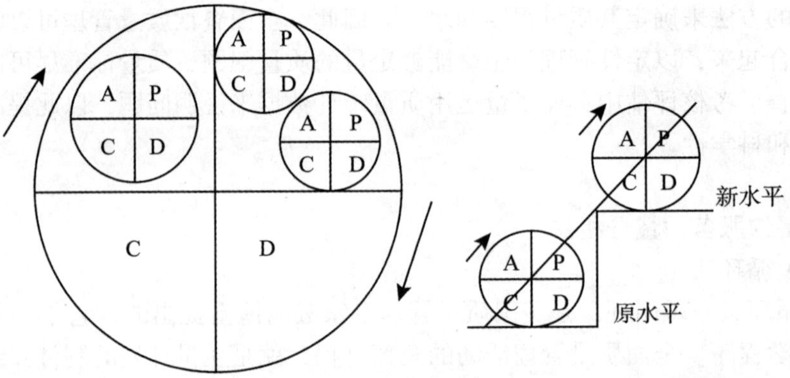

图 4-1　PDCA 循环法运行示意图

2. ABC 分析法

ABC 分析法（Activity Based Classification）由意大利经济学家维尔弗雷多·帕累托首创，因此又称帕累托分析法、主次因分析法等。它是根据事物在技术或经济方面的主要特征，进行分类排队，分清重点和一般，从而有区别地确定管理方式的一种分析方法。由于它把被分析的对象分成 A、B、C 三类，所以又称为 ABC 分析法。它以"关键是少数，次要是多数"的原理为基本思想，通过对质量各方面的分析，以质量问题的个数和发生问题的频率为两个相关的标志进行定量分析。

ABC 分析法的步骤：

（1）确定分析对象，如原始记录中的服务员工作记录、顾客意见记录、质量检查记录、顾客投诉记录等如实反映质量问题的数据。

（2）将收集到的质量问题进行信息分类、统计，制作服务质量问题统计表（如表

4-1)，并在表上计算出比率和累计比率。

表 4-1　　　　　　　　　　　**服务质量问题统计表**

质量问题	问题数量（个）	比率（%）	累计比率（%）
菜肴质量	130	65	65
服务态度	36	18	83
外语水平	20	10	93
娱乐设施	8	4	97
其他	6	3	100
合计	200	100	100

（3）根据统计表绘制排列图。左侧纵坐标表示问题数量，右侧纵坐标表示累计比率（见图 4-2）。

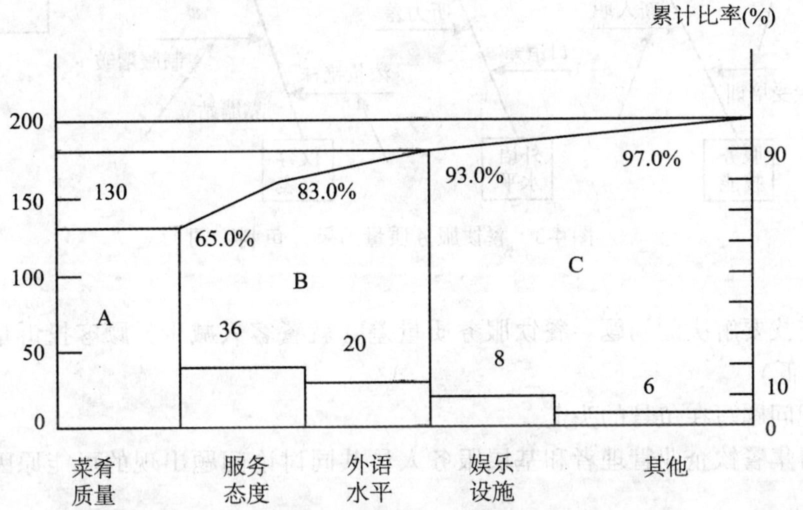

图 4-2　排列图

（4）将分析结果总结出的问题按出现次数和重要性进行排序，优先采取措施解决出现次数最多且最重要的问题。排列图上累计比率在 0 ~ 70% 的因素为 A 类问题，即主要因素；在 70% ~ 90% 的因素为 B 类因素，即次要因素；在 90% ~ 100% 的因素为 C 类因素，即一般因素。

运用 ABC 分析法进行质量分析有利于管理者找出主要问题，但在运用过程中应注意以下几点：一是 A 类问题所包含的具体质量问题不宜过多，1 ~ 3 项是最好的，否则无法突出重点；二是划分问题的类别也不宜过多，对不重要的问题可单独归为一类。

3. 因果分析法

因果分析法是通过因果图表现出来的，因果图又称特性要因图、鱼刺图，它是1953年在日本川琦制铁公司，由质量管理专家石川馨最早使用的，是为了寻找产生某种质量问题的原因，发动大家谈看法，做分析，将群众的意见反映在一张图上，就是因果图。用此图分析产生问题的原因，便于集思广益。因为这种图反映的因果关系直观、醒目、条例分明，用起来比较方便，效果好，所以得到了许多企业的重视。

如图4-3，在餐饮服务质量管理中使用因果分析法来分析餐饮服务质量问题时通常按照如下步骤开展：

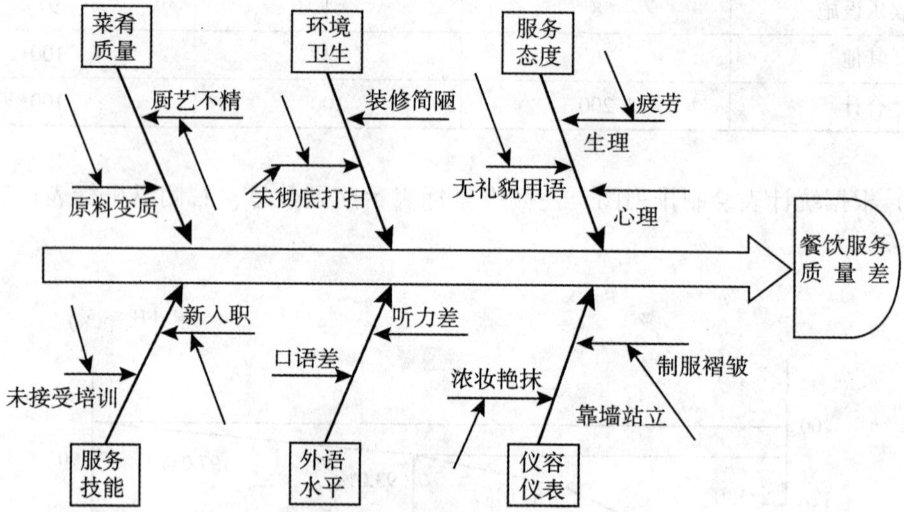

图4-3　餐饮服务质量因果（鱼刺）图

（1）查找要解决的问题：餐饮服务质量差（就餐客人减少，顾客投诉量增加，餐饮企业收入降低）。

（2）把问题写在鱼骨的头上。

（3）召集餐饮企业管理者和基层服务人员共同讨论问题出现的可能原因，尽可能多地找出问题。

（4）把相同的问题分组，在鱼骨上标出，如菜肴质量、环境卫生、服务态度、服务技能、外语水平和仪表仪容等方面。

（5）根据不同问题征求大家的意见，总结出正确的原因。

（6）拿出任何一个问题，研究为什么会产生这样的问题？

（7）针对问题的答案再问为什么？

（8）当深入到多个层次后，认为无法继续进行时，列出产生这些问题的原因，而后列出解决方法。

4. 零缺陷质量管理

零缺陷管理（Zero Defects，ZD），亦称“零缺点管理”，是由美国人菲利浦·克劳士比（Philip B. Crosbyism）在20世纪60年代初提出的一种管理观念。零缺陷管理的思想主张企业发挥人的主观能动性来进行经营管理，生产者、工作者要努力使自己的产品、业务没有缺陷，并向着高质量标准的目标而奋斗。

零缺陷质量管理在餐饮行业运用的具体要求如下：

（1）餐饮企业所有环节都不得向下一道环节传送有缺陷的决策、信息、物资、技术或方法，企业不得向市场和消费者提供有缺陷的餐饮产品与服务。

（2）每个环节、每个层面都必须建立餐饮服务质量管理制度和规范，按规定程序实施管理，责任落实到位，不允许存在失控的漏洞。

（3）每个环节、每个层面都必须有对餐饮产品或工作差错的事先防范和事中修正的措施，保证差错不延续并提前消除。

（4）在全部要素管理中以人的管理为中心，完善激励机制与约束机制，充分发挥每个员工的主观能动性，使之不仅是被管理者，而且是管理者，以零缺陷的主体行为保证产品、工作和餐饮企业经营的零缺陷。

（5）整个餐饮企业管理系统根据市场要求和企业发展变化及时调整、完善，实现动态平衡，保证管理系统对市场和餐饮企业的发展有最佳的适应性和最优的应变性。

四、餐饮服务质量的控制

（一）餐饮服务质量控制的前提条件

进行餐饮服务质量的控制和监督，必须具备以下三个前提条件：

1. 制定服务规程

（1）标准化

标准化是指向宾客提供各种具体服务时所必须达到的一定的准绳和尺度；制定标准时要依据以下客观情况：

1）设施、设备的质量标准必须与餐厅的等级和规格相适应；

2）产品质量标准必须与价值相吻合，体现质价相等的原则；

3）劳务质量标准必须以“宾客至上，服务第一”为基本出发点，做出具体规定。

标准化所涉及的具体内容如下：

1）设施、设备质量标准；

2）产品质量标准；

3）接待服务质量标准；

4）安全卫生标准；

5）服务操作标准；

6）礼节、仪容标准；

7）语言、动作标准；

8）工作效率标准。

（2）程序化

程序化是指接待服务工作的先后次序，以标准化为基础，通过服务程序使各项服务工作有条不紊地进行。制定服务工作程序时需开展以下工作：

1）要研究服务工作的客观先后次序；

2）要考虑企业的人财物，尽量扬长避短；

3）程序化是规范化而非公式化，要有灵活性；

4）分析宾客习惯和需求，根据不同接待对象和服务项目来制定；

5）各项服务工作程序的制定和执行，要有一个过程。

（3）制度化

制度化是指用规章制度的形式把餐饮内部服务质量的一系列标准和程序固定下来，使之成为质量管理的重要组成部分。包括两个方面内容：

1）直接为宾客服务的各项规章制度，如餐饮产品检验制度，餐具更新、补充制度等；

2）间接为宾客服务的各项规章制度，如餐饮交接班制度、工作记录制度、客史档案制度、考勤制度等。

2. 收集质量信息

有效的服务质量信息有助于企业采取针对性的措施，更好地提高餐饮服务质量水平。质量信息的收集主要来自于三个方面：

第一个方面是管理人员依据餐饮服务质量标准，在走动管理的过程中发现问题，并通过与顾客交流、征求意见等方式来收集服务质量信息。对信息进行认真分析，总结优点与不足，从而制定相应的措施，不断改进服务质量，提高服务水平。

第二个方面的质量信息来源于一线服务人员。许多餐厅要求服务人员做每餐的工作总结，通过服务人员细心的观察，将当餐客人的消费情况，对产品及服务的评价如实反映到部门，经搜集整理后从中获取有价值的服务质量信息。另外，定期召开前后台沟通会也是获取服务质量信息的有效途径。餐饮服务质量问题往往出现在各环节的衔接处，前台服务与后台生产的沟通可以帮助我们发现问题、解决问题，不断提高服务质量。

第三个方面的质量信息来源于顾客。由于餐饮服务质量的认定有很强的主观性，而顾客又是我们服务的主体，因此顾客对服务质量的反馈信息尤为重要。餐饮服务质量的顾客调查可以采用调查问卷、反馈卡、电话调查、网上调查等多种方法进行，调查内容一般覆盖以下方面：服务态度是否令顾客满意；服务速度如何；服务是否规范、标准；菜肴质量是否达到顾客期望；接到投诉时，处理是否及时，结果是否令顾客满意；我们的服务还应做哪些改进等。

3. 加强员工培训

餐饮服务质量的竞争说到底是人才的竞争，是员工素质的竞争，优质服务是建立在员工全心全意为顾客提供真诚服务的基础之上的。向顾客提供优质服务要求员工选择一种利他的生活方式，为了顾客的利益而约束自己的行为，所付出的不仅是辛苦，还有热情和智慧。作为现代饭店管理人员应该树立员工理念，以愉快的员工去争取愉快的顾客，将服务好员工作为实现经营管理目标的前提。

随着餐饮业的不断发展，人才短缺问题越来越严重。员工整体素质下降，各个岗位，特别是一线的部分关键岗位缺少合格的服务人员。人员素质严重影响了餐饮服务质量的提高，没有经过严格有效培训的员工，不可能向顾客提供高效优质的服务。这就要求每一个管理人员必须重视员工培训，通过培训强化员工服务技能，改变员工心智模式，激发员工自身潜能，充分调动员工的积极性和创造性，不断提高员工素质。

实施培训的同时，还要通过建立有效的激励机制，使员工的个人发展与组织目标相结合。通过满足、引导或激发员工的内在需要，使工作成为满足需要的一种手段或途径，促使员工自觉学习和实践，不断提高服务质量。

（二）餐饮服务质量控制的手段

1. 预先控制

所谓预先控制，就是为使服务结果达到预定的目标，在开餐前所做的一切管理上的努力，其目的是防止开餐服务中各种资源在质和量上产生偏差。预先控制的主要内容包括以下几方面：

（1）人力资源的预先控制

根据预订信息及市场预测，合理安排员工班次、数量与岗位。人员安排时要考虑工作量负荷是否合理、工作量的相对平衡、顾客对服务的要求等，同时从人性化管理的角度，还要充分考虑员工的服务技能技巧及服务特点，本着人尽其才的原则将合适的人安排在合适的岗位上。

（2）卫生质量的预先控制

根据餐厅卫生质量标准，开餐前要进行全面检查，其内容包括环境卫生、设施设备卫生、餐具卫生等，发现问题，马上整改。

（3）物资资源的预先控制

服务过程是否顺利、高效，餐前准备是基础。根据所掌握的客人信息和菜单内容准备相应的布件、餐具、服务用具和调味品，并按规定整齐地摆放在固定位置以备用。

（4）服务信息的沟通

信息沟通不畅是造成服务质量下降的重要原因之一。比如，服务员热情地向客人推荐菜品，但当点菜单传入厨房后被告知所点菜品没有等。这些因信息沟通不畅而出现的质量问题应在预先控制阶段就予以解决。开餐前，服务人员要清楚知道当天的特别推荐菜式及沽清菜品，了解掌握客人信息，管理人员应在餐前会上检查服务员对客情及菜品的掌握情况，以便提供更具个性化的服务。

（5）员工的思想准备

员工思想准备包括岗前培训，大型、重要接待任务前的思想动员等，其目的是使员工保持良好的服务状态。

2. 现场控制

现场控制指现场监督正在进行的餐饮服务，使其规范化、程序化，并迅速妥善处理意外事件。现场控制的主要内容包括：

（1）服务程序的控制。

（2）上菜时机的控制：根据宾客用餐的速度、菜肴的烹制时间，掌握好上菜节奏。

（3）意外事件的控制：餐饮服务是面对面的直接服务，容易引起宾客的投诉。一旦引起投诉，餐厅主管一定要迅速采取弥补措施，以防止事态扩大，影响其他宾客的用餐情绪。

(4) 人力控制：开餐期间，服务员虽然实行分区看台责任制，在固定区域服务（一般按每个服务员每小时能接待20名散客的工作量来安排服务区域），但是主管应根据客情变化，进行二次分工，做到人员的合理运作。

3. 反馈控制

反馈控制就是通过质量信息的反馈，找出服务工作的不足，采取措施加强预先控制和现场控制，提高服务质量。

质量信息的反馈系统由内部系统和外部系统组成。内部系统是指信息来自服务员和经理等有关人员。因此，每餐结束后，应召开简短的总结会，以不断改进服务质量。信息反馈的外部系统是指信息来自顾客，为了及时得到宾客的意见，餐桌上可放置宾客意见表，在宾客用餐后，也可主动征求宾客意见。宾客通过大堂、旅行社等反馈回来的投诉属于强反馈，应予以高度重视，保证以后不再发生类似的质量偏差。

五、餐饮服务质量的监督检查

餐饮管理人员在制定服务质量控制的各项规程之后，还需要开展监督和检查机制来检验服务质量控制的实施情况，并可以根据实际操作中出现的问题不断调整服务质量控制的内容，使之更具操作性和实用性。在饭店服务质量系统中，部门和班组是执行系统的支柱，而以岗位责任制和各项操作规范为保证，以提供优质服务为主要内容。从上到下逐级形成工作指令系统，从下到上逐级形成信息反馈系统。将部门所制定的具体质量目标分解到班组和个人，由质量管理办公室或部门质量管理员协助部门经理负责对餐饮服务质量实施监督检查。

（一）餐饮服务质量监督的内容

1. 制定并负责执行各项管理制度和岗位规范，抓好礼貌待客、优质服务教育，实现服务质量标准化、规范化。

2. 通过反馈系统，了解服务质量情况，及时总结工作中的正反典型事例并及时处理宾客投诉。

3. 组织调查研究，提出改进和提高服务质量的方案、措施和建议，促进餐饮服务质量和餐饮经营管理水平的提高。

4. 分析管理工作中的薄弱环节，改革规章制度，整顿工作纪律，纠正不正之风。

5. 组织定期或不定期的现场检查，开展评比和组织优质服务竞赛活动。

（二）餐饮服务质量监督的方法

根据餐饮服务质量内容中对服务员礼节礼貌、仪表仪容、服务态度、清洁卫生、服务技能和服务效率等方面的要求，可将其归纳为“服务规格”（表4-2）、“就餐环境”（表4-3）、“仪表仪容”（表4-4）、“工作纪律”（表4-5）四个大项按顺序列出一个较细的检查表。这个服务质量检查表既可以作为餐厅常规管理的细则，又可以将其数量化，作为餐厅与餐厅之间、班组与班组之间、个人与个人之间竞赛评比或作为餐厅服务员考核的标准。

如餐饮服务规格检查表（表4-2）在使用的时候可视饭店本身的等级和饭店本身的具体情况增加或减少细则项目。还可以将四大类的检查项目分成四个检查表在不同场合使用，在“等级”栏目中，也可将“优、良、中、差”分别改为得分标准，如将“优”改为得4分，“良”得3分，“中”得2分，“差”得1分，最后将四大项90个细则得分统计进行比较，也可按优、良、中、差各个等级的得分率来进行比较，得出结论。

表4-2　**餐饮服务规格检查表**

餐厅：________　　姓名：________

序号	检查细则	等级			
		优	良	中	差
1	对进入餐厅的宾客是否问候，表示欢迎				
2	迎客是否使用敬语				
3	使用敬语时是否微笑致意				
4	在通道上行走是否妨碍宾客				
5	是否协助宾客入席				
6	对入座宾客是否端茶送巾				
7	是否让宾客等候太久				
8	回答宾客提问是否清脆、流利、悦耳				
9	与宾客讲话，是否先说“对不起，麻烦您了”				
10	发现疏忽或不妥时，是否向宾客道歉				
11	对告别结账的宾客，是否说“谢谢”				
12	接受点菜时，是否仔细聆听并复述				
13	能否正确地解释菜单				
14	能否向宾客提建议，进行适时推销				
15	能否根据点菜单准备好必要的工具				
16	斟酒是否按操作规程进行				
17	递送物品是否使用托盘				
18	上菜时是否介绍菜名				
19	宾客招呼时，能否迅速站到桌旁				
20	撤换餐具时，是否发出过大声响				
21	是否及时、正确地更换烟灰缸				
22	结账时是否迅速无误				
23	是否检查餐桌、餐椅、地面？有无宾客失落物件				
24	是否在送客后马上翻台				

续表

序号	检查细则	等级			
		优	良	中	差
25	翻台时是否影响周围宾客				
26	翻台时是否按操作程序作业				
27	与宾客谈话是否点头行礼				
28	是否能根据菜单预先准备好餐具及佐料				
29	拿送玻璃杯是否叠放？持杯时是否只握下半部				
30	领位、值台、上菜、斟酒的站立、行走、操作等服务姿态是否符合规程				

表 4-3　**就餐环境检查表**

餐厅：________　　姓名：________

序号	检查细则	等级			
		优	良	中	差
1	玻璃门窗及镜面是否清洁，是否无灰尘、无裂痕				
2	窗框、工作台、桌椅是否无灰尘和污渍				
3	地板有无碎屑及污痕				
4	墙面有无污痕或破损处				
5	盆景花卉有无枯萎带灰尘现象				
6	墙面装饰品有无破损污迹				
7	天花板有无破损、漏水痕迹				
8	天花板是否清洁，有无污痕				
9	通风口是否清洁，通风是否正常				
10	灯泡、灯管、灯罩有无脱落、破损、污渍				
11	吊灯照明是否正常，吊灯是否完整				
12	餐厅内温度和通风是否正常				
13	餐厅通道有无障碍物				
14	餐桌椅是否无破损、无灰尘、无污渍				
15	广告宣传品有无破损和灰尘污痕				
16	菜单是否清洁，是否有缺页和破损				
17	台料是否清洁卫生				
18	背景音乐是否适合就餐气氛				
19	背景音乐音量是否过大或过小				
20	总的环境是否能吸引宾客				

表 4-4　　仪表仪容检查表

餐厅：__________　　姓名：__________

序号	检查细则	等级			
		优	良	中	差
1	服务员是否按规定着装并穿戴整齐				
2	制服是否合体、清洁，有无破损油污				
3	名牌号是否端正地挂于胸前				
4	打扮是否过分				
5	服务员是否留有怪异发型				
6	男服务员是否留有胡须、大鬓角				
7	女服务员是否长发披肩				
8	服装是否烫平挺括，是否无污边、无皱褶				
9	指甲是否修剪整齐				
10	牙齿是否清洁				
11	口中是否发出异味				
12	衣裤口袋中是否放有杂物				
13	女服务员是否涂有彩色指甲油				
14	女服务员发夹是否过于花哨				
15	手腕上除手表外，是否还戴有其他饰物				
16	是否浓妆艳抹				
17	使用香水是否过分				
18	衬衫领口是否干净并扣好				
19	男服务员是否穿深色鞋袜				
20	女服务员穿裙时是否穿肉色长袜，丝袜是否有勾丝破损				

表 4-5　　工作纪律检查表

餐厅：__________　　姓名：__________

序号	检查细则	等级			
		优	良	中	差
1	工作时间是否相聚闲谈或窃窃私语				
2	工作时间是否大声喧哗				
3	是否有人放下手中的工作				
4	是否有人上班时间打私人电话				

续表

序号	检查细则	等级			
		优	良	中	差
5	有无在柜台内或值班区域内随意走动				
6	有无交手抱臂或手插入衣袋现象				
7	有无在前台区域吸烟、喝水、吃东西现象				
8	上班时间有无看书、干私事行为				
9	有无在宾客面前打哈欠、伸懒腰的行为				
10	值班时有无倚、靠、趴在柜台的现象				
11	有无随背景音乐哼唱现象				
12	有无对宾客指指点点或对客人评头论足现象				
13	有无嘲笑宾客失慎的现象				
14	有无在宾客投诉时作争辩现象				
15	有无不理会宾客询问的现象				
16	有无在态度上、动作上向宾客撒气现象				
17	有无对宾客过分亲热、与客人拉家常现象				
18	有无对熟客过分随便现象				
19	对所有宾客能否一视同仁，不差别服务				
20	是否对老、幼、残宾客提供方便的服务；是否对特殊性情况提供了针对性服务				

第三节　正确处理宾客投诉

随着生活水平、消费水平的不断提高，人们到餐馆、饭店就餐的机会越来越多，对餐厅提供的各种服务的要求也越来越高。餐厅希望给客人提供完美的服务，也就是现代服务业最热的“零缺陷”服务。但由于服务质量和服务态度是很难量化的，而且服务质量和服务态度的优劣常与客人的心理感受直接相关，因此难免会因为某些服务工作差错或者误解而引起客人的不满、抱怨甚至投诉。这些若处理不当，就可能影响服务质量，损害餐厅声誉。因此，注重自身的服务质量，积极预防和妥善处理服务工作中的矛盾和各种投诉行为，增加顾客的满意度，以挽回由于服务失败而造成的声誉损失，应当成为餐厅服务质量的重要标准之一。所以，我们必须采取积极的态度来分析顾客投诉的原因、顾客投诉时的心理及其影响因素，从而才能在实践中不断找到正确和艺术处理顾客投诉的方法。

一、宾客投诉管理的意义

宾客投诉是指宾客将他们主观上认为由于我们工作上的差距而引起的麻烦和烦恼或者损害了他们的利益等情况向服务人员提出或向有关部门反映。

在餐饮企业经营管理过程中，宾客的投诉是非常常见的，有时客人的投诉确实反映了我们服务工作中的差错，有时也可能是由于客人的误解或误会造成的。但不管什么情况，餐饮企业管理者和服务人员必须充分认识到宾客投诉管理的重要意义，进而正确处理客人的投诉。

（一）有助于发现工作中的疏漏和不足

客人的投诉是对服务和管理水平评估的形式之一。就其实质来讲，是客人对餐厅的关心，是对企业寄予期望的表现。他们广见博识，是难得的送上门的好老师。从客人的投诉中，我们可以了解管理和服务中存在的实际问题，发现服务工作中的弱点、漏洞和不足。特别是发现一些带倾向性的问题，以便有针对性地采取措施，改进服务工作，提供高质量、高效率的服务。

（二）有助于加强客人同餐厅之间的感情联系

有的客人对我们的服务工作有意见，他们不是直接表现出来，而是采取某种形式的私下活动，不仅决定再也不会光顾这家餐厅，而且还会告诫亲戚朋友也不要再来光顾。这种无形广告的反宣传作用，对餐厅的生意或声誉都会有很大的影响。要知道，客人有投诉心理时不一定会有投诉行为，只有当客人不能忍受时，才会进行投诉，没有投诉现象并不一定意味着客人就十分满意。如果我们能听到他们的意见，沟通思想，消除误解，并帮助客人解决实际问题，满足客人的正当需求，就会加强客人同餐厅之间的感情联系，改善客人对餐厅的印象而愿意经常光顾。

（三）有助于增加客源，提高声誉，增加效益

由于客人投诉多在餐厅或服务现场发生，如若处理不当，不但会进一步激化客人的情绪，还易引起其他客人的注意和围观，给餐厅的形象和声誉带来极坏的影响。但如能妥善处理，使一个满腹牢骚的客人最终满意而去，带走的是一种良好的印象，而不是埋怨和不满。这样，就可以提高餐厅的声誉，影响潜在的客源，增加回头客，提高餐厅的经济效益。

二、宾客投诉的原因

在餐饮企业日常的经营活动中，客人是服务的对象，之所以会发生投诉现象，原因是多种多样的，归纳起来，主要有主观和客观两个方面。

（一）主观原因

引起顾客投诉的主观原因有很多，其中主要是由于餐厅服务人员的工作态度问题、餐

厅服务设施的残缺和不全问题、食品质量有差异等问题而导致的。由服务态度引起的投诉如下所示：

1. 不尊重顾客

不尊重顾客是引起顾客投诉的重要原因。对顾客不尊重主要表现在以下几个方面：

（1）对顾客不主动、不热情。有的服务员不主动称呼顾客或者以“喂”代替；有的服务员对顾客态度冷淡，爱理不理，或一律回答“不知道”，甚或顾客多次招呼也没反应；有的服务员在工作时间与同事聊天，忙私事，打私人电话等而怠慢了顾客。

（2）不注意语言修养，冲撞顾客。有的服务人员对顾客态度生硬，不讲究礼节礼貌，甚至用不文明的言语冲撞顾客。如有一位顾客点了一瓶红酒，10 分钟后服务员却拿来了两瓶啤酒，顾客告诉服务员：“这啤酒不是我们的。”服务员不但不道歉，反而生气地说：“不是你们的，是谁的？”

（3）不尊重顾客的风俗习惯。如给不吃牛肉的尼泊尔、印度客人上牛肉菜品；给法国客人送黄菊花；在日本客人的餐桌上摆放荷花等。

（4）无根据地猜疑顾客。如怀疑客人带走餐厅的物品而追要，或者误认为客人没有结清账目就离开等。

（5）影响顾客就餐。如在餐厅里大声喧哗、高声谈笑、打电话等。

2. 不一视同仁，挖苦、取笑顾客

个别服务人员将客人分成等级，以财取人，以貌取人。如有的顾客点菜时点的都是低价菜，服务员就面露一副瞧不起的样子，爱理不理，甚至挖苦取笑；有的服务人员对客人的服饰、打扮评头论足；有的对常客是热情有加，但是对不经常来或是第一次来的客人不冷不热，常常是冷热不均，厚此薄彼，优亲厚友，拉关系，走后门。这样势必会使顾客反感，从而引起投诉。

3. 不讲究语言艺术，沟通不畅

沟通，即双方或多方通过充分的交流而达到相互了解。俗话说：“良言一句三冬暖，恶语伤人六月寒。”“一句话能逗人笑，一句话能惹人跳。”餐厅服务人员都要懂得这一浅显的道理。在接待服务的过程中要巧妙地运用“五句十字”（您好、请、谢谢、对不起、再见）礼貌用语，在实际工作中，却往往因接待顾客或处理问题时语言表达欠艺术，造成沟通不畅，以至于招惹顾客的不悦、愤怒，乃至投诉。

4. 由于食品质量引起的投诉

现在客人去餐厅消费，对食品的要求越来越严，不仅注重外在的精美，还要求与营养的搭配。如果餐厅提供给顾客的食品不卫生，饮料变质、过期，甚至有假酒、假冒饮料，或者菜肴变味、变质或烹调不当，使客人无法下咽，也都会造成顾客的不满，引起投诉。

（二）客观原因

1. 由服务质量与服务态度很难量化而引起的投诉

服务质量与服务态度的优劣，常与客人的心理感受有直接关系。而且，由于客人的兴趣、爱好、需求、风俗习惯以及消费水平等的不同，评价标准也不完全一样。由于服务质量与服务态度很难量化，一方面要求我们必须重视学习和运用心理学知识，针对客人心理特点，做好每一次服务；另一方面也决定了客人投诉是难免的，如果我们在主观方面有一点过错，投诉就更不可避免了。

2. 由顾客个性方面的差异而引起的投诉

不同的顾客处理问题的方式也有明显的差异。有的也许会谅解，有的嘀咕几句就算了，有的会大吵大闹，有的则是进行无声的投诉。最难对付的是大吵大闹的客人，这类顾客遇到一点不顺心的事就可能大动肝火。但最不可忽视的是无声的投诉，客人可能什么也未说，但这可能意味着我们将永远失去这位顾客了，而潜在的影响是会失去十倍，甚至几十倍或上百倍的顾客。

3. 其他客观原因

引起顾客投诉的客观原因还有：设备损坏没有及时修好；餐厅中的座椅不牢固致使客人摔倒；餐桌椅钉头暴露划伤客人或钩破客人衣裤等；电梯坏了将客人关在里面；收费不合理，在结账时发现应付的款项有出入引起客人的误会；在餐厅遗失了物品等。出现这些情况都会引起客人的投诉。

另外，还有由于客人本身情绪不佳或有些急躁型的顾客出言不逊而引起的纠纷，或有些客人由于饮酒过量，不能冷静、正确地处理问题而引起的投诉等。

相关链接：

客人投诉时的心理表现

1. 求尊重心理

客人作为消费者，作为被服务者，有权利要求获得价值相符的服务。在整个消费过程中，客人求尊重心理一直贯穿始终，而当服务不能令其满意时，投诉便是其获得尊重的重要途径。

2. 求发泄心理

客人在遇到不顺心的事情时，会有挫折感，继而会产生抵触、焦虑、愤怒的情绪。只有通过适当的方式将这些情绪宣泄出来，客人才能恢复心理平衡。投诉便是一种有效的发泄方式，通过口头或书面形式，将自己的烦恼、愤怒表达出来，挫折感会降低，心境才能恢复平静。

3. 求补偿的心理

客人在遭受了精神或物资损失后，希望能够得到一定的补偿，以弥补自己的损失。例如，客人对菜肴的质量不满意，希望更换或是打折；被弄脏的衣服希望能得到免费干洗；被虚假的广告欺骗，希望得到补偿等。

4. 求保护的心理

客人通过合法的途径投诉，既是为自己，也是为了所有的消费者寻求保护。通过投诉使得相关部门重视客人的反映并不断改进，服务质量才能不断提高，客人才能得到更优质的服务。

三、处理宾客投诉的心理准备和基本原则

（一）处理宾客投诉的心理准备

客人之所以要投诉，是有想要与人沟通，即“想要跟人说话”、“想要让自己以外的人知道某件事情”、“愿意与人共享”等潜在欲望。处理客人投诉的工作人员就是从这种欲望当中，聆听所谓的忠言、怨言、要求、抗议、牢骚等，尽是些不愉快的话，而且一整天接二连三的，非听不可。因此处理客人投诉的工作人员必须要有超人的能耐，亦即要富有爱心、耐心、抑制自己感情的能力、能够与对方的立场共鸣的能力，有雅量，有包容力。从广泛意义上讲，必须要有柔软的人性，才能胜任这项工作。

1. 处理客人投诉前的心理准备

（1）坚信自己是处理客人投诉的重要人物

工作人员应坚信自己是通过处理客人投诉，给客人以满足，给餐厅带来莫大利益的重要人物。同时更应坚信正确处理客人投诉，满足客人的合理要求所产生的利益是不可计量的。

（2）坚信自己是客人的代表

工作人员应坚信自己是投诉处理的工作者，是餐饮企业内“客人的代言人”，如果从“客人的利益就是饭店的利益”这个角度来说，处理客人投诉的人担负有把客人的呼声反映给餐厅的任务。因此，处理客人投诉的工作人员是餐饮企业与客人沟通的桥梁和纽带。

（3）诚心诚意地听取客人的主张

客人投诉的问题对于餐饮企业或工作人员来说，可能是微不足道的不满，但对客人来说却是极为重大的问题。当有客人投诉时，最重要的是要把自己的心胸打开，留神聆听对方的主张，切勿主观臆断，简单地判断对方说的话。

（4）不可表面恭恭敬敬，内心却无礼

工作人员与客人接触时的态度，尽管在表面看来很有礼貌，但如果内心蔑视对方，必定会在言辞行为中露出马脚，使对方不高兴。对于餐厅工作人员来说，处理客人投诉属于日常业务，很容易随随便便地加以处理。但对于客人来说，那是生活上发生的异常情形，工作人员千万不要忘记这一点。

（5）要认清客人有听取说明的权利

在客人的投诉中，由于客人的误会所引起的问题，也绝不在少数。例如，客人大声叫嚷你们餐厅的窗子打不开，怎么连通风口都没有啊？仔细一听，原来他并没有发现那里有手动调风速的通风口。尽管客人的投诉并没有正当理由，客人还是有听取说明的权利。餐厅工作人员要认为这是客人赐给你的一个启发他的好机会，要好好把握，把事情说清楚，以此为开端，与客人之间产生信任关系，客人才可能下次更愿意来。这就是我们餐厅工作人员应有的推销能力。

2. 处理客人投诉平常的心理准备

（1）要精通专门知识及法律

作为餐厅工作人员，如不好好学习专门的知识，很难处理好客人的投诉。因此，餐厅工作人员必须要精通有关饭店的知识及饭店业内的各种信息。

餐饮企业工作人员，不但要理解客人，而且对与民法、商法及一般经济法令，甚至与

饭店相关的法律、法规等都要有充分的知识准备。但是，并不是要在法律所规定的范围内，凭死板的规矩来解决问题，而是把规定作为一个基础。

（2）培养圆满的常识与均衡的感觉

处理客人投诉时，餐厅工作人员应具备均衡能力，也就是一般的常识与对社会环境的洞察力。正如前面所说，不要单凭法律来判断，同时不要滥用商业伦理。要知道“餐厅规定如此，所以如何如何”或“站在本饭店的立场，怎么怎么样”，这样的话说出来对客人的情感伤害是最严重的。

（3）避免骄傲、信以为真、独断独行

在处理客人投诉时，要认清每个客人都是不同的，即使是同一个投诉，由于人的不同，处理方式也大不相同。因此，身为餐厅工作人员，对于客人的投诉，一定要认真分析，不能凭自己的主观错觉，便做独断独行处理，这不但会令客人更不满意，而且最终受损的还是餐饮企业。

（4）要注意健康管理

处理客人投诉的工作与其他工作不同，是一种压力非常大，紧张度很高，精神负担较重的工作，因此，当工作告一段落之后，应采取有效的办法使所郁积的心情整个发散。如做做运动，出去旅游等，以此来谋取身心的修养。同时，管理者也应对员工的身心管理给予充分重视。

（二）处理宾客投诉的基本原则

为了使客人投诉处理的效果更好，在处理客人投诉时还需遵循以下原则：

1. 有章可循的原则

（1）要有专管的部门和人员来管理顾客投诉问题。

（2）按照相关制度要求做好各种预防工作，将顾客投诉防患于未然。为此，需要经常不断地对员工的业务知识和技能进行培训教育，提高其业务素质和业务能力，并加强餐厅内外部的信息交流。

2. 及时处理的原则

对于顾客投诉，各部门应通力合作，迅速做出反应，力争在最短的时间内全面解决问题，给顾客一个满意的结果。拖延或推卸责任，会进一步激怒投诉者，导致问题进一步复杂化，不利于问题的解决。

3. 公平公正的原则

（1）提供的补偿应能够弥补给顾客造成的不满或损失。赔偿的方式可以是实际的货币赔偿、道歉、未来的免费服务和折价等。

（2）分清责任。不仅要分清造成顾客投诉的责任部门和责任人，而且需要明确处理投诉的各部门、各类人员的具体责任与权限。

（3）在处理投诉过程中，不要自我维护，不要归咎责任。要设身处地地为顾客着想，对顾客表示理解，用适当的语言进行安慰。不要与顾客争执，要承认事情的客观存在，礼貌、诚实地对待顾客。

4. 留档分析的原则

对每一起顾客投诉及其处理要做出详细的记录，包括顾客投诉内容、处理过程、处理结果、客户满意程度等。通过记录，吸取教训，总结经验，为以后更好地处理顾客投诉提供参考。

四、处理宾客投诉的程序

（一）处理客人投诉的基本程序

处理客人投诉关系重大，直接影响餐饮企业的经济效益和社会效益。在实际工作中，处理客人投诉通常按照以下程序进行。

1. 掌握投诉客人心理

客人投诉时的一般心理包括求尊重的心理、求发泄的心理、求补偿的心理。求尊重即客人采取了投诉行动之后，希望饭店认为他们的投诉是对的，并立即采取相应的行动；求发泄即客人在碰到令他们烦恼的事情之后，心中的怒气要利用投诉的机会发泄出来，以维持他们的心理平衡；求补偿即客人在受了一定的损失后向有关部门投诉时，希望饭店能补偿他们的损失。

掌握客人投诉时的心理需求，目的在于使对客人投诉工作的处理更具有针对性和可行性。满足客人投诉心理需求始终贯穿于处理投诉的全过程。由此可见掌握投诉客人心理需求的重要性。

2. 耐心倾听，了解真相

处理投诉只有在“心平气和”的状态下才能有利于解决问题。因此接待投诉客人时，要冷静、理智，礼貌地请客人坐下，再倒一杯水请他慢慢讲。此时重要的是让客人觉得你很在乎他的投诉。耐心地听客人投诉，这样做一方面是为了弄清事情的真相，以便恰当处理；另一方面让客人把话说完以满足他们求发泄的心理。听客人投诉时，不要急于辩解，否则会被认为是对他们的指责和不尊重。听客人投诉时，工作人员要与客人保持目光交流，身体正面朝向客人以示尊重。先请客人把话说完，再适当问一些问题以求了解详细情况。说话时要注意语音、语调、语气及音量的大小。

3. 做好投诉记录

在认真听取客人投诉的同时要认真做好记录。一方面表示饭店对他们投诉的重视；另一方面也是饭店处理问题的原始依据。记录包括客人投诉的内容、时间、客人的姓名等。

4. 同情客人，诚恳致歉

当客人前来投诉时，工作人员应当以自己是饭店的代表去接待。欢迎他们的投诉，尊重他们的意见，并同情客人，向他们表示歉意。对客人表示同情，会使客人感到你和他站在一起，从而减少对抗情绪，有利于问题的解决。例如工作人员可以说：“这位先生（女士），我很理解你的心情，换我可能会更气愤。”

5. 对客人的投诉真诚致谢

尽管客人投诉有利于改进饭店服务工作，但由于投诉者的素质水平不同、投诉方式不同，难免使接待者有些不愉快。不过假设客人遇到不满的服务，他不告诉饭店，而是讲给其他客人或朋友听，这样就会影响到饭店的声誉。所以当客人投诉时我们不仅要真诚地欢迎，而且还要感谢客人。

6. 迅速处理客人投诉

客人投诉最终是为了解决问题。因此对于客人提出的投诉，应区别不同情况，在征得客人同意后做出恰当的处理。对一些明显是饭店服务工作的过错，如客人投诉拔丝苹果上桌凉了，就应马上道歉，或者退菜，或者重新再做，或者打折优惠，在征得客人同意后做出补偿性处理。对一些较复杂的问题，不应急于表态或处理，而应礼貌、清楚地列出充分的理由说服客人，并在征得客人同意的基础上做出恰如其分的处理。

例如，炎炎夏日，客人投诉餐厅空调坏了，恰巧赶上维修工正在赶来餐厅的路上，需要半小时才能过来修理。这时服务员就应让客人知道事情的进展，使客人明白他所提的意见已经被我们重视，并已经安排好处理了。

7. 追踪检查处理结果

首先要与负责解决问题的人共同检查问题是否已获得解决。当确实知道问题已获得解决时，还要询问客人是否满意。如果不满意，还要采取额外措施去解决问题。

（二）常见的餐厅投诉情形及处理方法

1. 顾客投诉上菜速度太慢，从而要求取消已点食物

处理办法：

（1）首先，仔细检查点菜单，确定是否因为漏写而导致没下单。若漏写，则立即口头通知厨房做菜，再补单。

（2）其次，如果不是点菜环节的问题，服务人员则要到厨房了解是否正在烹调。正在烹调的话，则回复客人稍等，并告之其确切的上菜时间；若还没有烹调，那么就通知厨房取消烹调，并回复客人，然后通知餐厅取消该菜品。

（3）在点单环节，向客人介绍菜肴的同时，应该推荐烹调时间较短的菜肴，避免客人由于等待的时间过长而出现投诉情况。

2. 顾客在进餐过程中，投诉烹饪的食物未熟、过熟或者味道不好

处理办法：

（1）首先，确认真实情况，若真的没有熟透，则立即跟客人道歉，并马上收回重新煮熟。

（2）若食物烹饪的过熟或者味道不太好，则应请厨房重新煮一份，且新煮的菜免费。

（3）倘若重新煮的菜肴还是不能让顾客满意，那么就跟顾客推荐其他的食物，并向客人表示歉意。

3. 顾客投诉食物里发现虫子

处理办法：

（1）立即向顾客道歉，并迅速将食物撤下。

（2）将食物送回厨房，并通知餐厅经理前来处理此事，以此来取得顾客的谅解。

（3）取消此菜，并换一份同样的食物。

4. 顾客在将食物全部吃完后才投诉

处理办法：

（1）首先，耐心地听取顾客提出的意见与建议，然后将具体情况汇报给餐厅经理。

（2）经过了解，明确客人的投诉情况属实，则要马上跟顾客道歉然后免费给其送上一份果盘或其他的东西来补偿过失。

（3）经过了解，明确客人投诉的情况不属实，其本意在于以此赖账，则要汇报餐厅经理，让他出面处理此事。

5. 其他可能引起客人投诉的情形

（1）宴会部主任在客人订餐时，没有问明订餐赴宴者是否要在正餐前安排鸡尾酒或其他有关活动，以致最终未能满足客人的要求，令客人十分扫兴，造成客人不满和投诉。

（2）宾客订餐或宴会订餐，没有存档记录客人的订餐，更没有按时按日提供客人的订餐需求，从而造成客人的极大不满和投诉。

（3）当客人只是被告知所点菜点佳肴由于某些原材料暂缺，一时不能提供客人所点菜点，但是客人并没有再次被照顾或提供服务，也没有被问明或被建议再改点什么其他菜点，加之服务员又去忙于其他客人或其他餐桌的客人，再也没有第二次回来为客人点菜服务，从而使客人被置于无人服务的冷遇境地，自然引起客人的不满和投诉。

（4）由于服务不认真，向客人提供不洁净的酒杯、饮料杯、餐盘或其他不干净的银器等，从而引起客人的不快和投诉。

（5）餐厅服务员或称看台员，忘记问明客人是否需要酒水、饮料，使客人感到自己是位不受欢迎和低消费的客人，令人看不起，因此引起客人的极大不满，造成投诉。

（6）餐厅服务员没有按照客人所点的菜点项目上菜，最后客人拒付菜点费用以表示不满。

（7）餐厅服务员或清桌员没有认真清桌，餐桌上仍然留有菜点脏污、水珠、面包碎屑等。这种情况下也会引起客人的投诉。

（8）餐厅服务效率低，即没有向客人提供快速敏捷的服务。如厨房厨师不能按时出菜或者是由于餐厅服务员较少，客人较多，客人所点的菜点久等不能服务上桌，因而引起客人的投诉。

（9）送餐服务怠慢。送点服务也有服务效率问题，即客人用电话在客房内点菜用餐，一般来讲，从客人用电话点菜开始，送餐服务效率标准的限定时间为早餐 30 分钟、午餐 35 分钟、晚餐 35 分钟。超出服务效率限定时间被列为冷遇客人或低劣服务。

（10）厨房备菜员没有及时通报当班主厨或厨师长有关食品原材料的变化和短缺问题，从而造成有些菜点不能提供。这样也就出现了一线餐厅服务员与后台厨房备菜员之间的脱节，从而造成客人在餐桌席位上久候菜点不能到桌，客人的就餐情绪低落，最后造成不满、抱怨和投诉。

（11）在客人的就餐视线之内，清桌时，服务员没有将豪华的银器与餐桌台布分开，而是将它们一起丢进垃圾室，客人对这种杂乱无章的服务也会进行投诉。

（12）餐厅服务员将客人所点菜单与客人所在餐桌席号搞错，最终出现服务员上菜与客人事先所点菜点不符，引起客人极大不快。

（三）客人投诉处理的后续工作

为了更好地处理客人的投诉，饭店管理者、服务人员不但要掌握以上七个处理客人投诉的方法，还应加强对客人投诉后续工作的管理，以杜绝同类问题下次再次出现。

1. 了解分析投诉形成的原因，涉及个人责任的，按饭店制度对有关责任人进行惩罚；涉及饭店制度中存在漏洞的，应查缺补漏、完善制度、改善服务流程。

2. 迅速找到有关责任人所在部门，尽快执行饭店制度。

3. 找出投诉较多的问题与环节。

（1）可对投诉进行统计，找出被投诉最多的部门、个人及问题；

（2）可统计宾客意见书上的意见，确定哪个部门、个人存在的不足最多；

（3）请处理投诉的员工列举投诉较多的问题；

（4）把投诉的统计、分析、处理经过及客人对处理的意见反馈到有关部门，以便这些部门改进工作；

（5）根据投诉记录与其他资料，建立、补充客人投诉档案；

（6）针对薄弱环节，加强员工培训，改进其服务态度与服务质量，特别要培训服务人员掌握正确处理投诉的方法。

五、处理宾客投诉的艺术

为了稳妥地处理客人的投诉，达到使客人满意的目的，处理客人投诉时需要讲究一定的艺术。

（一）降温法

投诉的最终解决只有在“心平气和”的状态下才能进行，因此，接待投诉客人时，首先要保持冷静，理智，同时，要设法消除客人的怒气。比如，可请客人坐下慢慢谈，同时，为客人送上一杯茶水。此时，以下几点要特别注意，否则，不但不能消除客人的怒气，还可能使客人“气”上加“气”，出现火上浇油的效果。

1. 先让客人把话说完，切勿胡乱解释或随便打断客人的讲述。

2. 客人讲话时（或大声吵嚷时），你要表现出足够的耐心，绝不能随客人情绪的波动而波动，不得失态。即使是遇到一些故意挑剔、无理取闹者，也不应与之大声争辩或仗“理”欺人，而要耐心听取其意见，以柔克刚，使事态不致扩大或影响他人。

3. 讲话时要注意语音、语调、语气及音量的大小。

4. 接待投诉客人时，要慎用“微笑”，否则，会使客人产生“出了问题，你还幸灾乐祸”的错觉。

（二）移步法

投诉应尽量避免在大庭广众之下处理，要根据当时的具体环境和情况，尽量请客人移步至比较安静、无人干扰的环境，并创造良好的气氛与客人协商解决。避免在公共场所与客人正面交锋，以致影响其他客人或使酒店及投诉客人都下不了台。

（三）交友法

向客人表达诚意，同时，适时寻找客人感兴趣的、共同的话题，与客人“套近乎”，交友，解除客人的戒备和敌意，引起客人的好感，从而在投诉的处理过程中赢得主动或为投诉的处理创造良好的环境。

（四）快速反应法

对投诉的处理应该迅速、果断，这反映了餐饮企业对投诉和客人的态度以及对投诉的重视程度，能提高客人的满意度。相反，在处理客人投诉时的任何拖沓，都会使客人更加反感，甚至“肝火上升”，即使投诉解决了，也不能使客人满意。客人反映的问题解决得越快，越能表现出餐厅的诚意和对客人投诉的重视，也越能体现餐厅的服务质量，取得客人的谅解，换来客人的满意。否则，即使问题解决了，客人也不会满意。

（五）语言艺术法

处理客人投诉时，免不了要与客人沟通，与投诉客人沟通时，特别要注意语言艺术。特别要注意运用礼貌的语言、诚恳的语言以及幽默的语言，另外还要注意避免无意中伤害客人或容易引起客人误解的语言。

（六）充分沟通法

要区别不同情况，把将要采取的措施告诉客人，并征得其同意，告诉他们解决问题需要的时间。对一些较为复杂的问题，在弄清真相前，不能急于表达处理意见；对一时不能处理的事，要注意让客人知道事情的进展情况，避免客人误以为酒店将他的投诉搁置不理。

（七）博取同情法

对客人动之以情，晓之以理，让客人理解问题的出现并非酒店的主观意愿，而且酒店也愿意承担一定的责任或全部责任，必要时告诉客人，赔偿责任将由当事服务员全部负责，以体现酒店对投诉的重视，同时博取客人的同情。在这种情况下，很多客人会放弃当初的赔偿要求。

（八）多项选择法

即给客人多种选择方案。在解决客人投诉中所反映的问题时，往往有多种方案，为了表示对客人的尊重，应征求客人的意见，请客人选择，这也是处理客人投诉的艺术之一。

案例链接

1. 客人就餐时吃出了头发

“春哥不好了，资阳厅的客人在菜里面吃出一根头发，客人要叫管理人员去。”服务员着急地说道。听了员工的话我就向包房走去，在路上问员工包房是哪儿的客人，叫什么名字，在服务过程中给你的感觉怎么样？是哪位客人吃到的？那道菜换下来没有？服务员一一作答，到了包房，笑脸相迎，说了一些对不起，请客人谅解之类的话数十句！那位客人说:“我们先不说了,过会我们结账时再说,你们先去想个解决办法吧!”

从顾客包房出来后,从酒水员那里端了个果盘,送入包房,又与客人说了些请客人谅解这类的话!客人又是那一句话:“我们先不说了,过会我们结账时再说,你们先去想个解决办法吧!”

走到收银台我问收银员资阳厅的客人消费多少?打完折后又是多少钱?吃出头发的那道菜是多少钱?在得到收银员的答复后我心里快速地算着,得出两种方案:

方案一:把吃出头发的那道菜给退掉(这道菜近200元),再给顾客打一个贵宾折,能把顾客的投诉几率减到最小,而我们也省很多事。

优点:把有问题的菜退了再打折,客人说的理由少了,也能体现我们的诚意。

缺点:由于客人消费不高,把菜减掉又打折酒店损失较大,现场控制的灵活性较小。

方案二:先给他打个贵宾折,看客人的反应,再根据现场情况及顾客的反应再决定退不退那道菜。

优点:酒店损失较小,我们现场操控的灵活性较大。

缺点:风险较高,如客人计较,我们会费很多心思去搞定这件事,说不定会更加引起顾客的不满。

用方案一还是方案二,我再次回忆起与顾客的对话及现场反应,还有其他几位女顾客的脸色(头发是一位女顾客吃出来的),以及现场氛围。用哪个方案心里有数了!于是走到包房告知员工,客人结账时叫我去结,同时告知收银员,那个包房的账单不要全部输进去,客人结账时再输账单。

“春哥,客人到收银台结账去了。”员工说道。听员工说完我笑脸相迎地走到收银台。

“先生,您是第一次来益阳吗?益阳这个城市给你感觉怎么样?”我问道。

“没有,我是来看朋友的,我在1988年来过益阳。和20年前相比在各个方面变化较大,这个城市的空气较好。”客人答道。

“算得上是回来看看了,对了,益阳有几处好玩的景点,其中安化的茶马古道不错,有时间建议您去那里玩玩。”我说道。

“真的,有时间一定去看看。”客人道。

“春哥,账单好了。”收银员说道。

我接过账单看了看,对收银员说道:“给客人打个贵宾折。”同时又对客人说道:“先生,今天的事真的对不起,还望您多多谅解。”

“我们常在外面用餐,这样的事我们从前也遇到过,没事的,小伙子。”客人道。

“您能理解我们,我们就放心了,不知您对我们员工的现场服务还满意吗?”我接着问道。

“满意,你们的服务还不错。”客人答道。

——资料来源:《中国吃网》

结合以上案例,通过学习本章内容,试分析以下问题:

1. 案例中“春哥”对投诉的处理是否恰当?请谈谈你的看法。

2. 客人投诉时的心理有哪些?面对客人投诉时应按照什么程序进行处理?

2. 怎么蔬菜汤里面会有一根面条?

王小姐刚从国外回来，周末想请武汉的几个朋友到一家高级西餐厅聚聚。朋友们如约而至。点菜时，服务员礼貌又熟练地介绍着本餐厅的特色菜肴，大家都学着王小姐的方法，点了自己想吃的菜肴，王小姐与朋友们沉浸在重聚的喜悦之中。五分钟以后开始上菜了，然而在进餐的过程中，发生这样的一幕，王小姐因为中途接听电话，离开了餐桌一会儿，此时其他的朋友还在兴高采烈地讨论着西餐的美味，其中一位客人在食用一道“意式蔬菜汤”时，很是诧异：“怎么蔬菜汤里面会有一根面条?”客人马上请服务员来进行解释，服务员慢慢地走过来笑着说道：“意式蔬菜汤里面本来就是有根意面的。”此时客人的脸涨得通红，王小姐返回餐桌途中，见到此状，要求喊餐厅经理过来……

在以上的案例中，如果你是餐厅经理，你会如何处理?

本章习题

1. 提高餐饮服务质量的意义有哪些?
2. 餐饮服务质量包括哪些内容?
3. 餐饮服务质量的特征是什么?
4. 餐饮服务质量控制的手段有哪些?
5. 餐饮服务质量控制的前提条件是什么?
6. 餐饮服务质量管理的意义体现在哪些方面?
7. 全面餐饮质量管理的内容和原则分别是什么?
8. 宾客投诉的原因有哪些?
9. 处理宾客投诉需要做哪些心理准备?
10. 处理客人投诉的原则和基本程序分别是什么?
11. 处理宾客投诉的艺术方法有哪些?

第五章　餐饮菜单与设计

本章简介

本章对菜单设计与制作进行了系统介绍和阐述，内容主要涉及菜单概念、分类和作用，菜单设计原理以及菜单设计实务等方面。“菜单设计”既有科学性，具有严密的结构和内容要求，又有艺术性，体现菜单的文化内涵和艺术美感。因此，本章内容的理论性和实践性都非常强。为了结合餐饮行业特点，有效把握现代餐厅菜单发展的方向和趋势，文中列举了较多的菜单案例，体现出了较强的应用性。

学习目标

了解菜单的作用、掌握菜单的概念、熟悉菜单的分类等基本菜单知识。

掌握菜单设计的基本原理，能够进行餐厅菜单类型、形式和内容设计。

掌握菜单定价方法，能够根据餐厅和市场情况进行菜单价格设计。

掌握常见餐厅菜单设计的技巧，并能对菜单进行美化和装饰。

第一节　菜单概述

一、菜单的起源

菜单，顾名思义就是餐厅、酒店向客人提供的一份带价目表的菜肴清单，但最初菜单并不是为了向客人说明菜肴内容和价格而制作的，而是厨师为了备忘而写的记录单子。见图 5-1。

菜单英文名为“Menu”，源于法文，有“细微”之意。据《牛津词典》定义，菜单

图 5-1　菜单式样

是“在宴会或点餐时，供应菜肴的详细清单、账单”。在《辞海》、《现代中国汉语词典》、《中国烹饪百科全书》中都没有“菜单”一词。一般认为，“菜单”这个名词是舶来品，最初起源于法国。在16世纪初法国宫廷菜肴并不丰盛，直到1533年，法国国王昂里二世的王妃卡得里奴从佛罗伦萨带来了厨师作为陪嫁，法国宫廷的菜肴才逐渐得到改善。法国的厨师们为了记住这些意大利菜肴的烹制方法和原材料，便将它们记录下来，这就是菜单的雏形。具有现代意义的菜单出现则是16世纪中叶的事。1544年，布伦斯维克侯爵一次在自己的府第举行晚宴，每上一道菜，侯爵都要看着桌上的单子。当客人们知道他看的是今天的菜单时，都很欣赏这种做法，于是大家纷纷仿效。在举行宴会时，预先制作菜单，以供客人参考选用，于是菜单便真正出现了。

而在中国，类似菜单的说法为“菜谱”、“食单”、“席单”，即介绍菜肴做法的书或者制订的每顿饭菜的单子。唐代韦巨源“官拜尚书左仆射”时，向唐中宗进献“烧尾宴食单”；而四川厨师们则口口相传为“席单”，著名作家李劼人先生在1945年《旧账》一文中，将家族一百多年的宴席菜单也称为“席单”，和菜单意义近似。

二、菜单的定义

现代餐厅的菜单，不仅要给厨师看，还要给客人看，而且主要是给客人看，向客人传递餐饮产品信息。可以用一句简单的话概括，菜单是餐厅提供的商品目录和介绍书，它是餐厅的消费指南，更是餐厅最重要的名片，在餐厅的经营和销售中起着重要作用。

因此，菜单是饭店、餐厅提供给顾客选择商品（所有菜点）的目录和介绍书，是餐厅餐饮产品销售的品种、说明和价格以及其他项目的一览表。而菜谱（Recipe）是指描述某一菜点的制作方法和过程的说明，主要用于菜品制作的指导，保证菜品制作质量的标准化。两者的概念是截然不同的，但在餐厅经营实践中经常容易混淆。

总之，菜单是餐厅、酒家等餐饮企业为了便于与客人沟通产品信息而提供给客人的关于菜肴名称、价格、烹调方法等信息的商品目录和介绍书。

三、菜单的作用

在当今社会，菜单可以说是餐饮经营的精髓所在，在餐厅经营中起着重要的作用。甚至有人把餐厅经营管理的成功归结为餐厅菜单设计的成功。由此可见菜单的作用之大。菜单的作用可以归结为以下几点：

1. 菜单是餐厅和客人之间进行信息沟通的桥梁。

餐厅经营者通过客人点菜及偏好，可以了解客人的需求特点，从而判断菜单设计是否合理；而客人通过菜单可以了解餐厅的类别、经营风格、菜品特色及其价格。总之，餐厅和客人通过菜单开始交流，信息通过菜单开始沟通。如菜单上注明准确的菜品份额，大小盘尺寸，尤其是名贵菜品按重量、个数计价等，能给客人以货真价实之感，就是菜单良好信息沟通作用的结果。

2. 菜单可以指导餐厅的经营和管理工作。

生产制作不同风味的菜点，需要有不同规模、类型的厨房设备。餐饮企业选择购置设备、炊具、工具和餐具，无论是它们的种类、规格还是质量、数量，都取决于菜单的菜式品种、水平和特色。菜单决定厨师及服务人员的技术水平和人数、配备等。菜单内容标志着餐饮服务的规格水平和风格特色，而要实现这些规格水平和风格特色，还必须通过厨房烹调和餐厅服务。另外，菜单的菜品定价方式、方法和情况，会影响菜点的盈利能力。成本、价格和利润三者之间如何协调，成为菜单设计的一个重要方面。

3. 菜单反映了餐厅的经营方针。

菜单是餐厅经营者和生产者通过对客源市场需求的分析以及竞争对手产品的研究后，结合本餐饮企业具体资源状况制定的，是餐厅经营方针和经营思想的具体体现。

4. 菜单标志着餐厅菜肴的特色和水准。

餐厅有各自的等级、风格特色和规格水准，菜单上的食品饮料的品种、价格和质量告诉客人本餐厅商品的特色和水准。它配有文字、饰有图案、图画，套有色彩，附有仪器和菜肴的图例。所以菜单应能体现餐厅的高雅服务和经营风格，并能反映出餐厅的整体风貌。

5. 菜单是艺术品，代表了饭店、餐厅的档次和文化特色。

一份精心设计的菜单，装潢精美，雅致动人，色调得体，洁净靓丽，令人读起来赏心悦目，看起来心情舒畅，客人大多乐于欣赏和玩味。这样一份菜单映入顾客的眼帘之后，顾客立刻就会对餐厅的经营和烹调产生一种好感。而一份龌龊不堪、污渍斑斑、印制粗劣且读起来又艰难费劲的菜单，给人的第一印象就是不堪入目，会给人什么样的感觉呢？不仅如此，客人还愿意将精美的菜单带出餐厅、带回故里，与亲朋好友共同赏析，无形中扩大了餐厅的文化和理念的宣传。它有助于树立餐厅、饭店的形象。可将餐厅的历史背景、特色、知名人士对餐厅的光顾及赞语、权威性宣传媒介对餐厅的报道中的妙语选粹等，简明美观地列在菜单首页。

案例链接

菜单的“文化味”

北京大董烤鸭店的菜谱很有特点。每个菜品有中、英、日三种文字对照，完全做成了一种艺术品。这样的菜谱单本制作成本高达 1 000 元，但是却很好地配合了该店的精品战略，满足了高端食客的消费心理。北京眉州东坡酒楼是以东坡文化取胜的，因而他们的菜谱做得古色古香，文化含量较高。很多食客拿着菜谱点菜的时候，不但为东坡系列菜品所吸引，而且引发了他们的思古之幽情，多了一些情趣，多了一些享受。而杭州老店楼外楼的专用菜单以古朴典雅为食客所称道。它的宴会菜单都是请书法家用毛笔书写的，书卷气浓厚，很有收藏价值。总之，菜单艺术能对经营产生良好的推动作用。著名的宴席菜单还具有一定的收藏价值。现在故宫博物院里保留着许多御膳单，也都具有重要的文物价值。

6. 菜单是餐饮促销的手段。

精美的菜单、科学的布局和精心的设计都能够刺激消费的欲望。这样有利于客人多点菜，点好菜和有特色的菜点，增加单次消费量。同时可以增加客人的回头率。通过菜单的分析，可以调整餐饮的营销策略和菜单的改进，从而促进餐饮的销售。

由此可见，菜单不仅是连贯餐厅服务各个环节的链条，而且更重要的是它的广告和推销作用，任何一位餐厅经营者都不会草率应付，正如美国餐饮管理协会理事可翰博士在评价菜单的重要性时说“餐饮经营成功与失败的关键在菜单”。

四、菜单的内容

一份完整的菜单不但告知客人本餐厅的经营品种，而且还会向客人提供各方面的信息。具体地说，菜单应包括下列内容：

1. 菜肴的类别

菜单上列出的菜肴主要属于何种菜系，有何风味特色，是顾客就餐时决策的依据，也是菜单设计的重要内容之一。选择哪些菜肴列入菜单，不仅能反映出餐厅的经营风格，还能促进客人产生就餐的欲望，吸引他们下次再来，从而提高餐厅的收入和利润。下面以中式正餐零点菜单菜品类别为例，来说明菜单设计中的菜肴分类方法（表5-1）。

表5-1　**中式正餐零点菜单菜品类别**

分类标准	按照菜品原材料分类	按照菜肴的烹调方法分类
菜品类别	燕鲍翅类	冷盘凉菜类
	江鲜、河鲜及海鲜类	江鲜、河鲜及海鲜类
	汤羹类	餐厅特色类
	肉类（家畜）	炖汤类
	禽类	爆炒类
	时蔬类	铁板类
	主食点心类	煲仔类
	酒水类	烧、煮、炖菜类
		主食点心类
		酒水

2. 菜点名称

每道菜的菜名最好是清晰易懂，能够凸显菜肴特色，如果可能的话，最好也能说明主要原料、烹调方法和味型等。例如“鱼香茄子”这个菜名中“茄子”代表所使用的材料，“鱼香”代表菜肴的味道，顾客因此能“望文生义”，在头脑中迅速浮现菜肴成品的式样。如果是外文的菜单，除了要有顺畅的中文方便顾客阅读、使用外，最好也能提供原文对照予以说明。

3. 菜点价格

菜点价格一般是客人用餐购买决策考虑的重要因素之一，明码标价，不仅是餐厅诚信的表现，更是满足客人对餐饮消费预算的需要。除非是私人宴会的菜单，任何菜单都要明示菜点的详细价格，因为私人宴会的菜单通常都是由主人和餐厅事先商量确定的，然后交给餐厅制作，只是在用餐时将菜单置于宴会桌上作为客人的指引。菜肴的价格事先早已议定，且付款者并不是客人，为求礼貌故无需列在菜单上。

4. 菜点原料

菜单上的任何菜点都是由主料、辅料和调味料加工而成的，食客在点菜时，也希望了解一些有关菜点原料的信息。但是，大部分菜点名称并不能详细反映其原料信息，因此，需要在菜单设计中安排有关菜点原料信息的文字介绍。比较简易的餐厅菜单，都缺少这部分内容，但从顾客点菜需求出发，对菜点原料的重点介绍是非常必要的。

5. 菜点的烹调方法

烹调方法是菜点制作中最核心的要素。同样的食材，用不同的烹调方法加工而成的菜点会有天壤之别。例如湖北名菜武昌鱼，用清蒸的烹调方法，就是清蒸武昌鱼；用红烧的烹调方法，就是红烧武昌鱼；用香煎的烹调方法，就是香煎武昌鱼；还有……共计十多种。因此，要让食客全面认识餐厅的菜点，了解本餐厅菜点的特色，就少不了在菜单设计中详细介绍菜点的烹调方法。

6. 菜点的味型及特色

民以食为天，食以味为先，食客对菜点口味的追求是永恒的。因此，时下餐厅菜点的味型及特色正成为各大餐厅招徕客人的独门秘籍。四川菜和湖南菜之所以风靡大江南北，其重要原因之一就是两菜系味型的丰富和多变的特色。因此，餐厅为了凸显菜点的风味特色，尤其要加强菜点味型信息的介绍。

7. 菜点的盛器规格

要注意盛装菜点容器规格的说明，例如例份、大份、小份的标注。许多餐厅的菜谱都不太注意通过分量标准来满足不同数量食客的点菜需要，由此给食客点菜带来了误导，不是点多菜造成浪费，就是客人点少了菜不够吃，造成了客人就餐的不满意。因此，在菜单设计时，要注意说明菜点规格信息的标注。

第二节　菜单的种类

菜单是餐厅根据本餐厅的经营方针编制出来的。由于每个餐厅的经营范围、特色既有相同之处，又有各自的特色，因此，在选择菜单时也同样具有共性的特征，又有个性化的特征。到底选择何种类型的菜单，完全取决于餐厅的经营定位。纵观目前餐厅的经营现状，菜单的种类可谓五花八门，种类繁多，菜单的分类也各不相同。

一、按菜单使用时间分类

1. 固定性菜单（Fixity Menu）

固定菜单，也称标准菜单。顾名思义，它是一种菜式内容标准化而不作经常性调整的菜单。使用固定菜单的餐饮企业一般要求就餐宾客人数较多而且经常流动。风味餐厅、大众餐馆（厅）、咖啡厅、快餐厅大多采用固定菜单，而对于学校、机关、工厂的食堂来说，则不宜使用这种菜单。

固定性菜单的优点是可以使餐饮产品的生产和管理达到一定的程式化、规范化和标准化。而缺点一是客人容易对菜单产生厌倦情绪而改变餐厅，减少客源；二是对季节变化和原材料价格波动的适应性差，影响餐厅的盈利。

2. 循环性菜单（Circulation Menu）

循环菜单是按一定周期循环使用的菜单，因此，循环菜单是一套完整的菜单而不是一张菜单，餐厅必须按照预定的时间周期连续使用。即周期有多少天，这套菜单便应有多少份各不相同的菜单，每天使用一份。现在的循环菜单大多都是以星期为周期的七套制菜单，称为周循环菜单；也有按季节计算的四套菜单，称为季节循环菜单；也有混合式菜单，这类菜单适合客人流动性相对差的旅游饭店团体餐厅、长住型饭店的餐厅以及企业和事业单位食堂餐厅使用。

循环性菜单与固定菜单相比，其优点是满足了顾客对特色菜肴的需求，使餐厅常常有新菜，从而增加客人的选择性，使之不易厌倦，增加回头率；而缺点是库存原材料也比较多，会造成没有卖出的剩余食物的利用率不高（特别是西餐）。

3. 临时性菜单（Instant Menu）

临时性菜单是为了弥补固定菜单上菜肴品种单调的缺点而设计出来的，它不能独立使用，只能作为正式菜单的补充。临时性菜单分为当日菜单和限定菜单、推荐菜单。当日菜单指仅供当日使用的菜单，也称即时性菜单。它既不固定，也无循环周期。这类菜单常被规模较小的餐饮企业采用，如自助餐馆等。限定菜单指菜式品种相当有限的菜单。这种类型的菜单一般多为特种餐馆、快餐馆或点心小吃店等所采用。推荐菜单指餐厅由厨师、厨师长或餐厅推荐的菜点、特价菜、时令菜点的临时菜单。一般按天或按周更换，促进某一种或几种菜点的销售，一般使用于中低档的餐厅。

临时性菜单的优点一是灵活性比较强，可以弥补固定菜单、循环菜单的不足；二是可以充分利用没有卖出的剩余食物和库存原材料；三是可以发挥厨师的烹调潜力和创造力，创新菜点，减少员工的工作单调性、枯燥和倦怠感。而缺点一是非正式性，往往设计的重视程度都不如固定菜单和循环菜单，变化性太大，不容易制作得精致；二是所能推出的菜点极其有限，如果菜点太多反而起不到应有的销售效果。

二、按菜点的组合方式分类

1. 零点菜单

零点菜单是餐厅使用最为广泛的、最基本的菜单，它按一定的菜肴类别单个、独立排列餐厅提供的各式菜点，每个菜都有单独的价格，就餐宾客可以根据其口味喜好来自由选择所需菜点的菜单。因此，通过零点菜单，顾客可以选择自己需要的每个菜肴，形成个性化的菜肴组合。零点菜单不但普遍适用于一般社会餐馆，而且也同样适用于旅游饭店的各类中西餐厅、风味餐厅、咖啡厅等。一般来说，零点菜单上菜肴品种的排列方法如下：

（1）西餐：常以人们进餐的习惯和顺序进行分类和排列，如开胃菜类、汤类、沙拉类、三明治、主菜类和甜品类等。见表 5-2。

表 5-2　　**西式零点菜单菜点类别及常见品种**

菜点类别	常 见 品 种	备注
开胃菜（头盘）Appetizers	法式鹅肝酱、苏格兰烟熏三文鱼、俄式鱼子酱等	
汤类 Soups	罗宋汤、奶油粟米汤、牛尾清汤、番茄浓汤、意大利蔬菜汤等	
沙拉类 Salads	蔬菜沙拉、恺撒沙拉、金枪鱼沙拉、厨师沙拉等	
主菜类 Main Courses	西冷牛扒、扒大虾	
甜品类 Desserts	布丁、冰淇淋、巧克力奶昔、松糕、蛋糕	

（2）中餐：常以菜肴食品原料的内容分类，如冷盘、肉类、禽类、海鲜类、时蔬类、面点类和汤类。

2. 套菜菜单

套菜菜单又称为定餐菜单，就是由餐厅根据客人需要，将不同营养成分、原料、烹饪方法、口味和价格的菜肴合理组合在一起形成的不同菜肴组合。因此，套餐菜单上的菜肴品种、数量、价格全是固定的，顾客只能整套购买。套餐菜单的优点是节省了顾客点菜的时间，它的价格比零点菜单更优惠。套餐菜单主要适用于快餐、团队餐、会议餐等用餐形式，很多餐厅的一些普通宴会也采用套餐菜单形式对外进行销售。常见的套餐菜单有以下几种：商务套餐、会议套餐、生日套餐、情侣套餐、儿童套餐。商务套餐应有档次，这样客人才会感觉有面子；另外，商务谈判往往要喝酒，因而这类套餐得考虑多配下酒菜。会议套餐一般档次都不会太高，在配菜上应该讲究实惠，多配一些下酒菜。旅游套餐标准比较低。设计这类的套餐应该注意两点：一是分量要足，菜品要实惠；二是旅游团队大多喜欢采风，因而应该尽量多配置一些地方风味菜。生日套餐应该配置一些具有象征意义的菜点，如寿桃、寿面、生日蛋糕、甲鱼、鳜鱼等，并且过生日一定是要喝酒的，也应该配置一些下酒菜。情侣套餐在配菜上应该注意情趣。比如来一盘咸鸭蛋和皮蛋的拼盘，取名为"珠联璧合"；配一盘糖醋海蜇拌蕨苔菜，取名"山盟海誓"；配一盘肝腰合炒，取名"肝胆相照"。见表 5-3。

表 5-3　　某餐厅圣诞节双人套餐菜单

圣诞节双人套餐
Christmas Set Menu for Two Persons
红酒 2 杯 Red Wine 2 Cups
法式焗田螺 Escargot
美式烤火鸡 American Roasted Turkey
蔬菜沙拉 Fresh Vegetable Salad
蘑菇奶油汤 Mushroom Cream Soup
法式洋葱汤 French Onion Soup
顶级西冷扒 Sirloin Steak
薄荷羊扒 Roasted Lamp with Mint Sauce
黑椒意粉 Spaghetti with Black Pepper
西式甜点 Dessert
鲜果沙拉 Fruit Salad
冰激凌 Ice Cream
咖啡或红茶 Coffee/Tea
奉送：神秘圣诞礼物 2 份 Christmas Gifts
每套 580 元 ¥580 Per Set

3. 宴会菜单

宴会菜单是根据宴会主办者的要求，宴请客人的特点、宴请标准、宴请单位等诸多因素制订的。宴会菜单不同于零点菜单，既要讲究外形美观，做工精细，又必须将餐厅的名菜名点及特色菜列入菜单中，同时还需要按照季节的变化来安排时令菜肴。因此宴会菜单的定价较高，设计制作精良考究，需将设计艺术和技术进行有机结合。见表 5-4。

表 5-4　　某酒店寿宴宴席菜单

寿宴菜单	
五福临门	乳猪拼盘
儿孙满堂	白灼九节虾
双仙献瑞	酱爆花枝蚌片
心想事成	鸡腿菇炖婆参
福如东海	蚝皇美鲍片
寿比南山	淮杞炖水鱼
金凤来仪	当红炸仔鸡
祝寿添财	竹笋云腿时蔬
力健有余	清蒸桂花鱼
蟠桃献寿	莲蓉寿包
盈盘金稻	锦绣炒饭
福禄长春	高汤伊面
百年鸿运	百合红豆沙
鹤发童颜	时令生果
每席 999 元	

三、按餐饮类别分类

1. 中餐菜单：是指主要在中式餐厅使用，以供应中国风味餐食菜肴为主的菜单。由于面对的食客主要是中国客人，所以很少采用中英文互译式菜单，当前多数都是纯中文的菜单设计，本章以介绍中餐菜单的设计与制作为主。

2. 西餐菜单：是指主要在西餐厅、咖啡厅等西式餐饮场所使用，以供应西式菜肴和酒水为主的菜单类型。由于西餐菜单源于西餐饮食文化，具有时尚特色和潮流，当前多数是中英文互译式菜单。下图 5-2 就是典型的西餐菜单。

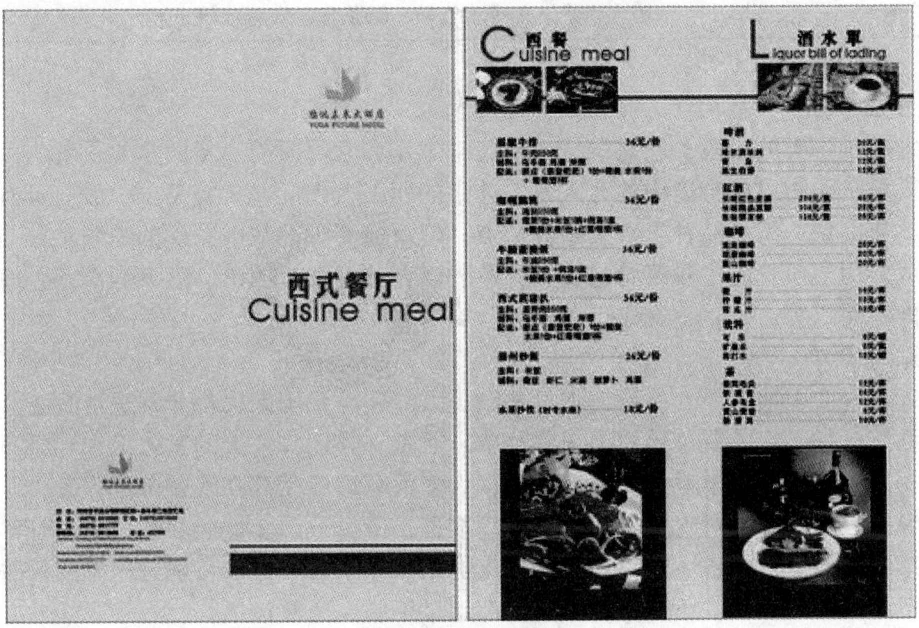

图 5-2　西餐菜单式样

这两种基本分类，在形式上和内容上稍微有些差异，但是现在两种菜单有相互融合的趋势，特别是中餐菜单吸取了西餐菜单的优点，有了更多不同的设计和制作。

四、按就餐时间分类

1. 早餐菜单

为早餐设计的各种菜肴和点心的菜单称为早餐菜单。早上是一天的开始，早餐是一天的第一餐，因此早餐要吃好。但随着现代人生活节奏的加快，人们不希望在早餐上花费过多的时间，所以早餐菜单的菜肴和食品既要丰富，又要具备制作简便和服务速度快的特点。通常，西式早餐的品种约有三十个，有各式面包、黄油、果酱、鸡蛋、谷类食品、火腿、腊肠、酸奶酪、咖啡、红茶及果汁等；而中式早餐的品种主要是各种粥、点心、茶、小菜、鸡蛋等。早餐菜单通常有零点菜单、套菜菜单和自助餐菜单三种形式，制作相对简单。见表5-5。

表5-5　　中式早餐菜单菜点类别及常见品种

菜点类别	常见品种	备注
粥类	白粥、小米粥、八宝粥、鱼片粥、皮蛋瘦肉粥等	
粉面类	清汤面条、炒河粉、牛肉面、过桥米线、米粉等	
点心类	花卷、包子、馒头、油条、虾饺、烧梅、春卷、云吞、水饺等	
小菜类	凤爪、青菜、咸菜、腊肠、煎火腿、咸鸭蛋、煎蛋、茶叶蛋等	
饮料类	牛奶、豆浆、咖啡、红茶、绿茶和各式果汁等	

2. 午餐菜单

午餐处于一天的中段，它是维持人们正常工作和学习所需热量的重要一餐。由于午餐的销售对象是购物或旅游途中的客人或午休中的职工，因此，午餐菜单一般应具有价格适中、上菜速度快、菜肴品种丰富实惠等特点。但目前，大多数中餐厅的午餐菜单与晚餐菜单类同或共用。西餐的午餐菜肴包括开胃菜、汤、沙拉、三明治、意大利面条、海鲜、禽肉、畜肉和甜点等。

3. 晚餐菜单

晚餐是一天中最主要的一餐，不论是欧美人，还是我国人民都非常重视晚餐。欧美人把晚餐称作正餐，将晚餐菜单视为正餐菜单。通常，人们在一天的紧张工作和学习之后需要松弛一下，享用一顿丰盛的晚餐，因此，大多数宴请活动都在晚餐中进行。由于大多数顾客的晚餐时间宽裕，对晚餐的消费有心理准备，所以，许多饭店和餐厅都为晚餐提供了丰富的菜肴。通常，中餐厅的晚餐，顾客点的菜肴比午餐丰盛。特别是传统的西餐的晚餐菜单，不论菜肴的品种，还是菜肴风味，都超过午餐。通常包括：

（1）开胃菜：包括各种鸡尾杯、熏鱼、香肠、鱼子酱、生蚝、蜗牛、对虾、虾仁和鹅肝制作的其他冷菜。

（2）汤：包括各种清汤、奶油汤、菜泥汤、海鲜汤及各种风味汤。

（3）沙拉：用各种蔬菜制作的冷菜，有时配上熟肉或海鲜，浇上各种调味汁。

（4）海鲜：包括使用嫩、炸、扒、水煮等方法制作的鱼、虾和蟹等菜肴，带有传统式和现代式的各种调味汁，配上蔬菜、淀粉类菜肴（土豆、米饭或意大利面条）和装饰品。

（5）烤肉与扒肉：以烤和扒的方法烹调的畜肉、家禽肉等，配有各种调味汁，再配上蔬菜、淀粉类菜肴。

（6）甜点：包括酥饼、冷冻奶油点心以及各种水果冰淇淋等。

（7）奶酪：是一种发酵的近似固体状的牛奶制品，含有丰富的蛋白质、钙、脂肪、磷和维生素等营养成分，著名的常用品种有 Chedder、Colboy、Edam、Gouda、Swiss、Blue、Roquefort。

4. 夜宵菜单

通常，在晚10点后供应的餐饮称为夜宵。夜宵菜单应当具有清淡、份额小等特点，菜肴以风味小吃为主。夜宵菜肴安排中西餐各种开胃菜、沙拉、三明治、汤面、较简便的主菜、当地小吃和甜点等5~6个类别，每个类别安排4~6个品种。

以上几种菜单主要是为了利于餐饮菜点的生产计划和安排，提供固定性的菜点和酒水，减少生产的复杂性和不确定性。

五、按用餐形式分类

1. 冷餐酒会菜单：相对比较简单，单独为冷餐酒会准备的临时性或固定菜单，只有少量的热菜和一定的冷菜、点心等的简易套菜菜单。

2. 团体包餐菜单：是套餐菜单的一种，主要为各种团体用餐而量身打造的菜单，具体参考混合式菜单。团体餐可配菜单不少于6种，同一团队每天菜单品种不重样。

3. 客房送餐菜单：专门为客房送餐量身订制的菜单，一般为罗列式菜单，把能够为客房送餐提供的菜点和酒水等罗列到一个菜单上，可以是固定菜单，也可以是循环菜单，类似于零点菜单。

4. 酒单（饮料单）：这是高档餐厅使用的酒水单，与菜单分开，也是西餐餐厅特别使用的酒水单，与菜单类似，一般采用零点固定菜单的形式。设计与制作基本类同于菜单。

5. 每日特菜菜单和厨师长推荐菜单：这两种菜单都是临时菜单的典型代表，主要适用于零点餐厅，参见临时性菜单。

6. 自助餐菜单：这是自助餐厅或零点餐厅的自助餐使用的菜单，一般为套餐菜单，按照固定的价格，提供相对固定的菜点和酒水，一份菜单中可以有很多种套餐供客人选择，也可以每一份菜单就是一份套餐。

小知识：中式筵席菜单

筵席包括宴会席桌上的酒菜配置，酒菜的上法、吃法、陈设等，与菜单稍有区别。总的来说，中餐筵席的格局是三段式。

第一段是“序曲”。传统的、完整的“序曲”内容很丰富、很讲究。它包括以下内容：1. 茶水。茶水又分为礼仪茶和点茶两类。不收费的茶称为礼仪茶；计费的由客人点用的茶称为点茶。2. 手碟。传统而完整的手碟分为干果、蜜果、水果三种。现在的筵席一般就只配干果手碟。3. 开胃酒、开胃菜。为了在正式开餐前打开客人的胃口，传统筵席往往要配置开胃菜和开胃酒。一般开胃酒是低酒精度、略带甜酸味的酒，如桂花蜜酒、玫瑰蜜酒等。开胃菜一般是酸辣味、甜酸味或咸鲜味的，如糖醋辣椒圈、水豆豉、榨菜等。4. 头汤。完整的中式筵席一般应该有三道汤，即头汤、二汤、尾汤。头汤一般采用银耳羹、粟米羹、滋补鲜汤或者粥品。5. 酒水、凉菜。酒水、凉菜是序曲中的重要内容。俗话说，“无酒不成筵”。一般来说，越是高档的筵席，酒水的配置越高档，凉菜配置的道数越多。

第二段是主题曲，即是筵席的大菜、热菜。第一道菜被称为“头菜”。它是为整个筵席定调、定规格的菜。如果头菜是金牌鲍鱼，那么这个筵席就称为鲍鱼席。同理，如果是一品鱼翅就称为鱼翅席，如果是葱烧海参就叫海参席。第二道烤炸菜。如北京烤鸭、烤乳猪、烧鹅仔或者煎炸仔排等。第三道二汤菜。这道菜一般采用清汤、酸汤或者酸辣汤，有醒酒的作用。一般随汤也跟一道酥炸点心。第四、五、六道是可以灵活安排的菜，一般分别是鱼类菜品以及鸡、鸭、兔、牛肉、猪肉等荤菜均可。第七道菜一般就要安排素菜了，笋、菇、菌、时鲜蔬菜均可。第八道菜一般是甜菜。羹泥、烙品、酥点均可。因为喝酒、品菜已到尾声，客人要换口味才舒服。第九道菜是座汤，也称尾汤。传统的座汤往往是全鸡、全鸭、牛尾汤等浓汤或高汤，意味着全席有一个精彩的结尾。

第三段是尾声。1. 这时可上一点主食，如面条、米饭。讲究的筵席一般会配随饭菜四道，两荤两素。2. 米饭、面条等主食用完以后，一般要上时令水果。既能让客人清清口，也表示整个筵席结束。3. 茶水。水果吃得差不多的时候，客人还没有散意的话，就可以上一点茶水助兴，不过也有“端茶送客”的意思。

六、按菜单用途分类

1. 通用性菜单：一般指零餐点菜菜单，是大众化的、综合性的菜单，只能满足客人用餐一般性的需要。

2. 专用性菜单：专用性菜单的用途和形式很多，围绕着“专”和“特”做文章，如特别推荐菜单、宴席订餐菜单、套餐点菜菜单、宣传性菜单等。

菜单的多元化可以造就一个浓厚的商业氛围，且不同的菜单可以满足客人不同的需求。

第三节　菜单设计原理

一、菜单设计的依据

1. 顾客的需求

任何餐饮企业，不论其规模、类型、等级，都不具备同时满足所有顾客需求的能力和条件。餐饮企业必须以一定的顾客群作为自己的目标市场，以便更好、更有效地满足这些特定顾客群的需求。设计菜单时首要的依据就是了解目标顾客群的基本特征，包括年龄结构、性别比例、职业特点以及就餐目的、消费水平、餐饮习惯及偏好等。

不同年龄、性别、职业的宾客在餐饮口味、热量需要、菜式品种、餐饮价格、份额大小、营养成分、服务速度、烹制方法等方面都会有较大的区别。①饮食习俗：除宗教禁忌外，菜单设计人员还应当顾及宾客的地区性饮食习俗。②身份职业和旅游目的：既然菜单是为饭店特定的宾客群设计的，那么就有必要了解、掌握这些宾客的身份职业特点和他们的旅游性质和目的。例如商务型餐厅的菜单就要符合商务工作餐和宴请的需求特点。③消费水平：从某种意义上说，一家餐厅的餐饮规格和价格范围须根据宾客的消费水平来决定。④就餐动机：不同类型的餐饮，隐含着不同的就餐动机，这些是不同类型的菜单设计时必须考虑到的一个问题。一般可以分为“充饥”、“美食”、团体餐和宴请等不同目的的就餐。

2. 主要竞争对手的状况

包括主要竞争对手的营业时间和状况，竞争对手菜单的菜系和供餐方式，竞争对手的经营范围和价格水平，竞争对手餐厅的面积、餐座数量、座位周转率、环境等，竞争对手的餐厅服务状况等。

3. 餐厅定位和自身生产经营条件

设计菜单要和餐厅的类型、经营类型、档次和风格相一致，促使餐厅有一个能为客源市场所接受的鲜明形象，以自己的特色来吸引客源。此外菜单与餐厅的装潢设计应是相辅相成的。菜单设计时所选择的菜品必须与本餐厅的装潢主题与档次相一致。厨房设备、烹调技能以及食材的供应，都是菜单设计必须考虑的因素。赢利是每一个餐饮企业的追求目标，而利润与菜单的设计直接相关。不同的菜肴有着不同的成本率，菜单设计者必须明确餐饮业务的目标成本，合理地选择菜品。设计菜单时注意选择菜肴的花色品种，尤其是色、香、味、形、温度的搭配。菜单的花色品种不宜过多，但要丰富，而且搭配要合理，如中餐的凉菜、热菜、面点、汤类的比例大致为5∶15∶4∶3。除了常年固定的菜单，还应定期推出时令菜、特色菜，不断更新。品种过多，会使宾客无所适从，不知该点什么菜好；会使原料采购供应产生一定困难，造成原料缺档或者储存困难，增加成本；还会使厨房的准备工作增加，影响出菜速度。但是如果菜式品种过少，会使人感到单调、厌烦。因此菜式品种必须适当。

二、菜单设计的原则

1. 要富有文化内涵

菜单设计不能只考虑菜品的功能介绍，而忽略了菜单的文化内涵，此外，还要考虑菜单的审美功能。要加强菜单的文化亲和力，餐厅经营者除自身的文化理念外，还必须深刻理解自己的服务对象，洞察服务对象的文化需求，并且在菜单设计上体现出来，才符合文化内涵创新要求。首先菜单设计要融合餐厅所在地的地方和民族文化个性元素，可以依据当地历史留存的食谱、食单、笔记、农书、食疗著作等史料记载进行挖掘、引用，也可根据当地人口述、传诵的典故、传说演义进行整理整合。其次要充分展示经营菜系的内涵，我国历史上不论是著名的四大菜系，还是八大菜系，在口味、制作方法以及文化内涵等方面都各有千秋。如以经营川菜而知名的“巴国布衣”酒楼，生意红红火火，其菜品依靠博大精深的川菜体系，而菜单设计充分展示了川菜的文化内涵。最后，菜单设计还要展现餐厅本身的经营特色，餐厅经营定位的独特性就是一种文化元素，人无我有，人有我精，便是精良文化的支撑。因而，餐厅定位、风格、经营理念融合浓缩到餐厅的装饰、菜单设计、宣传营销上，就会演变成餐厅的独特文化内涵。比如，北京晋南路上一餐厅叫“创业酒家”，其菜单的设计就颇有内涵，菜单的封面上印有著名油画《父亲》，两侧配有一副耐人寻味的对联：“忆苦思甜，创业何其艰难；粗粮野菜，致富勿忘本色。”油画上方的横批是“勤俭自律”。菜单主面上每页的上端与下端都配有中华民族所有炎黄子孙都能熟背的一首诗："锄禾日当午，汗滴禾下土。谁知盘中餐，粒粒皆辛苦。"每位顾客看到这里会进入一种什么境界呢？其菜单最引人注目的是"粗粮"和"野菜"的菜品系列。粗粮本是旧社会穷人们的主食，如今他们旧米新制，将山西各种陈年老样的粗粮吃法悉数挖掘重新研制。既有可口的味道，又见旧日艰苦岁月的影子。同样，野菜令人回忆起当年红军过草地、啃野菜的岁月，能让人吃出健康的感觉，还能领悟深刻的教育意义，这样的菜单设计正好迎合现代餐饮消费的流行健康趋势和消费时尚。

2. 形式上美观大方，富有创意

菜单不仅是餐厅的宣传工具，更是艺术品，菜单设计要体现出平面审美设计与菜品介绍相得益彰，互为一体。因此菜单的式样、大小、颜色、字体、纸质、版面安排需要与餐厅的等级和气氛相协调，要与餐厅的陈设、布置、餐具、服务人员的服装相适应。首先菜单设计的艺术性必须与餐厅的整体风格保持一致，不可喧宾夺主。餐厅整体风格包括经营风格、装潢风格、菜品风格。例如，北京老正兴饭庄的菜单封面色彩以古铜色为基调，还设计有松鹤、古灯图案，给人以古朴典雅之感，充分展示了这是一家历史悠久、历经百年的老店。其次，创意独特、构思巧妙、蕴意深刻的菜单能使人过目不忘。相反，没什么创意，毫无特色可言的菜单根本不能刺激人脑的记忆细胞，过目即忘。所以菜单设计时需要别出心裁、不落俗套。创意点子不能靠一两个人去实现，而是要发挥集体智慧，集思广益会有令人意想不到的效果，甚至有餐厅设重金奖励。餐厅设计出独特菜单不但能起到很好的宣传作用，而且还可以当艺术品珍藏。如2007年，上海新锦江大酒店在接待日本贵宾时，使用融我国书法艺术、绘画技艺和精美菜肴为一体的扇子形菜单，让赴宴者赞叹不已。最后，菜单印刷要精美。印刷一份完美菜单，是菜单设计的最后一道工序。前面花了大量心血，餐厅也投入了大量人力、物力、财力，切莫功亏一篑。有些餐厅，把这道工序完全交予印刷厂去办理，这显然是不行的。如果是专门制作菜单的专业印刷公司可能问题不大，但如果是不能熟练印制菜单的公司，餐厅的经营者必须派专家或设计者前往指导、协助。印制一份精美菜单常占用餐厅一笔可观的支出，经营者总希望高投入带来高产出，但是不能因此就舍不得更新，如果现有菜单已不能有效促销，菜单就要重新设计。有人说菜单是餐厅的"脸面"，及时化妆，一点不为过。当然菜单设计时还要考虑其实用性，应方便顾客翻阅。只有把形式的创新与实用性融为一体，才能设计出更完美的菜单。

3. 内容要能反映餐厅的技术水平

制定菜单要依据自身的经营特色、技术力量、原料和设备。所以，设计菜单时要对餐厅的生产能力做到心中有数，保证所选择的菜品质量能达到预期的效果。而厨师作为餐厅的灵魂人物，其技术水平是设计菜单时首先要考虑的因素之一，若菜单上设计的菜肴厨师不会做，则形同虚设。对于高档餐厅，客人的消费水平比较高，应该在菜单上展示山珍海味、高档食品及特色食品，比如北京大董烤鸭店菜单上的一品冰花玫瑰燕、董氏烧海参、红花汁鱼翅、龙虾汤、过桥东星斑等大菜尽显奢华。普通的餐厅应该尽量显示大众消费的菜品，比如在家常川菜馆，鱼香肉丝、回锅肉、毛血旺、水煮肉片等价格适中又极富川菜特色的菜肴应在菜单中占主要地位。

4. 价格要突显餐厅的经营策略

菜肴的制作和销售都要考虑到成本和价格，如果成本太高，顾客不能接受，就缺乏市场；如果价格太低，影响毛利，又容易亏损。因此，在设计菜单的时候一定要考虑到菜品的销售情形和获利能力，把既畅销又高利润的菜品全部列入菜单，把不畅销但是高利润的菜肴也部分留在菜单中，既不影响其他菜肴的销售，又能给菜单增添色彩。畅销但是低利润的菜品尽量少留在菜单里，因为这样会影响其他菜品的销售。而既不畅销又低利润的菜品一定不要列入菜单。菜单设计的一个关键环节是菜品价格的制定，价格是否恰当，影响整个餐厅的经营。价格的制定是以产品价值为主要依据的，但是还要注意与餐厅的整体目标相调和，符合餐厅经营的状况。虽然顾客对价格的反应是主观的，但是合理的定价可以让客人有物超所值的好感，并通过口碑吸引更多的顾客上门。另外，还应该根据市场情况实行适当灵活的价格，调节市场供求，增加销售量。但是，菜单价格一旦制定，就不能随意变更，每次调整幅度以不超过10%为佳，也不宜过于频繁调整。

总之，在设计菜单时，要综合考虑上述几项原则和依据，只有如此，才能制定出较为科学合理的菜单。而且对于新制定的菜单，餐厅还必须对其进行测试，经过分析完善后正式投入使用。

三、菜单的设计程序

在对菜单制作有了通盘的了解后，便是要从众多的菜品中挑选出适合餐厅的最佳菜肴组合，并对菜单在内容、布局以及形式等方面进行个性化的设计。具体来说，其程序主要包括以下几个步骤：

1. 准备资料

这些资料包括各种旧菜单（含餐厅正在使用的菜单）、标准菜谱档案、库存信息和时令菜单、畅销菜单等；每份菜的成本或类似信息，各种烹饪技术书籍、普通词典、菜单词典、菜单食品饮料一览表及过去销售资料。

2. 市场调查

在着手进行菜单设计之前，首先要充分运用消费者行为理论，对餐厅的目标顾客群进行详细的调查，了解他们的人口特征、消费习惯及偏好、消费水平等市场信息；其次，还要到当地的集贸市场，水产品市场以及干货调味料市场进行详细的走访、调查，了解整个菜肴原材料的市场供应情况、购销渠道、批零渠道、批零价格、质量状况等；最后，还要调查周边同类餐厅的菜单信息、服务特色等市场竞争者信息。

3. 菜单框架设计

在进行菜单主体框架设计时，要结合餐厅的目标顾客需求、规模、档次、主题文化以及厨房生产条件等因素，合理选择菜肴风味，确定菜肴的品种、数量、质量标准。

4. 推行标准菜谱

标准菜谱是指关于菜点烹饪制作方法及原理的说明卡，它列明某一菜点在生产过程中所需要的各种主料、辅料及调料的名称、数量、操作方法，每份的量和装盘工具及其他必要的信息。利用标准菜谱不仅有利于计划菜肴成本，同时经营人员也可以充分了解菜点的生产和服务要求，也有利于实现产品质量标准化的目的。

5. 确定菜单的价格策略

在确定食品原料、能源成本、经营费用和人工成本的基础上，计算出菜肴的成本，再结合餐厅的经营目标，选择灵活多样的价格策略，对菜肴进行定价。

6. 菜单的装潢设计与印刷

一份制作得当的菜单，不仅可以对客人产生较强的吸引力，更能反映餐厅的服务质量和管理水平。因此，在对菜单进行装潢设计时，要召集有关广告宣传、美工、有经验的厨师及相关管理人员，对菜单的封面设计、式样选择、图案文字说明等工作进行讨论，以便设计好菜单的文案式样。在菜单的文案定稿后，紧接着，就是选择合适的制作材质，明确菜单的规格和幅面尺寸大小，交付印刷厂进行打印，菜单的设计与制作才算大功告成。

但是无论在哪个步骤，设计者必须把顾客的需求放在第一位，优先考虑他们的消费动机和心理因素，然后以此为依据，做好各步骤工作。

四、菜单内容的设计

1. 菜点名称

菜名是菜单最重要的内容，它会使就餐客人在头脑中产生一种联想，从而直接影响顾客对菜品的选择。顾客在点菜时，对于未曾享用过的菜肴，往往会凭菜名去挑选。食客对某一餐厅是否满意，不仅仅取决于阅读了菜单之后对菜肴产生的期望值，还取决于餐厅提供的菜肴能否满足食客的期望。菜点命名的方法，总体上说有写实性菜名和寓意性菜名两种命名方法。其中写实性菜名要真实可信，能真实反映菜肴的主要原料构成、烹制工艺、口味或质感等，如“清蒸鲈鱼”、“红烧海参”、“鱼香肉丝”、“麻辣香水鱼”等。而寓意性菜名读起来文字要优雅，简单易懂，或以成语、吉祥语命名，或以名人、典故定名。优雅的菜名听起来充满情趣，让人产生好感，如表达吉祥、祝福的菜名有“百鸟朝凤”、“福寿临门”、“鸳鸯戏水”、“年年有余”、“寿比南山”、“状元饼”、“松鹤延年”，用大枣、花生成菜的“早生贵子”，用百合成菜的“百年好合”等；如借用名人、典故的菜名有“霸王别姬”、“东坡肘子”、“太白鸡”、“夫妻肺片”、“麻婆豆腐”、“宋嫂鱼羹”、“佛跳墙”、“过桥米线”、“贵妃鸡”、“叫花鸡”、“将军过桥”等。

2. 菜点的介绍

菜肴应对某些菜点进行介绍，配以简洁的文字描述该菜点的主要原料、烹饪方法、规格和风味特色等，以利于引导客人消费。有些菜点名称属非写实性，顾客不易理解，而菜点介绍往往可以向客人传递更多专业的菜点信息，并提供给客人足够的点菜决策时间，从而大大提高了客人点菜的效率。菜单上关于菜点介绍的主要内容：主要原料、配料和一些特殊的汤汁和调料；菜点的烹调及服务；菜点的规格和价格；部分菜点的营养功效或典故、来历等。

值得注意到是，菜点的介绍不宜过长，应言简意赅，妙趣横生，并配以彩色图片为佳。虽然图文并茂的菜单印刷成本高，不利于菜点的调整，但在感性上能更加吸引客人，增强客人的信任感，对餐厅菜点销售能起到积极的作用。

3. 菜点的价格

菜点的价格既是餐厅生产菜肴和成本控制的依据，又是大多数顾客进行餐厅消费决策的关注点，所以菜点的价格一定要准确、真实，菜单应明码标价。加收服务费的必须在菜单上说明，价格变动的应重新印刷，不要留有涂改痕迹。菜点的价格由成本、费用、税金和利润四大部分构成。其中产品成本包括菜肴主料、辅料和调料构成的原料成本和燃料成本两部分；费用包括人工成本、管理费用、经营费用、财务费用等；税金包括营业税、城建税、教育附加税等；利润指一定时期内营业收入额扣减去成本、费用和税金后的余额。而在餐厅经营中常见的毛利是指菜点价格中费用、税金和利润构成的部分，是菜点价格减去成本后的差额。所有菜点价格还可表示为原料成本与毛利之和。另外，菜点毛利率是指菜点毛利在其价格中所占的比重，即毛利率=毛利/销售价格 * 100%。

4. 其他宣传信息

除菜点名称、价格等这些菜单上必不可少的核心内容外，菜单还应提供一些告示性的信息。告示性的信息必须简洁明了，主要包括餐厅的名称、标志、主题风格和风味特色，餐厅的获奖荣誉等宣传餐厅的机构性信息，也有一些关于餐厅地址、电话、网址、预订方法、联系人和营业时间等介绍餐厅的服务性信息。

五、菜单形式的设计

餐厅经营的方式不同，菜单制作的形式也有所不同。常见的餐厅菜单的形式有印页式菜单、台卡式菜单、POP 菜单、价目板式菜单和划单式菜单等。现在。大部分餐厅为了方便客人点菜，有效推荐餐厅菜点，制作出了综合使用各种形式的组合式菜单，例如印页式菜单+台卡式菜单+POP 式菜单、价目板式菜单+台卡式菜单+POP 式菜单等。

1. 印页式菜单：是餐厅最常用的菜单形式，体现了餐厅特色和档次。根据餐厅菜点的种类数量，可分为单页和折页（多页）菜单。印页式菜单具有制作精美、使用周期长、成本高等特点。传统的印页式菜单只是简单的文字说明，现在的印页式菜单多是图文并茂。

2. 台卡式菜单：是指摆或插在餐桌上的临时性菜单，主要表现餐厅定期更替、特别推荐的销售品种。台卡式菜单最大的特点是灵活、周期短、制作成本低，是对印页式菜单的一种重要的补充。

3. POP 菜单：以海报形式来展示促销期间菜点的特点和价格，实际上就是在餐厅内做的菜品促销广告。

4. 价目板式菜单：是指餐厅将经营菜肴的名称、价格等信息直接展示在收银台的背景墙面上，顾客在收银台直接点菜、结账甚至取餐。价目板式菜单通常用于菜点种类有限的快餐厅，如麦当劳、真功夫、大家乐等中西式快餐厅。这种服务方式简化了餐厅的服务环节，大大提高了餐厅对客服务效率，满足了食客快速用餐的需求。

5. 划单式菜单：是客人直接在点菜单上打勾，选择所需的菜点，一般用于不需要服务员做点菜服务（客人对菜点熟悉或菜点有实物展示）类型的餐厅，如早茶服务、火锅餐厅、部分快餐厅等。这种菜单将菜单和点菜单合二为一，使得服务方便、快捷、准确。

第四节　菜单设计实务

一、菜点的选择技巧

1. 菜点的选择首先要能切合目标顾客的就餐需求，并反映餐厅的经营风格和档次。菜单上列出的菜肴是顾客就餐决策的依据，是菜单设计的重要内容。因此，餐厅要在调查的基础上，识别目标顾客的需求特征，并针对性地确定好餐厅经营的菜系类别、风味特色等餐厅经营战略方针。

2. 菜肴的选择也要立足餐厅的生产服务条件。

3. 菜单的品种均衡、数量合理。冷菜、热菜、甜点、汤类齐全，零点菜单花色品种不少于50种，咖啡厅不少于40种，自助餐厅不少于30种，菜单上的菜品一般在80～100道（包括小吃、凉菜）；套餐菜单不少于5种，团体餐厅不少于6种。宴会菜单根据客人订餐标准安排。菜单上的菜品太多了反而不利于客人点菜，不利于厨师的加工制作。如果是快餐厅，菜单上的菜品还会大大减少。因为快餐是在卖时间，品种复杂了肯定是快不起来的。

4. 各类菜点比例、结构合理。零点餐厅菜单的冷菜、热菜、面点、汤类比例安排在5：15：4：3左右。菜肴的原料搭配要平衡，每道菜既要有主料，又要有辅料，既要有荤，又要有素，肉、鱼、蛋、家禽、蔬菜等各类原料尽量都应涉及。烹调方法要协调而多样，在每类原料的菜肴中，要有不同烹调方法制作的菜肴，各类烹调方法制作的菜肴均应有一定的比例。这样可以影响烹饪的时间、效率和厨房结构等。一份菜单要具有多种口味的组合搭配，才能符合与满足不同消费者的口味需要。菜单设计者不仅要知道各种食物所含的营养成分。了解各类宾客每天的营养和热量摄入需求，还应当懂得该选用什么原料、如何搭配才能烹制出符合营养科学原理的餐饮食物。菜单设计时应尽可能采用操作简便、成菜迅速、可提前大量预制的菜肴，以保证上菜速度。

二、菜点的命名技巧

菜点的命名如同赋予菜品以灵魂，是各种菜品内容的形象化反映。因此给菜点起个好的名称就显得尤为重要，中国菜点命名方法多样，体现了中国饮食文化的博大精深。

1. 直接以主料命名。

如“红字鸡”、“北京烤鸭”、“德州扒鸡”等。从菜名看都是不加修饰，朴素大方，用什么料取什么名，便于顾客把握菜点的特点，从而方便客人点菜。

2. 在主料前冠以味型，其特点是从菜名可反映其主料的口味、调味的方法，从而了解菜肴的口味特点。

如“糖醋排骨”、“咖喱牛肉”等许多菜点，都是直截了当地告诉顾客，菜品是什么口感，让你吃得明明白白。

3. 在主料前冠以烹调方法。

这是一种较为普遍的命名方法。菜肴用这种方法命名，可使人们较为容易了解菜肴的全貌和特点，菜名中既反映了构成菜肴的主料，又反映了烹调方法。如："扒海参"的主料是海参、烹调方法是扒。又如"红烧大裙翅"，主料是裙翅，使用红烧方法烹制。

4. 在主料前冠以色、香、味、形、质地等特色。

如"五彩蛇丝"在主料蛇丝前冠以颜色。"五香猪排"反映菜肴香的特色。"麻辣鸡"、"怪味鸡"反映味的特色。"麦穗鱿鱼"、"菊花鱼"反映形的特色。

5. 以主辅料配合命名。

如"尖椒牛肉"主料为牛肉，辅料为尖椒。又如"芥菜胆莲黄鸭"，鸭为主料，芥菜胆莲子、蛋黄均为辅料。此外"元葱板鱼"、"辣子鸡"等也都用此法命名。

6. 主辅料之间标出烹调方法。

实际上许多的菜肴都用这种方法命名，从菜名可直接了解主辅料和所使用的烹调方法，如"鳖肉肚烩果狸"，从菜名中可知，果狸为主料，鳖鱼肚为辅料，烹调方法是烩。

7. 在主料前冠以烹制器皿的名称。

如"瓦罐鸡汤"，主料为鸡，用瓦罐烹制；"铁板牛柳"，主料为牛肉，用铁板烹制。还有今年流行的"锅仔荷花鱼"、"咸鱼茄子煲"等。

8. 以成语、吉祥语命名。

如表达吉祥、祝福的菜名有"百鸟朝凤"、"福寿临门"、"鸳鸯戏水"、"年年有余"、"寿比南山"、"状元饼"、"松鹤延年"，用大枣、花生成菜的"早生贵子"，用百合成菜的"百年好合"等。

9. 以名人、典故命名。

如借用名人、典故的菜名有"霸王别姬"、"东坡肘子"、"太白鸡"、"夫妻肺片"、"麻婆豆腐"、"宋嫂鱼羹"、"佛跳墙"、"过桥米线"、"贵妃鸡"、"叫花鸡"、"将军过桥"等。

此外，使用菜点的英文名称也要根据标准词典的拼写法统一规范，符合文法，防止差错。一般来说，菜点名称的翻译也有写实性和寓意性两种方法，总体要求就是外文名称要准确无误，符合菜点原本的意蕴和实际。其中写实性译名法要能够尽量反映菜肴的主辅料、烹调方法、味型以及特色等信息，而寓意性译名法要尽量表现菜肴所隐含的深刻含义、文化特色等信息。

三、菜单的定价技巧

菜单的定价是菜单设计的重要环节，直接影响着餐厅日常的销售。菜点的价格体现了餐厅的档次、规格，影响到餐厅的经营思想和竞争力，价格是否合理、恰当，直接关系到餐厅乃至整个饭店的形象。

1. 首先要识别目标顾客的餐饮价格需求

菜单定价首先必须以目标顾客的餐饮需求为前提，只有在做好市场调查的基础上，摸清目标顾客的人口特征、消费水平等基本信息后，才能预测目标顾客可接受的餐饮消费价格范围，从而合理地制定出菜单上各种菜肴的价格。

2. 确定菜单定价的目标

菜单定价还要服从于餐厅经营的总体目标。不同的餐厅或餐厅不同的经营时期，其经营目标的侧重点会不同。新开业的餐厅在一段时期内可能以吸引客人，提高销售额，提高市场占有率为经营目标；经营稳定的餐厅可能以获取最大利润为经营目标；处于激烈竞争环境中的餐厅可能以击败竞争对手或保障餐厅存活为经营目标。餐厅不同的经营目标，决定了餐厅会选择不同的定价策略。例如以吸引客人，提高市场占有率为经营目标的餐厅，可能会选择优惠定价策略，该定价策略就是为了使餐饮产品迅速打入市场，让顾客了解餐厅所经营的产品，吸引顾客消费，会暂时将价格压低，一旦过了优惠期，便将价格恢复正常。一般优惠的定价策略都是短期的，具体来说，有折扣优惠、时段优惠、地点优惠等多种方法。

3. 核算菜肴成本

菜肴的价格受其成本的控制和影响，菜肴价格是以单位产品成本为基础来制定的。因此，在确定菜肴价格之前必须先进行菜肴成本的核算，分析菜肴成本、费用水平，掌握菜肴经营的盈利平衡点，以便为制定菜肴价格提供客观依据。菜肴的成本构成通常是由生产菜肴的主料、辅料和调料共同构成的，定价时综合考虑目标顾客的价格需求、餐厅定价策略以及周围同类竞争对手的价格信息来确定菜单菜肴的价格水平。

4. 选择合理的定价方法

确定定价方法是菜肴定价工作的最终环节。由于定价目标的不同，市场竞争形式不同，定价的方法也不完全一样。目前常用的定价方法有毛利率定价法、随行就市定价法、系数定价法等。

毛利率定价法是餐厅根据生产菜肴的成本以及餐厅确定的毛利率水平来进行定价的方法。具体计算方法如下：

菜肴价格＝菜肴成本／（1－销售毛利率）

其中销售毛利率是指单位菜肴售卖后获得的毛利占其菜肴价格的比重。通常餐厅所用的毛利率，除了另有说明，一般都是指销售毛利率。因此，对于毛利率定价法，关键是核算好菜肴的成本以及确定合理的销售毛利率。对于主食类产品毛利从低，掌握在40%左右；冷荤面点毛利较高，掌握在55%左右；热菜类毛利从高，掌握在65%左右；加工精细、技术复杂、进价成本较高的名贵产品，毛利可更高。高、中、低价格比例合理，各种产品高、中、低档搭配。另外各餐厅菜单的产品毛利与餐厅等级规格相适应，有较明显的区别，充分体现质价相符的原则。

随行就市定价法最为简单，是指餐厅处于市场竞争考虑，以同行竞争对手的价格作为定价参考。这种以竞争对手的价格为中心的定价策略，往往是餐厅以定价成功的餐厅菜单为参考依据，以规避可能的菜单定价风险。随行就市定价法多用于季节性的菜肴定价，例如时蔬类菜肴。

四、菜单的平面设计技巧

1. 菜单的封面和封底

菜单封面是菜单的“门面”，代表着餐厅的形象，其设计在整体上影响菜单的效果。菜单封面的颜色应当与餐厅内部环境的颜色相协调，使餐厅内部环境的色调更加和谐，这样，当顾客在餐厅点菜时，菜单可以作为餐厅的点缀品。封面内容应有饭店与餐厅的名称和标志，笔画要简单，容易读记，并且图文设计要有特色，与餐厅档次、特色、环境色调相匹配和协调。这样一方面可以增加餐厅的知名度，另一方面又可以树立餐厅的形象。封面可以使用相得益彰的图画或照片，并用防油防水材料压膜覆盖，以防止水油的侵染，同时便于清洁。

封底是菜单留给客人的最后一个印象，因此一定不要让它呈空白状。设计封底时，要印上饭店与餐厅的信息性内容，如地址、电话、营业时间、接受的信用卡类别以及聚餐、筵席、会议设施、外卖服务、饭店简史、饭店所处地段的简图等。这样，可以借此机会向顾客进行推销，见图5-3。

图5-3　菜单封面与封底

2. 菜单的内容布局

菜单的内容布局首先要注意菜肴品类的排列顺序，而菜肴品类的排列顺序主要依据顾客的用餐习惯，兼以原料分类为辅。设计中餐菜单可以遵循“冷菜—热菜—汤—主食—水果”这一次序，然后将各类菜式按原料分类进行排列，比如冷菜类，鸡鸭类，猪、牛肉类，海鲜类，鱼虾类，蔬菜类，汤类，面饭类，点心类等。西餐进餐次序稍有不同，一般按照“开胃菜—汤—沙拉—主菜—甜点”的次序先后进行。注意千万不要按菜品价格的高低来排列菜肴，否则客人会仅仅根据价格来点菜，这对餐厅的推销是不利的。另外，菜单在篇幅上应保持一定的空白，通常文字占总篇幅的面积不能超过50%。见图5-4。

顾客对于菜单不同部位的关注度是不同的。调查表明，菜单的首部和尾部最易引起客人的注意。因此，在菜单设计中，多将餐厅的特色菜、招牌菜、高档菜、高利润菜等重点促销菜肴放在这两处，以刺激客人消费。另外，对于不同页数的菜单，顾客关注的菜单部位也是不同的。一般来说，对于单页菜单，顾客的视觉中心在菜单版面的上半部位，该部位最能引起客人的注意，是餐厅重点菜肴的版面位置；双页菜单的右上角为餐厅重点菜肴的版面位置，即上边和右边的3/4形成的三角形区域。

三页菜单的中间部分是顾客打开菜单首先注意的地方，然后顾客的视线移至右上角，

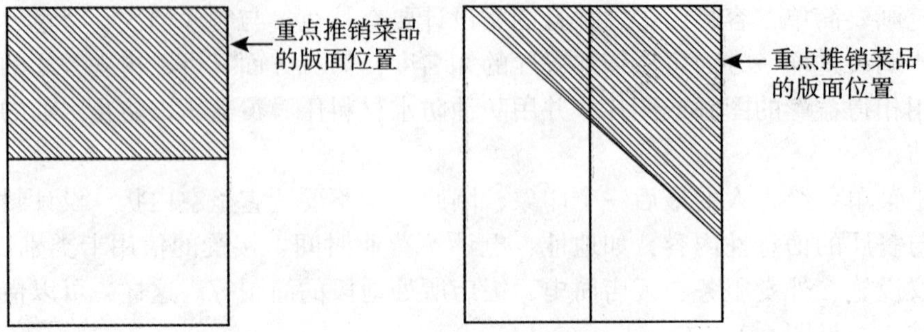

图 5-4　不同菜单的内容布局

接着移至左上角，再到左下角，最后又回到正中，并且菜单正中部分的顾客关注程度是菜单其他部位的 7 倍，因而中部是菜单的最显眼处，是餐厅最重要的菜肴推销部位；多页菜单的第一页和最后一页一般给人的印象最深。各菜单的重点销售区如图 5-5 所示。

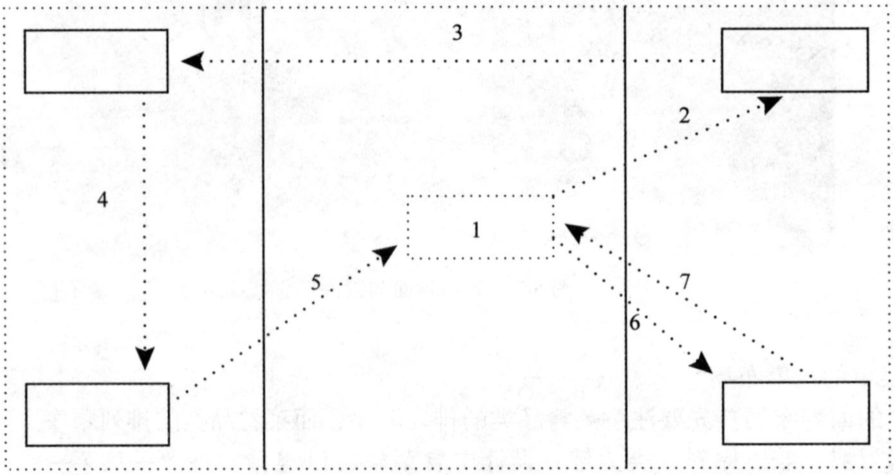

图 5-5　菜单的重点销售区示意图

3. 菜单的颜色

色彩可以令人产生诸如视觉、味觉、听觉和嗅觉等感觉，色彩对人们的感觉和饮食的影响是极大的。因而菜单的色彩就成为设计中需要动脑筋思考的一个问题。最简单的方法就是用有色底纸，加印彩色文字。菜单设计中如使用两色，最简便的办法是将类别标题，如肉类、蔬菜类、海鲜类等字印成彩色——红色、蓝色、棕色、绿色或金色，具体菜肴名称用黑色印刷。总之，一般原则是只能让少量文字印成彩色。此外，色彩的运用也很重要。赏心悦目的色彩能使菜单显得有吸引力，更好地介绍重点菜肴，同时也能反映出一家餐厅的风格和情调。色彩能够令人的心理产生不同的反应，能体现出不同的暗示特征，因此选择色彩一定要注意餐厅的性质和顾客的类型。

4. 菜单的图片

为了增强菜单的形象性和吸引力，许多餐厅往往会在菜单封面和内页使用一些特色菜肴的实物照片或插图。图片或插图能直观地向顾客展示餐厅所提供的菜肴和材料，一张令人垂涎欲滴的菜点图片胜过大段的文字说明，是菜品的缩影，能对菜肴起到促销作用。使用图案时，一定要注意其色彩必须与餐厅的整体环境相协调，并且一定要注意将彩色照片、菜品名、价格及文字介绍列在一起，可以通过用黑色线条将图片框起来或用小块彩色面使其突显出来。菜单中常见的插图主要有菜点的图案、中国名胜古迹、餐厅外貌、本店名菜、重要人物在餐厅就餐的图片。除此之外，几何图案、抽象图案等也经常作为插图使用，但这些图案要与餐厅的经营特色相对应。

5. 菜单的文字格式（字体、字号、字间距与行距、字体颜色）

菜单的文字的字体要为餐厅营造就餐气氛，反映餐厅的环境。它与餐厅的标记一样，是餐厅形象的一个重要组成部分。菜单上的字体一经确定，就和餐厅标记、颜色一起用在菜单上，使用容易辨认的字体能使客人感到餐厅的友善、亲近。一般情况下，仿宋体、黑体等字体较多地被用做菜单正文；隶书则常用做菜点类别的题头说明；菜单上的菜名一般用楷体书写，以阿拉伯数字排列、编号和标明价格。除非特殊要求，菜单要避免用外文来表示菜品。菜单文字的字号不宜太小，要使客人能在餐厅的光线下阅读清楚为准。一般分类标题的字号要大于菜点名称且中文字号一般不要选用小于四号，英文字号一般不选用小于12号的。在菜单设计中，字行距至少得留有3点行距，字体颜色通常情况下采用白色或淡色（奶白、象牙白、棕黄或灰色）底纸下的黑色铅字，慎用“翻白”，即黑底白字印刷。

五、菜单的制作技巧

1. 菜单制作材料的选择

菜单的制作材料好不仅能很好地反映菜单的外观质量，同时也能给顾客留下较好的第一印象。因此，在菜单选材时，既要考虑餐厅的类型与规格，也要顾及制作成本，根据菜单的使用方式合理选择制作材料。一般来说，长期重复使用的菜单，由于翻阅菜单的人很多，菜单容易被弄脏、损坏。一般应选用经久耐磨又不易沾染油污的重磅涂膜纸张，如胶版纸、铜版纸等，并且可以考虑在菜单表面进行塑化，也可以防水；但是不能过塑，那样会显得很低档，手感也不好。若是一次性使用的菜单，一般不考虑其耐磨、耐污性能，这种菜单应当印在比较轻巧、便宜的纸上，但并不意味着可以粗制滥造。许多高规格的宴会菜单，虽然只使用一次，仍然要求选材精良，设计优美，以此来充分体现宴会服务规格和餐厅档次。分页菜单，往往是由一个厚实耐磨的封面加上纸质稍逊的活页内芯组成的。分页菜单的封面材质应避免使用塑料、稠、绢等极易沾染污渍的材料，而漆纸、漆布等材料虽不易弄脏，但因油漆常出现裂纹、剥落而有碍观瞻，也不宜选用作分页菜单的封面材料。如图5-6。

总之，菜单纸张的厚度、硬度、耐磨性、防酒水、防火、防油等都要符合相应的菜单的要求，增加菜单的使用寿命和完好性。另外，由于菜单总是拿在手里读，所以纸张的质地或“手感”也是个重要的问题。纸的不透光度、光洁度和白皙度等也是与质感相关的

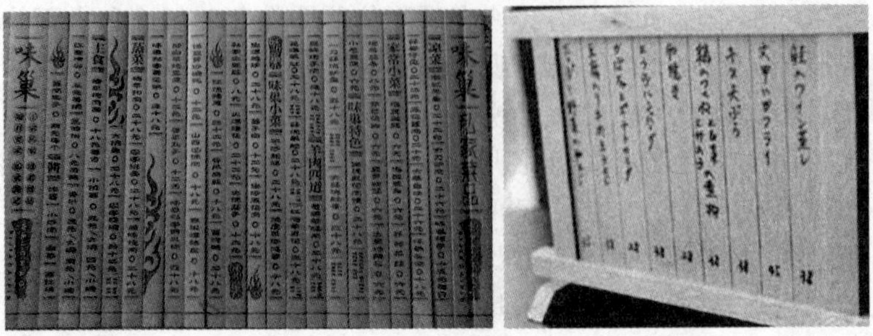

图 5-6　不同的菜单制作材料

因素。

2. 菜单的规格尺寸

菜单的规格应与餐饮内容、餐厅的类型与档次、餐桌的大小和座位空间等因素相协调，能达到顾客点菜所需的视觉效果，使顾客拿起来舒适，阅读时方便，太大的菜单客人不便拿放，太小的菜单可能会使人不易看清，因此对于菜单的开本和页数的选择要慎重。调查资料表明，最理想的开本为 23cm×30cm，其他规格的开本，小型的是 15cm×27cm，中型的是 17cm×35cm，大型的是 19cm×40cm。餐厅经营人员确定了菜单的基本结构和内容，并将菜品清单列出后，选择几种尺寸较适合的开本，排列不同型号的铅字进行对比。现在很多快餐厅或早餐厅的菜单为一页，直接铺在桌上，既是菜单又是垫纸，尺寸比较大。

3. 菜单的印刷

菜单的文字应简洁清楚，印刷或书写应美观大方。字体的印刷要端正，使顾客在餐厅的光线下很容易看清楚。除非特殊要求，菜单要避免用外文来表示菜品。

六、菜单设计中的常见问题

虽然大部分餐厅的经营者或管理者都花费了很大心思和精力去设计菜单，但还是有很多餐厅的菜单不尽如人意，以致出现这样或那样的问题，给餐厅经营造成很大的影响。常见问题如下：

1. 制作材料选择不当

有的餐厅为了节省成本，就采用各色簿册制品，其中有文件夹、讲义夹，也有用信邮册和影集本来充当菜单的，而不是专门设计的菜单。这样的菜单不但不能起到点缀餐厅环境、烘托餐厅气氛的效果，反而与餐厅的风格格格不入，显得不伦不类。

2. 规格和装帧不当

很多小餐厅的菜单正文都是以 16K 普通纸张制作的，这个尺寸无疑过小，造成菜单上菜肴名称等内容排列过于紧密，主次难分，有的菜单甚至只有练习本大小，但页数竟有几十张，无异于一本小杂志。绝大部分菜单纸张单薄，印刷质量差，无插图，无色彩，加上保管使用不善，显得极其简陋，肮脏不堪。

3. 字体选择不当

不少菜单是打字油印本，即使是铅印本，也大多使用1号铅字。坐在餐厅不甚明亮的灯光下，阅读3毫米大小的铅字菜单，客人会感觉很不轻松，况且油印本的字迹容易被擦得模糊不清。同时，大多数菜单字体单一，忽视了使用不同大小、不同字体等手法来突出、宣传重要菜肴。

4. 随意涂改菜单

随意涂改菜单是菜单使用中最常见的弊端之一。涂改的方法主要包括：用钢笔、圆珠笔直接涂改菜品、价格及其他信息；用电脑打印纸、胶布遮贴。菜单上被涂改最多的部分是价格。所有这些，使菜单显得极不严肃，很不雅观，会引起顾客的极大反感。

许多中小餐厅的菜单除了有上述常见问题外，有时还会出现文字介绍过于简单、菜单与菜品不符、人为省略或粗心遗漏某些信息等问题。这些对餐厅的经营都带来了 不大不小的影响，所以餐厅的管理者或经营者一定要注意查缺补漏，避免上述问题的出现，使菜单的设计和制作做到尽善尽美。

案例分析

两家欧洲餐厅的菜单设计

欧式餐饮是西餐中风格独特的流派，其菜肴品种的选配、菜肴服务方式和菜单的文字介绍及装帧都具有鲜明的特色。下面是两家欧洲餐厅的主菜单设计。

一、德国希拉顿餐厅菜单

希拉顿是一家德国餐厅，位于慕尼黑，提供典型的欧陆式餐饮及服务。其菜单设计亦有不少独到之处。

菜单从封面到衬叶，每页都印有一幅别致独特的、欧洲某个国家的风光画——常常是磨坊风车，色彩选择是栗色或橘黄色。封面是重磅涂膜纸，内衬页是淡棕色80磅纸。菜肴名称及分类标题粗大易读，全用深棕色印刷。菜单大小规格是33cm×27.94cm。菜肴类别一律用德文和英文两种文字表达：

Vorspeisen	Appetizers（开胃品类）
Suppen	Soups（汤类）
Sandwiches	Sandwiches（三明治面包类）
Fisch	Fish（鱼鲜类）
Vom Grill	From our Grill（炙烤肉类）
Wild	Game（野味类）
Spezialitalen	Spicialties（特色菜类）
Nachspiesen	Desserts（甜点类）

这份菜单上总共列有21道主菜，9种开胃品，5种汤，5种三明治面包，12种甜点。

1. 炙烤肉类在欧洲的菜单上是种常见的品种。这份菜单的炙烤肉类中还列上了里脊牛排。在菜单上，牛排的标名文字印制得非常精美，这有利于促销。牛排标名为“亨利四世”精美牛排，净重259g，洋蓟底，浇淋伯尔尼酱汁。大陆式烹调讲究调料酱汁之类，所以菜单上都一一郑重标出。除伯尔尼酱汁，这份菜单上还标有薄荷汁、乳脂酱、红葡萄酒、荷兰酱汁和咖喱等。

2. 菜单的野味类中，特别令人感兴趣的是半雏鸡拼鹅肝、块菌、酸果，还有沙拉菜。这道主菜搭配得巧妙别致，充分展示了欧陆风格。

3. 菜单上特色名菜类包括四道小牛排主菜，这当然又是典型的欧洲大陆风格。此外，还有鸡脯肉（用香槟酒烧制，颇为奇特）、小牛肝、猪肉饼等。每道主菜各不相同，配菜也不同。配菜分别为沙拉、蔬菜和酱汁调料。

4. 提供各类甜点食品，促销意识甚强。除了各种干酪、乳酪，甜点还有水果和各色冰激凌。晚间甜点又增加了三道火烧冰激凌。其中两道是冰激凌和水果（果酱或鲜水果），浇上烈酒点火炙烧，能持续烧上几秒钟，每每使顾客乐不可支、胃口大开。

采用欧洲大陆式菜单，所有菜肴顾客都可以自由点叫。这样点叫就可使一顿客饭（一汤、一主菜、一甜点）的价格提高到40马克（约22美元），其中15%是小费，11%是促销税。

二、英国伦敦的洲际大饭店菜单

位于英国伦敦的洲际大饭店的晚餐菜单和甜点单制作也很精美，菜式设计也很合理，有特色。

菜单封面是银灰色，图案和介绍性文字用红黑两色印刷。装潢图形和铅字体再现了20世纪20年代和20世纪30年代流行的艺术风格。主菜单长宽分别为25.4cm和38.1cm，前后2张封面，内衬共4页，用红色丝带系扎。甜品单大小为16.5cm×22.8cm，单页封面，内衬4页，纸质相同，字体与设计也完全相同。甜品单还有可夹上夹下的纸片，这样可以随时添加或更改内容，而内衬页就不必因更改而重新印刷。

菜单上开胃品、主菜、甜点及一些少见的菜肴品种，花色繁多，价格昂贵。尽管这是一份供英国饭店餐厅使用的菜单，但所有食品名称却一律用法文表示，只有介绍性文字使用英文。法文标名给菜肴平添了几分“高档”的感觉，菜单标价也就相当昂贵。

菜单所列的主要食品类别：

开胃品	13项
汤类	6项
主菜	6项
海鲜类	9道
炙烤肉类	5道
双人客饭	3种
自拼冷食盘	3种
蔬菜类	14项
甜点类	14项

菜单上所有食品任凭顾客自由点叫，这是昂贵菜单的一大特点。六种汤肴列于甜品单上，这不同于美式列单方式，此外美式菜单多数不列多种汤肴。菜单上开胃品和甜点品种特多，可见餐前和餐后的饮食在这里是唱主角的。

炙烤类是典型的欧洲大陆式分类，包括牛排、小牛排和羊排。蔬菜类有各式蔬菜任顾客选点。此外还有两项蔬菜汤：土豆菠菜汤和野蘑菇、腊肉、洋葱丝汤。不寻常的蔬菜单项或多项组合是增加花色品种的途径之一。

在这里，菜肴上桌也是别具风格的，如有许多菜肴是在顾客餐桌旁当众用火烧烤或烧煮的，这被称为“燃焰表演”，是法式菜肴服务的特色。龙虾汤是在桌旁烧的；龙虾是将龙虾调入龙蒿酱加科涅克白兰地酒和鸭臣酒后点火炙烤的。在甜品类中，有草莓加青椒片烧淋雪利酒炙烤，然后配以香草冰激凌和奶油品尝。

所有这些现烧现烤的当众表演，使菜单增加了“激奋”因素。顾客在观看、品尝之余，也深深感到花钱花得值得。

此外，菜单上还印有大厨和餐厅经理的名字。

根据以上案例，请问：

1. 德国希拉顿餐厅菜单和英国伦敦的洲际大饭店菜单各自的成功之处是什么？

2. 自己尝试设计一个中餐菜单和西餐菜单，同学之间相互评价找出优点和缺点。

本章习题

1. 什么是菜单？菜单有什么作用？

2. 一般餐厅常见的菜单有哪些类型？

3. 菜单制作要考虑的因素和原则分别是什么？

4. 菜单的营销作用表现在哪些方面？

5. 菜单主要包括哪些内容？

6. 菜单上菜点命名有哪些技巧？

7. 菜单定价的策略有几种？分别有哪些具体的方法？

8. 某餐厅制作一份糖醋排骨，所用排骨的成本为 10 元，配料和调料成本为 2 元。如销售毛利率为 60%，请用销售毛利率法计算该菜品的售价。

9. 在制定菜单时，我们将菜品分为以下四类，请对各类菜品分别制定不同的产品政策，请分析可能的理由。

类别	菜点特点	产品策略	分析原因
1	畅销、高利润	肯定保留	
2	畅销、低利润	取消或作为诱饵	
3	不畅销、高利润	取消或用以满足高消费客人的需求	
4	不畅销、低利润	取消或保留	

第六章 宴会经营与管理

本章简介

本章内容主要阐述了宴会的基本常识和基本理论；介绍了酒店宴会的概念、产品特点、类型及宴会特征；阐述了宴会预订流程，如何采用不同的方式进行宴会预订；根据宴会性质进行宴会活动的策划与实施，介绍策划过程中的原则和注意事项；结合不同宴会类型的要求介绍了宴会的促销形式、方法、选择原则。

学习目标

了解宴会策划活动的实施步骤和流程，掌握宴会策划设计的原则和注意事项。

熟悉宴会类型，掌握宴会促销形式、方法、选择原则和促销活动流程，能够熟练地进行宴会促销活动。

掌握宴会的概念、特点和分类，能根据顾客需求做出判断，选择宴会活动的类型。掌握宴会预订流程，能够熟练采用不同的方式接受宴会预订工作。

第一节 宴会活动基本介绍

一、宴会的概念

宴会是人们为了一定的社交目的在普通用餐基础上发展而成的一种高级用餐形式，是指宾主之间为了表示欢迎、祝贺、答谢、喜庆等目的而举行的一种隆重、正式的餐饮活动。

二、宴会的基本特征

（一）聚餐式

这是宴会形式的重要特征。聚饮会食是宴会的最基本特征，赴宴者通常由四种人组成，即主宾、随从、陪客与主人。主人是东道主，主要宾客是宴会的中心人物，常安排在最显要的位置就座，宴饮中的一切活动都要围绕他而进行。大家在同一时间、同一地点、品尝同样的菜点，享受同样的服务，为了一个共同的主题而聚饮会食。

（二）规格化

这是宴会内容的重要特征。宴会内容讲究规格和气氛，气氛隆重，菜点丰盛，接待热情，礼仪规范。既然是盛宴，就必然要求礼仪程序井然，环境优美，菜点设计配套，烹饪制作精良，餐具精致整齐，整体布置恰当，席面设计考究，菜点组合协调，形成一定的格局和规程。情趣怡然，保持宴会祥和、欢快、轻松的旋律，给人以美的享受。

（三）社交性

这是宴会的目的特征。宴会是社交活动的重要形式。人们设宴皆有明确的目的：国际交往、国家庆典、亲朋聚会、红白喜事、饯行接风、疏通关系、酬谢恩情、乔迁置业、商业谈判以及欢度佳节等。总之，人们相聚在一起，品佳肴美味，谈心中之事，疏通关系，增进了解，加深情谊，从而实现社交目的。这正是宴会自产生以来几千年长盛不衰、普遍受欢迎的一个重要原因。

（四）礼仪性

“夫礼之初，始诸饮食。”宴会礼仪是赴宴者之间互相尊重的一种礼节仪式，也是人们出于交往目的而形成的为大家共同遵守的习俗。其内容广泛，要求酒菜丰盛，仪典庄重，场面宏大，气氛热烈；讲究仪容的修饰、衣冠的整洁、表情的谦恭、谈吐的文雅、气氛的融洽、相处的真诚；讲究餐室布置、台面点缀、上菜程序、菜品命名、嘘寒问暖、尊老爱幼等。还要考虑因时配菜，因需配菜，尊重宾主的民族习惯、宗教信仰、身体素质和嗜好忌讳等。宴会主办者为了表达热情好客的态度，总希望能营造出一种热烈、隆重的气氛。上自国宴，下到民宴，礼仪愈是隆重，愈能体现主人对来宾的尊重和欢迎。如国宴，宴会厅内布置豪华讲究，悬挂国旗、会标，绿化环境，突出主宾席。宴会开始，奏两国国歌，席间播放席间曲，有关领导致祝酒词等，体现了国宴特有的豪华、庄重的气氛。民间婚宴虽不及国宴场面豪华，但其热烈程度丝毫不减。

三、宴会的产品特点

“宴会是以餐饮聚会而表现的一种高品位的社交活动方式。”宴会的本质特征包括：

（一）规模和规格预先确定

一般宴会活动都要经过提前预约，很少有临时决定的情况。既然是预订的，酒店与客户之间必然会就举办宴会的时间、地点、人数、菜单等内容达成协议或意向，这些都是宴会设计和实施的主要依据。宴会部接到宴会举办通知以后，依据上述条件对宴会活动进行全面策划和设计，这就使得宴会举办具有一定的计划性，尤其是商务宴会或者政务性接待宴会，组织管理的计划性更是明显。

（二）菜品、酒水的种类数量预先确定

各个单位举办的宴会，无论规模多大，同一场宴会活动菜谱的内容应该是一致的。相同的菜品在同一时间集中生产（烹调），具有相同的规格和相同的质量。

（三）用餐标准预先确定

同一场宴会，集中在同一时间、同一餐厅内举行，服务方式、服务程序、服务内容基本相同。任何宴会，不管桌数多少，它都是以一个集中、完整的商品出售的，用餐标准统一明确，宴会完毕集中付款结账。

（四）对服务要求高，强调细致周到，讲究礼貌礼节

宴会管理要做到事无巨细，因为在宴会生产、服务、销售过程中，任何一点细小的差错或失误，将会导致整个宴会失败。因此，宴会活动计划必须做到全面、具体、准确。

（五）活动要求比较高

对环境布置要求较高，强调隆重热烈，讲究气氛渲染。

四、宴会的经营特点

一家酒店所能接待宴会的档次和规模，往往是衡量其餐饮管理水平、餐饮服务质量水准及酒店经营实力的重要标志之一。宴会是酒店餐饮产品和服务销售的重要形式，是酒店餐饮中较有影响力的经营活动，宴会经营成功与否，对酒店的声誉和酒店的经济效益有直接的意义。

（一）宴会收入是酒店餐饮收入的重要来源

酒店的经营收入最主要来自客房和餐饮两大部门，而宴会部的营业收入则是餐饮部收入的主要来源。宴会毛利率较高，如果经营得好，宴会部的营业额可占餐饮部总收入的30%～50%。在一些会议型的酒店，宴会的营业收入甚至可占餐饮总收入的70%。

（二）宴会的经营风险相对比较小

酒店承办宴会，尤其是大型宴会，一般可要求客户预交定金，确定参加宴会的保证人数，并事先与客户商定好标准菜单，因而宴会所需的食品原料成本和酒水成本可以得到较好的控制。酒店根据服务时间和服务档次合理安排服务人数，可节约和控制人工成本，能较准确地预算酒店每次宴会应获得的利润，尽量避免亏损。

（三）宴会可促进酒店其他产品和服务的销售，提高酒店整体赢利能力

许多团体或个人在酒店举办宴会以外，还需要用到其他设施和服务项目，例如客房或各种康乐设施等，宴会销售往往是对酒店组合产品的推销。

（四）宴会可提高酒店管理人员的组织指挥能力，训练服务员的服务技巧

宴会管理要求高，涉及面广，情况复杂，特别是大中型高档宴会，更需要较高的专业水平，管理人员通过承办宴会，现场管理，其指挥能力、协调能力、应变决策能力可以得到较大的提高。

（五）宴会可提高酒店的声誉，扩大社会影响

大型的宴会往往能引起公众的注意，在酒店举办成功的宴会不仅给顾客留下深刻的印象，而且鼓励顾客为酒店做免费的宣传，吸引更多的潜在顾客。

五、宴会的种类

根据不同的分类方式，宴会可分为如下几类：

（一）按内容和形式分类

可分为中餐宴会、西餐宴会、冷餐宴会、鸡尾酒会、茶会等。

（二）按进餐标准和服务水平分类

可分为高档宴会、中档宴会、一般（普通）宴会等。

（三）按主办人身份分类

可分为立餐宴会、坐餐宴会、坐餐和立餐混合式宴会等。

（四）按规模分类

可分为欢迎宴会、答谢宴会、告别宴会等。

（五）按菜肴特点分类

可分为国宴、正式宴会、非正式宴会（便宴）、家庭宴会等。

（六）按规模（出席者的人数多少）分类

可分为大型宴会（200人以上）、中型宴会（100~200人）、小型宴会（100人以上）等。

（七）按菜肴特点分类

可分为海鲜宴、燕窝宴、野味宴、全羊宴、满汉全席宴、火锅宴、饺子宴、素席宴等。

六、宴会的内容形式

宴会的种类不同，其内容和形式也各不相同。

（一）国宴

国宴是一个国家的国家元首或政府首脑为国家的庆典（如国庆），或为欢迎来访的外国元首、政府首脑，或是来访的外国元首（政府首脑）为答谢东道国政府而举办的一种正式宴会，这是规格最高的一种宴会形式。

（二）中餐宴会

中餐宴会是按西方传统举办的一种宴会形式，中餐宴会根据中国的饮食习惯，吃中国菜点，喝中国酒水，用中国餐具。菜点品种和数量根据进餐标准高低而不同。

（三）西餐宴会

西餐宴会是按西方传统举办的一种宴会形式。西餐宴会根据西方的饮食习惯，吃西餐式菜点，喝外国酒水，根据菜点不同适用多套的餐具，讲究菜点与酒水的搭配。

（四）冷餐宴会

冷餐宴会是按自助餐的进餐方式而举办的一种宴会形式。冷餐宴会的菜点以冷菜为主，也有部分热菜，既有西菜西点，又有中菜中点，客人可根据其饮食爱好自由取食。酒水通常放在吧台上由客人自取或由酒水员托送。这种宴会形式因其形式灵活而常为政府部门、企业界、贸易界举办人数较多的欢迎会、庆祝会、开业或周年庆典、新闻发布会所采用。

（五）鸡尾酒会

鸡尾酒会是欧美社会传统的聚会交往的一种宴会形式。鸡尾酒会以供应酒水（特点是鸡尾酒和混合饮料）为主，配以适量的佐酒小吃，如三明治、果仁、肉卷等。鸡尾酒会可在一天中的任何时候举办，也可以在正式宴会前举办（作为宴会的一部分）。

因为宴会形式不一，有些宴会需要豪华的装饰与布置，如婚宴、庆功宴、发表会、各类展示会等，有些只需要一般桌椅陈设及视听器材即可，如说明会、培训会等。因此，一般宴会厅的基本装饰通常较为简单，若遇特殊需求，例如婚礼、寿宴等场合则需根据顾客需要，增设舞台、红地毯、花卉、气球、灯光、特效、乐团、背景等，以便营造出宴会的华丽气氛。

七、宴会管理过程中需注意的问题

（一）工作安排与人员分工

接到宴会任务通知书后，管理人员应该根据宴会规模和要求明确各项工作任务，然后向参与宴会服务的服务人员布置工作任务，明确分工，责任到人。

（二）准备工作的组织与检查

准备工作包括宴会厅的布置要求、餐台的式样、餐酒用具的领用、酒水的准备、摆台的标准、冷菜摆放的要求等。管理人员应将所有准备工作考虑周详，督促服务人员完成，并进行详细的检查，保证万无一失。

（三）与厨房的沟通协调

宴会管理人员必须事先做好与厨房的沟通，如冷菜的特色、热菜的上菜顺序、所用的餐具、菜肴所需要的调配料等。在宴会进行过程中，管理人员必须根据宴会进程及时与厨房协调，控制出菜速度。

（四）宴会过程的控制

（1）按宴会主办单位的要求来控制整个宴会的时间。根据客人的进餐速度来控制上菜速度。一般说来，每道热菜的间隔时间为 10 分钟左右。

（2）加强巡视，随时控制服务质量，确保宴会服务规格。

（3）及时解决宴会过程中出现的问题。

（五）督促各岗位员工做好宴会的各项收尾工作

（1）每次宴会结束后都应总结本次宴会的成功经验，然后加以推广。

（2）在总结经验的同时，找出本次宴会的不足，分析产生问题的原因，提出解决方法，以便在下次宴会时改进。

第二节　酒店宴会预订工作

宴会预订是餐饮销售的心脏和信息集散中心，如果餐厅宴会预订程序不规范，将导致顾客的流失率升高。餐厅宴会预订即根据顾客需要，为其提供和安排合适的用餐环境以及用餐菜品。通过宴会预订可以收集与整理顾客的信息，通过这些顾客的信息又可为餐厅的菜单设计、原料组织、加工生产、服务销售等做准备。因此，如何对餐厅宴会预订进行管理和规范，是餐厅宴会预订管理的重点。

一、宴会预订方式

（一）面谈预订

面谈预订的程序如图所示：

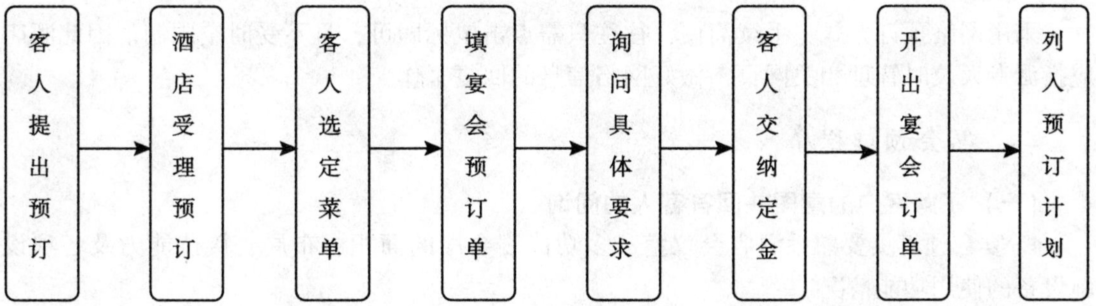

面谈预订就是客户或中介与预订员面对面洽谈宴会所有细节的方式。面谈预订是宴会预订中较为理想的一种预订方式，因为通过面对面的交谈，客户可以充分了解酒店举办宴会的各种基本条件和优势，洽谈举办宴会的一些细节问题，解决客人提出的一些特殊要求，有利于增进彼此间的了解和信任，达成一致意见。

(二) 电话预订

指客人用电话、信函、电传等间接方式预订，不能当场收取定金。其流程如图所示：

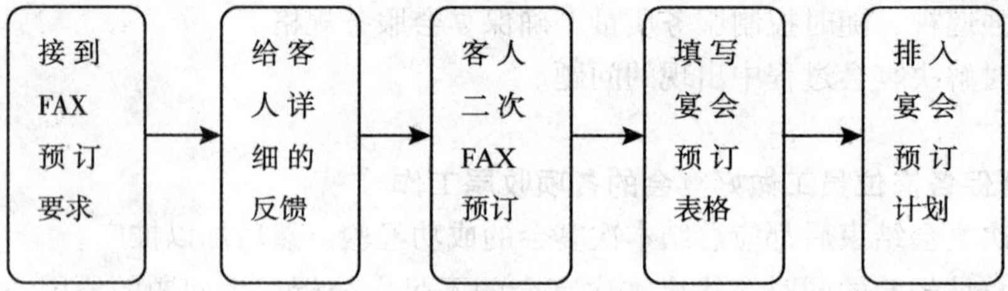

电话预订是另一种较为有效的宴会预订方式，常用于小型宴会的预订，查询酒店宴会资料、核实宴会细节等，在酒店的常客中尤为多见。主要用于接受客人询问，向客人介绍宴会有关事宜，为客人检查核实时间、地点及有关细节。电话预订简便快捷，但由于双方不宜长谈，所以，电话预订一般适用于问询客户或关系户。对于陌生客户或重要的大型宴会，应当与对方约定时间当面会谈，以便落实宴会举办的具体细节。

(三) 网络预订

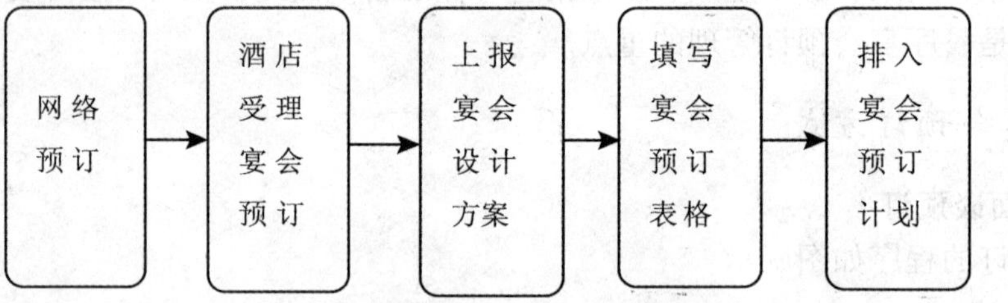

采用网络预订方式，手续简便，往往只需点击鼠标即可，且不受时空限制。因此酒店应指派专人及时管理相关网页，做好网络信息的回复工作。

二、宴会预订程序

(一) 了解客户的意图并回答客人的问询

1. 宴会预订员要熟悉酒店会议室、多功能宴会厅的面积、布局、接待能力及各项设施设备的使用功能情况。

2. 掌握各式宴会菜单的价格和特色以及各类食物、饮料的成本。掌握餐饮部根据淡旺季、新老客户等不同条件下制定的销售策略，熟悉销售部门的制度。

3. 熟悉各种不同的宴会、会议、展览、展销的服务标准和布置摆设的要求。

4. 掌握客房销售价格、一般的工程技术标准和卫生安全条例。

5. 准备完整、充足的销售宣传资料；建立完整、详细的客户档案，定期查阅客户的有关资料，以熟悉客户的消费时间、消费内容和服务要求。

6. 掌握以往成功宴会的情况及方案、图片等。

7. 宴会预订金的收取情况。

8. 宴会提前、推迟、增人、减人、取消等方面的规定。

（二）接受宴会预订

接受宴会预订主要是通过填写宴会预订单来完成的。宴会预订达成意向，无论是初步确认还是最终确认，均应填写宴会预订单（见表6-1）。

表6-1　**宴会预订单**

宴会日期		宴会时间	
预订人姓名		联系电话	
宴会名称		宴会类别	
举办单位		地址邮编	
人数或桌数		每人标准	
付款方式		预订金	
具体要求			
预订日期		其他	
预订人		预订员	

（三）宴会预订确认

客人提出预订要求后，要认真查阅“宴会预订记录簿”，当核实宴会场地可作预订后，才可以和客人作进一步的洽谈。

在和客人洽谈的过程中，要耐心听取客人的意见和要求，当客人提出疑问时，要本着诚恳、耐心、细致、礼貌的态度，为客人作出解释及提出建议。

当宴会场地、就餐时间、位置摆设或服务项目等问题有冲突时，要积极主动地想办法与客人取得一致的意见，尽量满足客人的要求。洽谈双方如对所举办的活动的重要事项取得一致意见后，即可确认预订。确认预订后要礼貌地向客人致谢。

确认预订后，要给客人寄发或传真宴会确认书，确认书的内容要详尽准确，必要时要附上有关条款、宴会预订单或预订变更单。待客人（或主办单位）签署确认书并寄回酒店后，要认真检查客人是否有调整或补充的意见。对宴会或其他活动的确认，以双方签署的确认书为准。

承接了客人的宴会，填写好宴会预订单后，预订员应在宴会预订控制表上做好记录，然后汇总到预订日记上（见表6-2）。

表6-2　　**宴会预订日记表**

预订者	日期	地点	预订	确定	时间	宴请种类	人数	公司名称	地址	联系人	电话	特别要求
					早							
		A厅			中							
					晚							
					早							
		B厅			中							
					晚							

（四）宴会预订的变更和取消

宴会预订变更

如果由于某种原因，宴会预订发生变动，应立即给有关部门发送宴会更改通知单（见表6-3）。

表6-3　　**宴会更改通知单**

发送日期

宴会名称：________________

日　　期：________________

宴请活动计划单编号：________________

部门：　　　　　　　　更改内容：

宴会部经理签名________

如客人取消预订，经手人需要在预订簿上清楚注明，并跟办有关更改手续，包括通知厨房主管。

1. 询问客人取消的原因，尽可能排除不利因素，尽可能挽回生意，如是大型宴会，应立即向经理报告。

2. 在预订控制表上做出调整，在宴会预订单上盖上“取消”印，并记下取消预订的日期和要求、取消人姓名以及接受取消宴会预订的员工姓名。

3. 把宴会预订取消信息通知有关部门。

4. 如是重要和大型宴会，应填写“取消宴会预订报告”（见表6-4）。

表 6-4　　　　　　　　　　　　**取消宴会预订报告**

至：总经理	由：宴会销售部
餐饮部	日期：______
销售部	
存　档	
公司名称：______	档案：______
联系人：______	名称：______
宴会日期：______	业务类型：______
人数：______	选择的宾馆或酒店：______
引荐的途径和日期	
挽回生意之报告	
失去生意的原因	
进一步采取的措施	
	宴会/销售部经理签名：

三、对宴会预订过程中容易出现的问题的预防与控制

（一）保持基本预订信息及时更新

为确保与顾客的宴会预订信息沟通到位，宴会预订员在接受客人预订时，应认真聆听客人的提问，并做简洁记录。如果客人决定预订，可将这些信息直接记入宴会登记本，这样可以防止与其他宴会信息重叠。遇到重要的细节或客人表述不清楚的地方，需请客人复述一遍。对未确定的宴会，要与举办者保持联系，了解有关进展情况；对已预订宴会的举办者同样需要与之保持联系，以便及时了解人数、日期的变更，如果客人取消预订，则应积极去了解取消的原因。此外，在宴会举办的前两天，以电话形式与客人取得联系，就宴会的相关事宜进行再次确认，如无更改，按原协议进行，若出现变动，需经餐饮部经理同意，经宾我双方有效签字方可生效。

（二）对菜单内容和酒水服务进行详尽的解说

宴会预订人员必须了解各类宴会菜单的价格、菜肴的搭配、分量、上菜方式，也要了解主要客户的风土人情、生活习惯、爱好、忌讳及宗教信仰。另外也要了解竞争对手的相关资讯，以便能更好地对客人进行差异解释，消除顾客的疑问，加强顾客对宴会举办的信心。目前，大部分酒店在宴请方宴请桌数达到一定数量（由酒店自定）时，允许自带酒水。自带酒水的客户需要提前告知数量、种类、型号，好让酒吧台根据酒水情况来备好相应的杯具，准备好相关的器皿（醒酒壶、冰桶、保温壶）。客户还应提前办好酒店饮料单

出入证，告知酒店方酒水入店时间，到时酒水部安排具体接洽人员进行清点，200 元以上的酒水要当面验收，由双方签字确认。若在交接酒水过程中发现酒水存在质量问题，可事先告知宴会举办方，以避免造成不必要的饮用安全问题，影响宴会接待质量。

（三）做好宴会开宴前布场的细节管理

宴会布场能对宴会的氛围起到很好的渲染作用，为了保证双方的权利和义务，有必要对宴会的布置进行详细的说明。一般来说，会场施工方应在酒店规定的时间段（如 10：00到 12：00；15：00 到 17：00）以及时限内（一般为 2 小时）完成会场的布置，以免施工噪声影响酒店的正常营运，增加酒店的能量消耗。若出现施工超时的情况则按标准收费。为了确保施工安全，会场施工方需取得由酒店保安部、工程部、财务部开具的施工证明，填写进场时间确认表，测试施工电力使用范围。施工期间，若出现损坏酒店会场设施设备的情况，宴会应请酒店工程部对其损坏进行估价，然后与客人交涉赔偿事宜，签字确认后，收银员方可退施工押金。部分酒店还存在层高不够的情形，为了消除安全隐患，原则上禁止携带明火，应由酒店保安部开具明火许可证，由保安部检验并跟进宴会，确保其所携带明火的安全使用。若需要带挥发性的宣传物品，应提前 24 小时送酒店做去味处理，以免对宴会的空气质量产生影响。

（四）制定宴会工作单，细化宴会部与相关部门的协作

一场宴会的组织与策划需要酒店多部门的共同协作，当客人下单以后，宴会就可着手制作宴会工作单。宴会工作单的制定要求详细具体，主要内容包括：会议名称、客我双方宴会负责人、会议的日程安排、会议地点、台数、人数、费用以及各部门应当完成的具体工作事项等内容。制定一份好的宴会工作单是举办好一场宴会的依据，各部门接到宴会工作单后，签字确认，凭单办事。无论宴会哪一环节出现错误，都可凭宴会工作单追溯到问题所在的根源，有利于总结和改进宴会安排工作，为以后宴会接待提供可借鉴的经验。

第三节　酒店宴会的策划与实施

一、宴会策划的内涵

宴会策划是指酒店宴会部受理客人的宴会预订后，根据宴会规格要求，编制出宴会组织实施计划，包括从宴会准备到宴会结束全过程中组织管理的内容和程序。

一般情况下，酒店宴会部在接受宴会预订、签订宴会合同之后，就应着手进行宴会的策划与组织工作。宴会策划的内容要详细、明了，只有经过周密的策划之后，才能进行组织实施。宴会的组织从客人预订开始到餐桌布置结束，这是一个相当复杂的过程。宴会的策划是对整个宴会活动的计划，就是在主办宴会前，根据有关信息资料和要求，编制出主题突出、科学合理、令客户满意的宴会活动计划。宴会的活动策划，有质量高低之分。高质量的策划往往以客人的要求和客人的信息为依据，宴会策划的整个程序和各个环节都必

须严格执行宴会活动计划，这样才能确保宴会的质量。

二、宴会活动的计划内容

普通宴会的预订计划由预订部或预订人员根据酒店宴会部负责人的指示与要求，将计划传递给宴会部的有关人员或上一级的有关领导和部门。预订计划要及时准确，如果延误了信息的传递或把计划内容中宴会日期、开宴时间、人数桌数、费用标准、设备要求等写错或传递错误，就会影响计划下达并带来极坏的社会影响。

（一）宴会活动计划的类别

根据宴会的规格，宴会的活动计划主要有普通宴会、紧急宴会和政府宴会三种。

酒店宴会活动的计划内容，可以根据宴会类型、特点来安排，主要内容包括：

（1）宴会厅的台型布置；主桌台坐席排列和鲜花布置、装饰讲台、话筒的位置和鲜花布置；宴会大厅绿化和鲜花等装饰。

（2）管理人员、服务人员岗位位置定点。

（3）贵宾随行人员作息安排；在宴会厅就餐的随行人员、陪同人员和司机坐席安排；宴会服务人员安排。

（4）宴会菜单和酒单的设计，上菜、撤盘的路线。

（5）播放音乐的要求；乐队人员的位置安排；文艺演出的场地范围；灯光、音响的要求等内容。

除了上述宴会活动计划内容外，宴会部还应编制一个活动细则表。从客人进入宴会厅到整个宴会结束，将其间的各项活动纳入细则表中，并落实到每位服务人员，使整个宴会有计划、有步骤、有条理地进行。

相关链接：

《美丽的亚美利加》乐曲

1972年2月，美国总统尼克松访华，中美双方将要展开一场具有重大历史意义的国际谈判。为了创造一种融洽和谐的谈判环境和气氛，中国方面在周恩来总理的亲自领导下，对谈判过程中的各个环节都做了精心而又周密的准备和安排，甚至对宴会上要演奏的中美两国民间乐曲都进行了精心挑选。在欢迎尼克松一行的国宴上，当军乐队熟练地演奏起由周总理亲自选定的《美丽的亚美利加》时，尼克松总统简直听呆了，他绝没有想到能在中国的北京听到他如此熟悉的乐曲。因为这是他平生最喜爱的并且指定在他的就职典礼上演奏的家乡乐曲。敬酒时，他特地到乐队前表示感谢，此时，国宴达到了高潮，而一种融洽而热烈的气氛也同时感染了美国客人。一个小小的精心安排，赢得了和谐融洽的谈判气氛，这不能不说是一种高超的谈判艺术。美国总统杰弗逊曾经针对谈判环境说过这样一句意味深长的话："在不舒适的环境下，人们可能会违背本意，言不由衷。"英国政界领袖欧内斯特·贝文则说，根据他平生参加各种会谈的经验，他发现，在舒适明朗、色彩悦目的房间内举行的会谈大多比较成功。

（二）宴会活动的成功策划

宴会活动的策划，关键在于熟悉和掌握策划活动的步骤。此外，要通过一系列宴会活动的策划，逐渐积累经验，确保取得每次宴会活动的成功。

1. 了解宴会活动信息

在具体策划宴会活动之前，首先要了解以下信息：

（1）了解赴宴客人人数，了解宴会具体规格。

（2）了解宾客风俗习惯、生活忌讳，特别需要了解国籍、宗教、信仰、禁忌和口味特点等。

（3）对于规格较高的宴会，还应掌握下列事项：宴会的目的和性质；宴会的主题名称；宾客的年龄和性别；是否有席次表、座位卡、席位卡；是否有音乐或文艺表演；是否有安排司机用餐；主办者的指示、要求、想法。

2. 下达宴会活动计划

良好的宴会活动计划，必须通过畅通合理的计划传递渠道来下达，才能使宴会活动按计划进行。大型宴会活动有赖于与营销部、工程部和保安部等部门的密切配合，这些部门的负责人应该依据总计划要求，制订本部门计划。宴会部将配套服务项目计划上报，经同意后下达。各部门负责将各自的计划在宴会准备会上提出，由大家共同讨论，最后落实。

（三）大型宴会的筹备会议规定

宴会任务下达至酒店宴会部后，宴会部经理应根据宴会任务的紧缓程度，适时召开宴会前的准备工作会。宴会部所有参加宴会的服务员都必须到会。在宴会任务紧急而未能召集所有服务员参加的情况下，则召集领班、骨干开会。会议内容如下：

1. 阐明宴会的基本情况

（1）宴会的主办人和邀请对象。

（2）宴会的席数和参加的人数。

（3）宴会举办的时间和地点。

（4）宴会举办的形式。

（5）宴会的级别和收费标准。

（6）宴会客人的风俗习惯、饮食忌讳和特殊要求，特别是主席台的要求。

（7）宴会进行的程序。

（8）举办宴会的意义。

（9）宴会场地的布置、台型设计和席面要求。

2. 阐明宴会前餐厅物品准备的内容

（1）桌椅配备的要求

（2）餐具配备的要求。

（3）布草配备的要求。

（4）酒水和烟草准备的要求。

（5）配备电器设备及其他设备的要求。

（6）餐厅设备设施的检修情况。

3. 讲解宴会菜单的内容及其服务要求

（1）菜单内容。

（2）菜单中风味菜肴的特点和名菜典故。

（3）菜肴与配料的配搭。

（4）出菜的顺序、出第一道菜的时间以及出菜速度。

4. 指派任务及分工

（1）宴会准备工作的分工。

（2）宴会服务工作的分工。

（3）宴会清场工作的分工。

三、宴会的组织实施

宴会的组织实施就是将宴会策划的结果落实的过程，包括如下阶段：

（一）人员的分工

规模较大的宴会，要确定总指挥人员。在准备阶段要向服务人员交代任务、讲意义、提要求、宣布人员分工和注意事项。

1. 人员分工的内容

要根据服务要求，对迎宾、值台、传菜、供酒及衣帽间、贵宾席等岗位，都制定明确分工和具体任务要求，将责任落实到每个人。做好人力、物力的充分准备，要求所有服务人员思想重视，措施落实，保证宴会善始善终。

2. 人员分配的方法

大型宴会的人员分工，要根据每个人的特长来安排人员的最佳组合，发挥最大的效益。大型宴会的人员分工与宴会的类别、参加宴会宾主的身份、宴会的标准有密切的关系。

由于各个地区和酒店的情况不同，因此可根据本地区、本酒店的具体情况作出合理的安排。其他类型的宴会的人员分工和中餐宴会的人员分工有所不同。有的人员需要量比中餐宴会少，有的则多，应根据具体情况来定。

为了让参加宴会的服务人员明确自己的职责，保证宴会的服务质量，可将宴会桌位和人员分工情况标在图形上。另外，主持宴会服务的人员一定要明确宴会的接待工作，结账人员必须落实到位，不可有失，因为大型宴会加菜，增加饮料、酒水的情况经常发生，由专人负责账务可避免漏账、错账现象，避免造成不必要的损失。

3. 服务人员的选择

大型宴会需要所有的服务人员共同协作才能完成任务。选择服务员应注意以下几点：

（1）男女服务员的比例要适当。男服务员可以做些重体力的工作，女服务员可以做些轻而细致的工作。无论是男服务员还是女服务员，都要具备熟练的宴会操作技能，如叠口布花、摆台、斟酒、上菜等。

（2）服务员的仪容仪表要美观，身材均匀，在服务中能做到礼貌待客，微笑服务。

看台的服务员身材不能过矮。传菜服务员的托盘功底要好，要有体力。瘦弱的女服务员不宜做传菜工作。

宴会各区域负责人要有丰富的工作经验，精通宴会的全部工作，有处理突发事件的能力。参加工作时间短或宴会服务技巧、技能不熟练的人员，一般不可参加宴会的服务工作，以免发生问题，破坏宴会气氛，影响酒店声誉。

贵宾席和主宾席的服务人员的业务水平一般要高于其他人员，分配侍候贵宾席和主宾席的服务员时要注意下列问题：选择具有多年宴会服务工作经验的服务员；选择技术熟练、动作敏捷、应变能力强的服务员；服务员的外貌要好；男女服务员的配备比例要适当。

（二）宴会场景的设计与物品准备

1. 场景设计

宴会场景设计是指对宴会举办场地和环境进行合理选择和科学利用，并采取多种手段和方法对进餐环境进行艺术加工布置，应该充分考虑到宴会的形式、宴会的标准、宴会的性质、参加宴会的宾主身份等有关情况，进行精心设计、精心布置，使宴会场景既反映出宴会的特点，又使客人进入宴会厅后有清新、舒适和美的感受，以体现出高质量、高水平的服务。

宴会场景设计的要素主要包括宴会厅的光线、色彩、温度、湿度、气味、家具、花草景色、餐桌设计、台面布置等方面。下面结合 2001 年上海金茂凯悦大酒店举行的亚太经济合作组织（APEC）贸易部长会议晚会来说明宴会场景设计的各个要素。

（1）宴会的光线设计

光线是宴会设计应该考虑的最关键因素之一，因为光线系统能够决定宴会厅的格调，体现宴会厅的风格，影响宴会厅的气氛。在设计时，应根据宴会的档次、宴会厅的空间大小等，合理巧妙地配合各种光源形式，以营造各种优美温馨的就餐环境。

在设计宴会光线时，要注意不同形式的宴会（如中式宴会和西式宴会）对光线的要求也不一样。在办宴过程中，还要注意灯光的变化调节，以形成不同的宴会气氛。如结婚喜宴在新郎、新娘进场时，宴会厅灯光暗，仅留舞台聚光灯及追踪灯照射在新人身上；新郎、新娘定位后，灯光亮；新郎、新娘切蛋糕时，灯光又暗，仅留舞台聚光灯。总之，宴会灯光的变化应始终围绕宴会的主角照射。

（2）色彩设计

色彩是宴会环境中可视的重要因素。它是设计人员用来创造各种心境的工具，更重要的是能表达宴会的主题思想。

红色使人联想到喜庆、光荣，使人兴奋、激动，在我国的传统中是表示吉祥。在上海金茂凯悦大酒店举办的 APEC 贸易部长会议晚宴上，宴会色调用的就是喜庆的红色，主席台天幕是红色的，每一张餐桌上放的绣球花是红色的，服务员穿的中式上装是红色的，主席台上 8 扇中国传统雕花木门还是红色的，整个色彩洋溢着中国传统文化的气息。

可见，色彩的运用对宴会的成功举办起了很大的作用。另外，色彩的使用还与季节有关。寒冷的冬季，宴会厅使用暖色可给顾客一种温暖的感觉；炎热的夏季，绿、蓝等冷色的效果最佳。不同的宴会厅，色彩设计应有区别，如西餐宴会厅可采用咖啡色、褐色、红色之类，色暖而较深沉，以创造古朴稳重、宁静安逸的气氛，也可采用乳白、浅褐之类，使环境响亮明快，富有现代气息。

（3）家具设计

家具的选择和使用是形成宴会厅整体环境气氛的一个重要部分，家具陈设质量直接影响宴会厅空间环境的艺术效果，对于宴会服务的质量水平也有举足轻重的影响。宴会厅的家具一般包括餐桌、餐椅、服务台、餐具柜、花架等。家具设计应配套，以使其他宴会厅的其他装饰布置相映成趣，形成统一和谐的风格。

家具的设计或选择应根据宴会的性质而定。以餐桌而言，中餐宴会常以圆桌为主。西式宴会以长方桌为主。餐桌的形状和尺寸必须满足不同的使用要求，要便于拼接成其他形状为特定的宴会服务。APEC 正式欢迎晚宴的餐桌分两种，主桌呈半弧形，长约 30 米，宽约 1 米，正对着文艺演出的舞台，其余 99 张餐桌均为圆形。

宴会厅家具的外观与舒适感也同样十分重要。外观必须与宴会厅的装饰风格相统一。舒适感取决于家具的造型是否科学，尺寸比例是否符合人体结构规律。应该注意餐桌的高度和椅子的高度以及倾斜度，餐桌和椅子的高度必须合理搭配，不能使客人因桌椅不合适而增加疲劳感，而应该让客人感到自然、舒适。例如 APEC 正式欢迎晚宴的主桌、坐椅专门从江苏定制，是中国的太师椅和西式椅子的结合，椅脚用金套包住，扶手下方也镶有金边，中间是用海绵做的软垫，这种椅子既具太师椅的气派，又有西式椅子的舒适感。

（4）宴会的背景、壁画、屏风设计

宴会厅的背景、壁画、屏风等也是应该考虑的因素，就艺术手段而言，围与透结合、虚与实结合是环境布局常用的方法，围指封闭紧凑，透指空旷开阔。宴会空间如果有围无透，会令人感到压抑沉闷，但若有透无围，又会使人觉得空虚散漫。墙壁、天花板、隔断、屏风等能产生围的效果；开窗借景、风景壁画、布景箱、山水盆景等都能产生透的感觉。

例如 APEC 正式欢迎晚宴的壁画既富有民族特色，又颇具现代感，整个壁画跨度长达 50 米，以中国的国花——牡丹为主体，显得雍容华贵，效果令人赞叹；现代化的电脑灯控光线，衬托出牡丹的千姿百态、国色天香。宴会厅的背景则用媒体展示各经济体国家自然风光的大屏幕，与宴会的主题、赴宴者的国籍协调一致。

（5）宴会的温度、湿度和气味控制

温度、湿度和气味是宴会厅环境气氛的另一方面，它直接影响着顾客的舒适程度。温度太高或太低，湿度过大或过小以及气味的种类都会使顾客迅速产生反应。豪华的宴会厅多用较高的温度来增加舒适程度，因为较温暖的环境给顾客以舒适、轻松的感觉。湿度会影响顾客的心情。湿度过小，即过于干燥，会使顾客心绪烦躁。适当的湿度才能增加宴会厅的舒适程度。气味也是宴会气氛中的重要组成因素。气味通常能够给顾客留下极为深刻的印象。顾客对气味的记忆要比视觉和听觉记忆更加深刻。如果不能严格控制气味，宴会厅里有熏人的酒味，呛人的烟味，甚至有闷人的霉味，必然会给顾客的食欲造成不良的影响。

一般宴会的温度、湿度、空气质量达到舒适程度的指标如下：冬季温度不低于18℃～

22℃，夏季温度不高于22℃～24℃，用餐高峰客人较多时不超过24℃～26℃，室温可随意调节。相对湿度为40%～60%。室内通风较好，空气新鲜，换气量不低于$30m^3$/人/小时，其中，一氧化碳含量不超过$5mg/m^3$，二氧化碳含量不超过0.1%，可吸入颗粒不超过$0.1mg/m^3$。

（6）花草盆景设计

宴会前对宴会厅进行绿草花卉布置，使就餐环境有一种自然情调，这对宴会气氛的衬托将起到相当大的作用。举行大型隆重的正式宴会时，一般在宴会厅周围摆放盆景花草，在主席台后面用画屏、大型青枝翠树盆景装饰，用以增加宴会隆重、热烈的气氛。花是美的象征，它给人们带来愉快、活力和希望。例如APEC盛会期间，上海全市使用的鲜花总量超过300多万盆。处处精心布置的新鲜花卉，把已是金秋时节的上海妆点得一如春天，使人心旷神怡，美不胜收。宴会餐桌以花装饰，更使人赏心悦目，食欲大增。正式欢迎晚宴餐桌上放置的是以10枝白玫瑰为主的花盆，其中插上1到2枝红掌、红鸡冠花，再配上一枝紫色洋兰，显得高贵典雅，突出了盛会的喜庆氛围。

用盆花装饰餐桌，具有花期长而生机蓬勃的优点，餐桌上的盆花应选择植株低矮丛生、密集多花的种类，如仙客来、长寿花、紫罗兰、非洲紫罗兰、郁金香、风信子、香石竹、金盏菊、大岩桐、蒲苞花、四季海棠等。除盆花外，插花、盆栽等都可用于宴会厅及餐桌的装饰。

相关链接：

17.8℃的房间温度

日本前首相田中角荣20世纪70年代为恢复中日邦交正常化到达北京，他怀着等待中日间最高首脑会谈的紧张心情，在迎宾馆休息。迎宾馆内气温舒适，田中角荣的心情也十分舒畅，与随从的陪同人员谈笑风生。他的秘书早饭茂三仔细看了一下房间的温度计，是“17.8℃”。这一田中角荣习惯的“17.8℃”使得他心情舒畅，也为谈判的顺利进行创造了条件。

（7）宴会的餐桌设计

宴会餐桌设计又称“台型设计”，是根据宴会形式、主题、人数、接待规格、习惯禁忌、特殊需求、时令季节和宴会厅的结构、形状、面积、空间、光线、设备等情况，设计宴会的餐桌排列组合的总体形状和布局，其目的是合理利用宴会厅的固有条件，表现主办人的意图，体现宴会的规格标准，烘托宴会的气氛，便于宾客就餐和席间服务员进行宴会服务。每一个宴会都有不同的布局，所以宴会厅场地的安排方式也就无法一概而论。

以中餐宴会餐桌设计为例，首先要确定主桌或主宾席区位置，中式宴会通常都在独立式的宴会厅举行，但不论是小型宴会还是大型宴会，其餐桌的安排都必须特别注意主桌或主宾区的设定位置。原则上，主桌应放在最显眼的地方，以所有与会宾客都能看到为原则。一般而言，主桌大部分安排在面对正门口的餐厅上方，面向众席，背向厅壁，纵观全厅，其他桌次由上至下排列，也可将其置于宴会厅中心位置，其他桌由此向四周辐射排列。

例如APEC正式欢迎晚宴就餐的宾主共1 002位，经济体领导人及配偶共32人就座呈半弧形的主桌，正对着文艺演出的舞台。来宾席区位置摆放着99张圆形餐桌，用于招待经济体官员和代表。主桌的形状、就座的宾客人数、主桌前宽敞的空间与来宾席区的餐桌完全不同，餐桌设计充分突出主桌。

（8）宴会的台面设计

要恰到好处地设计完美的台面，不仅要求色彩艳丽醒目，而且每张餐桌必须配套，经过餐具摆放和各种装饰物品的点缀，随着整个宴会序幕的拉开，宴会的内容、主题、等级和标准很快被宾客感受到，同时也吸引每位宾客对宴席美的艺术兴趣，并由此增加食欲。这就是宴会台面设计的目的。

宴会台面设计包括宴会台面的装饰美化和摆台设计。宴会台面的装饰美化效果，主要通过餐具的摆放、餐巾折花以及餐桌上的摆花艺术来体现，冰雕、黄油雕、果蔬雕刻、水果等都可用作宴会的装饰点缀。如APEC工商咨询理事会欢迎晚宴采用雕成“APEC”的冰雕进行装饰美化。

摆台设计即摆放必要的就餐用具，包括台布、用具、餐具等。APEC正式欢迎晚宴的台面色彩艳丽醒目，餐具的颜色以银色为主，金黄色点缀。大到引人注目的冷盆盖，其银色的主体上镶着金黄的小把手，冷盆底托也是银色的，而底部支脚为金黄的龙头；小到筷架、刀叉、毛巾碟和放白脱油的碟子都在银色的主体上烫有金边，连葡萄酒杯上也烫了金边，宴会装菜点的瓷盘是白色镶蓝色的牡丹花图案围边，餐具整体协调、大气、漂亮。与之相应，淡黄色的口布松松地卷着，一个红色的中国结将其轻轻扣住；筷子套与口布同色，也是由软软的布制成的。

APEC会议涉及的许多宴会采用中西结合的方法进行台面设计和服务。当前，许多宴会厅喜欢将中西餐的菜单合并在一起，并以西式的方法进行服务。在这种情况之下，服务人员在摆设时便须将中式的筷子及西式的餐具同时摆上桌。西式餐具可预先将前三道菜中将使用的刀叉摆放在餐桌上，中式餐具只需摆设筷架、筷子及小分匙即可，以免餐桌上满是餐具而显得拥挤不堪。服务员在宾客每吃完一道菜便收掉其使用过的餐具，直到餐桌上预先摆设的刀叉全部收走后，再在每次出菜前补放一副新刀叉。酒杯同样须依照每一道菜所搭配饮用的酒来进行摆设。

一般而言，不同的酒店、不同的宴会厅、不同主题的宴会，气氛要求各不相同。如国宴，从宴会厅环境到宴会乐队，参与宴会人员和服务人员的服装，言谈风度，都必须显示出隆重的气氛；国宴厅内悬挂国旗、会标，还要绿化环境，这些都要求其格局豪华、庄严、隆重。欢庆喜宴要迎合顾客喜气洋洋的心理状态，必须营造一个热烈兴奋、流光溢彩、辉煌华贵的环境氛围。因此，针对宴会主题及顾客要求进行环境气氛设计，既能体现宴会的规格标准，烘托宴会的气氛，满足不同顾客的心理需求，同时，又能促进宴会主办酒店的经营与销售。

综上所述，宴会环境气氛设计的要素很多，这些要素的设计优劣直接影响着宴会厅对顾客的吸引力，优良的宴会环境是这些要素的最佳组合。

宴会开宴前的物质准备，是指为了确保准时、高质、高效开宴而做的一切物质上的准备工作。具体包括场景设计、场地布置、台型布置、物品准备等内容。

宴会的台面物品可分为公共物品、餐具用品和装饰用品三类。开餐前的物品准备主要包括备好餐具、酒水、水果和凉菜几个方面。

宴会组织者要根据宴会菜点的数量、宴会人数，计算出所需餐具的种类、名称和数量，并分类进行准备。宴会服务使用量最大的是各种餐具用具，宴会所需餐具用具的计算方法如下：将一桌需用的餐具、酒具的数量乘以桌数即可。各种餐具、酒具要有一定数量备用，以便宴会中增人或者损坏时替补，一般来说，备用餐具不应低于20%。

宴会开始前30分钟按照每桌的数量拿取酒水饮料。取出后，摆放在服务桌上，做到随用随开，以免造成不必要的浪费。宴会一般在开始前30分钟摆好冷菜。冷菜的多少应根据宴会的规模、规格来定，一般安排7~9个。服务员在取冷菜时一定要使用大长形托盘，绝不能用手端取。

宴会用的水果，为每位宾客准备250克，两个品种即可，所使用的水果应是应季水果，最好选择本地的特产，但也要考虑宾客的喜好和禁忌。如对朝鲜宾客不要配备苹果，对巴拿马宾客不要配备香蕉。宴会配备水果要做到品种和数量适宜。

（三）开宴前的检查

开宴前的餐桌检查，是宴会组织实施的关键环节之一。开宴组织者在各项准备工作基本就绪后，应该立即对餐台进行检查。检查的主要内容：餐桌摆放是否符合宴会主办单位的要求；摆台是否按本次宴会的规格要求完成；每桌应有的备用餐具及棉织品是否齐全；席次卡是否按规定放到指定的席位上；各桌的服务员是否已到位工作等。开宴前的餐桌、卫生、安全和设备检查，也是宴会组织实施的关键环节。

1. 卫生检查

宴会卫生检查主要包括如下内容：个人卫生、餐用具卫生、宴会厅环境卫生、食品菜品卫生。

2. 安全检查

安全检查的目的是为了宴会能顺利进行，保证参加宴会宾客的安全。

首先检查宴会厅的出入口有无障碍物，安全门标志是否清晰，洗手间的一切用品是否安全，如发现问题，应立即组织人力解决。宴会厅的各种灭火器材是否按规定位置摆放，灭火器周围是否有障碍物，如有应及时清除。要求服务人员能够熟练使用灭火器材，严格执行“四防”制度。宴会所需酒精或固体燃料等易燃品，要派专人负责，检查放置易燃品的地方是否安全，宴会场地内的用具如桌椅是否牢固可靠，如发现破损餐桌应立即修补或撤换，不稳或摇动的餐桌应加固垫好，椅子不稳的应立即更换。地板有无水迹、油渍等。新打的地板蜡应立即磨光，以免使人滑倒。查看地毯接缝处对接是否平整，如发现突出应及时处理，以保证参加宴会宾客的人身安全。

3. 设备的检查

电器设备、音响设备和空调设备等，是宴会厅使用的主要设备。应对这些设备进行认真、详细的检查，以避免意外事故发生，避免因设备故障破坏宴会气氛，影响宴会厅的声誉。

宴会开始前，要认真检查各种灯具是否完好，插座、电源有无漏电现象。要将开关全部开启检查用电，确保照明灯效果良好。检查电线有无破损，保证宴会安全。

宴会开始前要检查空调是否良好，并要求开宴前半小时，宴会厅内就应达到所需温度。宴会厅越大，空调开启的时间也应相应提前，并始终保持宴会厅内比较稳定的适宜温度。多功能宴会厅一般都配备音响设备。在宴会开始前，要装好扩音器，并调整好音量，同时做到逐个试音，保证音质。如用有线设备，应将电线放置在地毯下面。

开宴前的餐桌、卫生、安全和设备检查，是宴会组织实施的关键环节。它是消除宴会隐患，将可能发生的事故降至最低限度，确保宴会顺畅、高效、优质进行的前提条件，是必不可少的宴会组织实施环节。另外，宴会开始前，还要认真检查宴会厅内各种设施的安排是否能达到宴会主题所需的气氛。

（四）宴会的现场指挥

宴会进行过程中，宴会经理或餐饮部经理要加强现场指挥，重点包括：

一是要了解宴会所需的时间，以便安排各道菜的上菜间隔时间，控制宴会进程。要了解主人讲话、致辞的开始时间，已决定上第一道菜的时间。要掌握不同菜品的制作时间，做好与厨房的协调工作，保证按顺序上菜。同时，注意主宾席与其他席位的进展情况，防止过快或过慢，影响宴会气氛。

二是在开宴过程中，要加强巡视，及时纠正服务上的差错，及时处理一些意外事故，特别要督促服务员严格遵守操作规程，掌握宴会进度。

三是宴会结束后，要迅速组织服务员拉椅让座，告别客人，并组织服务员立即清台，收盘收碗。如果宴会后安排有歌舞、卡拉 OK 等娱乐活动，要组织有关服务人员及时到位，确保娱乐活动的正常、顺利进行。

（五）宴会的结束工作

宴会结束后，要认真做好收尾工作：

1. 结账工作

宴会后的结账工作是宴会收尾的重要工作之一，要做到准确、及时，如果发生差错，多算会导致主办单位的不满，影响宴会厅的形象；少算则会使宴会厅受损失，相应增加了宴会成本。在宴会临近尾声时，宴会组织者应该让负责账务的服务员准备好宴会的账单。

根据预算领取的酒品饮料可能不够，也可能多余。如果不够，则应将临时领取的酒品饮料及时加入账单中，以避免遗漏；如果多余，则应该督促服务员及时将剩余的酒品饮料退回发货部门，在结算时减去退回的酒品饮料费用。各种费用在结算之前都要认真核对，不能缺项，不能算错金额。

2. 征求意见

对于宴会组织者、服务员和厨师而言，每举办一次大型宴会，都增加一次高水平服务的经历。因此，宴会结束之后，应该认真总结经验教训，以有利于搞好服务工作。宴会指挥员在宴会结束后，应主动征询主办单位对宴会的评价，征求意见可以从菜点、服务、宴会厅设计等几个方面考虑。征求意见可以是书面上的，也可以是口头上的。如果在宴会进行中发生一些令人不愉快的场面，要主动向宾客道歉，求得宾客的原谅。如客人对菜品的口味提出意见或建议时，应虚心接受，及时转告厨师，以防止下次宴会再出现类似问题。宴会结束后，大多要给宴会主办单位发一封征求意见和表示感谢的信件，感谢宾客在本宴会厅主办宴会活动，期望今后加强合作。

3. 整理宴会厅

服务人员在宴会结束后，应按照事先的分工，抓紧时间完成清洗餐具、整理宴会厅的工作。负责清洗餐具的服务人员要做到爱护餐具，洗净擦净，分类摆放整齐，把餐具的破损率降至最低限度。负责整理宴会厅的服务人员要把宴会厅恢复原样，包括撤餐台、收餐椅、搞好宴会厅场面卫生等。宴会组织者在各项工作基本结束后，要认真进行全面检查，最后关上门窗、关上电灯、切断电源，确保安全。

第四节　酒店宴会促销活动

一、酒店宴会促销活动流程

（一）设立宴会营销组织

现代酒店经营者都非常重视宴会产品和服务的销售，许多酒店设立独立的宴会部，专门负责各种规模、各种形式的宴会销售和宴会服务接待工作。与宴会有关的一切销售工作由宴会部专门负责，销售部的人员必须具备丰富的专业知识，如食品的制作、菜单的设计与成本控制、服务设施的使用、空间的利用等方面的知识和推销技巧。由于各酒店经营状况不一，宴会在餐饮中的销售比重不同，宴会部的组织机构与岗位设置、岗位职责范围也不尽相同。酒店宴会部下面可设立宴会营业、宴会营销和宴会服务部门（见图 6-1）。宴会营业部的主要工作是研制新菜式及编写菜单，控制饮食成本，制定菜单的销售价格。宴会营销部的主要工作是宴会的预订与推销以及宴会市场开拓工作，包括宣传、广告、促销工作，负责宴会菜单及宴会计划的制订，下达并组织实施。宴会服务部主要负责宴会的接待和现场服务工作。

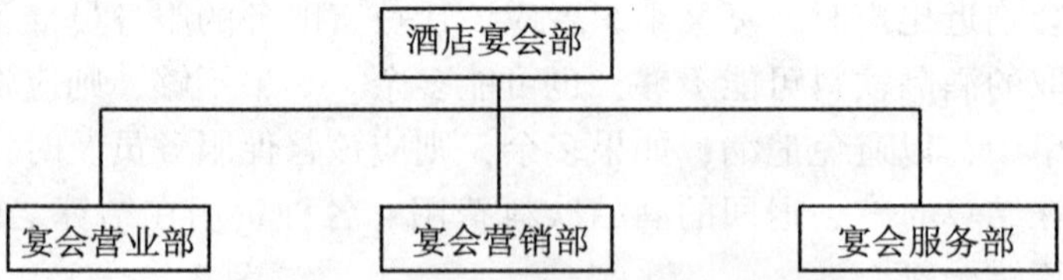

图 6-1　酒店宴会部组织机构

宴会部的规模大小与组织结构取决于这样一些原因：酒店的规模与酒店可使用宴会厅面积的大小；酒店宴会业务类型；本地区宴会市场竞争状况；酒店宴会部门的预算。许多酒店的宴会部是餐饮部下属的一个主要部门，而在另外一些酒店里，宴会销售工作则由酒店销售部直接负责。由于一些酒店管理人员欠缺营销知识以及酒店各部门“本位主义”的影响，相当多酒店的宴会经营的重点往往只放在现场管理上，酒店只重视提高服务质量和降低销售成本，对客人的需求调研、宴会市场开拓、宴会组合产品和服务设计开发、宴会售后信息反馈等不重视或重视不够。市场营销部或销售部只管招徕，宴会部只顾服务接待，由于得不到其他部门的配合，宴会推销员给予顾客的许诺往往很难彻底实现，酒店宴会的售前、售中、售后各个环节脱节，很难真正提高酒店在宴会市场中的竞争力。

有效的宴会售后组织和训练有素的宴会推销人员，是酒店获得宴会客源的重要前提，除此以外，宴会部还必须根据本酒店的资源和条件，制订自己的营销计划，加强宴会销售的针对性，使宴会产品和服务在市场上更具有竞争力。

（二）制订宴会营销计划

作为酒店整体营销计划的一个组成部分，宴会部营销计划的制订应包括以下几个方面：

1. 市场竞争分析

竞争分析的主要目的是了解本酒店宴会部在市场中相对于竞争者的优势与劣势，分析的内容可包括：竞争者所在的位置、可使用宴会厅的规模面积、宴会厅的布局与风格、宴会厅各种设备设施及其使用性能、场地租金、产品和服务特色、目标市场、酒店声誉等方面，对各个酒店比较分析，明确本酒店宴会市场的竞争优、劣势。

2. 明确关键宴会市场，确立正确的市场定位

了解酒店宴会部的优势以后，就可以进一步考虑本酒店可以吸引的最关键的宴会市场是什么。宴会市场按消费水准可分为普通宴会、高级宴会和豪华宴会；按规模可分为小型宴会、中型宴会和大型宴会；按举办地点可分为在酒店中举办的宴会和外卖式宴会；按举办者性质划分，一般有四种类型，公司和企业举办的宴会、各类学术团体和民间团体举办的宴会、党政部门、外交机构举办的宴会、个人社交活动举办的宴会。

根据不同的宴会市场特点，酒店应结合自己的优势，扬长避短，分析自己最能够吸引的目标市场，确定凭借酒店现有的硬件设施和软件水平可以接待何种档次和规模、何种性质的宴会。

3. 确定宴会销售目标

决定了酒店可吸引的宴会市场类型以后，应进一步确定宴会销售的具体目标，如图6-2所示的一系列问题，并把销售的重点放在酒店宴会厅使用的高峰期和低峰期。

上述信息有助于宴会部确立具体的销售目标，宴会部的统计数字应该不断修正，保持最新信息，以便确定销售的重点对象和重点时期，例如明确宴会生意的来源是周末还是工作日，销售的重点是提高宴会营业额还是增加宴会厅的座位周转率，确立切实可行的目标。

4. 制订具体行动计划

酒店宴会部的销售目标确定以后，还应该对如何达到既定目标制订出具体的行动方案。例如，酒店若以半年内增加婚宴市场销售额10%作为目标，具体的措施可包括制订特殊的“婚宴包价”促销活动、广告的宣传制作计划，参加或赞助在当地举办的集体婚

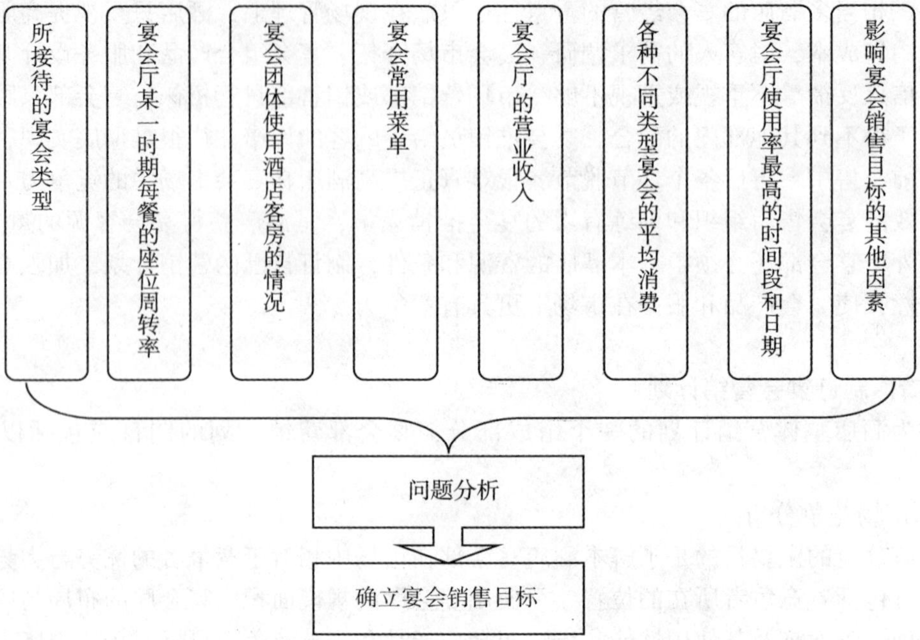

图 6-2　宴会销售目标流程图

礼活动，邀请本地的婚纱影楼、婚纱出租店、珠宝店的经营者到酒店来或者派员工上门访问，向潜在顾客做直接推广等一系列具体的活动，宴会部应对每项活动的执行方案、执行期限、执行负责人做具体的安排。宴会部具体行动计划的制订受酒店已确定目标市场的特殊性、酒店的促销预算、酒店的销售力量等因素的影响，可根据已确定的目标与酒店的可控制因素，选择出最佳的实施方案。

5. 销售效果的评价与跟踪

宴会销售效果的评估，有利于总结成功的促销策略，发现不足的地方，为制订新的行动计划提供依据。宴会销售效果如何，主要看销售的增长率、顾客的反应等因素。宴会的跟踪是宴会销售活动不可缺少的一步，售后工作的圆满完成，有利于提高酒店顾客的满意程度，争取更多的回头客。

6. 掌握宴会推销方法

宴会的整体营销活动主要包括宴会前的市场调研与市场开拓、宴会的现场管理和宴会的售后跟踪服务三个阶段，三者相互联系，相互影响，缺一不可。宴会推销是向宴会目标市场通报本酒店的产品和服务信息，试图说服这些客人购买本酒店的产品和服务。酒店通常通过广告、公关宣传、人员推销、营业推广等促销途径来达到此目的。宴会的推销工作可以包括两大方面：一是利用顾客向酒店询问的时机，抓住推销机会，争取预订；二是主动出击，搜集目标市场的有关信息，向潜在市场做推销。从数十人到数百人的宴会，都需要提前预订，顾客为了慎重起见，往往会多方寻找信息，详细咨询，不断比较，最后才做出购买的决策。不论顾客任何时候以何种方式向酒店咨询，酒店都应给予高度的重视，认真记录顾客有关的信息，了解顾客的需求，及时、准确地回答顾客提出的问题，给予顾客满意的答复，这是对宴会推销人员最起码的要求。

推销宴会不像推销酒店的客房，产品的要求和服务内容相对比较固定，宴会的安排有较大的灵活性，产品和服务内容多，顾客的要求多样化。推销宴会服务与推销客房所用的策略是有所区别的，要使宴会销售工作卓有成效，必须对宴会推销人员加以培训。宴会部的推销人员可以通过上门推销、打电话、写信等方式与酒店的潜在顾客接触，并利用各种各样的机会，发现和开拓酒店的宴会市场。对于宴会的价格、服务档次、宴会菜单、宴会突出的主题气氛等因素，不同的顾客所关心的重点不同，推销员在推销过程中，应确定哪种因素对他们来说最为主要，站在顾客的立场考虑问题，强调酒店能够给予顾客的利益，为顾客提供专业化的服务，当好顾客的参谋，增强顾客的购买信心。

7. 做好宴会活动的安排

受理宴会预订后，在计划组织环节中，根据宴会规格的要求，编制一份宴会组织计划的书面资料，这也是宴会推销人员的工作内容之一。

（1）制定有吸引力的菜单

推销人员必须根据顾客的要求和宴会的预算标准为顾客编制菜单，既要照顾客人的口味，做到菜品丰富多彩，又要考虑成本和厨房生产能力，这些是选择合适菜单的关键要素。影响菜单选择的关键要素如图 6-3 所示。

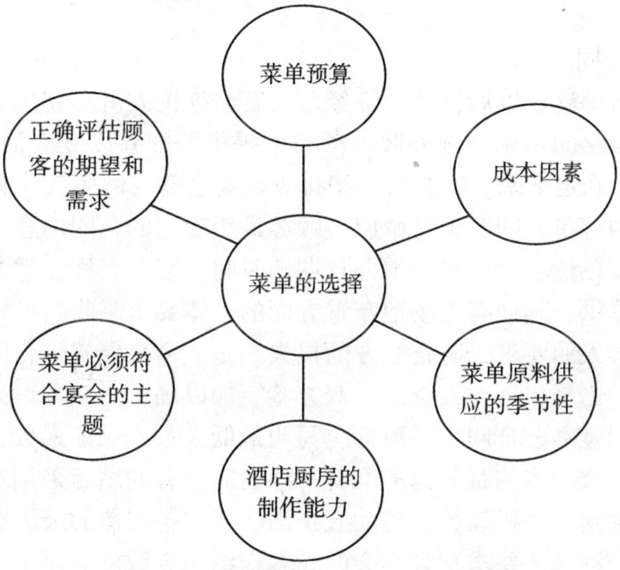

图 6-3 影响宴会菜单选择的关键因素

许多酒店都有一套固定的宴会菜单，供顾客了解在具体价格范围内可把宴会办到什么样的水平，或者把该固定菜单作为蓝本，再根据客人的要求制定专用菜单。宴会部的推销人员一般倾向于推销已经用过的菜单，这样厨房生产比较顺利，成本也较容易控制。但目前让顾客参与制定菜单也是一种趋势，虽然这样给酒店增加了难度，但顾客要在举办宴会中寻找“自己是主人”的感觉，酒店也应有适应市场的灵活性。酒店还应有不断创新的菜肴品种充实菜单，因为客人总希望从品尝各种新创造的菜肴中获得乐趣，厌恶老一套的标准菜谱，需要有更多的选择余地。酒店可提供事先印好的标有菜名和价格的菜单，供顾客挑选。由顾客自己组合的宴会菜单，当顾客在菜单中挑选的宴会组合菜单价格超过其预算时，有些顾客可能会修改预算，这也是采用可选择菜单的优点。

宴会菜单的编制除了考虑顾客的口味和特殊要求以外，另一个必须考虑的重要因素是成本。成本主要应考虑食品原材料成本和人工成本。设计宴会菜谱时，应选择那些厨房能大量供应且能引起顾客食欲的食物，有的菜原料本身成本不高，但通过重新包装，提高其品质，仍能以较理想的价格销售出去。人工成本包括两个方面，即食物准备制作人工成本和服务成本。采用不同的食品制作方式和不同的服务方式，人工成本的差别可能很大。

（2）重视酒水推销

酒水可以活跃宴会的气氛，给每一位参与者留下美好的回忆。开宴之前、宴会进行中、开宴结束都可能要用到酒水，宴会是酒店推销酒水的绝佳机会。目前大部分酒店推出的宴会价格是不包酒水或酒水另计，或者只包括软性饮料不包烈酒，不少酒店允许客人自带酒水，酒店只收取一定的服务费，这样，酒店可能就失去了一笔可观的酒水收入。有的酒店在向宴会客人推销酒水时，往往采用酒店现成酒水单上所列出的价格，这对于需要“批量”购买酒水的宴会顾客来说，因为价格上没有什么优惠，许多人因而放弃酒水预订。如何吸引宴会的酒水消费，做好宴会的成本控制，这一点应引起酒店宴会管理者的重视。

（3）签订宴会合同

宴会菜单、酒水等确定以后，宴会部经理或宴会推销人员应完成宴会的具体安排，如场地布置、设备和器材的租用、额外服务项目的提供等，并以宴会活动排列表（Banquet Event Order）的形式确定下来。宴会活动编排表是宴会部与酒店其他有关部门联络的通知书，是酒店宴会部的订单，同时也是酒店与顾客最后确定的合同内容之一。宴会编排表的内容包括：宴会预订单位名称、宴会举办日期和时间、宴会名称、举办地点、预计参加人数、菜单、饮品的提供、其他有关场地布置方面的具体要求、收费形式、联系人等。

为了保证达到客人的要求，防止双方的损失，正式宴会要签订合同，即将预订的内容采用合同的形式打印出来，请客人查阅后双方签字加以确认。双方讨论并一致同意了的每个细节都应写进合同。宴会合同中一般都应写明最低人数或保证人数，酒店按最低人数向顾客收费，但也按一个具体的百分比多准备一些食品。有的酒店采用双方都保证一个基本人数的方法，同时确定一个机动数，机动数是酒店要准备接待的最大客人数和顾客要付费的最低人数的差额。酒店还要求预订宴会的顾客交纳一定数额的定金，以防止由于预订临时取消而给酒店造成食品和人力方面的损失。合同还必须写明需提供的具体食品和各项服务项目，宴会具体活动的安排确定是以宴会合同的确认为准的。目前不少酒店推销人员与顾客谈妥了宴会有关价格及具体安排事宜后，即给客人发出计划书，如果双方都在上面签字的话，即确认下来，该计划书相当于酒店与客人之间的合同。宴会部在确认宴会预订后，应立即印发宴会通知，将宴会的有关要求通知到各部门，各部门、各个环节根据宴会通知书，各司其职。

8. 加强宴会管理，重视宴会售后服务

宴会举办成功与否，与宴会部经理的现场指挥能力是分不开的。宴会服务并不是“一锤子的买卖”，重要的是善始善终。现场服务需要推销人员的出现，以便及时解决客人提出的各种要求。宴会结束后，宴会部及时总结销售工作，跟踪顾客意见，尽快打电话询问客人对酒店的评价，或者发一封感谢信给客人，并附上宴会评估表，也可在宴会结束几天内再次登门拜访客户，直接征求其意见，把顾客的信息及时反馈给酒店，并进行分析研究，总结经验，吸取教训。客人的不满和投诉有助于酒店宴会的改进，而客人的积极肯定可鼓舞宴会服务人员的士气，把今后的服务工作做得更好。完整的售后服务，加深了顾客对酒店的信任，有利于酒店与顾客建立长期的合作关系，为吸引顾客再次回头打下基础。

二、宴会销售人员的选择

由于餐饮业产品的自身属性，使它与其他行业产品相比面临许多挑战，如餐饮产品的无形性、不可储存性，产品质量的不一致性、难控制性以及人们消费观念的转变等因素。酒店和餐厅除了做好市场调研，制定正确的营销策略外，还必须建设一支过硬的宴会营销队伍。

宴会营销是一项专业性很强的工作，其任务是代表酒店与外界洽谈并推销宴会产品。因此，必须挑选爱岗敬业，有餐饮工作经历、了解市场行情和有关政策、应变能力强、专业知识丰富、身体健康的人员担任工作。具体来说，宴会销售人员应符合以下五点要求：

（1）了解本酒店或餐厅能提供的各种宴会产品以及宴会场所的面积、功能、状态，并能根据客人的要求做出反应和设计编排宴会活动计划。

（2）清楚本酒店或餐厅各种菜品的加工过程、口味特点、成本核算，针对季节和人数的变化以及市场需求的变化等，对菜单提出调整的建议。

（3）熟悉酒水知识和酒水服务，能根据不同的宴会活动建议和帮助客人选择酒水。

（4）了解宴会的不同标准、竞争对手的价格情况，并有应付宾客讨价还价的能力，具有良好的沟通能力，能解答宾客就宴会活动提出的各种问题。

（5）具有良好的思想素质和身体素质，有主人翁精神，反应敏捷，形象气质较好，言谈举止得体大方。

三、宴会促销材料的准备

（一）宴会菜单

宴会菜单样本就像产品说明书一样，起着对宴会产品进行介绍和推销的作用。样品菜单是非正式菜单，销售部门要准备几套不同档次的宴会、团体用餐的样品菜单，然后根据客人的要求确定正式的宴会餐单。菜单样本应印得美观悦目，应附上特色菜肴的彩色照片，以减少客人购买的顾虑。

（二）宴会酒单

宴会酒单的品种不必包括餐厅供应的全部品种，主要是提供符合宴会和团体用餐的酒水。对于名酒要作一定介绍，酒单要根据种类、价格的高低来分类，以吸引不同需求的客人。

（三）宴会宣传单

宴会宣传单或小册子，是销售人员进行销售访问、信函推销以及在报纸杂志上做广告的基本推销工具。销售人员可以利用宣传小册子向客人介绍宴会产品，广告宣传单或小册子的基本内容可包括：宴会设施设备、平面布局、经营项目、菜肴项目、菜肴特色、成功经验和烹调技术。

四、宴会促销的形式和方法

宴会促销可分为外部促销和内部促销两种。外部促销是指通过一定的促销手段，把客人吸引到自己的宴会厅来；内部促销是指设法使上门的客人在举办宴会中多消费，这种促销方式甚至包括多次消费的客人自觉或不自觉地宣传在本宴会厅举办宴会的优点和手段。

（一）宴会促销的形式

宴会促销的形式是指将有关宴会信息传递给客人的方式和渠道。它可分为两大类：第一类是人员传递信息的形式，包括推销员与客人面谈的劝说形式，通过社会名人和专家影响目标市场的促销形式，通过公众口头宣传而影响其相关群体的社会影响形式；第二类是非正式人员促销形式，包括通过各种大众传播媒介的推销，宴会厅装潢气氛设计特别而吸引客人的环境促销以及通过特殊事件而进行的促销等。

宴会推销员是餐饮企业和客人沟通的桥梁。推销员不但要尽力为客人提供各种便利的服务，而且需要注意反馈市场信息，维护和树立宴会厅的良好形象，提高宴会厅的竞争能力。因此宴会推销员应掌握全面的推销知识与方法：

1. 了解宴会厅设施

包括宴会厅的大小、可接待的人数、宴会厅的装饰布置风格、宴会厅适宜举办哪种类型的宴席、宴会厅具有哪些优势等。

2. 了解宴会原则

例如各种场合应当上什么的菜品才最合适；洽谈公事应当供应什么样的菜单；婚宴需要什么样的接待和菜单；不同费用标准的宴会应当提供什么样的菜单；什么样的菜单适合推销什么样的酒水；各种宴会和团体用餐要求什么样的宴会厅布置和餐桌摆放等。

3. 了解厨师技术状况

包括要了解酒店或餐厅厨师的专长，有哪些厨师能烹制出特色菜品，厨房最多能同时供应多少人的饭菜等。

4. 了解宴会预订程序

宴会推销员不但要保持与客户之间的通信往来，而且还要掌握预订信息在酒店内部的传递过程和团体用餐的安排程序。

（二）宴会促销的方法

1. 人员推销

人员推销是宴会部推销人员与客人接触、洽谈，向宴会部的客户提供信息，使客人一次或多次来宴会部举办宴会的过程。推销员是直接向客人介绍宴会经营项目和特点，同时征求客人消费意见的人员。

（1）收集信息：宴会促销要建立各种资料信息簿，建立客户档案，注意当地宴会市场的各种变化，了解当地宴会活动的开展情况，寻找推销的机会。特别是那些大公司和外商机构的庆功活动、开幕式、周年纪念、产品获奖、年度会议等信息，都是极好的推销机会。通过收集信息，可发现潜在的客户，并进行筛选。

（2）计划准备：在上门推销或与潜在客户接触前，推销人员应做好销售访问前的准备工作，确定本次访问的对象，要达到的目的，列出访问大纲；备齐推销用的各种有关餐饮资料，如菜单、宣传单、有关活动的照片和图片等。

（3）销售访问：销售访问一定要守时，要作自我介绍，并直截了当地说明来意。注意自己的仪容和行为，尽量使自己的谈话吸引对方。

（4）介绍产品：针对所掌握的客户需求进行介绍，其重点是宴会的产品和服务的特点，以便引起客户的兴趣。介绍时要突出所能给予客户的好处和额外利益，要设法让对方多谈，从而了解客户的真实要求。证明自己的宴会菜品和服务最能适合客户的要求。在介绍宴会产品的服务时，可以借助各种资料、图片。

（5）商定交易：要善于掌握时机，商定交易要使用一些推销策略，如代客户下决心，给予额外利益和优惠等，争取预订更多、更好的菜品。

（6）跟踪推销：如果推销人员希望客户满意并与对方保持业务往来，就需在销售访问后，进一步保持联系，采取跟踪措施，逐步达到确认预订。假如未能成功推销，则要通过分析原因，总结经验，保持继续向对方进行推销的机会。

2. 电话推销

电话推销是推销员通过打电话给可能成为客人的人员或单位来推销宴会项目和服务的方法。电话推销的目的是为了达到直接推销的效果，或约定一个通话或见面时间，以便进一步推销。也可以像分类报纸广告一样，以电话提供销售服务，以便客人打电话来预约。

电话推销不同于人员推销。进行电话推销时，交流双方只闻其声，不见其人，不像人员推销那样与客人面对面进行交流。因此，要求推销人员特别认真地听取客人的意见，了解客人的消费意图。电话预订不能代替人员推销访问，但与人员上门推销相比，电话推销费用低、费时少，因此，推销员要积极利用电话进行推销。

3. 广告推销

酒香也怕巷子深。广告推销是利用广告媒介推销宴会产品和服务的方法。如利用餐厅招牌、食品陈列以及通过刊物、广播、电视等媒介，把有关宴会产品和服务的特点和信息有计划地传递给客人，旨在经营者和客人之间起沟通作用。广告推销因媒介众多，而且每一媒介都有自己的优缺点，因而需要认真选择，才能使宴会产品和服务的宣传达到最佳效果。

（1）报纸广告：报纸是餐饮广告常用的广告媒介。报纸广告特点是时间性强，消息传递迅速，广告费比电视便宜，可直接引起客人的购买行为，灵活性较大，覆盖面广。报纸广告的缺点是无法传播声音和动作，外观缺乏吸引力，其作用时间短暂。

要树立酒店良好的宴会市场形象，一是经常刊登广告，反复传送重要广告词；二是偶尔刊登广告，介绍最新信息、最新服务项目等。在选择刊登广告的报纸时，应考虑报纸编辑的内容特点、读者对象、出版时间、报纸声望、广告位置、大小、色彩和广告费用等因素。

(2) 电视广告：电视广告的优点在于宣传范围广泛，表现手段和形式丰富多彩，宣传的影响和作用巨大，便于重复宣传，直观性强，声誉高。电视广告的缺点是广告费用高，缺乏选择性，且转眼即逝，观众看后极易忘记。

(3) 户外广告：是指在交通路线、商业中心、机场、车站等行人和车辆较多的地方设立路边广告牌、标志牌，进行宴会推销。户外广告的优点是信息传播面广，费用较低，持续时间长，可选择宣传地点。

常用的户外广告包括广告牌、空中广告、餐厅招牌。广告牌一般设在行人较多的马路上，交通工具经过的道路两旁或主要商业中心、闹市区；空中广告是指利用空中飞行物进行的空中广告宣传；餐厅招牌是放在酒店或餐馆建筑外部的指示牌。

(4) 交通广告：是指设在飞机、火车、轮船、汽车等交通工具上的广告。这些广告的内容一般包括酒店或餐饮的名称、地址、电话、服务项目等。这类广告可能引起客人的兴趣，其广告效果相当显著。

宴会广告推销应该注意的问题：第一，宴会广告必须做到诚实。以诚待客是经营成功的基础，宴会经营追求的是持续的效益。宴会广告搞欺诈尽管有可能一时获利，但最后受损失的仍是酒店或餐馆本身。第二，标题短小、明快。宴会广告的标题要短小，开门见山，一般标题在八个字以内为好。通过广告的作用使客人一下被吸引住，自愿地到酒店或餐馆就餐、举办宴会，这样就会收到比较好的效果。

4. 宣传推销

宴会宣传推销是指通过各种宣传媒介或宣传活动对宴会产品和服务进行推销的方法。如举办大型宴会活动，可邀请新闻界的代表参加，事先通报这些活动的有关情况，呈送书面的“内情”或自拟的新闻稿。加强与新闻界的沟通与联系，寻找机会与报社、电台、电视台等联合举办有关宴会饮食和服务的专栏和节目，既能提高宴会部的声誉，又能近水楼台，为自己的经营特色、各种销售活动进行宣传。

5. 节日推销

节日推销是抓住各种机会甚至创造机会吸引客人购买产品，以增加销量。各种节日是难得的推销机会，宴会部一般每年都有推销计划，尤其是节日推销计划，其可使节日的推销活动生动活泼，有创意，并能取得较好的推销效果。具有推销效果的节日主要包括：

(1) 中国传统节日，包括元旦、春节、元宵节、清明节、中秋节、端午节、重阳节、国庆节等。

(2) 西方传统节日，包括圣诞节、母亲节、情人节、复活节、万圣节、开斋节、古尔邦节、啤酒节等。

上述各种形式的宴会推销方法，要针对不同类型的客人采取不同的推销方法。宴会用餐主要有两大类型的客人：一是当地各企事业单位；二是当地的市民。对于企事业单位，主要采取人员销售的推销手段，要分配销售人员对客人进行销售访问或用信函和电话推销。对于当地居民的推销，主要采取广告手段。宴会广告的最佳媒介是当地报纸。当地报纸一般在当地发行量最大，因而其广告在当地的普及面广，而且信息及时。电视广告虽然效果很好，但费用太高。在报纸上做广告要注意选择良好的位置，首版报眼和通栏位置最吸引人，每栏信息的栏首和栏末的位置最佳。新开业的酒店或餐馆做一两次整版大广告效果很好，经常性的宴会业务多做几次小广告，效果也很好。在购物中心和地铁站张贴广告，在电话本上、美食杂志上做广告也较有效。

案例分析

一天早上刚刚上班，某饭店餐饮部的预订员孟小姐接到了某大公司总经理秘书赵先生打来的预订电话。对方在详细询问了餐厅面积、餐位、菜肴风味、设备设施、服务项目等情况后，提出预订一个三天后200人规模的高档庆典宴会。孟小姐热情地向客人介绍了餐厅的具体情况后，双方开始约定见面的时间。

赵先生提议道："孟小姐，请你下午3点到我们公司来签一下宴会合同，并收取定金。"

"真对不起，今天我值班，不能离岗，还是请您抽空到我们饭店来一趟吧，我还可以带您看看场地，行吗?"孟小姐答道。

最后，赵先生同意下午来查看场地，并签订合同。

放下电话，孟小姐感到十分高兴，暗自寻思：没想到今天预订的生意这么好，这已经是第十个预订电话了，看来完成这个星期的预订任务是没有问题了。

此后，孟小姐又接了几个预订电话，都是小宴会厅的中、低档预订。孟小姐对待他们的态度显然没有那么热情了，接电话也不那么及时了。这些电话中有一位山西口音的李先生，要求预订当地淮扬风味的8人家庭宴会，每人标准100元。孟小姐很不耐烦地告诉他，预订已满，请他到其他饭店预订。

下午，孟小姐一心等赵先生的到来，没想到却只等到一个回复电话。

"对不起，孟小姐，我要取消上午的预订，我们李总不希望在你们饭店举办宴会了。"赵先生说。

"为什么？是不是需要我亲自到你们公司去一趟。"孟小姐急忙问。

"不必了。我们李总今天在你们饭店打电话预订了8人宴会没有成功，他对贵饭店没有信心。他说连8个人的家庭宴会都接待不了，还谈什么200人的大型宴会呢？所以他指令我把宴会订到其他饭店。"赵先生含着歉意地解释着。

"这……"孟小姐顿时感到茫然。

——资料来源：《中华美食网》

案例评析：饭店餐厅的预订面向社会各个阶层，对待高层、中层和低层的消费者都应一视同仁，热情接待。另外，要利用电话预订的有利形势积极开展推销活动。电话预订应注意：

1. 对待客人不可厚此薄彼。这首先要求预订人员具有良好的服务素质和道德意识。那种势利的做法是十分可鄙的，从长远的角度看问题，势利的做法将影响饭店的声誉和利益。

2. 在可能的情况下，预订员应主动到客人单位去完成预订手续。打电话最好与决策者通话，准备好简短精彩的语言以引起对方的注意和兴趣并正确处理对方提出的问题，然后再约定见面的时间。

3. 电话铃声一响，意味着“生意”的出现，如果没有及时接听，可能会使对方失去耐心而转向其他饭店预订。所以，预订员接听电话要及时、快速，不可拖沓。

本例中，由于预订服务员没有一视同仁地对待客人，在电话预订中缺乏主动推销和热情服务的意识，结果导致了预订生意得而复失的尴尬局面。

本章习题

1. 模拟演练电话预订宴会的过程。

2. 分小组，到某酒店宴会部选择该酒店承办的一次宴会活动，按照宴会实施策划的基本流程进行分析总结，以演讲展示的方式进行总结报告。

3. 分小组，到某酒店宴会部选择该酒店承办的一次宴会促销活动，按照宴会促销的流程进行分析总结，以演讲展示的方式进行总结报告。

第七章 餐饮市场营销管理

本章简介

餐饮市场营销是餐饮经营管理的一项重要职能。在目前竞争日趋激烈的餐饮业中，市场营销职能的重要性日益凸显。本章在介绍餐饮市场营销中相关概念的基础上，按照市场营销的步骤，阐述了市场调查、目标市场营销战略（STP）、市场营销组合（4Ps）等理论知识，介绍了部分餐饮市场营销的创新方式。

学习目标

了解餐饮市场营销的工作任务，掌握餐饮市场和餐饮营销的概念。了解餐饮市场调查，理解目标市场营销战略的三个步骤。

掌握餐饮产品、价格策略，理解餐饮促销策略，了解餐饮渠道策略。

掌握餐饮网络营销方式，理解餐饮主题营销，了解餐饮关系营销和绿色营销。

第一节　餐饮市场营销概述

一、餐饮市场的概念

餐饮市场的各种含义都源自市场的概念，同时，餐饮市场也随着餐饮活动深度和广度的发展而不断发展深化。人们对餐饮市场的认识经历了从具体到抽象、从静态到动态、从现象到本质的阶段，赋予了餐饮市场不同的含义。

（一）餐饮市场是餐饮产品交换的场所

这是一种地域性的含义，它指的是一个个看得见、摸得着的人们从事餐饮产品交换活动的空间或地域。在今天的餐饮市场活动中，分布于城市不同区域的“餐饮文化一条街”、“某某美食城”、“酒吧一条街”等，都是这种餐饮市场含义的具体表现。

（二）餐饮市场是餐饮产品流通的领域

社会分工的发展和货币的出现，一方面使社会商品更加丰富，交换的需要更加迫切；另一方面货币媒介使交换不再需要双方将交换品都带到同一区域，而是可以异地交换。这时另一类交换商品的流通就成为一个流通领域，市场是商品流通领域的概念由此而生。现在人们经常说的“农产品市场”、“餐饮原料市场”、“劳动力市场”、“生产资料市场”、“金融债券市场”等都是指某一类具体商品的交换领域。

餐饮市场是专门流通餐饮产品的领域。可以将其更具体地表述如下：餐饮市场是流通“食品烹饪和助餐服务”这类餐饮产品的领域。根据餐饮产品流通的具体内容和形式的不同，还可以将餐饮市场进一步进行分类：

1. 按餐饮产品流通的时间分类：①早点市场，以早餐烹饪产品和自助餐服务为供应对象的市场；②正餐市场，以午餐和晚餐烹饪产品和自助餐服务的供应为主的市场；③茶点市场，该市场以茶点产品和服务为供应对象，在供应时间上通常和正餐时间错开；④消夜市场，以相对较为简单的夜宵食品和服务为供应对象，通常在晚餐后直至凌晨。

2. 按流通的餐饮产品风味分类：①专门原料的餐饮产品市场，例如，海鲜餐饮市场、野味餐饮市场、天然菌类餐饮市场等。这些专门原料的餐饮市场的具体形式是海鲜餐厅、野味餐厅、菌类餐厅等。②地方风味餐饮市场，指专门经营某种地方风味菜肴的餐饮市场，如川菜市场、粤菜市场、湘菜市场、鲁菜市场、淮扬菜市场等。③民族或国外风味餐饮市场，以某一民族或国家的风味组织餐饮产品供应，如清真餐厅、俄罗斯餐厅、美国餐厅、法国餐厅等构成的专门餐饮市场。

3. 按流通的餐饮产品类别分类：①正餐餐饮市场，特点是能提供各类凉菜、热菜、汤菜，菜单结构和菜肴类别较为复杂。大多数餐厅归属此类餐饮市场。②快餐餐饮市场，这是由各类洋快餐和中式快餐产品构成的市场。③茶餐饮市场，主要形式是茶坊或茶馆，经营的产品从简单的茶饮到讲究的茶道，通常也会供应一些简单的小吃或菜肴。④酒吧餐饮市场，以酒水供应和一些小食物为主的餐饮市场。⑤咖啡餐饮市场，各式咖啡厅构成了该餐饮市场，主要供应小型西餐食品、饮料酒水和咖啡饮品。

（三）餐饮市场是餐饮产品供求关系的总和

餐饮市场的功能维持着餐饮企业的再生产活动，就是餐饮业供求关系的总和。

（四）餐饮市场是对餐饮产品有需求的人

餐饮市场就是餐饮产品的消费者，它包括对餐饮产品而言的现实和潜在的两类消费者，因此餐饮市场也就有了现实市场和潜在市场之分。

对于餐饮企业的经营活动来说，其本质是实现交换，餐饮顾客就等同于餐饮市场。

二、餐饮营销的概念

所谓餐饮营销，不仅是指单纯的餐饮推销、广告、宣传等，同时还包含餐饮经营者为使宾客满意并为实现餐饮经营目标而展开的一系列有计划、有组织的广泛的餐饮产品以及服务活动。它不仅仅是一些零碎的餐饮推销活动，更是一个完整的过程。餐饮营销是在一个不断发展着的营销环境中进行的，所以，为适应营销环境的变化，抓住时机，营销人员应该制订相应的营销计划。

首先，应确定餐饮企业的经营方向，进行市场调查以确定经营方向；然后深入进行市场细分，对竞争对手及形势进行分析，确定营销目标；随即研究、决定产品服务、销售渠道、价格及市场营销策略以及具体实施计划和财务预算；并通过一段时期的实施，再根据信息反馈的情况，及时调整经营方向和营销策略；最后达到诸多因素的最佳组合。

餐饮营销的最终目的是招徕顾客、组织客源、扩大产品销售，获得优良的经济效益，它以企业的产品、价格、销售方式、促销手段等为前提。餐饮营销活动的组织，就是要根据客人的需求，在广泛调查的基础上，决定自己的方针和策略，将上述各种因素组织起来，形成营销组合，广泛开展营销活动，从而达到组织客源、扩大销售、获得优良经济效益的目的。

知识点链接

认识餐饮营销

从改革开放到现在，餐饮行业经历了近三十年的发展历程。在这个发展过程中，很多从事餐饮行业的经营者、投资者越来越多地意识到，现在的餐饮经营、餐饮管理，已经和过去大不一样，除了要多关注餐饮本身外，更多的是要做餐饮的营销工作。

餐饮营销起源于顾客的需求，就餐客人之所以主动参与交易活动，是为了满足旅游及社会生活需要，所以愿意支付自己的部分消费资金。餐饮经营者则为了适应这种需要，赚取利润而提供自己的产品和劳务。两者的结合，就产生了市场营销活动。在这一过程中，双方各得其所。

餐饮营销活动是十分复杂的。从市场需求看，顾客类型多样，消费层次不同，生活习惯不同，需求复杂多变。从市场供给看，产品风味林立，花色品种众多，技术要求各不相同，各级各类餐饮企业经营方式灵活。于是，在供给、需求之间就产生了各种各样的交易行为，有直接销售、间接销售、零星销售、团体销售、宴请销售等。销售手段也从坐店经营变成了主动推销，以适应不同类型消费者的需要。因此，如何根据顾客需求等选择经营方式，提高产品质量和服务质量，将餐饮产品和劳务从经营者一方转化为就餐客人的现实消费，就成为餐饮营销的重要任务。

三、餐饮市场营销的工作任务

餐饮企业的市场营销是一项复杂而又细致的工作。其主要工作任务包括四个方面：

（一）确定营销目标

营销目标是开展市场营销的方向和指路明灯。餐饮企业的市场营销目标包括市场目标、质量目标、销售目标三个方面。这些目标既可以是战略性、长期性的，又可以是战术性和近期阶段性的。市场目标的具体操作任务就是要在市场调查的基础上，运用市场细分手段，确定企业的主要目标市场所在，做好市场开发和客源组织，形成具体奋斗目标；质量目标主要是根据企业的等级规格和目标市场的客人消费需求，确定产品质量和服务质量必须达到的水平和质量管理的方法和措施；销售目标则以餐饮企业的年度预算和近期预算为主，形成销售指标。市场目标和质量目标最终都要通过销售目标来体现，因而，确定营销目标主要是确定餐饮企业的接待人次、餐位利用率、人均消费、食品收入、饮料收入和毛利率等具体指标，由此形成市场营销的努力方向和奋斗目标。

（二）研制营销策略

营销策略是完成营销目标的手段、方法和措施，它直接影响营销目标的完成效果。因此，研究制定营销策略并且组织贯彻实施，保证营销目标的顺利实现，就是餐饮市场营销的主要工作任务之一。餐饮企业市场营销策略多种多样，从不同角度来分析有不同的策略，而餐饮企业所处的时间、市场环境、市场竞争的程度不同，其营销策略的运用也不一样。所以，研制和运用营销策略必须以餐饮企业的实际需要为主，如产品策略就要根据餐饮产品的寿命周期、产品内容的不同来制定；价格策略则要以产品质量为基础，根据客人的消费和享受程度不同、市场竞争程序不同、区别不同类型的客人来制定和选择；至于主题营销、品牌营销和关系营销等策略，则又具有长期性和稳定性。所以，研制、运用营销策略都要树立应变思想，切实结合企业实际情况，才能收到良好的效果，保证营销目标的顺利完成。

（三）广泛招揽顾客

餐饮市场营销的最终目的是招揽、吸引客人前来用餐和宴请，实现产品与劳务交换，获得优良经济效益。因此，在研制营销策略的基础上，采取各种措施、手段和方法，广泛招揽、吸引客人，就成为餐饮企业市场营销的重要工作任务。广泛招揽、吸引客人的具体方法很多，其重点是要依靠市场销售部、公关部通过人员推销、价格促销、优惠折扣促销、公共关系促销、各种活动促销等，来保证不断扩大客源市场，定期检查销售结果，并随时根据市场竞争、市场动向、特点和发展趋势，调整销售手段、产品价格，从而吸引客人，提高餐厅座位利用率、宴会销售额和客人人均消费标准，并培养大量回头客和忠诚客户，才能保证销售目标的顺利完成。

（四）确保产品和服务质量优良

餐饮企业的市场营销与其产品和服务质量是相辅相成的。因而，市场营销不能仅仅依靠销售部门，还必须依靠厨房、餐厅、宴会等各部门的密切配合，才能使餐饮企业的市场营销和产品与服务质量形成良性循环。为此，必须在总经理领导下，组织行政总厨、各厨房厨师长、楼面或各餐厅经理、宴会厅经理等各级管理人员，切实抓好产品质量、环境卫生质量和服务操作质量，确保客人获得质价相符的物质和精神享受，才能保证餐饮企业的客源稳定，获得优良经济效益，这些也是餐饮企业市场营销的重要工作任务。

第二节 餐饮市场调查与目标市场营销战略

一、餐饮市场调查

餐饮市场的存在和发展是社会餐饮活动顺利进行的重要保证和基本前提，也是决定餐饮业发展速度和规模的主要因素。餐饮市场除了具有一般市场的基本特征外，它所表现出来的依赖性、波动性、季节性、产品的地域性、接待对象的复杂性、高度竞争性等特征，必然导致餐饮企业之间的激烈竞争，所以凭借餐饮市场调查的手段，及时、准确掌握餐饮市场信息及其发展变化趋势是决定餐饮企业生存和发展的关键。餐饮市场的调查就是要借助餐饮消费动向，竞争市场反馈的信息，运用各种调查、预测方法和信息处理技术，进行科学分析和研究，把握企业经营环境的发展动向，为餐饮企业计划目标的确定和营销决策提供客观科学的依据。

（一）餐饮市场调查的含义

餐饮市场调查又称为餐饮市场营销调研，是运用科学方法，有目的、有计划地收集、整理和分析有关餐饮消费需求和餐饮供给的各种情况、信息和资料，以了解现实餐饮市场和潜在餐饮市场及企业自身情况和经营环境情况，从而把握供求现状和发展趋势，为餐饮经营决策提供客观依据的活动。

实际上，餐饮企业的经营活动是以市场调查作为起点的，其目的是想寻找餐饮产品的市场。开展餐饮经营活动必须明确自己的市场需求、目标客源市场的类型、客人的支付能力、客人预期的用餐环境、客人的口味特点及企业菜肴服务质量、花色品种和产品价格对客人消费需求的适应程度，这是从事餐饮经营活动的首要条件。

同时，餐饮市场调查也通过科学的方法对本地区的社会经济发展情况，当地公司和当地机构的数量、企事业单位的数量，当地居民和流动人口的数量，竞争对手的知名度和数量，产品的风格、特点、价格及其优势，企业所处的地理位置、交通情况、客人流量，食品原料的供应情况，市场对企业的评价以及企业形象等进行调查了解和分析，并作出科学的预测。只有这样，才能把企业的外部环境和企业自身的资源及活动有机结合起来，制定企业的经营方针、经营策略、管理目标和对风险收益作出正确的评估，有效地组织企业的餐饮经营活动。

（二）餐饮市场调查的内容

餐饮市场调查的内容十分广泛，涉及市场需求、供给和市场环境等诸多方面。由于调查目的不同，调查时间和具体内容也并非完全相同。一般来说，餐饮市场调查在特定时期内往往侧重于某些方面。通常，餐饮市场调查主要包括以下几个方面的内容。

1. 餐饮市场环境调查

餐饮企业的生存与发展是以适应餐饮市场环境为前提的。对餐饮企业来说，市场环境大多是不可控因素，餐饮企业的生产与营销活动必须与之相协调和适应。尽管企业在市场活动中拥有充分的自主权，但是它的经营活动受到社会法律环境、行业惯例和准则的制约；而社会、经济、文化和科技的发展等对餐饮企业生产经营具有很大的影响。此外，餐饮企业所处的地理位置和区域气候条件、季节因素及食品原料供应等也都影响着它。

（1）政治环境调查：主要是了解对餐饮市场起影响和制约作用的政治形势及国家对餐饮行业管理的有关方针政策。社会稳定和良好的治安环境对餐饮企业来说至关重要，而重大政治活动、政府机构情况、政府有关休假时间的规定、产业政策、消费信贷政策、舆论导向、廉政措施、税收政策及当地政府关于基础设施使用费率和其他费用的规定等都对餐饮企业起着根本性的影响作用。只要社会动荡，银根缩紧，餐饮业的生意就会立刻冷清，这就是环境变化中活跃因素作用的明显例证。

（2）法律环境调查：要了解国家和企业所在地区的有关法律和法规条例。与餐饮企业有较大密切关系的法律和法规条例主要有《企业法》、《食品卫生法》、《合同法》、《社会治安管理条例》、《税法》、《环境保护法》、《野生动物保护法》、《旅游法》、《与外国合资经营条例》、《工商行政管理条例》以及《消防管理条例》等一系列法律、法规。

（3）经济环境调查：主要是了解财政、金融、经济发展状况和趋势等因素，这些因素影响的是市场大气候。餐饮企业所在的地区如果生产力水平高、生产结构合理、产品市场范围比较广，就会促进当地经济的健康发展及各种社会交往活动的增加。更重要的是，该地区的居民收入、消费水平、消费结构、物价水平、物价指数的高低，对餐饮市场需求也会产生根本性的影响。经济环境调查应该把握企业所在地区的总的经济发展前景。一般来说，经济迅速发展的地区，餐饮市场的前景也将十分广阔，市场机会也会相对多一些。

（4）科技环境调查：对餐饮企业来说，科技环境调查主要集中在与餐饮经营管理有关的技术发展方面，如厨房设备、新型装饰材料、消防控制装置、温、湿度控制系统、餐饮计算机管理系统、原料新品种开发以及科技对农作物生长的影响等。

（5）社会文化环境调查：社会文化环境主要是指人的生活方式、生活习惯、消费观念、消费心理乃至对生活的态度、对人生的价值取向等。社会环境在很大程度上决定着人们的价值观念和购买行为，因此它影响着餐饮消费者购买餐饮产品的动机、种类、时间、方式以及地点。某一地区人们所特有的核心文化价值观念具有高度的持续性，因此餐饮企业必须了解当地消费者的文化和传统习惯，这样才能为当地消费者所接受。而一些价值观是比较容易变化的，这为餐饮企业开发新的产品，引进新的经营思路创造了条件。文化环境调查的内容主要包括：教育程度和文化水平、民族分布、宗教信仰、与餐饮有关的风俗习惯、思维方式和审美观等。

（6）地理环境调查：主要是了解企业所处的区域条件、交通情况、气候条件、季节因素等。由于所处的地理位置不同，气候和其他自然环境也有很大的差异，这不仅给餐饮企业的经营带来影响，而且在食品原料的供应、食品种类、口味、烹饪方法、用餐时间等方面都带来影响。这些影响不是人为造成的，也很难通过人的作用去加以控制，只能在了解的基础上去适应这种环境。所以，地理环境因素对餐饮企业有着决定性的影响作用。

2. 餐饮市场需求调查

餐饮市场需求是指在一定时期内，消费者愿意并能够以某一价格购买餐饮产品的数量，也就是餐饮消费者对餐饮产品需求的数量。这种需求既可以是特定餐饮市场需求的总和，也可以是专指对某一餐饮企业产品的需求数量。市场需求是由购买者、购买欲望、购买能力组成的。购买者是需求的主体，是需求行为的实施者；购买欲望是需求的动力，是产生需求行为的源泉；购买能力是需求的实现条件，是需求行为的物质保障。三者共同构成了需求的实体。餐饮需求是决定餐饮市场购买力的主要因素。因此对餐饮消费者所进行的需求调查是餐饮市场调查内容中最基本的部分，主要包括如下两个方面。

（1）餐饮消费市场容量调查：调查餐饮消费者的数量及其构成，包括企业所在区域的经济发展水平与人口特征，如现有和潜在的人口变化、收入水平、生活水平、购买力倾向等；调查餐饮消费者的数量与消费构成，即调查餐饮产品的现实与潜在消费者的数量，如地区、年龄、民族特征、性别、文化背景、宗教信仰等；统计餐饮消费水平和消费频率；掌握餐饮消费者对餐饮产品质量、价格、服务等方面的要求和意见等。

（2）餐饮消费动机调查：餐饮消费动机就是为满足一定的需要，人们购买餐饮产品和服务的愿望和意愿。餐饮消费动机是激励餐饮消费者产生餐饮消费行为的内在原因。餐饮消费动机包括：生存动机，即为了维持人的生存需要而进行餐饮的消费活动；文化动机，指为了了解和欣赏不同的饮食文化、烹饪艺术而产生的饮食需要；社交动机，包括通过餐饮活动与亲友沟通，进行商务活动，摆脱家庭事务、环境工作压力而产生的饮食愿望；地位与声望动机，包括通过餐饮活动满足自尊，体现个人成就等餐饮需要。

3. 餐饮市场供给调查

餐饮市场的供给指在某一时期内为餐饮市场提供餐饮产品的总量。它主要调查产品和服务供给总量、供给变化趋势、市场占有率，包括消费者对企业产品和服务质量、价格的意见、评价和要求；企业餐饮产品和服务的市场寿命、消费者对企业菜单或服务更新的态度、现有的菜式和服务能持续多长时间、有无新的菜式或服务来代替等。

（1）行情调查：指在整个地区市场中，企业餐饮产品的销售状况和销售潜力。主要是餐饮产品供给的充足程度、餐饮企业的种类和数量、是否存在市场空隙，有关同类餐饮企业的生产、经营、成本、价格、利润的比较，所在市场餐饮产品的差别和发展趋势，整个市场价格水平的现状和趋势，最易于顾客接受的价格与定价策略，新产品定价及价格变动幅度等。

（2）餐饮设施和接待能力调查：主要是调查餐饮企业现有接待能力和座位周转率以及能否适应目标客源市场的要求；企业现有的经营设施、设备条件，自身的技术水平和档次在同行业中处于什么地位，是否得到充分利用；企业是否需要进行投资改造或者扩建；企业资金状况，资金的总量、构成及分配使用状况；企业经营的安全性、稳定性；企业现实的盈利状况和综合效益；企业现有的职工数量、构成、素质和业务水平能否适应企业发展及市场的需求等。

（3）地理位置及可进入性调查：餐饮企业的成功在很大程度上受地理位置的影响。地理位置的调查主要包括地理位置是否和现有的经营规模、基础设施相协调；所处地理位置的优劣势；是否具备较高的可见度。可进入性指餐饮消费者进入餐饮企业的难易程度，表现为进入餐馆所在的街区和前往该餐馆所花费的时间和费用，包括可利用的交通工具、停车场所、交通拥挤状况及各种交通限制因素等。

（4）餐饮服务调查：餐饮服务是餐饮产品的重要组成部分。餐饮服务调查的内容主要包括餐饮服务方式的选择、营业时间、餐饮服务项目的数量、餐饮服务的程序、餐饮服务效率、餐饮卫生与安全状况、餐饮服务员的技术水平和服务态度、用餐场所的装饰布置和氛围的营造等。

（5）餐饮企业形象调查：餐饮企业的形象是餐饮企业经营的无形资产。餐饮消费者对餐饮企业的评价和态度决定他们是否做出购买决策。餐饮企业形象通过理念识别系统、视觉识别系统和行为识别系统的综合作用来影响餐饮市场对企业的评价和树立自身独特市场形象。餐饮企业形象调查包括企业形象是否和经营思路相吻合；餐饮目标客源对企业形象的真实看法；企业确立的预期形象是否符合市场需求以及是否与竞争需要相适应等。

二、餐饮目标市场营销战略

餐饮企业目标市场营销的战略过程由三个步骤组成：一是按一定的标准将餐饮市场细分成若干个子市场（Segmenting）；二是评估选择适当的餐饮子市场作为目标市场（Targeting）；三是确定餐饮产品在餐饮目标市场上的定位（Positioning），故简称 STP。认真了解顾客需求，分隔出合理的餐饮细分市场；根据自身资源条件和餐饮子市场状况，正确选择餐饮目标市场；并在目标市场上树立理想的餐饮产品和品牌形象，制定适宜的营销策略，这一系列的过程就是餐饮目标市场营销过程。

（一）餐饮市场细分

市场细分是目标市场营销的基础，1956 年，美国市场营销学家温德尔·史密斯在《市场营销策略中的产品差异化与市场细分》中提出了市场细分的概念，奠定了目标市场营销的理论基础，从而使市场营销进入到一个新的阶段，即目标市场营销。

1. 餐饮市场细分的含义

市场细分是指根据顾客在需求特点、购买心理、购买行为等方面的明显差异性，把某一产品的整体市场划分为若干个具有共同特征的顾客群，从而形成各种不同细分市场的过程。必须指出的是，细分市场不是根据产品品种、产品系列来进行的，而是从顾客角度进行划分的，是根据市场细分的理论基础，即顾客的需求、动机、购买行为的多元性和差异性来划分的。因此，餐饮市场细分的概念可描述为：餐饮企业按照顾客对餐饮产品的欲望和需要把整个餐饮市场划分成若干个具有共同特征的餐饮子市场的过程。例如，我们可以按照顾客就餐动机的不同，把餐饮市场分为四种类型：商务接待型、休闲型、婚庆型和就餐型。第一类为商务顾客，他们就餐的动机是为了宴请客户，对餐饮产品（菜肴、设施、环境和服务）的档次要求很高，只要能满足他们的面子，价格再高也在所不惜。第二类为消遣型顾客，他们对菜肴和环境非常关心，采取积极的消费行为，只要能开心，对价格不是十分在意。第三类为婚宴与生日聚会类顾客，他们对餐饮产品有较高要求，在能满足面子的前提下，对价格较为敏感。第四类为日常就餐顾客，他们对餐饮产品没有太高要求，在意方便快捷，对价格敏感。

2. 餐饮市场细分的因素

随着社会经济的发展，人们生活水平的提高，顾客需求呈现出较大差异时，细分市场才成为餐饮企业在营销管理活动中急需解决的问题。细分市场客观上是按照一定的依据把整体餐饮市场分解为诸多同性质的餐饮子市场。在顾客市场上，影响消费需求呈现差异性的因素（变量），归纳起来主要有以下几个方面：地理环境因素、人口统计因素、消费心理因素、消费行为因素等。以这些变量为依据来细分市场，就产生出人口细分、地理细分、心理细分、行为细分这四种基本形式。

（1）人口细分

所谓人口细分因素，就是餐饮企业按照人口变量来细分顾客市场，它包括年龄、性别、收入、职业、教育水平、家庭规模、家庭生命周期、种族等。很明显，这些人口变量与需求差异性之间存在着密切的因果关系。不同年龄组、不同文化水平的顾客，会有不同的生活情趣、消费方式、审美观和产品价值观，因而对同一餐饮产品必定会产生不同的消费需求；而经济收入的高低不同，则会影响人们对某一餐饮产品在质量、档次等方面的要求差异。人口变量很久以来一直是细分顾客市场的重要变量，这主要是因为人口比其他变量更容易测量，用人口变量细分市场简单易行。

①性别：由于生理上的差别，男性与女性在餐饮产品需求与偏好上有很大不同，如对酒类产品的消费，男性高于女性。

②年龄：不同年龄的顾客有不同的需求特点，如青年人对菜肴口感的需求与老年人的需求差异较大。青年人喜欢味重，老年人偏爱清淡。

③收入：高收入顾客与低收入顾客在产品选择、休闲时间的安排、社交等方面都会有所不同。比如，同是外出旅游，在交通工具以及食宿地点的选择上，高收入者与低收入者会有很大的不同。正因为收入是引起需求差别的一个直接而重要的因素，在诸如服装、化妆品、旅游服务等领域根据收入细分市场相当普遍。

④职业与教育：指按顾客职业的不同，所受教育的不同以及由此引起的需求差别细分市场。比如，由于顾客所受教育程度的差异所引起的审美观具有很大的差异，诸如不同顾客对餐饮产品的品种、口味等会有不同的偏好。

⑤家庭生命周期：一个家庭，按年龄、婚姻、子女状况，可划分为七个阶段。在不同阶段，家庭购买力、家庭人员对产品的兴趣与偏好会有较大差别。

除了上述方面，经常用于市场细分的人口变量还有家庭规模、国籍、种族、宗教等。实际上，大多数企业通常是采用两个或两个以上人口统计变量来细分市场的。

（2）地理细分

地理细分是指按照顾客所处的地理位置、自然环境等对餐饮市场进行细分。具体变量包括国家、地区、城市、农村、地形气候、交通运输等。

地理细分的主要理论依据是处在不同地理位置的顾客对餐饮企业的产品各有不同的需求和偏好。由于各地区自然气候、传统文化、经济发展水平等因素的影响，消费者形成不同的消费习惯和偏好，他们对餐饮企业所采取的市场营销策略，对企业的产品、价格、分销渠道、广告宣传等市场营销组合各有不同的反应。

市场潜量和成本费用会因市场位置不同而有所不同，餐饮企业应选择那些本企业能最好地为之服务的、效益较好的地理市场为目标市场。

地理变量易于识别，是细分市场应予考虑的重要因素，但处于同一地理位置的顾客需求仍会有很大差异。

所以，简单地以某一地理特征区分市场，不一定能真实地反映顾客的需求共性与差异，企业在选择目标市场时，还需结合其他细分变量予以综合考虑。

（3）心理细分

心理细分，是指按照顾客的生活方式、个性特点、购买动机、价值取向以及对产品供求局势和销售方式的感应程度等心理变量来细分顾客市场。人们常常发现，按照前述依据细分出来的同一群体顾客，对同类产品的喜好程度也往往并不相同。这就是不同心理特征起作用的结果。尤其是在生活多样化、个性化、质比量更受到重视的时代，市场不只是要在性别、年龄、职业等方面加以细分，而更重要的是要通过生活方式、价值观、兴趣爱好、个性、交友关系等来进行心理上的区分。

①生活方式：根据人们的生活价值观所形成的生活行为体系或生活模式和生活方法。通俗地讲，生活方式是指一个人怎样生活。人们追求的生活方式各不相同，如有的追求新潮时髦，有的追求恬静、简朴；有的追求刺激、冒险；有的追求稳定、安逸。不同生活方式的顾客对产品有着不同的需求和兴趣爱好，顾客生活方式的改变也就会产生新的需求。这充分说明，生活方式是影响顾客的需求和欲望的一个重要因素。在市场营销实践中，有越来越多的企业运用顾客的生活方式来细分顾客市场，并且按照生活方式不同的顾客群体来制定不同的市场营销组合。

②个性细分：个性是指一个人比较稳定的心理倾向与心理特征，它会导致一个人对其所处环境做出相对一致和持续不断的反应。俗语说，“人心不同，各如其面”，每个人的个性都会有所不同。通常，个性会通过自信、自主、支配、顺从、保守、适应等性格特征表现出来。企业可以按照顾客不同的个性来细分顾客市场。这些企业通过广告宣传，试图赋予其产品与某些顾客的个性相似的“品牌个性”，树立品牌形象。

③社会阶层：是指在某一社会中具有相对同性质和持久性的群体。处于同一阶层的成员具有类似的价值观、兴趣爱好和行为方式，不同阶层的成员则在上述方面存在较大差异。很显然，识别不同社会阶层的顾客所具有的不同特点，对于很多产品的市场细分可提供重要的依据。

（4）行为细分

行为细分，是指企业按照顾客对产品的了解程度、态度、使用情况或反应等来细分顾客市场。其行为变量包括时机、利益、使用者状况、使用率、忠诚状况、顾客待购阶段和顾客对品牌的态度。许多人认为，行为变量能更直接地反映顾客的需求差异，因而成为市场细分的最佳起点。

①时机：根据顾客产生需要、购买或使用产品的时机，将其区分开来。例如，城市公共汽车运输企业可根据上班高峰时期和非高峰时期乘客的需求特点划分不同的细分市场并制定不同的营销策略；生产“果珍”之类清凉解暑饮料的企业，可以根据顾客在一年四季对“果珍”饮料口味的不同偏好，将“果珍”市场顾客划分为不同的子市场。在我国，不少企业利用春节、元宵节、中秋节、五一节等节日大做广告，借以促进产品销售；在加

拿大，顾客一般都是在早餐时饮用橙汁，某橙汁企业向广大顾客宣传介绍在午餐或宴会上饮用橙汁，以促进橙汁的销售。

②利益：顾客往往因为各自不同的购买动机、追求不同的利益而购买不同的产品和品牌。产品提供的利益往往并不是单一的，而是多方面的。顾客在追求这些利益时会有侧重。以麦当劳为例，有些顾客去麦当劳，主要是为了其消费的方便快捷；有些顾客去麦当劳，主要是为了感受其环境气氛。正因为这样，餐饮企业还要按照不同的顾客购买不同产品时所追求的不同利益来细分顾客市场。餐饮企业可根据自己的条件，权衡利弊，选择其中一个追求某种利益的顾客群为目标市场，设计和生产出适合目标市场需求的餐饮产品，并且选用适当的广告媒体和广告语，把这种餐饮产品的信息传达给追求这种利益的顾客群。市场营销的实践证明，利益细分是一种行之有效的细分方法。

知识点链接

1. 根据马斯洛需求层次理论，顾客对餐饮的需求实际上包含了对情感、社交、自我实现等较高层次的需要。餐饮企业如何使客人不同层次的需求得到满足，是值得深思的问题。心理学家用马斯洛和墨莱的需求理论，把客人外出就餐的念头归纳总结为以下几点：(1) 饥饿；(2) 调节日常口味；(3) 社交需要；(4) 习惯；(5) 减少不协调（如摆脱烦恼，寻找心理平衡等）。不同的顾客，消费行为也是有差别的，主要原因：一、社会背景不同。主要包括社会因素（例如社会阶层、家庭和相关群体的影响）和文化因素（具有不同层次的文化涵养）。二、心理因素不同。这主要指消费者对产品的立场。消费者的立场往往会影响其消费行为。例如消费者为了追求多样化，尝试新的餐饮产品、新的就餐环境而临时改变之前的消费决定。所以，营销人员应根据消费者不同的需求及购买动机的差异性，把总体市场划分为很多类似群体的小市场，以便企业选择合理的目标市场，并施以行之有效的营销组合策略。

2. 根据餐饮顾客追求的利益，可以将餐饮市场划分成“便利型大众餐饮市场”、“气氛型餐饮市场”、“高档餐饮市场”三种类型。

(1) 便利型大众餐饮市场

这一市场上的顾客常常是家庭成员或三五好友，消费的产品主要是家常的便餐。

该市场的特点是能给顾客带来轻松的感受；顾客消费节俭，不铺张浪费；能得到快捷的服务，节省就餐时间；通常不需要预订。目前餐饮网点中的众多低档中小型餐厅就是这个子市场上的主要经营者。

(2) 气氛型餐饮市场

该市场能给餐饮顾客带来某种独特的气氛，这是气氛型餐饮市场的顾客追求的利益。

该市场的经营者常常通过陈设布置、历史联系或提供特殊的风景，为顾客创造独特的气氛感受。

在这个市场上，顾客也可能带着家庭成员前往消费，但光顾总有一定的特殊原因，比如，男主人可能会携妻儿光顾知青饭庄，让家人分享他曾有的难忘经历。

(3) 高档餐饮市场

在高档餐饮市场中，顾客追求的是精美的菜品、优质的服务和美好的气氛等烘托出的轻松环境。这种轻松的感受，是高层次的综合感受，它来自餐饮产品的整体效应。

高档餐饮市场中，顾客追求的轻松，完全不同于便利型大众餐饮市场顾客所追求的便捷、随意的轻松。

这类分市场的消费特点与上两种相比显得更为正规、就餐节奏也显得缓慢。顾客光顾高档餐饮市场的餐厅总是选择特殊的场合，比如业务宴请、节假日庆典等，或者是为了特别追求精美的食物和优良的服务。

③使用者状况：根据顾客是否使用和使用程度细分市场。通常可分为：非使用者、曾经使用者、初次使用者和经常使用者。资金雄厚、市场占有率高的大型餐饮企业，一般都对潜在使用者的顾客群体产生兴趣，它们着重吸引潜在使用者，以扩大市场阵地；小型餐饮企业资金薄弱，往往注重于保持现有使用者，并设法吸引使用竞争产品的顾客转而使用本企业的产品。当然，企业对潜在使用者和经常使用者要酌情运用不同的市场营销组合及相关措施。

④使用率：市场也可以按产品被使用的程度，细分成少量使用者、中度使用者和大量使用者群体。大量使用者的人数通常只占总市场人数的一小部分，但是他们在总消费中所占的比重却很大。以啤酒为例，调查资料显示，41%的人喝啤酒。但大量饮用者消耗了啤酒总量的87%，是少量使用者消耗量的7倍以上。显然，大多数啤酒企业都会把目标定在大量啤酒饮用者身上，并有针对性地开展各种广告宣传。

⑤忠诚度：企业可按照顾客对品牌（或商店）的忠诚度来细分顾客市场。所谓品牌忠诚，是指由于价格、质量等诸多因素的吸引力，使顾客对某一品牌的餐饮产品情有独钟，形成偏爱并长期购买这一品牌餐饮产品的行为。提高品牌的忠诚度，对于一个企业的生存和发展、扩大市场占有率极其重要。

品牌忠诚度的高低，可以用顾客重复购买次数、顾客购买挑选时间、顾客对价格的敏感程度等标准来衡量。

下面具体讨论一下顾客对品牌的忠诚度。假设有五种品牌：A、B、C、D、E，按顾客对品牌的忠诚度，将其分为四个类型：

坚定忠诚者，即始终不渝地购买一种品牌的顾客。购买模式：A，A，A，A，A，A，代表了顾客对品牌A的专一忠诚。

中度忠诚者，即忠诚于两种或三种品牌的顾客。购买模式：A，A，B，B，A，B，代表了顾客对品牌A和品牌B同样忠诚。

转移型忠诚者，即从偏爱一种品牌转换到偏爱另一种品牌的顾客。购买模式：A，A，A，B，B，B，反映了顾客对品牌A的忠诚转移到了品牌B。

多变者，即对任何一种品牌都不忠诚的顾客。购买模式：A，C，E，B，D，B，反映了一个没有忠诚度的顾客，他是一个有什么品牌就买什么品牌的购买者，或是一个购买多种品牌的购买者。

每一个市场由不同数量的四种购买者组成。一个品牌忠诚者的市场是一个对品牌的坚定忠诚者在买主中占很高百分比的市场。例如，牙膏市场和啤酒市场就是具有相当多的品牌忠诚者的市场。在一个品牌忠诚者市场推销产品的餐饮企业，要想获得更多的市场份额就很困难，而要进入该市场的餐饮企业，也得经历一段艰难的时期。

餐饮企业在日常营销中，针对本企业的各类顾客应采取不同的方式。对于坚定的忠诚者，了解其所属阶层后，准确确定目标市场；从不坚定的忠诚者身上可以了解竞争对手与本企业相比优劣势所在，有利于调整定位和改进产品；如果出现大量的转移型忠诚者，说明餐饮企业的营销组合有一定的问题，需要及时改进营销策略的薄弱环节；对于多变者，企业应想方设法吸引他们，并努力培养他们的忠诚度。

⑥购买阶段：顾客对餐饮产品的了解程度往往因人而异。有的顾客可能对某一餐饮产品确有需要，但并不知道该餐饮产品的存在；还有的顾客虽已知道该产品的存在，但对产品的价值、稳定性等还存在疑虑；另外一些顾客则可能正在考虑购买。针对处于不同购买阶段的消费群体，餐饮企业应进行市场细分并采用不同的营销策略。

⑦态度：餐饮企业还可根据市场上顾客对产品的热心程度来细分市场。不同顾客对同一餐饮产品的态度可能有很大差异，如有的很喜欢持肯定态度，有的持否定态度，还有的则是既不肯定也不否定的无所谓态度。针对持不同态度的消费群体进行市场细分，并进行不同的广告、促销等活动。

餐饮市场细分的因素极其复杂，以上只是在市场细分时经常使用的因素。针对不同的市场环境和特定的营销问题，往往需要灵活地选用不同的细分因素。

（二）餐饮目标市场选择

餐饮目标市场是指餐饮企业决定要进入的市场，也就是餐饮企业的目标顾客，是其市场营销活动所要满足的那部分市场需求。餐饮企业在对整体市场进行细分之后，要对各餐饮细分市场进行评估，然后根据餐饮细分市场的市场潜力、竞争状况、本企业资源条件等多种因素决定把哪一个或哪几个细分市场作为目标市场。

1. 确定目标市场范围的选择模式

餐饮企业在市场细分的基础上，经过细分市场评估，可以根据本企业的等级规格、资源实力、技术条件、开发能力等，酌情选择一个或几个细分市场，形成目标市场群体。餐饮企业在具体确定目标市场的范围时，有以下五种可供选择的模式。

①市场集中化模式

这种模式是指企业只选择一个细分市场作为自己的主要目标市场，然后用同一类型的产品去满足这一细分市场的客人的需求，提供相应的服务。因而，其目标市场是很集中的，即用单一产品去满足单一市场客人的需求。这一模式主要适用于经营方式比较单一的餐饮企业，如单一经营火锅的餐厅、单一经营烤肉的餐厅、单一经营鱼头的餐厅、经营单一产品的快餐厅等。就市场而言，其客人的消费需求、消费偏好是基本相同的，所以称为市场集中化模式。

②产品专业化模式

这种模式是指企业只生产一种专业化的系列产品，可以满足几种不同市场的客人需求。如肯德基主要经营鸡肉类产品，麦当劳主要经营汉堡类产品，均可满足儿童、青年和中年人等不同类型的客人的需求，它们基本属于这一类。

③市场专业化模式

这种模式是指企业以某一类型客人为营销对象，用不同类型的产品去满足同类客人的消费需求。如餐饮企业专营宴会服务，同时又将宴会分为寿宴、婚宴、家宴、团圆宴等不同产品，可以满足多类宴会客人的需求。但就客源市场而言，则都属于宴会市场的范畴。

④市场多角化模式

这种模式是指企业同时经营多种类型的产品，分别满足不同类型的市场需求。如一家大型酒楼饭庄，同时开设2~3个厨房，经营不同风味的产品，每个风味的产品又同时提供零点、包房和宴会服务，可以满足家庭与散客、团队与会议和各种档次的宴会等不同客人的需求。再如大中型和高星级饭店的餐饮部门，大多同时设有中餐、西餐等2~5个风味的厨房和5~8个以上不同类型的餐厅，可以同时满足散客、团队、会议、包房和多种宴会客人的消费需求。这些都属于市场多角化模式的运用。

⑤市场全面化模式

这种模式是市场多角化模式的进一步扩大，企业同时经营多种类型的产品，但满足的市场不是多角的，而是全面的。如假日、希尔顿等饭店集团在世界各地拥有不同等级、不同品牌的饭店和各类餐厅，可以全面满足各类旅游和餐饮市场客人的需求。所以，这种模式只适用于大型集团化管理的企业。

2. 餐饮目标市场营销策略

餐饮目标市场营销策略是指在企业目标市场选择确定后，采用哪些策略手段来达到市场开发的目的，确保为企业源源不断地开发客源。可供选择的目标市场营销策略主要有以下三种：

①无差别策略

这种策略是指企业在目标市场选择确定后，只用一种市场营销手段去面对整个餐饮市场，进行市场开发和客源组织。这种策略基于两种指导思想：一是强调需求共性，认为企业产品和服务对大多数人即整个市场都是适用的。二是企业经过市场调查，认为消费者对自己的产品和服务的需求是大致相同的。对餐饮企业来说，这种策略主要适用于企业刚开业，推出新产品，或企业产品的适用范围十分广泛，企业集中宣传自己的品牌，提高企业的声誉和知名度时采用。

②差异化策略

这种策略是指企业在目标市场选择确定后，针对不同的细分市场分别采用不同的市场营销组合去开发不同的细分市场。如一家大型饭店或者大中型高档酒楼饭庄，在宣传自己的产品和服务时，将其市场细分为高中档商务散客、会议客人、政府机构客人等，然后针对每一种市场再列出自己的特色产品、特别服务和不同的收费标准，使不同需求的市场客人，分别选择适合自己需要的产品和服务，这就是差异化市场策略的运用。所以，差异化策略主要适用于大中型和集团化餐饮企业。采用这种策略要对市场宣传、营销组合进行精心策划，具有较强的营销实力。当然，其营销活动的针对性也更强，营销效果会更好。

③集中型策略

这种策略是指在市场细分的基础上，针对某一型、某一档次的客源市场，集中人力、物力和财力去开发自己的某一细分市场。如谭家菜餐厅集中开发中高档市场，成都小吃集中开发经济型客源市场等。总之，集中型策略对大多数餐馆、酒楼、饭庄都比较适用，因为这些企业大多规模较小，餐厅类型和产品风味单一，资金实力相对较弱，采用集中型市场营销策略，更容易收到良好效果。

（三）餐饮市场定位

1. 餐饮市场定位的概念

所谓市场定位就是企业根据目标市场上同类产品的竞争状况，针对顾客对该类产品某些特征或属性的重视程度，为本企业产品塑造强有力的、与众不同的鲜明个性，并将其形象生动地传递给顾客，求得顾客的认同。市场定位的实质是使本企业与其他企业严格区分开来，使顾客明显感觉和认识到这种差别，从而在顾客心目中占据与众不同的有利位置。

传统的观念认为，餐饮市场的定位就是在每一个餐饮细分市场上产生不同的餐饮产品，实行产品差异化。事实上，市场定位与产品差异化尽管关系密切，但有着本质的区别。餐饮市场定位是通过为自己的餐饮产品创立鲜明的个性，从而塑造出独特的市场形象来实现的。一项餐饮产品是多个因素的综合反映，包括环境、服务、成分、包装、形状、质量等，餐饮市场定位就是要强化或放大某些餐饮产品因素，从而形成与众不同的独特形象。产品差异化乃是实现市场定位的手段，但并不是市场定位的全部内容。餐饮市场定位不仅强调餐饮产品的差异，而且要通过餐饮产品差异建立独特的市场形象，赢得顾客的认同。

需要指出的是，市场定位中所指的产品差异化与传统的产品差异化概念有本质区别，它不是从生产者角度出发单纯追求产品变异，而是在对市场分析和细分化的基础上，寻求建立某种产品特色，因而它是现代市场营销观念的体现。市场定位的概念被提出来以后，受到企业界的广泛重视。越来越多的企业运用市场定位，参与竞争、扩大市场。

2. 餐饮市场定位步骤

餐饮市场定位的主要任务就是在餐饮市场上，让企业、产品与竞争者有所不同。要做到这一点，其实极不容易，让顾客从心里记住你，大概要做好以下三个方面的工作。

（1）确立产品的特色

餐饮市场定位的出发点和根本要素就是要确定餐饮产品的特色。首先要了解市场上竞争者的定位如何，他们要提供的餐饮产品或服务有什么特点；其次要了解顾客对某类餐饮产品属性的重视程度，显然，费大力气去宣传那些与顾客关系并不密切的产品属性是多余的；最后，还要考虑企业自身的条件。有些餐饮产品属性，虽然是顾客比较重视的，但如果企业力所不能及，也不能成为市场定位的目标。

（2）树立市场形象

餐饮企业所确定的餐饮产品特色，是餐饮企业有效参与市场竞争的优势，但这些优势不会自动地在市场上显示出来。要使这些独特的优势发挥作用，影响顾客的购买决策，需要以餐饮产品特色为基础树立鲜明的市场形象，积极主动而又巧妙地与顾客沟通，引起顾客的注意与兴趣，求得顾客的认同。有效的餐饮市场定位并不取决于餐饮企业怎么想，关键在于顾客怎么看。餐饮市场定位成功的最直接的反映就是顾客对企业及其餐饮产品所持的态度和看法。

（3）巩固市场形象

顾客对餐饮企业的认识不是一成不变的。由于竞争者的干扰或沟通不畅，会导致市场形象模糊，顾客对餐饮企业的理解会出现偏差，态度发生转变。所以建立市场后，餐饮企业还应不断向顾客提供新的信息，及时矫正与餐饮市场定位不一致的行为，巩固市场形象，维持和强化顾客对企业的看法和认识。

3. 餐饮市场定位方法

各个餐饮企业经营的餐饮产品不同，面对的顾客也不同，所处的竞争环境也不同，因而餐饮市场定位所依据的原则也不同。总的来讲，餐饮市场定位所依据的原则有以下四点：

（1）根据具体的餐饮产品特点定位

构成餐饮产品内在特色的许多因素都可以作为市场定位所依据的原则。

（2）根据特定的使用场合及用途定位

为老产品找到一种新的用途，是为该产品创造新的市场定位的好方法。比如把酸奶定位于餐前奶，就是把作为休闲饮料和早餐饮品的酸奶用于正餐前饮用，在一段时间的国内餐饮市场上颇为流行。

（3）根据顾客得到的利益定位

餐饮产品提供给顾客的利益是顾客最能切身体验到的，也可以用作定位的依据。1975年，美国米勒（Miller）推出了一种低热量的“Lite”牌啤酒，将其定位为喝了不会发胖的啤酒，迎合了那些经常饮用啤酒而又担心发胖的人的需要。

（4）根据使用者类型定位

餐饮企业常常试图将其餐饮产品指向某一类特定的使用者，以便根据这些顾客的看法塑造适当的形象。

事实上，餐饮企业进行餐饮市场定位的依据往往不止一个，而是多个依据同时使用。因为要体现餐饮企业及其餐饮产品的形象，市场定位必须是多角度的、多方面的。

第三节　餐饮市场营销组合

4Ps 市场营销组合是 1960 年美国著名市场营销学家杰罗姆·麦卡锡，在对波顿教授的市场营销组合概念进行归纳的基础上提出的。

餐饮企业的 4Ps 市场营销是由产品（Product）、价格（Price）、渠道（Place）和促销（Promotion）四个营销要素组合形成的餐饮市场营销方式。由于四个要素的首字母均是“P”，该市场营销组合及营销方式被称为“4Ps”（其中 s 表示复数）。

一、餐饮产品策略

餐饮产品是餐饮企业生产经营活动的核心物质载体，是餐饮企业的“生命”，没有产品，餐饮企业的生产经营也就无从谈起。

（一）餐饮产品的概念

餐饮企业要制定产品策略遇到的第一个问题就是如何认识和把握餐饮产品的整体概念。按照传统的看法，产品就是指具有某种特定物质形状和用途的物体，比如电视机、电冰箱、自行车、手表、汽车等都是产品。但是这种理解是狭隘的和不完整的，尤其是对餐饮业来说更是严重地限制了其发展空间和竞争能力。因此，应该从现代的整体产品层次上来把握餐饮产品的概念。

所谓餐饮产品，就是由餐饮企业提供的，被消费者使用和消费，能满足消费者饮食欲望和需要的一切物品和劳务。它包括食物、服务、场所、组织和构思等各种有形和无形的形式，如餐饮企业提供的各种菜肴、饮料、酒水、餐厅的各种设施、装饰等可以看得见、摸得着的物质实体以及餐饮企业提供的各种服务（如外卖、速递上门、自助服务等）、餐厅氛围（如高雅、浪漫、怀旧、欢乐）等消费者只能感觉其存在的非物质实体。

因此，从产品的整体概念出发，餐饮产品至少应当包括三个基本层次：核心产品、形式产品和附加产品。

1. 核心产品

核心产品是餐饮产品最基本、最主要的组成部分，是指消费者购买某种餐饮产品时所追求的根本利益，是顾客需求的中心内容。不同的顾客在购买餐饮产品时所需解决的问题是不同的，有的顾客是为了便宜、实惠，而有的顾客是为了讲氛围、讲排场。所以餐饮营销人员应善于发现顾客购买餐饮产品时追求的根本利益，从而提供符合顾客需求的餐饮产品。

肯德基快餐公司的总裁曾经这样说过，我们在世界各地开设的分公司不仅是为了给消费者提供鸡腿，更主要的是为他们提供美国的家乡风味。有人请教美国的超级推销员惠勒，请他谈一谈推销的秘诀，他形象地说出这么一句话：“我们卖的不是牛排，而是牛排发出的哧哧声。”由此可见，餐饮企业市场营销人员推销的就是餐饮产品的“实际利益”，而不是其表面的形式与外观，他们必须绞尽脑汁以便让消费者了解餐饮产品能让其获得满足的程度。

当然，核心产品只是一个抽象的概念，要实现餐饮企业产品和消费者手中货币的交换，还必须通过一定的具体形式。

2. 形式产品

形式产品是指核心产品借以实现的形式，即向市场提供的实体和服务的具体形象。餐饮企业的生产人员必须将核心产品转变为有形的东西，这样才能卖给消费者。在这个层次上的餐饮产品就是有形产品，它是满足消费者需要的各种具体餐饮产品的形式。餐饮业有形产品包括五个方面的内容：一是品质，如菜肴的口味、外观、份量等；二是特色，它表明同竞争对手的区别，显示竞争优势；三是形式，如菜肴的式样、风格、类型等；四是品牌，即产品的标志；五是包装，它给产品增加美感，同时也起到保护产品的作用。

餐饮业有形产品的特点是直观和具体，一般在短时间内甚至瞬间就能给消费者留下深刻印象。例如，我国著名的风味小吃“羊肉泡馍”，沸腾的汤、厚厚的馍、巨大的碗、诱人的香，使食客未经品尝，便食欲大开。这种特殊的饮食方式自然使人难以忘怀。因此，餐饮企业的营销人员要特别注意塑造产品的有形形象。

3. 附加产品

附加产品即延伸产品，它是餐饮产品的第三个层次。它是指消费者在购买餐饮产品时所得到的附加服务和利益，能给顾客带来更多的利益和更大的满足。例如，顾客购买某种菜肴时，如果能给客人提供这道菜的热量信息、各种功效以及有关这道菜的典故，就可以使顾客的满意度提高。

目前，随着对餐饮需求层次的要求不断提高，人们更加追求进餐的档次、情调、氛围，餐厅提供的附加产品越来越为消费者所重视，并成为他们做出购买决策的标准之一。

美国学者西奥多·莱维特曾经指出：“真正地竞争不是发生在各个公司的工厂生产什么产品，而是发生在其产品能提供何种附加利益。”产品延伸部分能给顾客提供多种附加利益，能形成吸引顾客的独特因素，创造顾客对产品的忠诚度，有助于餐饮经营者保持和扩大市场，在竞争中取胜。

以上三个层次结合起来，就是餐饮产品的整体概念。它包括有形的和无形的、物质的和非物质的、核心的与附加的等多方面内容。餐饮业产品整体概念体现了以顾客为中心的现代经营观念，明确这一观念，对于餐饮企业进行餐饮产品的开发、设计、生产和服务等具有重要的指导意义。

（二）餐饮产品的种类

世界餐饮业发展至今，餐饮产品日趋丰富和完善，主要源于市场竞争的激烈和消费者需求的增加。要想在餐饮市场中争得一席之地，靠单一的餐饮产品是达不到目的的。因此，餐饮产品的种类和数量的增加十分迅速，逐步形成完善的餐饮产品体系。

按照不同的市场细分标准，可以对餐饮产品进行如下分类。

1. 根据餐饮产品的国别可分为西餐和中餐

（1）西餐：西餐是我国对以欧美为主的国外餐饮食品特色的统称，从口味、制作、文化三个方面区别，主要分为口味各异的欧美、自成体系的东南亚、日韩等几大类，包括法国菜、俄国菜、意大利菜、墨西哥菜、日本菜、美国菜等。

（2）中餐：中国作为一个餐饮文化大国，长期以来，在某个地区由于地理环境、气候物产、文化传统以及民族习俗等因素的影响，形成了一定的亲缘承袭关系，菜点风味相近，知名度较高，并为部分群众喜爱的地方风味著名流派，它们被称作菜系。这些菜系由历代宫廷菜、官府菜、几个地方菜系所组成，主体是各地方风味菜，其中最有形象性和代表性的是被社会公认的鲁、川、粤、闽、苏、浙、湘、徽等菜系，即人们常说的“八大菜系”，加上京菜和鄂菜，即为“十大菜系”。

知识点链接

八大菜系及代表菜

（1）山东菜系（鲁菜）

特点：味浓厚、嗜葱蒜，尤以烹饪海鲜、汤菜和各种动物内脏为主。

名菜：油爆大虾、红烧海螺、糖醋鲤鱼。

（2）四川菜系（川菜）

特点：以味多、味广、味厚、味浓著称。

名菜：宫保鸡丁、一品熊掌、鱼香肉丝、干烧鱼翅。

（3）江苏菜系（苏菜、淮扬菜）

特点：烹饪技艺以炖、焖、煨为主，重视调汤，保持原汁。

名菜：鸡丝煮干丝、清炖蟹粉、狮子头、水晶肴蹄。

（4）浙江菜系（浙菜）

特点：鲜嫩软滑，香醇绵糯，清爽不腻。

名菜：龙井虾仁、西湖醋鱼、叫花鸡。

（5）广东菜系（粤菜）

特点：烹饪方法突出煎、炸、烩、炖等，口味特点是爽、淡、脆、鲜。

名菜：三蛇龙虎凤大会、烤乳猪、盐焗鸡、冬瓜盅、咕咾肉。

（6）湖南菜系（湘菜）

特点：注重香辣、麻辣、酸辣、椒辣、香鲜，尤以酸辣居多。

名菜：红煨鱼翅、冰糖湘莲。

（7）福建菜系（闽菜）

特点：以海味为主要原料，注重酸甜鲜香，色美味鲜。

名菜：雪花鸡、金寿福、烧片糟鸡、橘汁加鲫鱼、太极明虾。

（8）安徽名菜（徽菜）

特点：以火腿作为特色，冰糖提鲜，擅长烧炖，讲究火工。

名菜：葫芦鸭子、符离集烧鸡。

2. 依据餐饮产品本身属性分为风味餐饮和主题餐饮

餐饮企业以产品为纲，如海鲜、野味、佛家素食、火锅、包子、烤鸭等，都有较为明确的产品特色。

（1）风味餐饮：风味餐饮主要是经营具有地方特色或民族特色的菜品，并以其独特风味来吸引目标客人的餐饮企业。风味餐饮可分为三类：一是经营风味菜系，二是经营风味菜肴，三是经营地方或民族风味小吃。

风味餐饮具有明显的地域性，强调菜品的正宗、地道，否则就难以吸引顾客。风味餐饮装潢简单、质朴，气氛轻松和谐，与经营菜品的地方或民族风格相一致，但不降低卫生档次和服务标准。风味餐饮实行简化的餐桌服务方式，即一种非正式的、简便的而经济的服务方式，对客人有亲和力。风味餐饮餐具种类有限且简单。

（2）主题餐饮：主题餐饮主要是通过特殊的环境布置、特殊的装饰或娱乐安排等，全方位打造出具有特定文化主题的餐饮企业。主题餐饮为客人提供一种感受，而不单纯是餐饮。主题餐饮经营规模一般不大，提供餐桌服务。所以，这类餐饮所提供的餐饮品种有限，但富有特色。主题餐厅的菜品不一定是最好的，但给人们提供的环境氛围和文化感受是最美的。可以说主题餐饮提供的是一种文化餐，满足人们对餐饮产品更高层次的需求，价格一般比餐桌服务型餐饮高。

此外，餐饮根据在流通产品时间上的差异可分为正餐、快餐、茶餐、酒吧和“咖啡”餐饮；根据档次不同可划分为高、中、低三个档次。但确立产品体系与目标客户接受产品体系是两个截然不同的概念，在现今的市场中，后者更需要餐饮企业通过系统化的营销工作来完成，这就需要餐饮企业扎扎实实地工作。

二、餐饮价格策略

（一）餐饮产品的定价及构成

1. 餐饮产品的价格是以价值为基础的

餐饮产品的价值主要包括三个部分：

（1）物化劳动的转移价值：它以食品原料价值、设施设备、家具用具、餐茶用品和水电燃料消耗价值为主，其中，既有物化劳动价值的直接转移，又有物化劳动价值的渐进补偿。

（2）活劳动消耗中的必要劳动价值：它以劳动者的工资和工资附加费、劳动福利和奖金消耗为主，即劳动力价值。

（3）活劳动消耗中的剩余劳动价值：它以税金和利润的形式为国家提供公共积累，并为企业的生产和再生产积累资金。

2. 餐饮产品的价格构成同其价值是相适应的

在价值向价格的转化过程中食品原料价值转化为产品成本；生产价格和销售服务过程中的设施设备、家具用具、餐茶用品、水电燃料、工资及工资附加费、福利费等转化为流通费用；产品成本和流通费用形成餐饮经营成本；税金以公共积累的形式上交国家；其余额为餐饮产品的利润。因此，餐饮产品的价格是由产品成本、流通费用、税金和利润四个部分构成的，其计算公式如下：

餐饮产品价格＝产品成本+流通费用+税金+利润

在实际工作中，除食品原料成本以外，餐饮产品的流通费用、税金和利润很难按花色品种单独分摊到各个产品中去进行单独核算。这是由餐饮产品花色品种繁杂、产销服务融合在一起、产品销售随时处于变化之中的特点决定的。因此，其价格构成中的流通费用、税金和利润融合在一起，形成产品毛利。由此可以得出结论：餐饮产品的价格是由成本和毛利构成的。其计算公式如下：

餐饮产品价格＝产品成本+产品毛利

（二）餐饮产品的定价程序

餐饮产品的价格构成是制定产品价格的理论基础，它对价格的实际制定和调整都有重要的指导作用。其定价程序主要包括六个步骤。

1. 判断市场需求

餐饮产品正式定价前，只有做好市场调查，判定某种风味、某类产品的市场需求量，探测消费者对产品价格的态度，才能制定出合理的产品价格。为此，要区分市场类型，根据企业不同餐厅的具体情况来确定。

（1）高档餐厅的市场需求

指消费水平和支付能力较强的客人对产品的需求量和对价格的态度。

（2）中低档餐厅的市场需求

指一般用餐客人对餐饮产品的需求和对价格的态度。

2. 确定定价目标

定价目标是在判断市场需求的基础上完成的。餐饮企业的定价目标是要保持产品价格和市场需求的最佳适应性，使价格既为用餐客人所接受，又能保证企业获得必要的利润。

但在实际工作中，由于企业等级规格不同、产品风格不同、餐厅类型和销售方式不同，其定价目标也不完全一样。定价目标主要有如下五种：

（1）市场份额导向目标

它以增加市场份额为中心，采用市场渗透策略定价。

（2）利润导向目标

它以追求利润为中心，多采用声望定价策略定价。

（3）成本导向目标

它以降低成本为中心，多采用薄利多销策略定价。

（4）竞争导向目标

它以开展市场竞争、增强企业产品竞争能力为中心，多采用观望策略定价。

（5）享受导向目标

它以满足客人物质和精神享受为重点，多采用高价促销策略定价。

3. 预测产品成本

成本是影响价格的重要因素。餐饮产品的价格是以单位产品成本为基础来指定的，但价格又受毛利率的重要影响。因此，从定价目标的要求来看，预测产品成本主要是分析成本、费用水平，掌握餐饮经营盈利点的高低，以便为制定价格提供客观依据。

4. 分析同行竞争对手价格

价格是开展市场竞争的重要手段。在餐饮经营过程中，同行竞争对手的同类产品的价格高低直接影响企业竞争。因此，分析同行竞争对手的产品价格，主要是对同一档次、同种规格和同类产品的价格进行具体分析，然后选择定价策略。定价方法又有如下三种：

（1）按市场价格定价

不管竞争对手的价格高低，按市场价格定价，这样可以保证一定的利润，不致因高价将客人吓跑。

（2）按高于竞争对手的价格定价

按高于竞争对手的价格定价，可以强调产品质量，但可能减少收入。

（3）按低于竞争对手的价格定价

按低于竞争对手的价格定价，可以树立价格低廉的产品声誉。具体采用哪种价格竞争策略，也要根据企业的实际情况确定。

5. 制定毛利率标准

餐饮产品价格是根据产品成本和毛利率来制定的，毛利率的高低直接决定价格水平。因此，正式定价前要合理制定毛利率标准。毛利率有如下两种：

（1）分类毛利率是某一种类餐饮产品的毛利率占该类产品销售额或原料成本的比率，如蔬菜、肉类、海鲜、鱼类毛利率等。其表现形式又有销售毛利率（即内扣毛利率）和成本毛利率（即外加毛利率）两种。前者是以销售额为基础制定的毛利率，后者是以原料成本为基础制定的毛利率。它们是企业制定餐饮产品价格的主要依据。

（2）综合毛利率是某一等级、某种类型的企业或餐厅餐饮产品的平均毛利率，如企业平均毛利率，企业内部的中餐厅、西餐厅、咖啡厅的不同毛利率等。它是餐饮产品的毛利率总额占其销售总额或原料成本总额的比率。它的作用是控制企业或餐厅餐饮产品的总体价格水平。其表现形式也有两种，计算公式与分类毛利率相同，但其数值是以企业或餐厅全部餐饮产品销售额或成本额为基础的。

6. 选择定价方法

餐饮产品价格制定最终落实到定价方法的选择。定价目标不同，定价方法也不完全一样。具体的定价方法有以成本为中心、以利润为中心和以竞争为中心的。

知识点链接

餐饮定价目标

餐饮定价目标是指餐饮企业在制定餐饮产品价格时所要达到的目标。餐饮企业的定价目标在市场营销活动中的地位体现在两个方面：一方面必须符合餐饮企业的市场营销目标，与市场营销目标达到协调一致；另一方面，定价目标又是选择餐饮定价策略的依据。

1. 以经营利润作为定价目标

利润是考核和分析企业市场营销工作好坏的一项综合性指标，是企业最重要的资金来源。以利润为定价目标有三种具体形式：预期收益、最大利润和合理利润。

2. 注重销售的定价目标

在有些情况下，餐饮管理人员出于经营的需要，在定价时会追求增加客源和菜品的销售数量。例如，餐厅所处的地点过于僻静或餐厅的知名度较低，管理人员为吸引顾客、增强菜单的吸引力，往往在一段时间内将价格定得低些，使顾客喜欢光顾而使餐厅的知名度提高。有些餐厅在遇到激烈竞争时，为了提高或保持市场占有率，甚至为了控制市场，也以低价来增加客源。这些餐饮企业虽然会因低价而生意兴隆，但在短期内可能不会得到应得的利润，甚至不能产生利润。

3. 刺激其他消费的定价目标

刺激其他消费的定价目标是指为实现企业的总体经营目标，将某一种或几种具有诱饵效应的餐饮产品的价格定得更低。以此来刺激顾客对其他产品的购买。通常使用较多的诱饵产品并不是完整的餐饮产品，而是具有吸引力的菜品，以此吸引顾客增加对其他菜品或完整产品的消费。这种诱饵产品被称为“亏损先导产品”。

4. 以生存为目的的定价目标

以生存为目的的定价目标是指在市场不景气或竞争激烈的情况下，餐饮企业为了生存，在定价时只求保本的一种定价目标，以生存为目的的定价目标在度过经济衰退期时经常使用。

三、餐饮渠道策略

餐饮企业形态多样性以及餐饮产品的独特性决定了其分销渠道的多变性，在如今“得渠道者得市场”的竞争局面下，为了适应市场的各种需求与变化，餐饮分销渠道的选择显得尤为重要。对餐饮企业来说，选择分销渠道的目的就是使餐饮产品在从生产领域到消费领域的过程中，走最有效率的路线。及时把餐饮产品送到顾客手中，从而使顾客认可餐饮企业，其策略大致可分以下四种：

（一）直接营销渠道策略

直接营销渠道是指餐饮企业权衡利弊，在决定营销渠道时，选择不通过中间商而将产品直接销售给顾客。主要体现在以下几个方面：

1. 餐饮企业的传统店铺销售：时下大多数的餐饮企业采取这种方式，顾客可以通过直观的感受来评价餐饮企业的好坏，从而决定是否再次消费。同时也包括服务程序化的“即买即取”的快递售卖餐饮，1～2分钟内完成点单、唱单、配餐、收银、取餐全过程。

2. 电话网络销售：如百胜餐饮旗下的“必胜客宅急送”只需一个电话，半小时内你所喜爱的PIZZA就会到你面前。这种直销方式也是未来的发展趋势。

3. 会展销售：将有特色的餐饮产品带到现场，如成都的“锦里”，重庆的“洪崖洞”等特色景点都吸引了当地发展较好的小型餐饮企业，借人气与顾客进行面对面的沟通。

（二）广泛营销渠道策略

广泛营销渠道策略是指餐饮企业同时利用各种销售渠道使餐饮产品在广大区域内销售，从而满足顾客方便购买的要求。这种营销渠道有利于扩大产品销售，提高企业的知名度。但运用此策略的餐饮企业还必须有相当的实力。如北京全聚德烤鸭集团公司，在全国各地包括美国、印度尼西亚等地通过直接经营、特许经营、产品产业化等方式建立了56家连锁店并取得可喜成绩。

（三）选择营销渠道策略

在一定的地区内选择使用几家中间商来销售餐饮企业的产品，这种策略由于中间商少，生产企业与中间商容易相互协调配合。另外销售成本较低，销售率要比广泛营销渠道高。这种策略适合一些有一定知名度的餐饮产品或想创品牌的餐饮企业。如倡导“绿色餐饮”的湖北小蓝鲸餐饮公司。

(四) 单一营销渠道策略

有些企业在某一地区同餐饮企业合作，选择一个中间商经营本企业的产品，并规定此中间商不能经营其他同类商品，这种策略有利于提高产品的身价和形象。

(五) 其他营销渠道策略

除餐饮企业产品分销本身之外，针对食品原料供应商而言，餐饮分销渠道是一个比较特殊的销售渠道。近年来，随着市场竞争加剧，同时受到国际大卖场营销方式的影响，多数餐饮企业对进去卖场的供货商采取收取进场费用的渠道策略，供货商与餐饮企业的关系则表现为以下五种情形：

1. 只追求产品的覆盖率，进入卖场销售，不考虑服务问题的处理。

2. 与其他竞品一道在某餐厅企业开展人员促销等活动的入场方式。

3. 让餐饮企业以专场促销的方式独家开展人员等促销活动的入场方式。此方式能为企业自身树立一个良好的销售形象，但费用较高。在做专场促销时一定要把促销物料的陈列一项考虑进去，并明确不准竞争对手以任何方式在该店做宣传或促销，不要让竞品钻了自己的空子。对从酒水中获利的餐饮企业来说，提供了足够强于对手的利润空间，这对现代餐饮无疑具有最大的诱惑力。

4. 包量销售，即以协议的方式规定餐饮企业在规定的时间内（一般为一年）完成一定的销量，在完成销量指标后，厂家一次或分阶段给予店方一定比例或确定的费用的入场方式。如果店方规模较小，宜采用只进场或包量销售方式。包量销售方式一般约束力较小，任务定得要合理。如果太高，店方完不成的话他们就会把精力转向其他竞品。

5. 暗促销方式是针对别人已买了专场，或餐饮企业的促销名额已满，不能再上人员促销的餐饮企业，厂商和店方达成协议，为避免引起已买专场促销的厂家注意，由店方指定1～2名服务员协助促销本厂产品，在完成每月基本销量任务后，由厂商给店方承担一定名额（相当于1～2名促销人员工资）的店方服务员的工资或其他费用的入场促销方式。暗促销人员毕竟是店方的服务员，一定要找机会给其培训公司及产品的有关知识，使其真正地成为公司促销和宣传员。

四、餐饮促销策略

餐饮促销组合就是营销者有目的、有计划地将广告、营业推广、人员推广等促销方式结合起来、综合运用，形成一个整体促销策略。企业对多种促销方式进行适当的选择，综合运用，以求达到最好的促销效果。

(一) 促销方式

1. 餐饮广告：餐饮企业可以利用大众媒介进行付费宣传。现代餐饮广告应该是一种双向的信息沟通过程，即以顾客的利益为出发点来考虑广告的制作和传播。

2. 餐饮人员推销：指餐饮企业销售人员的访问和推销活动。值得重视的是，参与餐饮服务过程的所有人员都负有促销的责任。

3. 餐饮销售促进：也称为营业推广，主要是设计和举办一些刺激消费的活动，具有短期诱导性、强刺激性的特点，是广告和人员推销的补充。

（二）促销策略

按照促销信息的流向，促销可以分为“推式”策略与“拉式”策略两类。

1. “推式”策略指餐饮企业把产品推销给中间商，由中间商将产品推入分销渠道，推向市场的促销策略。人员推销和销售促进属于此类策略。

2. “拉式”策略指餐饮企业利用广告活动与营业推广等促销活动，激发消费者的购买欲望，从而拉动整个分销渠道系统，完成餐饮产品销售。

餐饮企业是选择推式策略还是拉式策略来促进销售，对促销组合具有重要影响。前者强调了企业的能动性，而后者的中心在拉引，着重强调消费者的能动性。在促销时，餐饮企业要结合具体情况采取不同的组合方式，各有侧重又相互配合。

（三）影响餐饮促销的因素及相应的促销策略选择

对餐饮企业来说，在制定促销组合和确定促销策略时，一般应考虑产品的生命周期、促销目标、市场状况等因素。各种因素不同程度的影响决定了餐饮企业在促销时的策略选择。

1. 餐饮产品生命周期：不同阶段的促销目标不同，促销效果也有所不同，应相应地选择特定的促销策略，编制不同的促销组合。

（1）导入期：导入期的餐饮促销策略应以广告宣传为主，目的在于促进消费者对餐饮产品的认识和了解，并辅之以人员推销、销售促销等方法，以便向“先驱”买主做细致的说明和介绍。

（2）发展期：发展期的促销重点应该是宣传餐饮特色，树立餐饮产品品牌，刺激人们对餐饮产品的需求，提高餐饮产品的市场占有率。这个时候，广告宣传仍是主要的促销方式，同时配合使用人员推销，尽量扩大销售渠道和产品销量。

（3）成熟期：成熟期竞争对手日益增多，为了与竞争对手相抗衡、保持已有的市场占有率，餐饮企业必须增加促销费用。这个阶段的餐饮产品促销一般以销售促进为主，广告仍作为重要的方式在运用，但是要改变广告形式，这时的消费者只需要提醒式的广告即可。

（4）衰退期：衰退期餐饮产品由成熟走向衰退，餐饮企业应把促销规模降到最低限度，以保证足够的利润收入。这时只需要用少量的广告活动来保持消费者的记忆即可，或配合一些销售促进措施。而人员推销可减至最小规模，宣传报道活动可以停止。

总体来看，在导入期和成熟期，促销活动十分重要，而在发展期和衰退期，则可降低促销费用，缩小促销规模，以保证足够的利润。

2. 促销目标：是指餐饮促销活动所要达到的效果和目的。促销目标对餐饮企业的促销组合的选择也有影响。如果促销的目标是提高一种新产品的知名度，那么重点应放在广告和销售促进上；如果促销的目标是让消费者了解产品的特点，那么促销组合的构成就应该是适量的广告、大量的人员推销和一些销售促进。

从餐饮促销组合的成本效益来分析，广告、销售促进在建立购买者知晓方面，比人员推销的效果好得多。在促进购买者对餐饮企业及产品的了解方面，广告的成本效益最好，人员推销其次。购买者对餐饮企业及产品的信任，在很大程度上受人员推销的影响，之后才是广告。

3. 市场状况：主要包括市场范围大小、市场竞争状况等，针对不同状况的市场要采取不同的促销策略。

（1）市场范围大小：一般而言，市场地域广、潜在餐饮消费者数量大时，应以广告宣传和文字宣传为主；反之，市场范围小且多为中间环节市场时，则应以人员推销为主。

（2）市场竞争状况：市场竞争激烈时，应同时采取“推式”策略和“拉式”策略；反之，采取“拉式”策略。

第四节　餐饮营销方式创新

一、餐饮关系营销

（一）餐饮关系营销的含义

菲利普·科特勒认为，市场营销是买卖双方创造更亲密工作关系和相互关系的艺术。因此，所谓餐饮关系营销，是指餐饮企业与顾客、中间商、竞争者、政府机构及其他公众发生连续性交往和互动作用的营销活动，其核心是在营销活动中与各关系方建立长期稳定的相互依存的营销关系，以求提高品牌忠诚度和巩固市场，促进产品持续销售。

同传统的餐饮营销相比，餐饮关系营销不仅将注意力集中于和顾客发生关系，而且需要内部各层次、各部门员工的共同努力，需要与外界保持各种联系。具体地说，餐饮企业经营中存在的主要关系包括：餐饮企业与消费者的关系、餐饮企业与竞争者的关系、餐饮企业与公众的关系、餐饮企业与政府的关系、餐饮企业与员工的关系等。餐饮企业将建立、维系与发展同相关个人及组织的关系作为餐饮企业市场营销的关键变量，把握住了现代市场竞争的特点，因而被餐饮营销专家认为是“对传统市场营销理论的一次革命”。

（二）餐饮关系营销的类型划分

餐饮企业的经营活动具有现炒现卖、热炒热卖的特点。因而，餐饮服务的生产与消费是不可分离的。这在客观上对餐饮经营者形成一种压力，即餐饮企业必须主动关心客户需求、改善与客户的关系，以便达到更好的餐饮生产和消费的效果。餐饮业的关系营销可分为三种类型：

1. 客户关系营销

客户关系营销是指餐饮企业以客户和客人为重点营销对象，通过组织员工提供优质、细微和针对性很强的服务来发展客户关系，使客人成为企业稳定的回头客和忠诚客户的一种营销手段。餐饮企业的客户关系营销又有三种具体表现：

（1）角色营销

是指餐饮企业让全体员工，包括经理、主管、领班、服务员和厨师等，在餐饮现场服务的过程中忘我地进入角色、将服务过程变成“演戏”过程，将服务中的人际关系变成角色关系，用角色服务吸引客人和满足客人的需求。餐饮企业只有让员工扮演好角色，才能处理好与客人的关系。不能进入角色或者角色演错了、演砸了，都难以处理好与客人的关系，都可能由此导致营销的失败。因为餐饮服务说到底就是在“演戏”，大家为了在企业经济活动中获得利益，都要克服自我，扮演好企业要求的角色，而任何一个角色都与扮演者真实的个人形象密切相关。角色营销中的“进入角色”或“扮演角色”的含义：一是指员工的仪表、言语和行为等形象符合企业所设计的角色规范；二是指员工必须忘我，即在餐饮服务中必须彻底忘掉自我和排除自我干扰；三是指员工尽可能地引导客人也进入角色。

（2）细微营销

是指餐饮企业及其员工从细微处来关心客人和接近客人，使服务层次进入更深的层次。在餐饮企业的营销中，细微服务具体指情感服务、技巧服务、特色服务、周到服务和超值服务，它以情感、技巧、特色、周到和超值等吸引客人。在餐饮业激烈的竞争中，企业要想立于不败之地，就要实行感情服务。正如一位专家指出，餐饮业是服务性行业，是劳动密集型行业，同时又是感情密集型行业，所提供的是对人的服务，员工服务的对象是需要情感的顾客。然而，情感往往体现在服务的细微之处，即所谓的“体贴入微”。细微营销可以以情感人、以情动人，在情感层次上增强餐饮企业的营销吸引力。

（3）倾向营销

是指餐饮企业把营销的重点放在现有的客人身上，营销政策向现有顾客尤其是忠诚客户倾斜。现有顾客，又称老顾客、回头客、常客等，其中包括比例不等的忠诚客户。倾向营销是一项重要的关系营销策略。因为许多餐饮企业在营销方面存在的一个最大的问题是：不分回头客和新客人，不分“忠诚客户”和“非忠诚客户”，即在营销中没有制定对回头客或者忠诚客户的倾斜政策，因而不易形成回头客或者忠诚客人的队伍，造成营销资源的浪费。如许多餐厅推出的优惠促销是面向所有客人的，对于回头客尤其是忠诚客户是不公平的。忠诚客户对企业贡献大，如果得不到公平的回报就会流失。而非忠诚客户由于“投机”而白得了一家店的好处后，并不一定会变成忠诚客户，他们中相当一部分人会再到另一家餐厅去“投机”。另外，餐饮企业还可以将回头客组织起来，加强对他们的管理。

2. 合作关系营销

合作关系营销是指餐饮企业与其他行业之间通过合作来接近客人和发展与客人的关系。餐饮企业与零售业、旅游业、交通业、文化业、娱乐业、通信业、物流业乃至教育业和宗教业都有较密切的联系，其中有一种市场的连带关系或者共生关系，即餐饮业市场的发展可以带动零售业等行业的发展，同时零售业等行业的发展也可以带动餐饮业的发展。因此，餐饮业可以通过合作将其他行业的市场或者客人连带地转变为餐饮业的客人，这就是合作营销的实质。如餐饮企业与大型商场、超市合作，与高中档写字楼、娱乐场所合作，利用他们的场地开办酒楼、饭庄等。餐饮业对跨行业合作营销的管理，主要是根据合作营销协议，协调双方的关系，使合作营销所涉及的“共同市场”受益，达到双赢的目标。

3. 内部关系营销

内部关系营销是指餐饮企业对内部员工的营销，即向内部员工提供良好的服务、满足内部员工的需要、改善与内部员工的关系，以便一致对外地对客人开展外部营销。内部营销是关系营销在企业内部的延伸。内部营销的对象是企业的内部员工，目的是通过员工的满意来实现企业外部客人的满意，从而获得企业竞争优势。员工满意可以通过将营销原理运用于企业内部来实现。内部营销理论一方面说明了企业建立以人为本的企业文化的重要性和必要性，另一方面也为实施以人为本的企业文化提供了具体的营销技术和营销策略。在市场经济体制下，企业生产经营的目的是获得最大的利润，然而在市场竞争日趋激烈的环境下获得利润的有效途径是什么呢？传统营销理论认为是赢得一次性交易的客人，而现代营销理论则强调留住客人，留住客人等于拥有了企业未来的利润来源。企业之间的竞争实质上是对各种资源的竞争，如人力资源、资本资源、技术资源、信息资源，归根结底是为了有效地利用这些资源去获得客人这一现代企业的核心战略资产。因此，谁拥有客人，谁将拥有竞争的优势。因为获得新客人的成本要比留住老客人高得多，因而留住客人就成为企业正确处理投入和产出关系的最优选择。留住客人的关键是使客人满意，而要使客人满意就必须首先使为客人提供产品的员工满意，也就是说“只有满意的员工，才有满意的客人”。因此，获得客人满意直至留住客人的关键是企业内部员工满意。而满足员工的需求是获得员工满意的必由之路。企业只有树立以人为本的企业文化才能真正做到将人放在管理的中心地位，从而达到客人满意，实现留住客人的目的。这就是餐饮内部营销的实质目的。

二、餐饮网络营销

（一）餐饮企业网站营销

餐饮企业网站营销建设适用于大型连锁餐饮企业，网站可提供菜品介绍、会员招募、网络调研、顾客网络体验、网络订餐等内容。

餐饮企业网站是综合性的网络营销工具。传统企业网站以企业及其产品为核心，重在介绍企业及其产品。新型网站以顾客为核心，处处围绕顾客进行设计，尤其是餐饮企业自身与顾客联系就非常密切，网站更要体现其服务特性和顾客导向性。

（二）搜索引擎营销

1. SEO

SEO 即搜索引擎优化，是通过对网站结构（内部链接结构、网站物理结构、网站逻辑结构）、高质量的网站主题内容、丰富而有价值的相关性外部链接进行优化而使网站对于用户及搜索引擎更加友好，以获得在搜索引擎上的优势排名为网站引入流量。

2. PPC

PPC 是指购买搜索结果页上面的广告位来实现营销的目的，各大搜索引擎都推出了自己的广告体系，相互之间只是形式不同而已。搜索引擎广告的优势是相关性，由于广告只出现在相关结果或相关主题网页中，因此，搜索引擎广告比传统广告更加有效，客户转化率更高。

（三）博客、微博营销

1. 博客营销

博客营销是指在网站设立的博客，先进行用户注册，然后发表宣传与广告型文章，介绍企业情况与产品、服务情况而引起上网的读者的注意，与潜在顾客进行网络沟通的一种营销方式。

现在有越来越多的企业考虑在电视、报纸、广播、户外广告之外，通过网络广告，还有博客营销的方式推销产品、树立正面形象、提升企业与产品知名度，与网络潜在的客户建立一种新的沟通方式，从而赢得市场，获得更多的利润。

2. 微博营销

采用微博营销，首先大家都知道如今人们用微博是一种时尚，在公交广告上可以看到“来搜狐微博看我”之类的广告，可见，微博自己本身也在做广告营销，然后利用微博来进行餐饮企业的营销，可以说是节省了一定的营销成本。

每一个人都可以在新浪、网易、腾讯等注册一个微博，然后利用更新微型博客，每天就可以跟大家交流或者发布大家感兴趣的话题，这样就可以达到营销的目的，这样的方式就是新兴推出的微博营销。

（四）病毒式营销

病毒式营销是一种常用的网络营销方法，常用于进行网站推广、品牌推广等。病毒式营销利用的是用户口碑传播原理，在互联网上，这种“口碑传播”更为方便，可以像病毒一样迅速蔓延，因此成为一种高效的信息传播方式，几乎是不需要费用的。

（五）电子邮件营销

在电子邮件为生活带来便捷的同时，也为餐饮企业带来新的营销机会。作为一种新的媒体，电子邮件将成为最为锐利的营销工具，电子邮件营销已被越来越多的餐饮企业所重视。

电子邮件营销是在用户事先许可的前提下，通过电子邮件的方式向目标用户传递有价值的信息的一种网络营销手段。

以电子邮件为基础的电子邮件营销是网络营销的重要内容，同时电子邮件营销本身又形成一个相对完整的网络营销分支。企业邮箱不仅可以体现企业形象、强化内部管理、营销推广，其深层的意义在于它是一种服务的体现。

企业邮箱无论是作为内部协同办公工具、外部商务沟通工具，还是作为邮件营销的策略工具，一个稳定、高效和方便的企业邮箱系统的选择格外重要。

餐饮企业可以利用电子邮件列表发送优惠信息、新产品信息以及顾客生日、节日祝贺信等类型的电子邮件。

（六）团购营销

团购网站是近年来出现的新兴网站类型，餐饮企业利用团购网站的团购活动可以在短时间内聚集人气，特别适用于新开张或急需打开市场的餐饮企业。

团购就是团体购物，指的是认识的或者不认识的消费者联合起来，来加大与商家谈判的能力，以求得最优价格的一种购物方式。根据薄利多销、量大价优的原理，商家可以给出低于零售价格的团购折扣和单独购买得不到的优质服务。现在团购的主要方式是网络团购。

常见的团购网站有糯米网、窝窝团、美团网、58 团购、赶集团购、24 券等。据了解，目前网络团购的主力军是年龄 25 岁到 35 岁的年轻群体，在北京、上海、深圳等大城市十分普遍。

（七）电子优惠券

电子优惠券是餐饮企业在互联网上以电子文本和图片形式存在的一种打折优惠信息或优惠券。电子优惠券既省了商家印刷和发送传统优惠券的成本，又方便了消费者的使用，因而这种新兴的网络营销模式已经成为众多网络促销手段中最受欢迎的方式之一。

（八）网上订餐外卖

开展外送业务的餐饮企业，可以进行网上订餐。网上订餐可以使用以下两种方式。

1. 餐饮企业建立自己的网络订餐平台，自己实现网络订餐的功能，这适用于大型连锁餐饮企业的大规模、大范围订餐服务和小型餐饮企业的小范围订餐服务，目前肯德基、麦当劳、永和豆浆、海底捞等都提供网络订餐。

2. 可以利用一些综合订餐平台提供订餐服务，企业可以利用相应平台增加销售渠道。

（九）网上点餐

网上点餐就是顾客通过互联网在线选择餐厅、点餐、选座和支付，随后到店完成消费的过程。随着现在有些餐饮网上交易平台的上线，顾客能以最直接的方式找到餐厅，不用进入实体店面就可以看到餐厅优美的环境和让人垂涎欲滴的美食，并在第一时间获得各种优惠、打折和促销信息。

三、餐饮绿色营销

（一）餐饮企业绿色营销的内涵

绿色营销是指企业为了迎合消费者的绿色消费需求、消费习惯，将绿色、健康、环保作为企业产品生产的价值导向，以绿色文化为理念，力求满足消费者对绿色产品的需求所开展的营销活动。它不仅仅是消费需求，也代表一种社会责任。

新的营销观念要求企业不仅要重视顾客的需要，还要重视社会公众的一些共同需要或利益，比如生态环境和社会环境的保护等，这就是所谓的“社会营销”。现在，有些餐饮企业为了赚钱不惜宰杀珍稀动物或野生动物，还有的企业搞一些内容不健康的 KTV 包房等。这些破坏生态环境和社会环境的行为，是违背社会营销观念的，也是违法行为。社会营销中保护生态环境的营销就是所谓的“绿色营销”。在国外，人们的环保意识很强，回归自然的理念也越来越强烈。为了适应这种需求，在一些欧洲国家出现了许多向顾客提供“健康自然美食”的“绿色”餐厅。这种餐厅所选的蔬菜、瓜果，都是大自然中生长的植物，烹饪用的油也采用橄榄油和玉米油，餐厅所供应的食物不经过任何特殊加工和处理，也不含有味精等食品添加剂，从食品选料到加工处理真正做到无毒、无害和纯天然，从餐厅服务到餐厅环境做到空气清新、自然和环保。在中国，比如桂顺斋食品公司、冠生园食品公司、狗不理大酒店、白记餐饮有限责任公司所属各部门、粮油贸易总公司所属各放心粮油销售店等，都在努力开展绿色营销，增加绿色无公害果蔬、食品的供应比重，积极开展让“绿色走进百姓餐桌”、“送健康的主、副食风味小吃系列食品”等促销活动，以绿色、无公害食品、菜品为经营特色，引领绿色消费的潮流。

就餐饮企业而言，实施“绿色营销”有三条准则：第一，节约材料，保护地球资源；第二，确保产品使用的原料、用品符合绿色标准，安全、卫生和方便，以利于人们的身心健康和生活品质的提高；第三，引导绿色消费，培养人们的绿色意识，优化人们的生存环境。总之，“绿色营销”就是要达到人们从环境中获得绿色消费并且还环境以绿色的目的。

餐饮绿色营销，就是在可持续性发展的要求下，餐饮企业从承担社会责任、保护环境、充分利用资源和长远发展的角度出发，在产品采购、储存、生产、销售、服务等全过程中，采取相应措施，正确引导消费者，促进企业可持续发展，实现企业经营目标，以达到企业赢利、消费者利益和社会利益三个方面的协调互利，并为餐饮企业长远发展创造良好环境。

餐饮绿色营销包括三个方面内容：第一，餐饮企业无论对产品设计、生产、定价、策划还是宣传、服务与实施，都是在以保护生态环境为前提，力争减少和避免污染，保护和节约自然资源，维护人类长远利益，最大限度地实现经济与社会的可持续发展。在经营活动中，也是依据企业可持续发展原则，以谋求餐饮消费者利益、餐饮企业利益和生态环境利益相互平衡为目标。第二，要协调三方利益，就要充分满足餐饮消费者的需求，实现餐饮企业的经营利润，也要充分注重对社会价值观、伦理道德观的影响，还要树立和倡导文明、和谐、进步的社会发展方向。第三，充分利用和谐的经营环境，合理配置餐饮企业内部资源，建立餐饮企业可持续营销机制，推动餐饮企业的可持续发展。

因此，现代餐饮企业的绿色营销管理，就是要改变餐饮业存在的发展模式落后、高能耗、高污染、烹饪方式欠科学等问题，将绿色营销的理念贯穿于餐饮企业的设计、消费、生产、服务等各个环节，找出潜在的危害安全、影响营养健康、破坏环境的因素，并实施有效的控制，实现餐饮业的持续、稳定、健康的发展。

（二）餐饮企业绿色营销的基本特点

餐饮绿色营销是对传统营销的延续和发展，所以餐饮绿色营销既具有一般营销的共同点，又有其自身的特殊性，其基本特点主要表现在以下几个方面：

1. 绿色环保性

绿色环保性是指餐饮企业绿色营销所具有的绿色生态环境和绿色社会环境的属性，这是餐饮绿色营销最本质的特征，也是餐饮绿色营销其他特征的基础。爱护环境，有效利用资源，加强环保意识，合理配置营销资源，积极倡导文明消费，树立良好社会风气，促进餐饮企业可持续发展，以推动人类社会、经济、人口、资源、环境等全面发展，共同获取利益，这就是餐饮企业绿色营销的绿色环保性的实质和目的所在。

2. 持续发展性

由于餐饮企业绿色营销的绿色环保性，才能使餐饮企业的资源得到有效的、充分的、合理的配置，餐饮企业营销才能持续发展，产品的寿命、企业的生命周期才能得到延续，进而对全社会的可持续发展起到积极的推动作用。所以，持续发展性既是餐饮企业绿色营销的基本特点，又是企业开展绿色营销的目的所在。

3. 经济利益性

餐饮企业绿色营销会给社会经济主体带来正面影响。它既对生态环境的保护，对正确引导消费者树立健康的社会文化意识，对其他企业的导向与带动，对伦理、道德和可持续发展具有一定的推动作用，又对企业绿色产品的生产和销售以及获得更好的经济效益具有推动作用。这些都是基于餐饮绿色营销的绿色环保性，它能够为社会、企业和消费者带来经济利益。所以，经济利益性是餐饮企业绿色营销的主要特征之一。

4. 连贯系统性

餐饮企业绿色营销是由企业、消费者、环境和社会等诸要素组成的连续的、系统的相互作用、相互影响的商务活动的组合，是营销主体内部和外部要素的结合。从餐饮绿色营销活动过程看，餐饮企业存在着现实利益、潜在利益、无形价值、有形价值与长远发展的均衡与比较。因此，餐饮企业在实施绿色营销过程中，对绿色营销的绩效考核与控制必须要充分考虑绿色营销的连贯性和系统性，以保证餐饮绿色营销的可持续发展。

四、餐饮主题营销

主题餐厅不仅只是有特色的餐厅或某种料理专卖店而已，必须拥有一个以上的“主题”作为餐厅吸引顾客的标志，整个餐厅的装潢、摆设、气氛营造都是与众不同的。

主题餐厅以其时尚、个性、文化的餐饮新概念，配之以别具一格的装饰布置，征服了口味越来越刁的消费者。

主题餐厅是通过一系列围绕一个或多个历史或概念为吸引标志，将其与餐饮相结合，为特定的消费群体提供服务。餐饮企业要在环境上围绕某个主题进行装饰，甚至食品、服务也要与之相配合，从而以一种独特的氛围、文化含量和延伸功能来满足需求，让顾客在情景体验中找到进餐的全新感觉。

（一）主题餐厅的类型

我国主题餐厅有的是在我国文化背景下产生的，有的则是引用了国外的先进理念，但都具有一定的时代性。常见的主题餐厅类型主要有以下八种：

1. “运动”型

随着北京奥运会、广州亚运会、深圳大运会的成功举办，以“运动”为主题的餐厅真正火了起来。比如在世界杯期间，以足球为主题的餐吧就十分火爆，沙发吧台都是足球的造型，餐厅的每一个装饰、每一个细节都尽情地诠释着对体育的偏爱和迷恋，球星的塑像、运动员的照片，把这里装点成运动的空间，让人时刻都想动起来。

2. “怀旧复古”型

城市越来越现代化，但是还是有很多的现代人愿意怀旧，很多以怀旧为主题的餐厅也出现了。如老电影餐厅，室内的墙壁上悬挂着老电影的海报、播放着老上海歌星的曲子，吸引了不少老上海和外国游客。

3. “农家风味”型

如在北京一个小胡同里的“忆苦思甜大杂院”，它的装潢很有特色，包间里的饭桌放在炕上，炕头放一个老式收音机，墙上贴着当年的宣传画，没有空调，只有电风扇，没有豪华吊灯和考究的墙纸，那些管道也裸露在外面，这样的环境不仅吸引当年知青故地重游，品尝地道的农家菜，而且使那些没有插过队的人也好奇地想探个究竟。

4. “绿色生态环保”型

绿色生态环保餐厅帮助顾客和消费者特别是少年儿童树立保护环境、保护野生动植物资源的意识。

在经营中倡导“人与自然和谐沟通，注重环保”的理念，取得空前成功。如“热带雨林”餐厅，保持原始丛林特色：客人置身其中，可以看到青葱茂密的森林、宏伟壮观的岩石、栩栩如生的野生动物、瀑布，让人在与大自然的交流中，享受美妙而难忘的用餐经历。

5. “素食”型

以佛家素食为主要经营对象的“功德林”饭店在上海、北京都开设了分店，它在内部设计上体现着佛家文化气息，外部设计上体现出了端庄古朴的特点，突出佛门素食素雅清净的特点，它的经营理念是引导顾客健康饮食，发掘素食文化的精髓。

6. “典型文化代表人物”型

在北京后海经营杭州菜的“孔乙己酒店”，就是从鲁迅先生的小说中寻找到灵感的，其室内装潢古色古香，穿过“曲径通幽”的竹林，推开雕花的木门，居然看见“鲁迅先生”坐在主厅正中，而餐馆的服务员打扮成身着对襟马褂，肩搭白毛巾的老北京酒肆、茶馆里伙计的形象。顾客坐下来必先得到一盘茴香豆作为开胃小菜，使得顾客联想到鲁迅先生小说中描述的景象，并仔细回味着书中的故事。

7. “异域风情”型

餐厅在环境的营造上，以某个国家或地区独有的风土人情、民风民俗为主题。如巴西烤肉、越南餐馆、韩国料理等。

8. “另类”型

另类这个主题一听就知道是为了追新求异的年轻人准备的，现在出现了很多另类的餐厅。

譬如以“监狱饭”为主题的“禅酷”餐厅，是北京第一家打出主题餐厅招牌的餐厅，其监狱风格也曾经让很多年轻人趋之若骛。

台湾一家以“马桶”为主题的餐厅，室内的装潢是以卫生间的标准设计的，从座位、餐桌到盛器，全部都是马桶的形象。

此外，音乐、漫画、商务等，凡是能够吸引到一定数量的客人的主题，都可以成为一个主题餐厅，只是需要根据具体的主题选择具体的规模和地点来经营。

（二）主题餐厅的特点

相对于一般经营者而言，主题餐厅的经营模式之所以能够获得市场的认可，并取得较好的经济效益，是因为其时尚、个性、文化的餐饮新概念，并配之以别具一格的装饰布置，从而征服口味越来越刁的消费者。

1. 专有性和排他性

只要餐饮企业的产品项目、服务方式和环境设计获得专利、注册、公证等，在餐饮业竞争中就获得了专有性和排他性，这种独特的创意和方式，较容易和消费者的感情产生共鸣。

2. 融入个性化

主题经营模式在经营中融入了多样化且个性化内容，突出与众不同、匠心独运的创意，满足消费者求新、求异、求轻松欢乐的生活方式。

3. 独特用餐氛围

人们开始注重用餐环境的文化氛围。与一般餐厅相比，主题餐厅给人印象深刻的是它的用餐环境，它为顾客营造出一种或温馨、或神秘、或怀旧、或热烈的气氛，轻松诱导消费者与餐厅融为一体。

4. 竞争力后天不足

采用主题餐厅经营方式的餐厅渐多，而且形态也日渐丰富，迎合了消费模式多元化的需求，但是，这种消费方式毕竟属于概念，其经营上也存在弊端。

五、餐饮全员营销

案例一：某年圣诞节前的一个晚上，南京某酒店总机当班的李小姐，接到某外贸公司一位客人的电话，询问圣诞活动一事，并说曾打电话给另一家酒店，那家酒店总机接待员告之订票处已下班，于是他转而打电话到该酒店询问。李小姐是个有心人，事先已经将酒店的圣诞活动安排了解得一清二楚，于是她马上热情、细致地把酒店圣诞活动安排的有关情况向客人一一作了介绍。客人听了非常满意，第二天，他们来酒店订了 35 张圣诞活动票。

完整的营销过程是为客人全方位服务的过程，员工应了解酒店产品的信息。酒店中有许多分工不同的部门和岗位，他们各司其职，但当宾客需要帮助时，他会随便向任何一位服务员询问，因为他认为酒店中每一位服务员都有义务为他服务。因此，酒店服务人员所掌握的不应局限于本部门或本岗位所需的专业知识和能力，而应拓展至酒店服务与管理所需的专业知识和能力，以便全面满足宾客需求。因此，酒店的一些营销活动，也应该让员工了解详细情况，如美食节的时间、地点、菜肴特点、厨师特长以及一些典故……

案例二：某四星级酒店总经理与三位客人在咖啡厅商谈工作。服务员上来给各位倒咖啡，其中一位客人因胃不适，要了红茶。其间总经理去接电话，三位客人去洗手间，都离座了。等大家都回到座位上时，桌上的杯子里都加满了咖啡，连那杯红茶也变成了咖啡。

客人把一位服务员叫过来，问道："怎么这杯红茶也倒上了咖啡?"服务员马上解释道："这不是我倒的，我去问一下谁倒的。"说完，转身就走开了。过了一会，这位服务员过来对着客人指着吧台上的另一位服务员说："您瞧，是她倒的。"说完，转身便又走开了。服务员"追究责任"的做法，严重损坏了酒店的形象。实际上，这件事情的处理很简单，服务员只需以酒店代表的身份向客人道歉，并给客人换上红茶即可。

酒店效益的好坏与每个人、每个环节都息息相关。酒店全体员工应有全局观念，通力协作，共同树立酒店的良好形象，为一致的营销目标而努力。为此，全体员工需要协调一致，以快速反应的工作效率为客人提供及时、完善、周到的服务。此外，员工向客人推荐酒店产品时，不应只考虑本部门的产品，还应利用客人的需要，推荐酒店其他部门的产品，以寻求酒店的综合效益。

（一）餐饮全员营销的内涵

餐饮全员营销是指餐厅中的每一个与顾客直接接触的员工都应把自己看成是餐厅的推销员，在同顾客的接触中，通过言谈、举止，树立餐厅形象，扩大餐厅知名度，使更多的顾客购买餐厅的菜品和服务。

全员营销是一种以市场为中心，整合餐厅资源和手段的科学管理理念，很多餐厅采用后取得了不凡的成效。同时全体员工应以营销部门为核心，研发、生产、财务、行政、物流等各部门统一以市场为中心，以顾客为导向，进行营销管理（营销主体的整合性）。所有员工关注或参加餐厅的整个营销活动的分析、规划和控制，尽量为顾客创造最大的让渡价值，使顾客满意度最大化，使餐厅从中获得市场竞争力，以从中获得长期利润及长远发展。

在全员营销的理念指导下，菜品、价格、服务、渠道、推广等手段有了丰富而深刻的意义。对菜品的理解应该立足于满足消费者需求的高度，充分进行市场调研，进行市场分析与选择，通过菜品定位推出具有差异化特征的菜品。在满足消费者基本功能需求前提下，不断提高附加价值。营销部门不仅是菜品销售部门，更是菜品开发的重要参与成员，销售过程成为菜品开发不断深入的动因。

而价格的制订不再是成本加利润的简单运算，而是充分考虑到消费者为了获得菜品价值愿意付出的成本，根据市场人群定位来确定价格，同时兼顾确保在与对手的竞争中保持优势。

渠道不仅是把菜品送达消费者的通路，更是占领市场、拦截对手的重要战场。把以往的渠道成员从贸易对象发展成为一体化经营的渠道伙伴，与供应商们结成战略伙伴关系，把业务行为转化为市场经营行为。大力完善网络建设，并积极发展可控终端数量。

推广也不是单纯的广告宣传和促销，而是短期市场推广和长期品牌传播相结合的行为。餐厅中每一个与顾客相接触的员工对顾客所说的每一句话都属于人员销售。

在全员营销理念的引导下，部门之间是顾客关系，建立"内部市场"，在服从餐厅整体利益的前提下，必须让"顾客们"，尤其是营销部门满意最大化。这时可采用 4C 营销理论（需求、成本、便利、沟通）来指导各部门的工作。

（二）如何开展餐饮全员营销

1. 建立全员营销的意识

首要的就是要在餐厅内部形成一个良好的认识，不要把销售看成只是业务人员的事情，而应该将餐厅所有员工都纳入餐厅的销售体系。例如，我们可以建立餐厅内部的员工良性流动机制，鼓励员工实现岗位流动，把最合适的人放在最适合的岗位，不合适的人逐步淘汰出餐厅员工队伍，充分发挥员工的优势，实现优胜劣汰。同时，也可以经常组织各种与销售相关的内部活动或研讨会，真正把整个餐厅融为一个有机整体，鼓励大家多关注餐厅的业务开展进程，了解整个行业的情况和先进的模式，同时结合餐厅实际情况进行探讨，从而为餐厅的销售会诊把脉。

2. 合理规划部门和职责

在餐厅内部的构架划分上，首先避免业务部和后勤部等明显的划分，应该逐渐整合成大部制。将企划、售后服务等与销售联系紧密的部门逐渐编制到一起，统称营销部，统一接受营销总监或销售总经理领导，实现与销售业绩挂钩的考核模式，最大限度地提升相关部门的积极性。同时，也可以创造性地使用特殊部门配置机制。

由于餐厅人员较少，部门建制也不全面，可以实行部门兼职的模式来提升业务相关部门的实际操作能力，也可以变相地提升相关部门人员的工资待遇。这样做不仅可以提升企划部门对市场的把握程度，为以后的市场服务提供更为有效的方案，也可以解决因为企划部门员工与业务部门员工因为工资待遇落差较大而产生的心理问题。同时，对于现有市场来说，销量不仅没有削弱，反而得到了专业化的运作，无形中得到了加强。

3. 提升餐饮员工的专业程度

做任何工作，首先你得做成专才，然后才有可能取得成功。对于参与全员营销的所有员工来讲，也需要做成专才，也会在这样一个营销会战中取得成功。作为餐厅的员工，需要掌握的专业知识包括以下几个方面：

首先，是菜品方面，这个方面无论是业务部门员工，还是其他部门的员工，都是必须要牢固掌握的。

其次，是关于行业政策法规、发展动态、行业趋势等信息。这些信息会直接影响菜品的价格等方面，是餐厅策略调整适应的依据。同时，把握行业重要信息，也可以在与客户或同行的交流过程中提升自己的专业程度。

再次，就是掌握餐厅菜品所在渠道方面的专业知识。掌握渠道变化趋势，了解先进的渠道操作模式，关注渠道中优势菜品和优势餐厅的市场经营情况，并对照自己餐厅的情况予以改进调整。而作为餐厅来讲，创造机会请有丰富经验的渠道专家做培训，同时增强相关营销人员接触市场的机会，都是对员工自身素质和能力提高的有利保证。

4. 制定完善的激励机制

要使得餐厅员工真正理解“全员营销”的内涵，并积极主动地参与其中，合适、高效的激励机制必不可少。这种激励是建立在公平、公正的基础上，保证在制度面前人人平等。在具体的措施选择上，可以设置最佳提案奖来鼓励大家参与餐厅经营计划的讨论。

对于员工提出的确实有实际意义的关于营销等方面的改革方案，餐厅研究决定采纳到经营过程中的，可以根据提案的实际意义和价值，授予该员工在物质和精神方面的奖励，从而鼓励更多的人关注餐厅的经营活动，开动脑筋提升对销售活动的认识。

另外，对于实际业务的提成奖励等机制，也应进一步完善。既然是全员参与到营销工作当中来，就要改变原有的单纯按照销量实施奖励的机制。而应该将销量的全额奖励部分，根据在营销工作当中承担责任的不同实施阶梯形的发放，让参与到业务工作当中的每一个人都清楚自身对业务的贡献值有多大，餐厅给予其奖金就是最好的说明。

（三）餐饮企业开展全员营销时要注意的问题

1. 餐饮全员营销的常见误区

（1）全员营销就是每个员工都做营销。有些经营者认为人多力量大，而忽视了营销工作的专业性和规范化要求，对全体员工都用营销部门员工的管理办法来考核并下达销售任务，视销售业绩给予报酬，结果导致员工忠诚度下降。

（2）全员营销就是每个部门都“管”营销。餐厅发展后经营管理中的一些职能越发细分并专门化，这本身是进步的标志，但是在餐厅经营者误读了“全员营销”之后，却有可能会让众多职能部门插手营销部门事务，并在激励制度上平均化吃大锅饭。

2. 餐饮全员营销的十个是与非

（1）全员营销是餐厅全体员工成为营销的主角或配角，而不是让每个员工都成为有具体销售任务的销售代表。销售应该是由擅长此道的专业人士专职负责，其他员工的责任是为营销提供配合与服务，不是越俎代庖。如果大家都去忙活销售了，谁来生产优质的菜品，提供完美的服务呢？

（2）全员营销是一种需要长期培养的意识，而不是一种量化的销售额。全员营销意识与服务意识一样重要，它是通过提供最优质的服务来达成有效的销售结果。管理者只有不断地强化这种意识，使之成为餐厅的核心理念和餐厅文化才能获得持续的效果。

（3）全员营销是餐厅每时每刻都需要做的事，而不是等到生意不好时才采取的临时行动。常抓不懈，日常化、制度化才能将全员营销发挥到极致，才不会让占绝大多数的非销售部门员工产生抵触情绪，临时抱佛脚式的全员营销往往流于形式。

（4）全员营销的基础是全餐厅各部门的高效协作，而不是互抢客户、瓜分客户的内部恶性竞争。没有各部门一致对外、协同作战的配合作前提，全员营销往往会演变成内部杀价，以牺牲餐厅的整体利益和长远利益为代价，到最后也许餐厅短期内是增加了一些收入，但部门利益至上，本位主义的思想也一发不可收了。

（5）全员营销是一种高成本的竞争手段，而不是大家误以为的低成本或无成本竞争手段。并不是每个员工都具备基本的营销经验，精通营销技巧，搞全员营销必然是大量非专业销售人员一起做营销，于是客户被迷惑了，宣传口径混乱了，价格体系错位了……这些“烂摊子”都需要全员营销结束后，由销售部来收拾，所花的时间和精力常常会冲抵全员营销的成果，甚至还会产生意想不到的负面效果。

（6）全员营销是不会显著增加客户资源的。由于岗位性质的原因，餐厅内大部分的员工是没有客户资源的，再怎么努力也不能变戏法式地创造出来，只有动歪脑筋去分流销售人员手中的现成客户。结果是全员营销之后，客户的数量和人均消费额还是没得到提升，而餐厅还浪费了促销的成本。

(3) 员工的销售业绩由财务部每周公布一次，与个人的绩效考核以及个人评先、晋级等挂钩，成绩显著者优先。

(4) 员工销售业绩每月进行一次评比，第一名评选为销售之星，予以奖励。

(5) 相关奖励办法除旺季时段6月至8月以外均可使用。

根据以上案例，试分析该酒店哪些规定或措施体现出了全员营销的思想？

本章习题

1. 餐饮营销的概念是什么？
2. 餐饮市场调查包括哪些方面的内容？
3. 餐饮企业确定目标市场的范围时，有哪些可供选择的模式？
4. 餐饮产品的价格由哪几个部分构成？
5. 餐饮网络营销有哪些方式？
6. STP和4Ps分别表示什么含义？

第八章　餐饮人力资源管理

本章简介

企业的竞争归根到底是人才的竞争。餐饮人力资源管理是餐饮经营与管理的一项重要工作内容，是提高餐饮员工工作效率和餐饮企业竞争优势，实现餐饮企业经营目标的重要基础。本章介绍了餐饮人力资源管理的基本概念、意义、内容、目标和原则等，并从人力资源管理工作内容的实际出发，重点阐述了餐饮人力资源的规划与配置、招聘与培训、激励与考评等人力资源管理相关模块的工作内容、原则与方法。

学习目标

了解餐饮人力资源管理的基本概念、内容；餐饮人力资源的规划与配置、招聘与培训、激励与考评的相关概念和内容。

理解餐饮人力资源的规划与配置、招聘与培训、激励与考评的相关目标、意义和原则。

掌握餐饮人力资源的规划与配置、招聘与培训、激励与考评的相关程序和方法。

第一节　餐饮人力资源管理概述

一、餐饮人力资源管理的含义

（一）餐饮人力资源概述

1. 人力资源

人力资源一般指一个国家或地区的总人口中减去丧失劳动能力的人口之后的人口。对于一个企业或组织来说，人力资源是指一定时期内组织中的人所拥有的能够被企业所用，且对价值创造起贡献作用的教育、能力、技能、经验、体力等的总称。

通常来说，人力资源的数量为具有劳动能力的人口数量，其质量指经济活动人口具有的体质、文化知识和劳动技能水平。一定数量的人力资源是社会生产必要的先决条件。一般说来，充足的人力资源有利于生产的发展，但其数量要与物质资料的生产相适应，若超过物质资料的生产，不仅消耗了大量新增的产品，且多余的人力也无法就业，对社会经济的发展反而产生不利影响。在现代科学技术飞跃发展的情况下，经济发展主要靠经济活动人口素质的提高，随着生产中广泛应用现代科学技术，人力资源的质量在经济发展中将起到愈来愈重要的作用。

2. 餐饮人力资源

一般来说，餐饮企业的人力资源主要包括三类：一是训练有素的掌握服务技能与技巧的服务人员；二是具有专门知识以及技能的厨师、技术人员、行政人员；三是具有管理技能的管理人员。在餐饮企业使用的各种资源中，人力资源是最基本、最重要和最宝贵的资源。因为餐厅在经营活动过程中，需要使用各种资源，而财力资源、物力资源和信息资源又都是由人加以使用和管理的。即使是无形的信誉资源也是靠人来创造、培植和使用的。因此，人力资源的使用与人力资源的管理是餐饮企业最为重要的经营管理活动。

除了人力资源之外，餐饮企业的生存和发展还必须拥有以下几类资源：

财力资源：餐厅要进行经营活动，就必须具备一定数量的资金。如果缺少这一资源，餐厅的经营活动将无法继续下去。

物力资源：餐厅的建筑、设备、物料用品、食品原料和各种能源都是维持餐厅经营活动必不可少的物质资源。

信息资源：信息是指那些用于沟通餐厅各部门之间的联系和反映餐厅经营管理活动情况的各项指令、计划、报表、数据和规章制度以及描述餐厅外部环境变化的数据、消息等。餐厅所提供的产品的价值，不仅随着劳动量的增加而增加，而且还随着有效信息量的增加而增加。信息可以为餐厅带来利润，也可能带来损失。餐厅的一切经营管理工作都离不开信息。因此，餐厅是饭店必不可少、举足轻重的资源。

除了以上四大主要资源以外，饭店还有一种无形的信誉资源，即餐厅在客人心目中的良好形象以及与经营环境的良好关系。

（二）餐饮人力资源管理的含义

餐饮人力资源管理是餐饮企业的一系列人力资源政策以及相应的管理活动，是根据餐饮企业发展战略的要求，运用科学的理论、原则和方法，有计划地对人力资源进行合理配置，通过对企业中员工的招聘、培训、使用、考核、激励、调整等一系列过程，调动员工的积极性，发挥员工的潜能，为企业创造价值，给企业带来效益，确保企业战略目标的实现。

由以上含义可知，现代餐饮企业人力资源管理是包括传统的人事行政管理、现代员工的激励与管理的一种全面的人力资源管理。它具有如下特点：

1. 全过程性

全过程的含义之一是对酒店员工的录用、晋升、培训、奖惩、退职等全过程的管理；其二是指在服务和经营过程中，重视员工的心理，了解员工的思想，激发员工的工作积极性，合理利用餐饮人力资源的管理活动。因此，餐饮人力资源管理是一种动态的、包括人力资源开发利用的广义的人事管理。

2. 全员性

全员性人力资源管理不仅指对餐饮企业各类人员进行全员培训与考核，而且包括全体管理人员对下属的督导与管理。因此，现代餐饮企业人力资源管理工作绝不仅仅是人事部门的事务，而且是全体管理人员的日常工作。

3. 系统性

这是指将人力资源管理作为一个系统。该系统由录用系统、培训系统、使用系统、考核系统、奖惩系统、离退休系统等组成的一个大系统，其中各子系统都应围绕着大系统的目标进行运转。

4. 科学性

为了确保人力资源管理的效果，人力资源管理的日常工作应该逐步实现标准化、程序化、制度化和定量化。标准化是指录用员工要有素质条件标准，岗位培训要有合格条件标准，服务工作有质量标准。程序化是指人力资源工作井然有序，按程序办事。制度化是指人力资源管理必然有严密的规章制度作为保障，使录用、招聘、考核、选拔等项工作顺利进行。定量化是指员工有合理的定员与定额，考核系统有科学的数量依据等。

总之，现代餐饮企业人力资源管理是一种动态的、全面的人力资源管理。它以传统的人事行政工作为基础，以人力资源的开发与利用为主导，以合理利用人力、调动员工工作积极性为目标，已成为现代餐饮企业管理的核心内容。

二、餐饮人力资源管理的意义

在管理领域中，人力资源的开发与管理是以人的价值观为中心，为处理人与工作、人与人、人与组织的互动关系而采取的一系列开发与管理活动。餐饮人力资源管理在提高餐饮企业生产率和竞争力、提高员工工作、生活质量和工作满意度等方面具有重要意义。

（一）提高劳动效率和餐饮管理水平的重要保证

人力资源管理通过员工的招聘、培训、使用、考核等活动，可以反映出餐饮管理中计划、组织、实施、控制、协调等方面的有效程度，反映出餐饮管理人员水平的高低。有了一支素质良好的员工队伍，可以减轻管理人员的负担，节省人力成本，提高餐饮企业的劳动生产率。

（二）提高餐饮服务质量、创造良好企业形象的关键

服务质量是餐饮企业生存和发展的生命线。餐饮企业要在消费者心目中树立良好的声誉，创造过硬的品牌，离不开餐饮企业员工的辛勤劳动和努力。加强人力资源管理，提高员工的技术和服务水平，是创造良好企业形象的关键。

(三) 调动员工积极性的前提

运用科学的人力资源管理方法，如建立公平考核、合理报酬、奖优罚劣等制度，能激发员工的内在潜力，让员工热爱并钻研本职工作，从而使他们始终处于积极的工作状态。

(四) 提高企业素质的主要手段

餐饮企业的素质是其内部各种因素有机结合所形成的系统的整体特征，包括人的素质、技术和设备素质等。由于餐饮企业的劳动密集型特点和手工劳动、面对面服务为主的特点，人的素质在其中起着决定性的作用，具备优良素质的员工是企业得以兴旺发展的重要因素。

(五) 餐饮行业市场竞争的需要

餐饮业是个竞争激烈的行业，竞争的目的只有一个——吸引客人。加强人力资源管理，可以吸引并留住优秀员工，发挥员工的创造性，建立员工与客人间的良好关系。因此，加强人力资源管理，确保服务质量，以优质取胜，是在餐饮行业竞争中取胜的一个重要条件。

三、餐饮人力资源管理的内容

通常通过模块划分的方式对企业人力资源管理工作所涵盖的内容进行总结，即人力资源管理的六大模块。这六大模块分别是人力资源规划、人力资源招聘与配置、人力资源培训与开发、绩效管理、薪资福利管理和劳动关系管理。具体来讲，餐饮企业的人力资源管理工作的内容具体体现在以下几个方面：

(一) 人力资源规划

餐饮人力资源规划又称餐饮人力资源计划，是指为实现餐饮企业的发展战略，完成餐厅的经营目标，根据餐厅的内部环境和条件的变化，运用科学的方法对餐饮人力资源需求和供给进行预测，采取相应的政策措施，使餐饮企业人力资源供给和需求达到平衡，实现人力资源合理配置并有效激励员工活动的过程。

餐饮人力资源规划根据时间的长短，可分为长期规划（5年以上）、中期规划（1~5年）、短期规划（1年以内）。餐饮企业人力资源规划从不同的层面可分为战略发展规划、组织人事规划、制度建设规划和员工开发规划四种类型。

(二) 招聘与配置

为了达到人与事的最佳组合，不断补充新的血液，餐饮企业必须重视招聘与录用工作。如何按照科学的标准，运用有效的方法选择、聘用和任命餐饮企业各类人员是餐饮人力资源管理的重要内容。

一方面，要根据餐饮企业的要求，制定相关的招聘员工的标准和条件，招聘新员工，不断补充和更新员工队伍；另一方面，根据国家有关的法律法规，结合本餐厅的实际情况，确定各部门的劳动定额和员工工作量，将每一位员工安置在合适的岗位上，实现优化配置，保证餐厅经营活动的正常进行。

(三) 培训与开发

为了不断提高员工的素质水平，提高餐厅的服务质量，应不断地对员工进行培训。一方面，从思想政治上对员工进行培训，使其树立起良好的为宾客服务的思想和意识；另一方面，对员工的业务素质和技能技巧进行培训，提高对客服务质量。同时在培训中应该注意挖掘员工的能力与潜质，使其能力在今后的工作中能够得到充分发挥，并为企业创造更大的价值。

(四) 绩效管理

餐饮企业绩效管理是指各级管理者和员工为了达到餐饮企业组织目标共同参与的绩效计划制订、绩效辅导沟通、绩效考核评价、绩效结果应用、绩效目标提升的持续循环过程，绩效管理的目的是持续提升个人、部门和组织的绩效。

绩效管理的一项重要工作就是绩效考评，即根据餐饮企业的发展目标，有目的、有组织地对日常工作中的员工进行观察、记录、分析和评价，评价结果作为员工薪酬待遇和职位晋升等的重要依据。

(五) 薪资福利管理

这是指餐饮企业根据自身性质，一方面贯彻国家有关法律法规和企业的工资制度，选用适当的工资形式，实行合理的奖励和津贴等。另一方面要解决企业职工的老、弱、病、残和死亡的劳动保险及福利待遇。满足企业职工的合理要求，体现企业对职工的照顾，以调动员工的积极性和增强企业的凝聚力。

(六) 劳动关系管理

传统的劳动关系管理就是指签合同、解决劳动纠纷等内容。实际上，劳动关系管理是对人的管理，对人的管理是一个思想交流的过程，在这一过程中的基础环节是信息传递与交流。通过规范化、制度化的管理，使劳动关系双方（企业与员工）的行为得到规范，权益得到保障，维护稳定和谐的劳动关系，促使企业经营稳定运行。餐饮企业的劳动关系管理问题一直备受关注，在进行劳动关系管理时，必须以法律为准绳，劳动争议坚持预防为主、协商解决，并要兼顾各方利益。

四、餐饮人力资源管理的目标和原则

(一) 餐饮人力资源管理的基本目标

任何管理活动都必须有一定的目标，否则就没有方向。餐饮人力资源管理的根本目的就是提高劳动效率，实现餐饮企业的经营目标。具体来说，餐饮人力资源管理的基本目标主要有以下四个方面：

1. 提高员工的工作生活质量

工作生活质量是指组织中的所有人员，通过与组织目标相适应的公开的交流渠道，有权影响决策改善自己的工作，进而导致人们产生更多的参与感、更高的工作满意感和更少的精神压力的过程。长期以来，许多餐饮管理者不够重视员工的工作、生活治理，实际上，只有员工工作、生活质量得到改善与提高，工作效率的提升才有客观的基础。所以，餐饮人力资源管理的关键是如何使员工在快乐工作的过程中提升工作效率。

2. 打造一支优秀的员工队伍

餐饮企业要正常运转并取得良好的效益，不仅要有一定数量的员工，而且这些员工的质量要符合餐饮业务经营管理的需要。餐饮人力资源管理就是要广招贤人，注重培育，提高员工的素质，使员工队伍不仅在数量上而且在质量上保证餐饮业务活动能正常进行。

3. 建立最优的劳动组织

一支优秀的员工队伍，必须有机地结合，否则，就会像一盘散沙。餐饮人力资源管理的目标就是要通过科学的排列、组合，使员工实现最优的组合，做到职责分明、人尽其能，形成一个精干、有序、高效的劳动组织。

4. 创造积极的人事环境

人的管理实质并非“管”人，而在于“得”人，谋求人与事的最佳配合。餐饮企业的人力资源管理，就是要通过各种有效的激励措施，创造一个良好的人事环境，从而使员工安于工作、乐于工作、最大限度地把自己的聪明才智和积极性发挥出来。

（二）餐饮人力资源管理的基本原则

为了提高餐饮企业员工的工作积极性，实现餐饮企业经营管理目标，餐饮人力资源管理工作的开展必须遵循以下基本原则：

1. “以人为本，员工第一”的原则

人是生产力中最积极、最活跃的因素，餐饮企业的各项工作、优质服务和经济效益都是由员工创造的。坚持“以人为本，员工第一”的原则，需解决好以下三个问题：一是将员工队伍建设纳入各部门考核指标体系；二是严格要求与感情投入相结合；三是要关心员工的生活，创造舒适宽松的工作环境。

2. “坚持标准，严格录用”的原则

餐饮人力资源开发是以员工配备和录用为前提和基础的。“坚持标准，严格录用”的原则要求针对各部门、各岗位，分别制定任职条件和职责规范，然后经过严格选拔、考核、招工、录用等程序和试用期，分别录用优秀的管理人员、专业技术人员、各岗位服务人员，保证人员素质符合不同岗位的用人标准、任职条件，才能提高餐饮企业的管理水平和服务质量。

3. “合理用人，有序流动”的原则

“合理用人”是指将人员使用和不同岗位要求、员工的工作能力、专业特长和个人兴趣等结合起来，做到“物尽其用”。“有序流动”是指根据餐饮业务发展和人员使用情况，在留住优秀人才的前提下，灵活掌握，有进有出，防止“一成不变”。“合理用人，有序流动”是调动员工积极性、主动性和首创精神，充分发挥劳动潜力和人的智能，形成人才竞争，提高劳动效率的重要条件。只有合理用人，才有可能发挥其特长、有效地调动其积极性，达到餐饮人力资源管理的目标。

4. “奖优罚劣，广泛激励”的原则

“奖优罚劣”是指制定条理清楚，便于考核、奖罚分明的管理制度，然后大力培训员工的团队气氛，奖励先进，鞭策后进，在制度面前坚持人人平等。同时采用多种手段做好员工激励，包括物质激励、精神激励、动机激励、榜样激励、感情激励等。特别是对那些表现突出、有特殊贡献的员工，要大胆奖励。

5. “素质优先，不断培训”的原则

坚持“素质优先，不断培训”的原则，其重点是制订培训规划和年度计划，分层次做好管理人员、专业技术人员和服务人员的长期分阶段培训，不断提高他们的素质，以适应现代餐饮企业的国内外竞争，不断提高餐饮管理水平、服务质量和经济效益。

第二节　餐饮人力资源规划与配置

一、餐饮人力资源规划的特点与内容

（一）餐饮人力资源规划的含义

餐饮人力资源规划是指餐饮企业为实现发展目标和战略，根据餐饮企业内、外部环境的变化，运用科学的方法对餐饮企业人力资源供需进行预测，制定相应的政策和措施，以确保餐饮企业在需要的时候和需要的岗位上得到所需要的人力资源的过程，从而使餐饮企业可持续发展。

依据餐饮人力资源战略总体目标，制订出餐饮人力资源总体规划和各项具体计划，各项规划既要有指导性、原则性的政策，又要有具有可操作性的具体措施。

（二）餐饮人力资源规划的特点

1. 全局性和系统性

餐饮人力资源规划是根据饭店未来一定时期内人力资源的供需状况，设计餐饮企业人力资源管理与开发措施的指导性文件，它首先是对整个餐饮企业人力资源做出的总体策划，具有总揽全局的特点。同时，如果人力资源规划在某一个子系统上出现了问题，都会影响整个餐饮企业未来的各项经营管理活动。因此，餐饮人力资源规划是一个相互依存、相互影响的系统工程。

2. 竞争性原则

餐饮企业的任何一个规划或策划都是为了获得竞争优势，增强市场竞争能力。人力资源规划所确定的人力资源管理策略意在有效防止同行竞争或其他行业挖走自己的员工，稳定内部人力资源；同时又能与同行在人力资源市场上展开竞争，吸引餐饮企业外部的优秀人才，所以其竞争性十分突出。

3. 风险性

餐饮人力资源规划是对餐饮企业未来人力资源供需状况的预测，而餐饮企业在发展过程中可能会遇到意想不到的变化；同时，规划者在对现实环境的把握过程中也带有明显的

主观性，所以餐饮人力资源规划的风险性不可避免。

（三）餐饮人力资源规划的主要内容

餐饮人力资源规划的类型，按照时间来划分，可分为3年以上具有战略性质的长期规划、1年至3年具有战术性质的中期规划、6个月至1年具有较强操作性质的短期计划；按照性质来划分，可分为战略规划、战术规划和管理计划；按照范围来划分，可分为整体人力资源规划、部门规划和项目计划。餐饮人力资源规划的类型和内容见表6-1。

表6-1　**餐饮人力资源规划的类型和内容**

类型	主要内容
总体规划	根据餐饮企业发展战略规划制定人力资源规划的总原则、总方针和总目标。内容有人力资源各项政策、策略，企业绩效、人力资源素质及构成，员工个人发展，在人力资源需求、供给预测基础上的人力资源净需求等
职务编制规划	根据餐饮企业发展规划，在工作分析基础上，制订职务编制规划。内容有餐饮企业的组织结构、岗位设置、职务描述和职务资格要求等。目的是描述餐饮企业未来的组织职能规模和模式
人员配置规划	根据企业发展规划，结合企业人力资源盘点报告，制订人员配置规划。内容有餐饮企业每个岗位的人员数量、人员的职务变动、岗位人员空缺数量、人员补充、接替和提升、退休和解聘计划等。目的是描述餐饮企业未来的人员数量和素质构成
人员需求规划	根据职务编制规划和人员配置规划，使用预测方法，预测人员的需求。内容有职务名称、人员数量、招聘成本、技能要求、希望到岗时间等
人员供给规划	分析餐饮企业过去的组织结构、员工数量和构成、人员流动、年龄变化等资料，调查餐饮企业现有人力资源状况，预测餐饮企业未来在流动、退休、淘汰、升职及其他相关方面的发展变化情况。内容有人员供给方式、人员流动政策、人员获取途径和实施计划等
培训开发规划	内容有培训政策、培训需求、培训对象、培训内容、培训形式、培训设施设备、培训师资与教材、培训经费、培训考核等
职业发展规划	员工职业生涯设计和职业发展管理，内容有确立人生发展目标、职业发展通道、实施成长途径等使用、培养方案
绩效与薪酬规划	个人及部门的绩效目标、考核标准；薪酬结构、薪酬水平、薪酬等级、薪酬制度，绩效与薪酬的对应关系等
劳动关系规划	降低非期望离职率，改善干群关系，减少和预防劳动争议，改进劳动关系的目标和措施
风险分析与预警对策	对人力资源管理中如招聘失败、新政策引起员工不满等风险进行分析和预警，通过风险识别、风险估计、风险驾驭、风险监控等一系列活动来防范风险的发生和降低风险的危害

续表

类型	主要内容	
编制费用预算	工资项目	员工工资总额是人力资源管理费用的主体，由计时工资、基础工资、职务工资、计件工资、奖金、津贴和补贴、加班工资等组成
	保险福利费及其他资金项目	内容有养老保险费、医疗保险费、失业保险费、工伤保险费、生育保险费，职工福利费，职工教育经费，职工住房基金，其他如应提取的工会基金等费用

二、餐饮人力资源规划的程序与原则

（一）餐饮人力资源规划的程序

编制餐饮人力资源规划一般按照如下程序进行：认识愿景→预测需求→调查现状→测算缺口→预测供给→制订方案→实施评估。具体编制程序内容见表6-2。

表6-2　**餐饮人力资源规划编制的程序**

编制程序	主要内容
认识愿景	认识餐饮企业愿景、目标和战略计划，认识组织目标对人力资源规划的影响。为实现企业目标，人力资源如何进行代谢和替换？组织结构如何变化？
预测需求	在人力资源方面有何需求？如果存在用人短缺如何补足？通过内外环境变化和发展趋势的分析，预测人力资源需求。内容包括所需员工总量、结构、素质和技能等
	由于餐饮企业人员流动频繁，很难进行总量和结构的控制。因此，预测重点应放在素质和技能的要求上
调查现状	人力资源现状如何？企业是否有足够的员工？企业是否合理利用了现有的员工？企业是否需要开发现有员工的技能？通过各种方法全面调查餐饮企业人力资源现状，理清人力资源总量、结构（年龄、学历、专业等）、技能等情况
测算缺口	在上述基础上测算出企业和各部门的人力资源数量、技能、结构性等缺口
预测供给	对一定时期企业内部和外部人力资源供给情况进行分析
制订方案	以上述缺口为依据，根据餐饮企业实际情况和限制条件，制订满足餐饮企业未来人力资源需求的人力资源管理规划
实施评估	作为完整的管理流程，还应包括实施和评估反馈两个程序，以保证人力资源规划是一个连续的、可持续改进的管理循环

（二）餐饮人力资源规划的原则

为了保证餐饮人力资源规划的科学性和有效性，实现餐饮企业经营管理的目标，应当把握以下原则：

1. 与餐饮企业发展战略规划相一致的原则

发展战略规划是餐饮企业在一定时期内的发展方向和各种活动的依据，因此，餐饮人力资源规划也应当以此为基础。餐厅员工的补充、配置、教育培训都应当和餐饮企业的发展战略目标决定的岗位设置、人员素质要求相适应，与餐饮企业发展战略规划和各项业务计划保持一致。只有在这一前提下充分发挥员工的积极性、创造性，才有利于餐饮企业各项业务计划的顺利实施与发展战略目标的最终实现。

2. 企业利益与员工目标兼顾的原则

人力资源规划不仅仅是餐饮企业发展战略的重要组成部分，更是面向员工、涉及员工个人命运与前途的规划。对一个餐饮企业而言，企业的发展与员工个人的发展是相互依托、相互促进的。如果一个餐饮企业在制订人力资源规划时仅仅关注自身的目标而忽视员工的个人利益，必然会影响餐饮企业发展战略目标的实现。因此餐饮人力资源规划必须兼顾饭店和员工双方的利益，保证两者的共同发展。

3. 外引内稳的原则

现代企业的竞争归根到底是人才的竞争，一个餐饮企业仅仅靠自身的力量难以提供竞争和发展所需要的各种人才，必须想方设法招揽外部优秀人才。与此同时，餐饮企业的主体是员工，能否把员工吸引到饭店的战略目标上来，是餐饮企业人力资源管理活动的关键所在。因此，餐饮人力资源规划在吸引外部人才的同时，更应树立人本主义的理念，真正关心员工、爱护员工，充分发挥员工的潜力，给每一位员工充分的个人发展空间，增强员工的凝聚力，稳定员工队伍，才能确保餐饮企业的正常运行和战略目标的实现。

4. 创新的原则

创新是现代餐饮企业发展的精神支柱，也是人力资源规划应当遵循的一项重要原则。在激烈的市场竞争环境中，唯有创新才是餐饮企业适应新环境、赢得竞争优势的最佳方式。人力资源规划尤其是要在人力资源开发与管理理念、开发模式、管理机制、激励机制等方面大胆创新，才可能发挥其外引人才、内稳人心的作用。

三、餐饮人力资源预测的程序和方法

预测是对未来环境的分析。餐饮人力资源预测是指在餐饮企业的评估和预测的基础上，对未来一定时期内人力资源状况的假设，是餐饮企业人力资源规划的重要工作内容，可分为人力资源需求预测和人力资源供给预测。

人力资源需求预测是指餐饮企业为实现既定目标而对未来所需员工数量和种类的估算；人力资源供给预测是指确定餐饮企业是否能够保证员工具有必要的能力以及员工来自何处的过程。

（一）餐饮人力资源需求预测的程序

人力资源需求预测分为现实人力资源需求、未来人力资源需求和未来流失人力资源需求预测三部分，具体操作程序如下：

1. 根据职务分析的结果，来确定职务编制和人员配置；

2. 进行餐饮人力资源盘点，统计出人员的缺编、超编及是否符合职务资格要求；

3. 将上述统计结论与部门管理者进行讨论，修正统计结论；
4. 该统计结论为现实人力资源需求；
5. 根据餐饮企业发展规划，确定各部门的工作量；
6. 根据工作量的增长情况，确定各部门还需增加的职务及人数，并进行汇总统计；
7. 该统计结论为未来人力资源需求；
8. 对预测期内退休的人员进行统计；
9. 根据历史数据，对未来可能发生的离职情况进行预测；
10. 将8、9统计和预测结果进行汇总，得出未来流失人力资源需求；
11. 将现实人力资源需求、未来人力资源需求和未来流失人力资源需求汇总，即得餐饮企业整体人力资源需求预测。

（二）餐饮人力资源供给预测的程序

人力资源供给预测分为内部供给预测和外部供给预测两部分，具体操作程序如下：
1. 进行人力资源盘点，了解餐饮企业员工现状。
2. 分析企业的职务调整政策和历史员工调整数据，统计出员工调整的比例。
3. 向各部门的人事决策人了解可能出现的人事调整情况。
4. 将2、3的情况汇总，得出餐饮企业内部人力资源供给预测。
5. 分析影响外部人力资源供给的地域性因素，包括以下几个方面：
（1）企业所在地的人力资源整体现状；
（2）企业所在地的有效人力资源的供求现状；
（3）企业所在地对人才的吸引程度；
（4）企业薪酬对所在地人才的吸引程度；
（5）企业能够提供的各种福利对当地人才的吸引程度；
（6）企业本身对人才的吸引程度。
6. 分析影响外部人力资源供给的全国性因素，包括以下几个方面：
（1）全国相关专业的大学生毕业人数及分配情况；
（2）国家在就业方面的法规和政策；
（3）餐饮行业全国范围的人才供需状况；
（4）全国范围从业人员的薪酬水平和差异。
7. 根据5、6的分析，得出餐饮企业外部人力资源供给预测。
8. 将餐饮企业内部人力资源供给预测和外部人力资源供给预测汇总，得出餐饮企业人力资源供给预测。

（三）餐饮人力资源预测的方法

人力资源预测有多种方法，常用的方法有经验预测法、现状预测法、模型法、专家讨论法、定员法和自下而上法等。

1. 经验预测法

经验预测法是人力资源预测中最简单的方法，它适合于较稳定的小型餐饮企业。经验预测法，顾名思义就是用以往的经验来推测未来的人员需求。不同的管理者的预测可能有所偏差。可以通过多人综合预测或查阅历史记录等方法提高预测的准确度。要注意的是，经验预测法只适用于一定时期内餐饮企业的发展状况没有发生方向性变化的情况，对于新的职务或者工作的方式发生了大的变化的职务，不适合使用经验预测法。

2. 现状规划法

现状规划法假定当前的职务设置和人员配置是恰当的，并且没有职务空缺，所以不存在人员总数的扩充。人员的需求完全取决于人员的退休、离职等情况的发生。所以，人力资源预测就相当于对人员退休、离职等情况的预测。人员的退休是可以准确预测的；人员的离职包括人员的辞职、辞退、重病（无法工作）等情况，所以离职是无法准确预测的。通过对历史资料的统计和比例分析，可以更为准确地预测离职的人数。现状规划法适用于中、短期餐饮人力资源预测。

3. 模型法

模型法是通过数学模型对真实情况进行实验的一种方法。模拟法首先要根据餐饮企业自身和同行业其他企业的相关历史数据，通过数据分析建立起数学模型，根据模型去确定销售额增长率和人员数量增长率之间的关系，这样就可以通过企业未来的计划销售增长率来预测人员数量增长。模型法适合于大、中型餐饮企业的长期或中期人力资源预测。

4. 专家讨论法

专家讨论法适合于技术型企业的长期人力资源预测。现代社会技术更新非常迅速，用传统的人力资源预测方法很难准确预计未来的技术人员需求。相关领域的技术专家由于把握技术发展的趋势，所以能更加容易地对该领域的技术人员状况做出预测。为了增加预测的可信度，可以采取二次讨论法。在第一次讨论中，各专家独立拿出自己对技术发展的预测方案，管理人员将这些方案进行整理，编写成企业的技术发展方案。第二次讨论主要是根据企业的技术发展方案来进行人力资源预测。

5. 定员法

定员法适用于大型企业和历史久远的传统餐饮企业。由于餐饮企业的技术更新比较缓慢，企业发展思路非常稳定，所以每个职务和人员编制也相对确定。这类企业的人力资源预测可以根据餐饮企业人力资源现状来推比出未来的人力资源状况。在实际应用中，有设备定员法、岗位定员法、比例定员法和效率定员法等几种方式。

6. 自下而上法

自下而上法就是从企业组织结构的底层开始逐步进行预测的方法。具体方法是，先确定餐饮企业组织结构中最底层的人员预测，然后将各个部门的预测层层向上汇总，最后去制订餐饮企业人力资源总体预测。由于组织结构最底层的员工很难把握企业的发展战略和经营规划等，所以他们无法制订出中长期的人力资源预测，这种自下而上的方法适用于短期人力资源预测。

四、餐饮人力资源配置的影响因素和方法

人力资源配置包括两层含义：一是满足餐饮经营活动所需要的所有餐厅工作人员（包括管理人员）的配备，也就是人员的定额；二是员工的分工定岗，即餐厅各岗位的选

择和安置合适的人选。餐饮企业人员的定员定岗是否恰当，不仅直接影响到劳动力成本的开支和员工队伍士气的高低，而且对餐饮生产效率、服务质量以及经营管理的成败都有不可忽视的影响。

（一）餐饮人力资源配置的影响因素

在实际工作中，影响餐饮人员配置的主要因素如下：

1. 餐厅档次高低和座位多少

餐厅档次越高，座位越多，服务质量要求越高，分工越细，必然用人越多；反之，低档餐厅、座位较少，可以少用人。

2. 市场状况和座位利用率高低

市场环境好，用餐客人多，必然提高餐位利用率，服务员的劳动定额，即能够看管的座位数就相对减少，用人就相对增加。反之，人员配备就较少。

3. 员工技术熟练程度

餐厅员工素质越高，操作技术越熟练，每个服务员能接待的客人数量就可以相对提高；反之，则会相对减少。

4. 厨房生产能力和技术设备状况

厨房生产能力以炉灶多少为主要标志，它与餐厅接待能力是相适应的。厨房生产能力越强，炉灶数量越多，用人必然越多，从而影响厨房人员的配置。

5. 餐饮经营的季节波动程度

餐饮经营有一定的季节波动性。季节不同，餐厅座位利用率的高低就不同。从合理使用劳动力的要求来看，餐饮人员配备应以平季为基础。旺季人员不足时，可以利用短期合同工来调节；淡季人员富余时，可多安排休假或开展员工培训。

6. 班次安排和出勤率高低

餐饮经营中，员工上班一般执行两班制，即早晚班或中晚班。日夜餐厅三班例，必然增加用人。此外，每周工作天数也是影响餐厅人员配备的重要因素。

（二）餐饮人力资源的配置方法

餐饮人力资源的配置根据组织机构中人员的分工不同、工作内容不同而变化，其基本方法可以按三类不同人员来确定。

1. 管理人员的配备方法

餐饮企业的管理人员是指主管以上的工作人员。其人员编制方法主要采用岗位定员法，即根据工作需要来确定岗位设置，然后按岗定人。如餐饮部经理、总厨师长或行政总厨配备 1 人。副职主要根据餐饮企业规模来确定。主管则要适当考虑倒班和每周五天工作制。在能够照顾业务工作面的前提下，员工数量宜少不宜多。

2. 厨房人员配备方法

厨房用人包括厨师、加工人员和管事部勤杂工三种。其人员配备方法以劳动定额为基础，重点考虑上灶厨师，其他加工人员可作为厨师的助手。其配备方法如下：

（1）核定劳动定额

即选择厨师人员和加工人员，观察测定在正常生产情况下，平均一位上灶厨师需要配几名加工人员，才能满足生产业务需要，由此核定劳动定额。其计算公式如下：

$$Q=\frac{Q_X}{A+B}$$

式中，Q 为劳动定额；Q_X 为测定炉灶台数；A 为测定上灶厨师数；B 为厨师服务的其他人员数。

（2）核定人员配备

在厨房劳动定额确定的基础上，影响人员配备的还有厨房劳动班次、计划出勤率和每周工作天数三个因素。因国家规定每周工作五天，因此，其人员配备的计算公式如下：

$$n=\frac{Q_n \cdot F}{Q \cdot f}\times 7\div 5$$

式中，n 为定员人数；Q_n 为厨房炉灶台数；F 为计划班次；Q 为劳动定额；f 为计划出勤率。

3. 餐厅人员配备方法

餐厅以服务人员为主，包括领位员、传菜员、酒水员和桌面服务员。其人员配备方法也以劳动定额为基础，重点考虑桌面服务员。其配备方法如下：

（1）核定看管定额

即选择服务员，观察测定在正常经营情况下，每人可以接待多少就餐客人或看管多少个座位。因餐厅档次规格不同，其看管定额是有较大区别的。其计算公式如下：

$$Q=\frac{Q_X}{A+B}$$

式中，Q 为看管定额；Q_X 为测定客人数；A 为桌面服务员数；B 为其他服务员数。

（2）编制餐厅定员

在看管定额确定的基础上，餐厅定员配备方法与厨房基本相同，其区别仅在于影响人员编制的因素增加了一个座位利用率。计算公式如下：

$$n=\frac{Q_n \cdot r \cdot F}{Q \cdot f}\times 7\div 5$$

式中，n 为定员人数；Q_n 为餐厅座位数；r 为座位利用率；F 为计划班次；Q 为看管劳动定额；f 为计划出勤率。

第三节　餐饮人力资源招聘与培训

一、餐饮人力资源的招聘

（一）餐饮人力资源招聘的意义与渠道

餐饮人力资源招聘是指餐饮企业根据用人条件和用人标准，运用适当的方法和手段，对应聘者进行的审查和比较，吸引他们到本企业加以录用的过程。餐饮人力资源招聘一般可分为招募和甄选两个阶段。

所谓招募，是通过各种途径从社会上以及本餐饮企业中寻找可供选用的人选，这是招聘的前期阶段。其目的是为了使餐饮企业特定的工作岗位吸引尽可能多的工作候选人，并形成一支后备力量，以备不时之需。所谓甄选，是餐饮企业对已经获得的可供任用的人选所作出的进一步的甄别、比较，从而确定最后录用的人员。其目的是根据所招募的工作职位的特点，选用恰当的甄选方法和程序，以最低的成本确保职位和人员的最佳匹配。

1. 餐饮人力资源招聘的意义

人力资源招聘是餐饮企业人力资源管理的重要工作内容，对餐饮企业的经营管理具有重要意义：

（1）员工招聘工作关系到餐饮企业的生存与发展。餐饮企业的生存与发展必须要有高质量的人力资源。在当今竞争激烈的餐饮业市场中，如果没有高素质的员工队伍和相对科学的人事安排，餐饮企业将面临服务质量不稳定，客户流失，经济效益下降的后果。员工招聘就是为了确保餐饮企业持续获得高质量人才的一项重要工作。

（2）员工招聘是餐饮企业补充新员工的重要途径。由于餐饮企业在经营过程中不可避免的人员流动、企业经营规模的变化以及员工结构不合理或其他原因造成的人员增补，都需要进行员工的招收与录用工作，为了满足餐饮企业的经营需要，有计划地招聘一定数量的新员工已成为人力资源部门的基本任务之一，这也是饭店持续获取新鲜血液的主要手段和方法。

（3）员工招聘是保持餐饮企业员工队伍高素质的基础。餐饮企业只有招到合格的人员，并将他们安排到合适的岗位上，在工作中注重与加强员工队伍的培训与发展，才能确保员工队伍的素质。

2. 餐饮人力资源招聘的渠道

餐饮企业人力资源招聘要考虑员工的多种来源渠道。根据招募对象的来源可将招聘分为内部招聘和外部招聘。二者采用的方法虽然不同，但地位同等重要，相辅相成。

内部招聘是员工招聘的一种特殊形式，一般采用内部晋升、工作调换、工作轮换等途径开展工作。据调查，79%的美国公司采用以内部招聘为主的政策，而且公司中90%以上的管理职位都是由公司内部提拔起来的人担任的。内部招聘的意义主要表现在以下几个方面：

（1）能够简化招聘程序，减少招聘费用。人力资源部门对企业原有职员都有一定的了解，可通过多种渠道获取该员工是否适合招聘职位要求的相关信息，而且在内部发布招聘信息可以利用各种内部媒体，具有节省人力、物力、财力的优点。

（2）降低招聘风险。尤其是招聘一些关键的管理人员时，企业可以通过选拔内部成员来降低由于对应聘者缺乏了解而承担的风险。

（3）减少企业对员工进行岗位培训的费用。由于内部招聘的人才来源于企业内部，他们对企业，特别是企业文化比较熟悉，已经具备了一定的工作能力和经验，对空缺职位的职责、要求等也较了解，因此在对他们进行上岗前的培训时，可以在很大程度上简化培训程序和减少培训费用。

（4）能够有效地激励员工。通过内部招聘来选拔人才，会使员工更加意识到工作绩效与提拔、晋升、加薪之间的关系，从而可以起到强有力的“鼓励先进、鞭策后进”的作用，激励员工奋发向上。

（5）能为员工提供更好的成长、发展机会。内部招聘给企业员工提供了一个对自己职业规划更负责任的机会，内部招聘的对象是企业内部的员工，他们基于对企业的原有了解，认识到在企业中能够获得广阔的发展前景和更多的发展机会。

（6）有助于提高企业的生产率。内部招聘的人员对原有职位和现有职位都比较熟悉，尤其是通过多次招聘的人员对企业内部的组织结构、生产过程、人员配置等都有较好的了解，因此能够有效地提高企业整体的劳动生产率，增加对现有员工的投资回报。

（7）有利于培养员工的奉献精神。由于内部招聘为员工提供了更多提拔、晋升、培训、加薪的机会，因此能够使员工在企业中得到高度的认同感和归属感，同时也使得他们在不断开拓自己的职业生涯过程中获得自我实现的满足，从而让广大员工感到企业是自身发展的良好空间，在该企业里能够让自己的才能得到最大限度的发挥，进而愿意为企业贡献自己的全部才智和能力。

（8）可以有效地进行内部沟通。内部招聘还是一个有效的内部沟通手段，它向员工传递了有关企业的发展目标、前景等信息，使员工对企业有更加深入的了解。

（9）有助于企业文化的形成。一种企业文化的形成依赖于诸多因素，其中人的因素是最为重要的。一个善于从内部发现人才、知人善任的企业必定能使其员工形成良好的竞争氛围、学习风气与和谐的人际关系，并且在企业内部形成强大的凝聚力，形成完善、独特的企业文化。

外部招聘是指招聘企业外部符合岗位需要的人并安置在合适的位置上，是与内部招聘相对应的一种人员招聘方法。一般采用校园招聘、人才市场、职业介绍所、媒体广告和网上招聘等途径开展工作。外部招聘的意义主要表现在以下几个方面：

（1）外部选拔是企业获得高质量人才的关口。在竞争环境中，人力资源在组织所有的资源中堪称“第一资源”。所以，对人才的吸引、选拔、保持、发展、评价、开发和培养构成了企业人力资源管理的基本职责。其中，外部选拔可以说是企业获得人才的第一关。如果在这个首要环节，企业没能获取充足的适合于企业的人才，日后就需要花费大量的人力、物力和财力去培养和开发人力资源，这会给企业造成巨大的损失，不论企业将来花费多大的精力去减少这种损失，企业所失去的发展机会都是无法弥补的。

（2）外部选拔是人力资源输入的重要环节。企业犹如一个生命体，生命的生存和繁衍需要有旺盛的新陈代谢，而这取决于构成企业生命体的每一位员工。企业的人才流动是一种动态的过程，外部选拔就像是为企业注入新鲜血液，在这个输入环节，如果能充分吸收外部的氧气，就可以加强企业自身的生命力。

（3）外部选拔为企业带来创新。企业作为一个有机体，其思维方式和思想精华是由企业成员的思维方式和思想精华所构成的。每当一个外部的人才进入企业，他的思维方式就会迅速注入企业并影响企业中的每一个成员，可能就此促成企业的某种创新。企业要适应不断变化的环境、要不断焕发出勃勃生机就必须不断接受新的思想、获得新的理念，外部选拔在一定程度上有利于企业进行更新。

（4）外部选拔有助于扩大企业的知名度。外部选拔的招聘信息在市场上总是以很快的速度传播，这种招聘信息促进了企业知名度的扩展。一方面，发布外部招聘信息可以让社会了解企业，在吸引人才的同时扩大企业的影响；另一方面，企业发布外部招聘信息也是在向社会传达一种信息，即企业正处于扩张发展时期，这是企业蓬勃向上的信号，无形之中增加了社会对企业的信任感。

（二）餐饮员工招聘的原则

饭店进行员工招聘的原因可能有很多种，但无论何种原因，饭店在员工招聘工作中应坚持与符合以下原则：

1. 招聘必须有计划、有目标地进行

根据餐饮企业不同阶段对员工的需求，编制分阶段的员工招聘计划。对于已投入正常运营的餐饮企业来说，要制订人力需求计划来指导员工招聘工作。餐饮企业正常运营后，对员工的需求有三种情况：其一，因业务量突然增加或因员工的晋升、辞职、辞退等造成人员短缺或职位空缺，时间的紧迫不允许人事招聘工作按部就班地进行，只能通过紧急征聘来补充缺额；其二，餐饮企业扩大营业，增加新的服务设施或项目需要增加员工；其三，从长远角度去预测人员变动趋势，预测出离、退休员工人数比例及缺员时间，估计员工流动比率等。

2. 招聘必须符合国家的有关法律、政策和国家利益

在招聘过程中应该坚持平等就业、相互选择、公平竞争、禁止未成年人就业、照顾特殊群体、不违反国家相关法律法规、不侵犯职工的合法权益，由于餐饮企业原因订立无效合同或违反劳动合同者，餐饮企业应承担相应的法律责任。

3. 招聘必须坚持“任人唯贤、择优录用”

员工招聘渠道越来越广泛，可以从各类各级旅游院校毕业生中招聘，可以从人才市场、中介机构、“猎头”公司聘用，也可以直接从社会上招聘。餐饮企业对应聘者的选择余地增大，应聘者的能力、素质差异就会较大，因此必须制定科学而又切合实际需要的用人标准，根据规模、标准、接待对象、工种性质和质量要求的不同情况而定。同时，要考虑餐饮企业不同层次的员工，在基本职业要求一致的前提下，因职务层次不同，对员工个人素质、业务能力、技术水准诸方面又有不同的要求。严格考核，坚持“任人唯贤、择优录用”的原则，才能做好员工招聘工作，提高员工的基本素质。

4. 招聘必须建立科学合理的实施程序，降低招聘成本，提高工作效率

餐饮企业挑选员工要能够将实际情况与人力资源招聘管理的一般规律相结合，制定出一套科学而实用的操作程序，即准备阶段、选择阶段和录用阶段等。只有这样才能使招聘工作有条不紊地进行，保证为餐饮企业挑选出高质量的合格人选。也只有这样餐饮企业人力资源部在员工招聘业务方面的工作量才能够相对减少，实施难度和招聘成本也将有所降低，而工作效率和招聘质量却能相应提高。

5. 招聘必须量才适用

量才适用就是根据个人的专长和能力、志向与条件，做到才以致用、各尽其才、各得其所。实行这项原则，首先，要借助于工作分析，明确各个岗位的要求与条件。其次，还要了解个人专长、才能和志向等。只有把合适的人放到合适的岗位上，才能发挥其应有的

效用。

总之，餐饮人力资源部门要有计划、有目标、有步骤地开展日常的员工招聘业务，把任人唯贤、择优录用的基本原则贯穿在整个招聘工作的全过程中，甄选出德才兼备的优秀员工，不断满足餐饮企业经营发展的需求。

（三）餐饮员工招聘的程序

1. 制订招聘计划和策略

招聘计划是餐饮企业根据发展目标和岗位需求对某一阶段招聘工作所做的安排，包括招聘目标、信息发布的时间与渠道、招聘员工的类型及数量、甄选方案及时间安排等方面。

具体来讲，员工招聘计划包括以下内容：

（1）招聘的岗位、要求及其所需的人员数量；

（2）招聘信息的发布；

（3）招聘对象；

（4）招聘方法；

（5）招聘预算；

（6）招聘时间安排。

2. 发布招聘信息及搜寻候选人信息

餐饮企业要将招聘信息通过多种渠道向社会发布，向社会公众告知用人计划和要求，确保有更多符合要求的人员前来应聘。

餐饮企业可以通过以下方式搜寻候选人信息：

（1）应聘者自己所填的求职表，内容包括性别、年龄、学历、专业、工作经历及业绩等；

（2）推荐材料，即有关组织或个人就某人向本单位写的推荐材料；

（3）调查材料，指对某些岗位人员的招聘，还需要亲自到应聘人员工作过或学习过的单位或向其接触过的有关人员进行调查，以掌握第一手材料。

3. 甄选

甄选的过程一般包括对所有应聘者的情况进行的初步审查（侧重背景调查及犯罪记录审查）、知识与心理素质测试、面试，以确定最终的录用者。

4. 录用

人员录用过程一般可分为试用合同的签订、新员工的安置、岗前培训、试用、正式录用等几个阶段。

试用就是餐饮企业对新上岗员工的尝试性使用，这是对员工的能力与潜力、个人品质与心理素质的进一步考核。

员工的正式录用是指试用期满后，对表现良好、符合餐饮企业要求的新员工，使其成为企业正式成员的过程。一般由用人部门根据新员工在试用期间的具体表现对其进行考核，做出鉴定，并提交人力资源管理部门。人力资源管理部门对考核合格的员工正式录用，并代表企业与员工签订正式录用合同，正式明确双方的责任、义务与权利。

正式录用合同一般应包括以下内容：
当事人的姓名、性别、住址和法定社会身份；
签订劳动合同的法律依据，劳动合同期限；
工作内容，劳动保护和劳动条件；
劳动报酬，劳动纪律，变更和解除劳动合同的条件与程序；
违反劳动合同的责任与处置等。

5. 招聘工作评价

招聘评估主要指对招聘的结果、招聘的成本和招聘的方法等方面进行评估。一般在一次招聘工作结束之后，要对整个招聘工作做一个总结和评价，目的是进一步提高下次招聘工作的效率。

对招聘工作的评价一般应从以下两方面进行：一是对招聘工作的效率评价；二是对录用人员的评估。

二、餐饮人力资源的培训

（一）餐饮员工培训的意义与特点

1. 员工培训的意义

为了提高餐饮企业员工的服务技能和管理水平，形成餐饮企业独具特色的企业文化，必须对员工进行系统的培训，以利于餐饮企业的长远发展。其意义主要体现在以下几个方面：

（1）对餐饮企业员工进行培训，有利于提高员工的相关知识和技能，使之能高质量地从事餐饮企业工作，高水平地为顾客服务；

（2）通过培训，便于发现人才，为人员的考核和晋升打下坚实基础；

（3）通过培训，增强了员工从事餐饮企业工作的信息，使员工更忠诚于餐饮企业，为餐饮企业发展贡献力量。

2. 员工培训的特点

为了使培训工作达到预期效果，在对员工进行培训时必须遵循以下原则：

（1）全员性

餐饮企业无论是管理岗位，还是服务岗位，都必须执行“先培训后上岗”的规定。在培训中需把员工分层次、分部门分岗位进行培训，在培训对象上坚持全员性的原则。

（2）针对性

培训工作的最终目的是为了提高全体员工的整体素质。因此，培训内容要务实，根据各岗位不同的素质要求进行针对性的培训。人力资源部门应根据不同岗位的岗位职责要求和员工个体实际情况差异安排不同的培训内容，使每一个受训的员工更快、更好地适应和胜任自己所从事的工作。

（3）季节性

餐饮企业经营具有很强的淡旺季特点，这也使得培训工作时间也相应具有明显的季节性。旺季时，由于经营业务繁忙，一般不进行培训；淡季时，空闲时间多，人力资源部门则应利用这一时机对各层次的员工进行培训。

（4）灵活性

因培训对象、培训时间等的不同采取灵活的培训方法。培训方法一般有课堂讲授法、专题讨论法、案例研讨法和操作示范法等。

（二）餐饮员工培训的内容和程序

1. 员工培训的内容

员工培训的内容根据不同时期、不同岗位和不同目的等均有所不同。一般来说，餐饮企业员工培训主要包括以下内容：

（1）服务技能培训

由于餐饮服务的特殊性，即生产与服务的同步性，决定了餐饮服务注重现场的服务质量，员工的服务技能水平是提高服务质量的基本保证，这就要求从业人员具有过硬的服务基本功。餐饮企业应遵循“干什么，学什么；缺什么，补什么”的原则，有效地按照培训计划对员工的基本技能进行严格培训和考核，讲究实效，以保证餐饮服务的质量。

（2）职业道德和礼仪培训

餐饮业是服务性行业，这就要求从业人员具有良好的职业道德，了解企业的店规店纪和员工守则，树立“宾客至上、质量第一”的观念，树立服务意识、纪律意识和市场意识，确立职业荣誉感和责任感。同时餐饮企业是讲究礼貌的行业，员工的礼仪修养贯彻于接待服务活动的全过程，是企业形象的重要表现，它可以在企业与宾客之间架起友谊的桥梁。因此，对企业全体员工的礼仪培训是必不可少的。礼仪教育应从员工的礼貌用语、仪容仪表、礼貌常识入手，与服务程序相结合，落实到服务接待的全过程中，提高企业的服务档次。

（3）专业知识和技能培训

餐饮企业经营的产品具有一定的技术性，为了生产高质量的产品和有效推销，员工必须熟练掌握菜肴知识、酒水知识及相关推销的技巧。因此员工要掌握本企业经营的菜肴的特色、加工时间、口味及相关知识，根据客人需求，有针对性地向客人推销菜肴、酒水，以提高经济效益。另外要对员工的安全防火知识及卫生健康要求进行培训，以保证员工有良好的卫生习惯和安全意识。

（4）处理人际关系能力的培训

对内，员工要处理上下级、同事及各部门之间的关系，客人的满意程度取决于全体员工的协调和努力，所以员工必须知道如何处理这些关系，保证企业各部门的协调一致。对外，员工与客人打交道，要让“所有的客人满意”，这就要求企业必须提高员工的服务技艺、培养服务观念，对不同的客人采取不同的方式方法，从而达到使客人满意的目标。

（5）独立工作和应变能力的培训

餐饮企业员工经常会遇到意想不到的突发事件，这就要求员工必须在极短的时间里迅速完成“搜集信息、筛选分析、判断分析、做出决策”等一连串的思维活动。可通过向员工讲授处理突发事件的一些经验和方法来培养和提高员工的应变能力。

2. 员工培训的程序

培训工作贯穿于餐饮企业发展的各个阶段，是一个循环往复的过程，一般每个循环周期为一年。其基本流程如下：

（1）发现培训需求

人力资源部门一般通过多种渠道（如顾客反映、工作评估等），采取多种方法（如观察员工工作、面谈、问卷调查等），找出工作中出现的主要问题，并进行归类分析，从而确定员工的培训需求。一般在下列情况下需要对员工进行培训：

新的餐厅开业时；

新的设备、工作程序和管理制度投入使用时；

员工换岗时；

管理者希望员工在事业上得到发展时；

工作效率降低时；

工作中不断出现差错时；

各岗位之间经常产生摩擦时；

顾客投诉较多时。

（2）制订培训计划

根据餐饮企业员工的培训需求，制订相应的培训计划。培训计划一般包括年度培训计划、季度培训计划、月度培训计划和短期培训计划等。培训计划的内容一般要涵盖以下内容：培训目标、培训时间、培训地点、培训内容、接受培训者及对受训者的要求、培训者、培训方式、培训所需要的设备和培训组织等。

（3）培训工作的实施与控制

人力资源部门根据管理需要，充分树立激励思想，通过培训不断提高员工素质，从而提高劳动效率和服务质量。同时，员工则希望通过培训增长见识和才干，实现人生价值。因此，培训必须与员工考核、员工使用、定级和晋升等结合起来。

培训工作的实施与控制要竭力做到以下五个方面的落实：一是人员落实，即培训对象和师资的确定；二是物资落实，即将培训资料、场地、相关设备物品等准备齐全；三是时间落实，即安排好受训人员的时间及控制培训进程；四是费用落实，即购置所需资料用品、支付外聘讲师的授课费等；五是效果落实，即通过既定课程的培训和考核达到培训目的，实现培训目标。

（4）培训效果的评估检查

对照培训目标和评估内容，实事求是地评价培训效果，总结取得的经验，改进不足之处。最后还要对培训效果进行跟踪调查，把反馈回来的信息作为新的培训需求，在下一次培训工作中对上次培训的不足之处加以弥补、改良。

（三）餐饮员工培训的方法

餐饮企业培训员工的方法很多，企业应根据自身条件及员工素质灵活把握，以达到最佳的培训效果。

1. 理论性培训方法

（1）讲授法

这种方法一般适用于理论知识的学习。通过讲授使学员在领会的基础上掌握专业知识、开发能力，并可使学员热爱自己的职业，这种方法比较适用于员工的岗前培训。

（2）讨论法

学习了一段时间以后，教师拟题，学员讨论，培养学员独立思考的习惯及分析与解决问题的能力，把学过的知识和理论灵活运用到实践中。

（3）视听法

现代餐饮企业也经常借助音像等电化教学手段，通过学员在课堂上运用眼睛、耳朵等感官达到直观教学的效果。如情景教学法通过录像带介绍餐饮经营和管理中发生的一些常见情景，要求员工根据情景判断、提供解决方法。再如对话训练法，播放员工与顾客间的对话，学员讨论其中不礼貌、态度粗暴、缺乏业务知识等方面的问题，以此教会学员对话方法，从而为顾客提供优质服务。

2. 实践性培训方法

（1）操作示范法

操作示范法在餐饮培训中使用较多，其基本方法是教师按讲授的操作理论和技术规范示范，学员细心观察、揣摩，然后模仿演练，这种方法比较适合于餐饮服务基本技能的培训。

（2）模拟训练法

指学员将学到的理论在一个模拟环境中操练。如一部分学员扮演“客人”，另一部分扮演“员工”，然后按正常服务程序进行演习，如摆台、迎宾、点菜、上菜、斟酒、分菜、结账、送客、整理等一整套环节。这种培训方法情景逼真，能提高员工的学习兴趣，有现场感，学员能全身心投入，又可以把一个岗位的全套程序连续演练，使学员能熟练掌握服务内容。教师应讲评学员的表现，找出不足、差距及长处，以加深印象。

（3）参观考察法

各学员展示特长，使员工打开眼界，去学习他人的服务特色和长处，从而进一步提高服务水平和质量。

第四节　餐饮人力资源激励与考评

一、餐饮人力资源的激励

餐饮人力资源的开发，其实质在于开发人的潜能，关键在于建立有效的激励机制，给员工以压力和动力，由此产生活力，最终开发员工的潜力。

（一）激励的含义及其特点

1. 激励的含义

所谓激励，就是企业通过设计适当的外部奖酬形式和工作环境，以一定的行为规范和惩罚性措施，借助信息沟通，来激发、引导、保持和规范企业成员的行为，以有效的实现企业及其成员个人目标的系统活动。激励的含义可以从以下几方面理解：

（1）激励的出发点是满足企业成员的各种需要，即通过系统地设计适当的外部奖酬形式和工作环境，来满足企业员工的外在性需要和内在性需要。

（2）科学的激励工作需要奖励和惩罚并举，既要对员工表现出来的符合企业期望的行为进行奖励，又要对不符合企业期望的行为进行惩罚。

（3）激励贯穿于企业员工工作的全过程，包括对员工个人需要的了解、个性的把握、行为过程的控制和行为结果的评价等。因此，激励工作需要耐心。赫兹伯格说，如何激励员工：锲而不舍。

（4）信息沟通贯穿于激励工作的始末，从对激励制度的宣传、企业员工个人的了解，到对员工行为过程的控制和对员工行为结果的评价等，都依赖于一定的信息沟通。企业组织中信息沟通是否通畅，是否及时、准确、全面，直接影响着激励制度的运用效果和激励工作的成本。

（5）激励的最终目的是在实现企业预期目标的同时，也能让企业成员实现其个人目标，即达到企业目标和员工个人目标在客观上的统一。

2. 激励的特点

激励是对人的潜在能力进行开发，它不同于对物质资源的开发，无法通过精确的计算来进行预测、计划和控制。因此，激励具有其自身的特点：

（1）激励以人的心理作为出发点，激励的过程是人的心理活动过程，而人的心理活动不可能凭直观感知，只能通过在其作用下的行为表现出来。

（2）由激励产生的动机行为不是固定不变的，它们受多种主客观因素的影响，在不同的时间、不同的场合，其表现必然不同。因此，必须以动态的而不是静态的观点去认识和观察这一问题。

（3）激励的对象是有差异的，从而决定了不同的人对激励的满足程度和心理承受力也是各不相同的。这就要求对不同的人要有不同的激励手段。

（4）激励的目的是使人的潜力得到最大限度的发挥。但人的潜力不是无限的，它受生理因素的制约，也受人的自身条件的限制。所以，激励不能超越人的生理（年龄、性别、疲劳程度）和能力（胜任的能力）的限制，而应该是适度的。

（二）激励理论及其应用

1. 需要层次理论

需要层次理论（Maslow’s Hierarchy of Needs）是美国心理学家马斯洛（A. H. Maslow）于1943年在《人类动机的理论》一书中提出的一种关于人的需要结构的理论。马斯洛理论把需要分成生理需要、安全需要、社交（归属与爱）需要、尊重需要和自我实现需要五类，依次由较低层次到较高层次排列，因此，又有人称之为“需要金字塔模型”。

马斯洛的需要层次理论主要包括以下内容：

（1）五种需要像阶梯一样从低到高，按层次逐级递升，但这样次序不是完全固定的，可以变化，也有种种例外情况。

（2）需要层次理论有两个基本出发点，一是人人都有需要，某层需要获得满足后，另一层需要才出现；二是在多种需要未获满足前，首先满足迫切需要；该需要满足后，后面的需要才显示出其激励作用。

（3）一般来说，某一层次的需要相对满足了，就会向高一层次发展，追求更高一层次的需要就成为驱使行为的动力。相应的，获得基本满足的需要就不再是一股激励力量。

（4）五种需要可以分为两级，其中生理上的需要、安全上的需要和感情上的需要都属于低一级的需要，这些需要通过外部条件就可以满足；而尊重的需要和自我实现的需要是高级需要，它们是通过内部因素才能满足的，而且一个人对尊重和自我实现的需要是无止境的。同一时期，一个人可能有几种需要，但每一时期总有一种需要占支配地位，对行为起决定作用。任何一种需要都不会因为更高层次需要的发展而消失。各层次的需要相互依赖和重叠，高层次的需要发展后，低层次的需要仍然存在，只是对行为影响的程度大大减小。

（5）马斯洛和其他的行为心理学家都认为，一个国家多数人的需要层次结构，是同这个国家的经济发展水平、科技发展水平、文化和人民受教育的程度直接相关的。在不发达国家，生理需要和安全需要占主导的人数比例较大，而高级需要占主导的人数比例较小；在发达国家，则刚好相反。

根据需要的五个层次，在餐饮人力资源激励中可以针对性地采取激励措施：

（1）生理需要（Physiological Needs），也称级别最低、最具优势的需要，如食物、水、空气、性欲、健康。激励措施：增加工资、改善劳动条件、给予更多的业余时间和工间休息、提高福利待遇。

（2）安全需要（Safety Needs），同样属于低级别的需要，其中包括对人身安全、生活稳定以及免遭痛苦、威胁或疾病等需要。激励措施：强调规章制度、职业保障、福利待遇，并保护员工不致失业，提供医疗保险、失业保险和退休福利，避免员工因收到双重的指令而混乱。

（3）社交需要（Love and Belonging Needs），属于较高层次的需要，如对友谊、爱情以及隶属关系的需要。激励措施：提供同事间社交往来机会，支持与赞许员工寻找及建立和谐温馨的人际关系，开展有组织的体育比赛和集体聚会。

（4）尊重需要（Esteem Needs），属于较高层次的需要，如成就、名声、地位和晋升机会等。尊重需要既包括对成就或自我价值的个人感觉，也包括他人对自己的认可与尊重。激励措施：公开奖励和表扬，强调工作任务的艰巨性以及成功所需要的高超技巧，颁发荣誉奖章、在公司刊物发表文章表扬、优秀员工光荣榜。

（5）自我实现需要（Self-actualization），是最高层次的需要，包括针对于真善美至高人生境界获得的需要，因此前面四项需要都能满足，最高层次的需要方能相继产生，是一种衍生性需要，如自我实现，发挥潜能等。激励措施：设计工作时运用复杂情况的适应策略，给有特长的人委派特别任务，在设计工作和执行计划时为下级留有余地。

2. 双因素理论

双因素理论（Two Factors Theory）又称激励保健理论（Motivator-Hygiene Theory），是美国行为科学家弗雷德里克·赫茨伯格（Fredrick Herzberg）提出来的。双因素理论认为引起人们工作动机的因素主要有两个：一是保健因素，二是激励因素。只有激励因素才能够给人们带来满意感，而保健因素只能消除人们的不满，但不会带来满意感。

其理论根据：第一，不是所有的需要得到满足就能激励起人们的积极性，只有那些被称为激励因素的需要得到满足才能调动人们的积极性；第二，不具备保健因素时将引起强烈的不满，但具备时并不一定会调动强烈的积极性；第三，激励因素是以工作为核心的，主要是在员工进行工作时发生的。

造成员工不满的原因，主要是由于企业的政策、行政管理、监督、工作条件、薪水、地位、安全以及各种人事关系的处理不善。这些因素的改善，虽不能使员工变得非常满意，真正地激发员工的积极性，却能解除员工的不满，故这种因素被称为保健因素。研究表明，如果保健因素不能得到满足，往往会使员工产生不满情绪、消极怠工，甚至引起罢工等对抗行为。

使员工感到非常满意的因素，主要是工作富有成就感，工作本身带有挑战性，工作的成绩能够得到社会的认可以及职务上的责任感和职业上能够得到发展和成长等。这些因素的满足，能够极大地激发员工的热情，对于员工的行为动机具有积极的促进作用，它常常是一个管理者调动员工积极性，提高劳动生产效率的好办法。研究表明这类因素解决不好，也会引起员工的不满，它虽无关大局，却能严重影响工作的效率。

根据赫茨伯格的理论，在调动餐饮企业员工积极性方面，可以分别采用以下两种基本做法：

（1）直接满足

直接满足，又称为工作任务以内的满足。它是一个人通过工作所获得的满足，这种满足是通过工作本身和工作过程中人与人的关系得到的。它能使员工学习到新的知识和技能，产生兴趣和热情，使员工具有光荣感、责任心和成就感。因而可以使员工受到内在激励，产生极大的工作积极性。对于这种激励方法，管理者应该予以充分重视。这种激励的措施虽然有时所需的时间较长，但是员工的积极性一经激励起来，不仅可以提高生产效率，而且能够持久，所以管理者应该充分注意运用这种方法。

（2）间接满足

间接满足，又称为工作任务以外的满足。这种满足不是从工作本身获得的，而是在工作以后获得的。例如晋升、授衔、嘉奖或物质报酬和福利等，就都是在工作之后获得的。其中福利方面，诸如工资、奖金、食堂、托儿所、员工学校、俱乐部等，都属于间接满足。间接满足虽然也与员工所承担的工作有一定的联系，但它毕竟不是直接的，因而在调动员工积极性上往往有一定的局限性，常常会使员工感到与工作本身关系不大而满不在乎。这种满足虽然也能够显著地提高工作效率，但不容易持久，有时处理不好还会产生副作用。

3. 强化理论

强化理论是美国心理学家和行为科学家斯金纳（Burrhus Frederic Skinner）等人提出的一种理论，也叫操作条件反射理论、行为修正理论。

斯金纳区分了两种强化类型：正强化（ positive reinforcement，又称积极强化）和负强化（negative reinforcement，又称消极强化）。当在环境中增加某种刺激，有机体反应概率增加，这种刺激就是正强化。当某种刺激在有机体环境中消失时，反应概率增加，这种刺激便是负强化，是有机体力图避开的那种刺激。这种理论观点主张对激励进行针对性的刺激，只看员工激励的行为和结果之间的关系，而不是突出激励的内容和过程。该理论认为人的行为是其所获刺激的函数。如果这种刺激对他有利，则这种行为就会重复出现；若对他无利，这种行为就会减弱直至消逝。

对强化理论的应用，要考虑强化的模式，并采用一整套的强化体制。强化模式主要由“前因”、“行为”和“后果”三个部分组成。“前因”是指在行为产生之前确定一个具有刺激作用的客观目标，并指明哪些行为将得到强化。“行为”是指为了达到目标的工作行为。“后果”是指当行为达到了目标时，则给予肯定和奖励；当行为未达到目标时，则不给予肯定和奖励，甚至给予否定或惩罚。

在餐饮企业管理上，正强化就是奖励那些企业需要的行为，从而加强这种行为；负强化就是惩罚那些与企业不兼容的行为，从而削弱这种行为。正强化的方法包括奖金、对成绩的认可、表扬、改善工作条件和人际关系、提升、安排担任挑战性的工作、给予学习和成长的机会等。负强化的方法包括批评、处分、降级等，有时不给予奖励或少给予奖励也是一种负强化。

（三）员工激励的基本原则和方式

1. 员工激励的基本原则

（1）以人文本的原则

现代管理者应该明确的一点是，在激励过程中，应该把员工作为一个主体的人来对待，而不是把自己打扮成一个施舍者，把员工看成是被动的需要，使员工成为等待管理者满足的物质乞丐和精神乞丐。一方面，管理者应该尊重员工，帮助员工进行自我激励，调整管理角色，扮演好帮助者、指导者、调节者三种角色，把自己的激励目标定位在帮助员工实现自我激励上。首先要尊重员工的生命价值，其次要尊重员工的兴趣和生活方式，最后要尊重员工的劳动成果。另一方面，员工应当树立个人主体精神，即放弃“等、靠、要”的思想，正确看待自己在企业中的地位，提高自己解决问题的能力。

（2）企业目标与员工目标相结合的原则

对员工激励从目标开始，是指以确立行为目标的方式所进行的激励。员工选择了什么样的目标，就会有什么样的行为动机。人的价值可分为自我价值和社会价值。前者指的是个人情操、知识技能等方面的个人追求；后者指的是个人的知识技能为他所生活的社会创造财富的作用。在餐饮人力资源激励过程中首先要尊重员工的自我价值，使员工的目标设置满足员工个人需要，提高员工对目标的认同感。其次，还应将员工的目标设置纳入到企业目标设置中来，使企业目标包含更多的个人目标，实现自我价值和社会价值的统一，才是保证良好激励效果的关键。

（3）物质激励与精神激励相结合的原则

员工存在着物质需要与精神需要，相应的激励方式也应该是物质激励与精神激励相结合的。物质需要是员工最基础的需要，最低层次的需要，其激励作用也是表面的，而精神激励则是深层激励。因此，餐饮企业管理者应该恰当地把握员工当前需要的状况，如有哪些需要，什么需要占主导地位，然后根据员工需要来有效地选择激励的方法。从我国的实际看，目前人们的物质生活水平普遍不够高，因此物质激励在员工激励中占主导地位，构成激励的主要内容。

（4）正激励与负激励相结合的原则

根据激励的强化理论，可以把强化分为正强化和负强化。所谓正激励就是对员工符合企业目标的期望行为进行奖励，使得这种行为更多地重复。所谓负激励就是对员工违背企业目标的行为进行处罚，使得这种行为不再发生。这两种激励方式都能改变员工行为，并且通过树立榜样和反面典型，来形成良好的风气，使企业行为更加积极向上。但是，负激励容易使员工产生挫折心理和行为，应该慎用。管理者在激励时应该把正激励与负激励相结合，要坚持以正激励为主，负激励为辅。

（5）外在激励与内在激励相结合的原则

餐饮企业的发展离不开高质量的员工队伍。外在激励是一种重要的激励方式，它虽然能对企业员工产生一定的激励作用，但很难激发他们的内驱力。内在激励则主要来源于工作活动本身，发自内心的一种力量。因此，在对员工的激励中要以内在激励为主、外在激励为辅，内外相结合的原则。

（6）时效性与合理性相结合的原则

激励要把握好时机，激励在不同的时间进行，其作用和效果是不同的。员工在做出努力取得成绩后，都有渴望得到企业承认的心理。因此，激励越及时，越能促进员工积极性的发挥，使积极的行为得到不断的强化，令积极性保持长久。激励的合理性包括三层含义：第一，激励的措施要适度，过大或过小激励都会影响激励的效果。第二，奖惩要公平，赏罚分明适度；第三，民主参与，公开评议，提高奖惩条件的可接受性和公开性。

2. 员工激励的方式

（1）物质激励

物质激励是调动员工工作积极性的最直接、最有效的手段。主要包括餐饮企业支付给员工的劳动报酬、福利待遇以及因业绩突出奖给员工的奖金、奖品和其他事物等。劳动报酬主要有基本工资、津贴和奖金。报酬的发放要与员工的才干、知识、技能、工作态度、贡献、工作强度等因素挂钩。福利待遇包括员工宿舍、员工餐厅、浴室、医疗和养老保险等。诱人的福利待遇可以弥补劳动报酬的不足。

（2）关怀与情感激励

关怀与情感激励是指管理者通过对下属员工真诚的爱护、关怀、体贴、尊重和信任去打动和征服员工，使其自觉自愿地爱岗、敬业、忠实于餐饮企业。它是一种富有人情味的激励方式。员工对餐饮企业产生的感恩情结将激励出惊人的力量，使其自觉努力地工作。情感激励的关键是真诚。管理者应充分了解员工的经济、住房、健康、家庭情况，尽力帮助员工解决衣、食、住、行等生活上的问题，使其无后顾之忧，全身心投入工作。

（3）竞争激励

竞争激励是将员工的个人利益、自我发展与工作业绩挂钩，为员工个人的发展创造竞争氛围，从而使员工以自身利益为动力努力工作的激励方式。这种激励能有效地触动员工的内心世界。饭店应为员工创造一种公平合理的竞争机制，为员工提供自觉上进的空间。竞争激励主要体现在以下几个方面：

荣誉激励：授予员工荣誉称号可激励其工作热情。餐饮企业常用的荣誉激励手段包括：设置公布先进员工事迹并配有照片的光荣榜；开展各类技能的评比和竞赛活动，从中评出岗位能手；对全年日常工作进行总结，由员工评选出优秀服务大使等。荣誉激励可树立员工的集体荣誉感，满足其自我实现和受人尊重的需求。

榜样激励：通过树立榜样的模范带头作用激励其他员工的工作热情。树立榜样比单纯的说教更具说服力和号召力。榜样容易引起员工感情上的共鸣，给人以鼓舞和鞭策，激起他人模仿和追赶的愿望。另外，领导者本身的示范和榜样作用也会对员工的行为产生重要影响，领导者的工作态度、工作方法、性格好恶、言谈举止都会潜移默化地感染员工的行为倾向。因此，餐饮管理者应注意树立自身特定的公众形象，对员工形成有效激励。

机会激励：通过让员工懂得只要努力工作，对餐饮企业作出贡献，便有晋升、调职、培训、深造的机会，以此来刺激员工努力工作。员工在求职之初除了关注眼前的薪水以外，还会关注企业能否给自己带来学习、培训的机会和将来晋升的可能。餐饮管理者应在员工中灌输一种公平竞争的思想，给员工带来希望。

（4）自我实现激励

目标激励：餐饮企业必须清楚自己未来的发展方向，建立自己的目标体系。这一体系包括企业总体目标、部门目标和个人目标。如果企业目标与员工的个人目标一致，员工必然为达到餐饮企业目标而努力工作。目标激励促使每一位员工关心饭店，是提高员工士气和情绪的原动力。

信任激励：餐饮企业管理者充分信任员工并对员工抱有较高希望，使员工充满信心，产生荣誉感，增强责任感和事业心，这种激励是信任激励。信任员工包括对员工能力的信任、人格的信任、工作态度的信任、责任心的信任等。信任激励使员工愿意投入工作和承担责任，愿意在工作中实现自我和创造价值。

授权激励：指餐饮企业授予一线员工解决问题和向客人提供附加值的权力，将职责和控制权由管理层向从事企业核心工作的员工转移的激励方式。过去，传统的管理方法的中心是经理和主管人员如何对员工进行安排、组织和控制，这种管理方法在当今的市场环境中难以满足客人差异化、多样化的需求。而采取授权可以在改进员工服务质量、增加工作满意度和对餐饮企业的忠诚度、减少人员流失等方面发挥较大作用。授权的形式不仅包括让员工参与饭店各级目标的制订，也包括在宽泛原则和限制下给予员工一定权力处理相关业务的灵活授权。

（5）惩罚激励

惩罚激励是餐饮企业管理者利用自己的权力，对下属实行严格的监督，同时使用惩罚手段，迫使员工工作的一种方法。这种激励方式是利用较为苛刻的外部条件使员工顺从于上级的权力而不是从内心激励员工的自觉性来自愿地努力工作。因此它具有短期性，只在一定条件下能够产生效果。餐饮企业采用惩罚激励时应针对具体情况，与其他激励方式配合使用，一般不宜单独使用。

二、餐饮人力资源绩效考评

（一）绩效考评的目的与作用

1. 绩效考评的含义

绩效是指企业员工完成工作的结果。员工绩效考评是餐饮企业人力资源管理的一项重要内容。

餐饮企业员工绩效考评是指餐饮企业人事部门或业务部门主管在依照若干项目或目标对员工某一阶段工作行为进行切实记录而形成的对被考评员工工作意见的基础上，进行的有次序的、系统且科学的分析与评价，从而公平地确定被考评员工在餐饮企业中的价值。

2. 绩效考评的目的及作用

员工绩效考评的主要目的在于通过对员工全面素质的综合评价，判断他们的职务贡献，并以此作为餐饮企业人力资源管理的基本依据，切实保证员工培训、报酬、调职、晋升、奖励、惩戒或辞退等工作的科学性。以公开、公正为原则的绩效考评在餐饮企业经营和人力资源管理中起到重要作用。

(1) 绩效考评是员工工作效率的重要保障

对员工的绩效考评可以让员工发现自身的优势和劣势，从而鞭策绩效不良的员工，鼓励成绩突出的员工，达到维持并提高工作效率的目的。

(2) 绩效考评是激励员工和发现人才的手段

绩效考评可以使员工清楚而客观地认识自身对现在职务的胜任程度，当良好的表现得到公开的承认时，员工会对本职工作产生更加浓厚的兴趣，更好地发挥积极性和主动性。对餐饮企业人力资源管理来说，绩效考评可以发现员工的工作特性，能发现更适合的工作岗位来满足真正人才的需求。

(3) 绩效考评是合理制订人力资源管理计划的依据

员工绩效考评是员工工作表现的总结，也是餐饮企业培训工作成效的反馈。这为下一步的人力资源管理工作提供了依据，对员工的不足和缺点进行新一轮的培训，将客观、公正的绩效考评成绩与员工的工资、奖金和福利联系起来，促使部门管理状况的改善。这对整个餐饮人力资源管理过程是一个有效的反馈，会促使人力资源的进一步优化。

(二) 绩效考评的内容与程序

1. 绩效考评的内容

员工考评的对象、目的和范围复杂多样，因此考评内容也颇为复杂。但就其基本方面而言，主要包括德、能、勤、绩四个方面。

(1) “德”指员工的政治思想素质、道德素质和心理素质。德是一个人的灵魂，它决定了一个人的行为方向——为什么样的人生目的而奋斗；决定了行为的强弱——为达到目的所做努力的程度；决定了行为的方式——采取什么手段达到目的。德的标准不是抽象的，而是随着不同时代、不同行业、不同层级而有所变化的。在改革开放的今天，德的一般标准是坚持党的基本路线，坚持集体主义价值观，富有使命感、责任心和进取精神，遵守职业道德，遵纪守法等。德的考评对各级领导尤为重要。

(2) “能”指员工从事工作的能力，包括体能、学识、智能和技能等方面。体能主要指年龄、性别、健康状况等因素；学识主要包括文化水平、工作经验等项目；智能包括记忆、分析、综合、判断、创新等方面；技能包括操作、表达、组织领导、计划决策、监督控制等方面。对不同的职位，员工“能”的要求应有不同的侧重。

（3）“勤”指勤奋敬业的精神，主要指员工的工作积极性、创造性、主动性、纪律性和出勤率。不能把“勤”简单地理解为出勤率。出勤率高是“勤”的一种表现，但并非内在的东西，也可能是出工不出力，动手不动脑。真正的“勤”，不仅出勤率高，更重要的是以强烈的责任感和事业心，在工作中投入全部的体力和智力，并且投入全部的情感。

（4）“绩”指人员的工作效率与效果，包括完成工作的数量、质量、经济效益和社会效益。数量、质量、效益之间，经济效益与社会效益之间，都是对立统一的辩证关系。在考评和评价人员的绩效时，应充分注意这一点。对不同职位，考评的侧重应有所不同，但效益应该处于中心地位。在考评“绩”时，不仅要考评人员的工作数量、质量，更应考评其工作因满足社会需要所带来的经济效益和社会效益，即工作的社会价值。

在具体实施考评时，德、能、勤、绩往往又被分解为若干子项目，如对企业的忠诚度、知识水平等，从而使考评更加客观、可行。餐饮企业绩效考评的基本内容见表6-3。

表6-3 **餐饮企业员工绩效考评的主要内容**

员工特征	员工行为	工作结果
工作知识	按时完成任务	销售额
身体状况	服从命令	餐厅入座率
眼手协调能力	及时报告问题	餐厅利润率
外语知识	设备维护	服务质量
成就感	遵守规则	消费
对组织忠诚度	维护记录	顾客投诉
诚实	按时出勤	事故
创造性	提交建议	设备维修
领导能力	不吸烟	服务客户数量
沟通能力		顾客满意程度
团队精神		

2. 绩效考评的程序

一般来说，企业的绩效考核，应当分作六个具体的行动步骤组织实施。把每一个步骤列为一个作业单元，在行动前精心组织操作培训和专项辅导，并进行必要的模拟演练。

（1）确定考核周期

依据企业经营管理的实际情况（包括管理形态、市场周期、销售周期和生产周期），确定合适的考核周期，工作考核一般以月度为考核周期。每个周期进行一次例行的重点工作绩效考核。对需要跨周期才可能完成的工作，也应列入工作计划，进行考核。可以实行时段与终端相结合的考核方法，在开展工作的考核周期，考核工作的进展情况；在完成工作的考核周期，考核工作的终端结果。

（2）编制工作计划

按照考核周期，作为考核对象的职能部门、业务机构和工作责任人，于周期期初编制所在部门或岗位的工作计划，对纳入考核的重点工作内容进行简要描述。每一项重点工作都要明确设置工作完成的时间指标和质效指标。同时按照预先设定的计分要求，设置每一项重点工作的考核分值。必要时，附加开展重点工作的保障措施。周期工作计划应按照时间要求编制完成，并报送考核执行人确认，然后付诸实施。

（3）校正量效化指标

绩效考核强调要求重点工作的开展和完成必须设置量效化指标，量化指标是数据指标，效化指标是成效指标。重点工作的量效化指标，反映了重点工作的效率要求和价值预期。另外，在实际工作的操作中，并不是所有的工作结果或成效都可以用数据指标进行量化的，而效化指标则比较难以设置和确定，需要一定的专业素质和及时的信息沟通。因此，考核执行人应会同考核对象，对重点工作的量效化指标进行认真校正并最终确定，保障重点工作的完成质效。

（4）调控考核过程

在管理运转中，存在并发生着不确定性因素，容易造成工作变数，考核也是如此。当工作的变化、进展和预置的计划发生冲突时，首先应该对变化的事物进行分析，准确识别变化的原因和走向，然后对工作计划和考核指标做出及时、适当的调整改进。

（5）验收工作成效

每个周期期末，在设定的时间内，考核执行人依据预置或调整的周期工作计划，对考核对象的重点工作完成情况，进行成效验收。按照每项工作设置的量效化指标和考核分值，逐项核实工作成效，逐项进行评分记分，累计计算考核对象该考核周期重点工作完成情况的实际得分，并就工作的绩效改进做出点评。

（6）考核结果运用

考核的目的是改进绩效、推进工作、提高效率。考核对象重点工作完成情况的实际得分即为考核结果。如何运用考核结果，会直接影响考核的激励作用。要切实结合企业管理资源的实际情况，充分考虑企业文化的负载能力，在这个基础上选择和确定考核结果的运用方式。在这里简单列举几种考核结果的运用方法。

一是考薪挂钩，就是考核结果与薪资收入并轨，按照考核得分，计算薪资实际收入。这个薪资可能是职能职务薪酬或岗位工资，也可以是独立设立的绩效工资，还可以是效益奖金。

二是考职挂钩，把考核结果与考核对象的职位挂钩。考核对象由于主观因素，在较长时间内不能按计划完成重点工作或者不适于承担所在岗位的工作职责时，应合理地调整其岗位或职务，避免重点工作遭受损失。

三是信息整合，通过考核，可以反映、整合并有效利用多个方面的考核信息，包括资源配置信息、岗位设置信息、管理损耗信息、工作问题信息和人才信息等。考核结果的信息运用，能够为企业的工作决策、管理运转和人才的培养使用提供重要的信息支持。

（三）绩效考评的方法

对员工绩效考评的方法很多，要根据考评对象、考评内容和考评目的等进行灵活选择。下面简要介绍几种常用的考评方法。

1. 量表评定法

在量表评定法下，要求考评者就量表中列出的各项指标对被考评者进行评定，评定一般分为5个等级，如：评价员工与人相处的能力是好、较好、平均、较差、差，也可以让评定者在0到9分的连续分值上为员工打分。使用描绘性评定量表法，事先要规定好指标评定等级的意义及指标的定义。

量表评定法的优点在于简便实用。

量表评定法的缺点在于很容易受考评者主观因素的影响，由此需要对评价标准和尺度精确定义。当尺度（等级）和标准被精确定义后，主观偏见产生的可能性就会大大降低。

2. 关键事件法

关键事件法是指在某些工作领域内，员工在完成工作任务的过程中有效或无效的工作行为导致了不同的结果：成功或失败。这些有效或无效的工作行为被称为“关键事件”，考评者要记录和观察这些关键事件，因为它们通常描述了员工的工作行为以及工作行为发生的具体情境，这样在评定一个员工的工作行为时，就可以利用关键事件作为衡量的尺度。关键事件对事不对人，让事实说话，考评者不仅要注重对行为本身的评价，还要考虑行为的情境。

关键事件法的优点在于针对性强，结论不易受主观因素的影响。关键事件法对事件的记录本身不是评语，只是素材的积累；但有了这些具体事实作依据，经归细、整理，便可得出可信的考评结论；从这些素材中不难得出有关被考评者的长处与不足，有利于以后的改进。

关键事件法的缺点：关键事件的记录和观察费时费力；只能做定性分析，不能做定量分析；不能区分工作行为的重要性程度。

3. 硬性分布法（强制分布法）

硬性分布法亦称强迫分配法、强制分布法。硬性分配法假设员工的工作行为和工作绩效整体呈正态分布，那么按照状态分布的规律，员工的工作行为和工作绩效好、中、差的分布存在一定的比例关系，处于“中”的水平的员工应该最多，好的、差的是极少。类别一般是五类，从最优到最差的具体百分比可根据需要确定，既可以是10%，20%，40%，20%，10%，也可以是5%，20%，50%，20%，5%，采用这种方法，可以避免传统考评中大多数良好，至少也是过得去的情况发生。

当然，如果员工的能力分布呈偏态，该方法就不适合了。硬性分布法只能把员工分为有限的几种类别，难以具体比较员工差别，也不能在诊断工作问题时提供准确可靠的信息。

4. 排队法（排序法）

亦称排序法、简单排列法，是绩效考评中比较简单易行的一种综合比较方法。它通常是由上级主管根据员工工作行为或工作业绩的好坏，把员工从最好到最坏排队，并将排队结果作为人事决策及诊断不良工作行为的依据。

这种方法的优点是简单易行，花费时间少，能使考评者在预定的范围内组织考评并将下属进行排序，从而减少考评结果过宽和趋中的误差。在确定的范围内可以将排列法的考评结果作为薪资奖金或一般性人事变动的依据。但是，由于排序法是相对对比性的方法，考评是在员工间进行主观比较，不是用员工工作的表现和结果与客观标准相比较，因此具有一定的局限性，不能用于比较不同部门的员工，个人取得的业绩相近时很难进行排列，也不能使员工得到关于自己优点或缺点的反馈。

5. 成对比较法

成对比较法亦称配对比较法、两两比较法等。其基本程序如下：首先，根据某种考评要素如工作质量，将所有参加考评的人员逐一比较，按照从最好到最差的顺序对被考评者进行排序；然后再根据下一个考评要素进行两两比较，得出本要素被考评者的排列次序；依次类推，经过汇总整理，最后求出被考评者所有考评要素的平均排序数值，得到最终考评的排序结果。

应用成对比较法时，能够发现每个员工在哪些方面比较出色，哪些方面存在明显的不足和差距，在涉及的人员范围不大、数目不多的情况下宜采用本方法。如果员工的数目过多，不但费时费力，其考评质量也将受到制约和影响。

6. 目标管理法

目标管理是一种管理哲学，是领导者与下属之间双向互动的过程，使用目标管理法可以克服结果法的某些缺陷。该方法由员工与上司共同协商制订个人目标，个人目标依据企业的战略目标及相应的部门目标确定，并与它们尽可能一致；目标的数量不宜过多，应有针对性；目标应做到可量化、可测量，且长期与短期并存。设立目标的同时，还应制订达到目标的详细步骤。目标实施过程中，可依据完成程度修正目标。目标管理法用可观察、可测量的工作结果作为衡量员工工作绩效的标准，以制订的目标作为对员工考评的依据。在一个考评周期结束后，必须留出专门的时间对目标进行回顾和分析。

目标管理法能使员工个人的努力目标与企业目标保持一致，能够减少管理者将精力放到与企业目标无关的工作上的可能性，由于评价标准直接反映员工的工作内容，结果易于观测，所以很少出现评价失误，也适合对员工提供建议反馈和辅导。但是，目标管理法没有在不同部门、不同员工之间设立统一目标，因此难以对员工和不同部门间的工作绩效做横向比较，不能为以后的晋升决策提供依据。

案例链接

海南餐饮业面临用工荒

“招聘餐厅经理”、“急聘资深厨师”、“聘服务员，工资 1 500 元”……走在海口的大街小巷，经常会看见各家餐馆酒楼张贴着各种各样的招聘广告。“如今餐饮业的人难招，更难留。”多位海南餐饮业人士告诉记者，服务人员，尤其是管理人员、技术人员的缺失，已成为制约餐饮企业发展的瓶颈之一。

“现在只要你来应聘，几乎没有哪家餐馆会拒绝你当服务员的。”海南龙泉集团有限公司咖啡事业部龙泉宾馆总经理汪东胤笑称，以前招收服务员时，还对身高、年龄等有所要求，现在人难招，只要有人上门应聘，一般都招收进来，进行培训后上岗服务。

海南海航迎宾馆有限公司董事长王程彬说，海口餐饮业人才已不是一般的匮乏，目前，海口餐饮业人员流动率达到50%左右，有些餐饮企业人员流动率甚至达到80%，“一些餐馆在不到一年的时间，服务员全都换了，包括厨师、打杂、水台员等也经常更换，这种现象已经很普遍。”

海南餐饮业的服务员80%以上来自省内农村或省外务工者，大多数只有初中文化，业务素质低，导致服务质量档次低，制约着餐饮业的发展。由于市场经济竞争，企业为尽可能减少和降低经营成本，许多廉价且流动性极强的打工者未经培训或是稍加培训就匆匆上岗，不能有效地促进整体素质的提高。

此外，优秀的厨师在餐饮业供不应求，如何留住自己辛苦培养出来的厨师也不是一件容易的事情。还有就是连锁餐饮企业规模扩大对管理人员的素质提出更高要求，高素质的连锁管理人才“奇货可居”。

——资料来源：《南海网——海南日报》（作者：程娇）

结合以上案例，通过学习本章内容，试分析以下问题：

1. 餐饮行业人员流失的原因有哪些？餐饮企业人员流失的影响有哪些？
2. 可以采取哪些有效措施预防和减少餐饮企业的人员流失问题？

本章习题

1. 餐饮人力资源管理有哪些特点？
2. 餐饮人力资源管理的意义有哪些？
3. 餐饮人力资源管理包括哪些工作内容？
4. 餐饮人力资源管理的目标是什么？
5. 餐饮人力资源管理的基本原则有哪些？

第九章　餐饮产品成本核算与控制

本章简介

餐饮产品核算与定价是广大酒店和餐饮企业普遍关注的问题，餐饮产品价格的高低不仅关系到顾客的消费、餐饮企业的产品销售，而且会对企业内外部之间的竞争产生重大影响。因此，餐饮企业在制定和调整产品价格时，必须经过慎重考虑，应结合餐饮市场价格、原料成本、人力成本、行业竞争、营销策略等情况，科学合理地制定餐饮产品价格。现阶段，餐饮业在我国快速发展。餐饮业竞争日趋激烈，利润空间愈来愈小，很多餐饮业一味追求营业额上升而忽视营业成本的控制，以致无法经营下去。在此背景下，餐饮业要在竞争中立于不败之地，就必须根据自身经营的特点有针对性地进行成本核算与控制。

学习目标

了解餐饮产品成本的基本概念；了解餐饮成本核算。

理解餐饮成本控制的内容。

掌握餐饮成本的构成与分类；掌握餐饮成本控制的方法。

第一节　餐饮成本概述

现代酒店餐饮业经营一般具有以下几大特点：首先，酒店的餐饮产品将直接供给于消费者，且酒店提供场所及全面的服务。其次，酒店餐饮产品是现制现售，不能对每个产品逐批逐件地进行完整的成本核算。再次，现代酒店经营范围广，还兼营其他零售业务。最后，酒店产品还会受到季节和市场供应情况的影响。因此酒店餐饮产品的成本核算与控制具有特殊性与复杂性。

一、成本

成本是商品经济的一个价值范畴，是商品价值的组成部分。人们要进行生产经济活动或达到一定的目的，就必须耗费一定的人力、物力和财力资源，其所费资源的货币表现及其对象泛称为成本。通俗地说，成本是生产和销售某一产品所耗费的全部费用。成本具有以下几个方面的含义：

第一，成本属于商品经济的价值范畴，即成本是构成商品价值的重要组成部分，是商品生产中生产要素耗费的货币表现。

第二，成本具有补偿的性质。它是为了保证企业再生产而应从销售收入中得到补偿的价值。

第三，成本本质是一种价值消耗。

二、餐饮业成本

餐饮业成本的构成从广义上讲，应该包括生产和销售餐饮产品所耗费的全部费用，即食品原材料成本、燃料成本、员工的工资、固定资产折旧费等。

餐饮产品的成本计算方法：在菜点成本计算过程中，不论具体商品原材料在菜点产品中充当什么角色，将其耗费金额相加即可，公式表示如下：

$$\text{菜点成本} = \sum \text{食品原材料成本}$$

如果将燃料成本计入，则公式表示如下：

$$\text{菜点成本} = \sum \text{食品原材料成本} + \text{燃料成本}$$

三、成本的类别

（1）直接成本与间接成本

直接成本是指生产某种产品或提供某项服务时直接计入某一成本计算对象的费用，如食品原材料支出、员工工资等。

间接成本就是与生产产品和服务难以形成直接量化关系的成本，主要包括固定资产折旧、管理费用和营销费用等。

直接成本与间接成本是成本按其与生产工艺关系的一种分类方法。直接成本是与产品生产工艺直接有关的成本；间接成本是与产品生产工艺没有直接关系的成本。

直接成本可以从改进生产工艺、降低消耗额等入手来降低；间接成本则从加强费用的预算管理、过程控制，降低消耗单位的费用总额等策略来降低。

（2）可控成本与不可控成本

可控成本是指能被具体责任单位或个人的行为所制约的成本，具有相对性。

确定可控成本应具备三个条件：

首先，有关的责任单位或个人有办法了解所发生耗费的性质。

其次，有关的责任单位或个人有办法对所发生耗费加以计量。

再次，有关的责任单位或个人有办法对所发生耗费施加控制。

不可控成本是指无法通过主观努力施加控制的成本，具有相对性。

（3）责任成本

责任成本是以具体的责任单位或个人为对象，以其责任范围内承担的可控成本为基本内容，也就是特定责任中心的全部可控成本。一般意义上讲，责任成本应该具备四个条件：

第一，可预计性，责任者有办法知道成本的发生。

第二，可计量性，责任者有办法定量计量耗费的成本。

第三，可控制性，责任者可以通过自己的行为对其加以控制。

第四，可考核性，责任者能够对耗费的执行过程及其结果进行评价与考核。

（4）固定成本与变动成本

固定成本是指成本总额在一定时期和一定业务量范围内，不受业务量增减变动影响而保持不变的成本。其特征在于它是在一定时期和一定业务量范围内，不受业务量增减变动影响而保持不变的成本。

变动成本是指那些成本的总发生额在相关范围内随业务量的变动而呈线性变动的成本。

（5）营业成本

营业成本是财务制度方面的概念。餐饮企业在经营过程中发生的各项直接支出，计入营业成本。包括如下内容：

1）企业直接耗用的原材料、调料、配料、辅料、燃料等直接材料成本

2）旅行社已计入营业收入总额的房费、餐费、交通费、文娱费、行李托运费、票务费、门票费、专业活动费、签证费、陪同费、劳务费、宣传费、保险费、机场费等代收代付的费用。

3）商品进价成本。

4）其他成本，指企业出售无形资产、存货（不包括商品）的实际成本。

四、营业费用、管理费用和财务费用

（1）营业费用是指各营业部门在经营中发生的各项费用。

（2）管理费用是指企业为组织管理经营活动而发生的费用以及企业统一负担的费用。

（3）财务费用包括企业经营期间发生的利息净支出、汇兑净损失、金融机构手续费、加息及筹资发生的其他费用。

（4）交际应酬费用。

（5）职工福利费、职工教育经费、工会经费等。

（6）不得计入成本和费用的支出。

企业的下列支出，不得计入成本、费用：

（1）为购置和建造固定资产、购入无形资产和其他资产发生的支出。

（2）对外投资支出和分配给投资者的利润。

（3）被没收财务的损失。

（4）支付的各项赔偿金、违约金、滞纳金、罚款以及赞助、捐赠支出。

（5）国家规定不得列入成本、费用的其他开支。

（6）权责发生制原则。

第二节 餐饮企业成本的核算与定价

导入案例

某酒店成功召开的成本分析会议

某酒店在每年年底都会召集各部门高层召开餐饮成本分析会议，会议由分管酒店运营的副总主持，与会者主要包括财务总监、控本经理、中餐与西餐部、采购、总务等部门的主要负责人以及中餐总厨、西餐主厨、验货部门主管以及大堂经理等人。

该酒店的餐饮收入在全店的营业收入中占35%，因此控制成本对于提高整个酒店的经济效益意义重大，但是由于酒店机构庞杂，控本工作复杂，不可能仅靠几个控本人员可以起到成效。

经过控本会议的召开，可以让以前对成本控制不了解的人员，加深认识，甚至自己思考如何从自己的部门降低成本。

思考：餐饮企业为什么要进行成本核算与分析？

现代企业家要做好两件事，一是营销，二是削减成本。成本是企业生存和发展的重要话题。对于现在的大部分餐饮企业来说，微利时代不实行低成本运营就难以生存，可谓“成本决定存亡”。当今的市场竞争，是实力的竞争、人才的竞争、产品和服务质量的竞争，也是成本的竞争。从某种意义上讲，成本决定一个企业的竞争力。成本核算是餐饮成本控制的必要手段。必须要通过每日、每月的统计、盘点、调整，编制出食品、饮料的月、日报表，可以由此为分析成本提供必要数据。餐饮成本的核算能够及时帮助管理人员掌握食品饮料的成本消耗额，核实仓库库存，尽可能消灭餐饮成本的遗漏点，是控制餐饮成本，提高企业效益的必要手段。

一、餐饮企业成本核算的基本概念

（一）餐饮成本核算与餐饮业成本核算

1. 成本核算

成本核算是把一定时期内企业生产经营过程中所发生的费用，按其性质和发生地点，分类归集、汇总、核算，计算出该时期内生产经营费用发生总额和分别计算出每种产品的实际成本和单位成本的管理活动。

其基本任务是正确、及时地核算产品的实际总成本和单位成本，提供正确的成本数据，为企业经营决策提供科学依据，并借以考核成本计划执行情况。成本核算主要包括以下内容：

第一，完整地归集与核算成本计算对象所发生的各种耗费；

第二，正确计算生产资料转移价值和应计入本期成本的费用额；

第三，科学地确定成本计算的对象、项目、期间以及成本计算方法和费用分配方法，保证各种产品成本的准确、及时。

成本核算的实质是一种数据信息处理加工的转换，即将日常已发生的各种资金的耗费，按一定的方法和程序，按照已经确定的成本核算对象或使用范围进行费用的汇集和分配的过程。

成本核算主要以会计核算为基础，以货币为计算单位。

成本核算是成本管理工作的重要组成部分，它是将企业在生产经营过程中发生的各种耗费按照一定的对象进行分配和归集，以计算总成本和单位成本。做好成本核算工作应该做到以下几点：

第一，要建立健全的原始记录；

第二，建立并严格执行材料的计量、检验、领发料、盘点、退库等制度；

第三，建立、健全各种原材料、燃料等的消耗定额；

第四，严格遵守各项规章制度规定，并根据具体情况确定成本核算的组织方式。

2. 餐饮业成本核算

（1）餐饮业成本核算的概念

餐饮业的成本核算是企业管理者针对在生产产品时所消耗的食品主材料成本、配料和调料以及其他费用形成的审核和计算。在餐厅厨房范围内主要是对耗用原材料成本的核算，它包括记账、分析和比较的核算过程。成本核算的过程既是对产品实际耗费的反映，也是对主要费用实际支出的控制过程，它是整个成本管理工作的重要环节。

（2）成本核算的任务

1）准确地计算各个单位产品的成本，为合理地确定产品销售价格打下基础。

2）可以使经营部门不断提高精进技术和经营服务水平，加强生产管理，严格按照所核实的成本耗用原料，保证产品质量。

3）提示单位成本提高或降低的原因，指出降低成本的途径，切实提高企业经济效益。

（3）计算成本应遵守的原则

计算成本核算的原则主要包括如下几个方面：

1）合法性原则：主要是指计入成本的费用必须符合国家法律、法令和制度等的规定，不符合规定的费用就不能计入成本。如：目前制度规定，企业购置和建造固定资产、购入无形资产以及对外投资，这些支出都不是企业日常活动产生的，属于资本性支出，不应计入成本。

2）可靠性原则：包括成本的真实性和可核实性。

3）相关性原则：包括成本信息的有用性和及时性。

4）分期核算原则：企业生产经营活动是连续不断进行的，为了计算一定期间所生产产品的成本，企业就必须将其生产经营活动划分为若干个相等的成本会计期间，分别计算各期产品的成本。成本核算的分期必须与会计年度的分月、分季、分年相一致，这样有利于各项工作的开展。

5）实际成本计价原则：实际成本计价也称历史成本计价，包含三个含义：

第一，对生产所耗用的原材料、燃料和动力等费用按实际成本计价；

第二，对固定资产折旧必须按其原始价值和规定的使用年限计算；

第三，对完工产品要按实际成本计价。

6）一贯性原则：企业在进行成本计算时，一般应根据企业生产的特点和管理的要求，选择不同的成本计算方法进行成本计算。产品成本计算方法一经确定，没有特殊的情况，一般不应经常变动，以使计算出来的成本资料便于进行比较。如果因情况特殊确需改变原有的成本计算方法，应在有关的会计报告中加以说明，并对原成本计算单中的有关数字进行必要的调整。

7）重要性原则：在进行成本核算时，所采用的成本计算步骤、费用分配方法、成本计算方法等，都是根据每一企业的具体情况进行选择的。对于一些主要产品、主要费用，应采用比较复杂、详细的方法进行分配和计算。而对于一些次要的产品、费用，则可采用简化的方法进行合并计算和分配，而不能不分主次。按照重要性原则进行成本核算，既减轻了成本计算的工作量，也加快了成本核算的速度。

二、餐饮企业成本核算的基本程序

（一）餐饮产品成本的主要组成

餐饮产品成本以原料成本为主。在餐饮生产过程中，原料主要有主料、配料和调料。主料是餐饮产品中的主要原材料，一般在成本中占较大比例份额；配料是餐饮产品中的辅助原材料，在成本中占较小比例份额；调料主要是对色、香、味、形起调节作用，品种多，用量少。掌握构成餐饮产品三要素是饮食产品核算的基础，任何饮食产品都是由主料、配料、调味料组成的。只有分清生产饮食产品时实际耗用的主料、配料、调味料才能为精确地核算饮食产品成本打下良好基础。

1. 主料

主料是构成饮食产品的主要原料。例如鸡、鸭、鱼、肉、海产品等。

2. 配料

配料是各个饮食产品的辅助用料，以各种蔬菜为主，鱼、肉等次之。

正确掌握饮食产品主、配料核算是关键。主、配料是构成饮食产品的主体，是产品成本的主要组成部分，在制作饮食产品时，必须经过拣洗、宰杀、拆卸、涨发、初熟等过程。半成品等加工处理之后，成为能够实际用来制作饮食产品净料后才能配置成品。

3. 调味品

调味品是制成品的调味用料，如油、盐、酱油、味精等。主要起味的综合调节作用。在餐饮核算中不可忽视调味品成本核算，因为调味品是饮食产品不可缺少的组成要素之一，它的成本是产品成本的一部分，在每一个单位制品里，虽然调味品用量都很少且在成本中所占的比重也不高，但从整个企业产品总量来看，所耗用的各种调味品用量和成本都是不可忽视的。

（二）餐饮成本核算程序

从各项生产费用发生开始，到最终产品完工为止，核算其总成本和单位成本的基本程序如下：

1. 对各项生产费用支出，应根据国家、上级主管部门和本企业的有关制度、规定进行严格审核，以便对不符合制度和规定的费用以及各种浪费、损失等加以制止或追究经济责任。

2. 确定成本计算对象和成本项目，制定审核规范和计算方法。

3. 在企业运营的进程中，确认某一成本计算对象耗用的直接费用。

4. 在企业运营的进程中，间接费用按实际耗用情况分别计算并详细记录，在每个核算期间采用一定的分配方法进行分配。

5. 在每一核算期间进行综合的核算，对直接的成本进行核算。

三、餐饮企业基本成本的核算方法

（一）生产管理中的成本核算

在厨房，以菜点成本为核算的成本核算主要包括以下几个方面工作：

1. 对具体批量或单件生产的菜点半成品、产品的耗用的食品原材料成本进行核算；

2. 对某期间各类产品耗用的食品原材料成本进行核算；

3. 对宴会类预订业务进行以菜点耗用食品原材料成本为依据的成本核算；

4. 对规定期间综合耗用的食品原材料进行核算。

例如：批量制作的单一产品的成本计算，其计算公式如下：

单位菜点成本＝本批产品所耗用的原料总成本÷产品数量

本批产品所耗用的原料总成本＝本批产品所用（主料成本+配料成本+调味品成本）

实例：油炸面包圈 20 个，用面粉 750 克，进价为 2.8 元/千克，菜油 250 克，成本为 9.6 元/千克，调料成本共计 3.3 元，求面包圈的单位成本。

解：面包圈单位成本＝$(2.8\times0.75+9.6\times0.25+3.3)\div20=7.8\div20=0.39$ 元/个。

答：面包圈单位成本为每个 0.39 元。

（二）菜点半成品和产品的成本核算

1. 批量生产的半成品和成品的成本核算

批量生产的半成品和成品的核算程序分为三步：

（1）收集本批生产的菜点半成品或成品的数据；

（2）计算本批生产的菜点半成品或成品的总成本；

（3）按企业成本核算制度的要求填制生产记录。

2. 单件生产的半成品和成品的成本核算

（1）按一定规则抽样，确定被检操作者及菜点品种，取得相应的数据；

（2）计算实际消耗食品原材料成本；

（3）按本企业成本核算制度的要求填制生产记录。

（三）预订类业务的成本核算

这类业务的特点：事先进行安排，可以按照企业规定的销售毛利率或成本毛利率，精确地进行核算。

1. 团队包餐的核算

团队包餐的一般核算程序如下：

（1）确定基本给定条件，包括用餐类型、用餐人数、用餐费用标准、用餐时间、酒水种类、餐桌形式、优先与忌讳及其他要求等；

（2）计算总用餐费用；

（3）计算菜点与酒水的单位成本（元/人）；

（4）计算单位成本（元/人）；

（5）安排早、午、晚餐的菜点与酒水品种；

（6）填制《团队包餐菜点与酒水安排表》。

2. 宴会的核算

宴会的一般核算程序如下：

（1）确定基本给定条件，包括宴会风味类型、宴会人数、宴会费用标准、结算方法、宴会时间、酒水种类、餐桌形式、优先与忌讳及其他要求等；

（2）计算整体数据，包括宴会总费用、耗用食品原材料总成本、耗用食品原材料单位成本；

（3）计算各菜点单元的食品原材料单位成本（元/人）；

（4）计算食品原材料单位成本（元/人）；

（5）安排菜点的品种并进行耗用食品原材料成本核算；

（6）填制《宴会菜点安排表》。

例如：根据宴会实际成本计算宴会成本，在掌握单一产品成本计算方法以后，计算宴会产品实际成本的方法如下：将组成宴会的各种原料成本相加，其总值即为该宴会产生的成本，用公式表示如下：

宴会成本=宴会产品（1）成本+宴会产品（2）成本+宴会产品（N）成本

实例：某宴会由四类产品组成，其中A组产品，用主料成本240元，辅料成本80元；B组产品，用面粉5 000克（每千克成本2.4元），黄油800克（每千克成本28元），其他辅料成本为40元；C组产品，用熟苹果馅3 000克（已知苹果进价每千克5元），熟品率为60%，其他原料成本共计85元；D组产品成本为200元，试求此宴会的产品成本。

解：（1）分别计算各组产品成本：

A组产品成本=240+80=320元

B组产品成本=2.4×5+28×0.8+40=22+40=74.4元

C组产品成本=5×3/60%+85=110元

D组产品成本=200元

（2）求宴会产品总成本：

宴会产品总成本=320+74.4+110+200=704元

答：此宴会产品的总成本为 704.4 元

（四）期间耗用原材料的成本核算

食品原材料成本核算的方法，一般是按厨房实际领用的食品原材料计算已售出产品耗用的食品原材料成本，核算期一般为一个月。具体计算方法如下：

本月耗用原材料成本=食品原材料月初结存额+本月领用（购入）额-月末盘存额

在期间耗用原材料的成本核算中，有两个重要因素会影响到食品的成本，即出材率与损耗率。

1. 出材率的概念

出材是表现原材料利用程序的指针，是指原材料加工后可用部分的重量（净重）与加工前原材料总重量（毛重）的百分比。

出材率计算公式：出材率（%）= 加工后可用原料重量÷加工前原料总重量×100%

例：某原料 2 500 克，经加工得净料 2 050 克，求此原料的出材率。

解：出材率=2 050÷2 500×100% =82%

答：此原料的出材率为 82%

一般来说影响出材率的因素有以下两种：一是原材料的规格质量，二是原材料的处理技术。在这两大因素中，如果有一个因素有变化，都会影响到产品的出材率。例如：同一品种的同一种规格质量的原料，由于处理者的技术水平不同，出材率则不同。相反，如果处理者技术水平相同，但原料的规格质量不同，则出材率也会发生变化。

由于出材率与原料品质、加工方法和技术水平有着密切关系，因此，通过原料出材率情况，在原料品质相同，加工方法统一时，可以考核操作人员的加工技术水平，当操作人员的加工处理水平处于稳定的标准水平时，可以判断原料的品质等级。例如：同样是剔鱼工序，对于手艺精湛的厨师，2 斤的鱼可以有 50% 的出材率，也就是说 2 斤重的草鱼，经过去鳞、鳃、内脏等细加工过程后可以剔出 1 斤纯肉；但手艺稍差的厨师出材率也许只有 40%，甚至更低。

案例链接

某酒店采购里脊，里脊为 13.5 元/斤，切成肉丝。即使厨师有再好的刀功，里脊也不可能被 100% 地切为肉丝，一定会有被淘汰的部分，淘汰的部分在专业术语中被简称为料头，扣除料头部分后所剩部分的百分比即为出材率。如一斤毛料里脊，经过切丝后成为 7 两，产生了 3 两的料头，那么这一斤里脊的出材率即为 70%。

2. 损耗率的概念

损耗率与净料相对应，是指原料在加工处理后损耗的原料重量。与加工厂前原料总重量的百分比。损耗率的计算公式：

损耗率（%）= 加工后原料损耗重量÷加工前原料总重量×100%

加工后原料损耗重量是加工前原料全部重量与加工后原料净重之差。

用公式表示如下：

加工后原料损耗重量=加工前原料总重量-加工后净料重量

案例链接

一斤莴笋经过削皮去根、去叶后，只剩一半，如果用来冷拼，很可能作为净料的5两也不是被全部采用，经过精雕细琢之后，最后的出材率可能只有38%，也就是说一斤莴笋只有3.8两能够食用，其他的都被浪费了，那么浪费的部分所占的百分比可以被称为损耗率，出材率加上损耗率等于完整的原料，二者成反比例关系。

3. 出材率与损耗率的关系

出材率与损耗率之和为百分之百，其公式如下：出材率+损耗率=100%

例：某餐厅购进某原料5千克，加工后的损耗率为10%，试求此原料的净料重量。

解：净料率=100%-10%=90%

净料重量=5×90%=4.5千克

答：此料的净料重量为4.5千克

四、餐饮企业产品价格的核算方法

餐饮企业产品价格是以餐饮产品价值为中心，在餐饮产品成本核算基础上形成的。主要计算方法如下：

产品价格=原料成本+经营费用+税金+利润

或：产品价格=原料成本+毛利额

（一）毛利率

1. 销售毛利率又称内扣毛利率，是产品毛利额与产品价格之间的百分比，其计算公式如下：销售毛利率=毛利额÷销售价格×100%

例：某产品1份，其成本为28元，销售价格为50元，问此产品的销售毛利率应是多少？

解：毛利额=售价-成本

毛利额=50-28=22元

销售毛利率=22÷50×100%=44%

答：此产品的销售毛利率为44%

2. 成本毛利率又称为加毛利率（利润），是产品毛利额与产品成本之间的百分比。其公式如下：成本毛利率=毛利额÷成本

例：一份产品的成本为10.4元，销售价格为22.8元，此产品的成本毛利率是多少？

解：成本毛利率=12.4÷10.4×100%=119.3%

答：此产品的成本毛利率为119.23%

（二）餐饮产品定价的制度原则

1. 餐饮产品价格要反映产品的价值

餐饮产品的价格是以价值为基础的。其价值主要包括三个部分：一是物化劳动的转移价值，它以食品原材料价值、设施设备、家具用具、餐茶用品和水电燃料消耗价值为主，其中，既有物化劳动价值的直接转移，又有物化劳动价值的渐进补偿；二是活劳动消耗中的必要劳动价值，它以劳动者的工资和工资附加费、劳保福利和奖金消耗为主，即劳动力价值；三是活动消耗中的剩余劳动价值，它以税金和利润形式为主，即劳动力价值；国家提供公共积累，并为企业的生产和再生产积累资金。

餐饮产品的流通费用、税金和利润很难按花色品种单独分摊到各个产品中去进行单独核算。因此其价格构成中的流通费用、税金和利润融合在一起，形成产品毛利。

2. 餐饮产品价格必须适应市场需求

对于多数客人而言，他们大多要求经济实惠，但是对于高档客人来说，他们则主要是追求物质享受和精神享受，这就要求餐饮定价随行就市。另一方面，餐饮产品的价格受原材料进价成本波动程度的影响较大。例如：高档餐厅的市场需求是确定和探求消费水平和支付能力较强的客人对产品的需求量和对价格的态度，从而制定产品价格。

3. 制定餐饮产品价格既要相对灵活，又要相对稳定

以同等企业、同类产品为基础，瞄准竞争对手。餐饮产品价格管理的时令性是由食品原材料的时令性、市场需求的季节性和波动性决定的。一方面必须坚持灵活进出、时菜时价的原则；另一方面又要根据季节、时令和市场需求变化，在调整菜单的过程中，适时调整产品价格。

4. 制定餐饮产品的价格需要服从国家政策，并接受物价部门指导

五、餐饮成本核算岗位及职责

（一）成本核算员的岗位职责

岗位职责的主要内容如下：

掌握有关财务会计法规，会同有关部门制定本企业的各种原材料核算与管理办法。

1. 为了做好以原材料为重点的核算与管理工作，成本核算员必须熟悉相关的财务会计法规和制度。

2. 会同有关部门制定本企业的各种原材料核算与管理办法。

（1）建立各种原材料的管理责任制。

（2）建立各种原材料采购、收发、领退、保管制度。

（3）建立各种原材料的清查盘点制度。

（4）建立低值易耗品的领用制度。

3. 制订、审核采购计划。

4. 确定各种原材料储备定额。

各种原材料储备定额是指为了保证企业生产经营活动的正常进行而需要的储备数量。各种原材料的储备定额是正确组织原材料资金供应和采购的重要依据。

5. 做好各种原材料储备控制。

做好各种原材料储备控制主要把握三个环节，即各种原材料采购的控制环节、各种原材料库存的控制环节、各种原材料消耗控制环节。

6. 搞好日常核算和管理工作。

（1）审查原始凭证是否齐全，手续是否完备，内容是否完整，数字是否准确。

（2）对原始凭证的合理性与合法性进行审查。

（3）对原始凭证的真实性进行审查。

7. 负责做好各种原材料的稽核工作

（1）对各种原材料收发凭证和原材料明细等相互核对，核对的内容主要有名称、规格、数量、单价、金额等。

（2）对各种原材料总账与明细账等相互核对，以保证账账相符。

（3）对各种原材料明细账与有关原材料盘点报告表的数量进行核对，保证账面与实际相符。

（4）注意加强各种原材料收发凭证的审查。

（5）在对各种原材料的稽核中还要注意原材料仓库有无白条抵库现象。

8. 参与各种原材料的清查盘点工作，并形成书面报告。

六、餐饮产品的基本定价策略

（一）餐饮产品成本导向型的定价策略

它是依据菜品生产、酒水服务等成本制定餐饮产品的销售策略。通常采用的方法有成本加成定价法和企业目标效益定价法。成本加成定价法是将菜品生产成本再加上一定的百分比成本利润率来定价。目标收益定价法是先制订一个目标收益率，经营者根据目标收益率计算出目标利润率，然后得出目标利润额，在餐饮企业销售量达到预计数目时便能实现预定的收益目标。这种以成本为中心的定价策略是旅游酒店通常采用的，其制定过程简单易行，餐饮企业经营者根据产品成本制定出来的餐饮产品销售价格是酒店必须维持的最低销售价格，否则在经营活动中必然会受到损失。成本定价策略是以厨房制作菜肴时的烹饪原料耗用为主要依据，市场要求及顾客的接受能力等只是次要依据。这种定价策略的缺点在于只考虑成本，而忽视了餐饮市场的需求，不能全面反映经营效果。

（二）餐饮产品竞争导向型的定价策略

现在餐饮业竞争非常激烈，企业在制定产品价格时，通常以竞争对手的售价为定价依据。经营者实施这种餐饮产品定价策略，应根据消费者对餐饮产品的需求程度，以竞争对手同类（种）产品的售价为定价依据。餐饮企业经营者若想制定出符合本企业实际情况的合理价格，就必须深入餐饮市场进行调查研究，充分分析竞争对手的情况。此价格可以比竞争对手的价格高一点，也可以低于竞争对手的价格。在实施这种策略时既不考虑经营成本，又不考虑顾客的需求，只是以战胜对手为准则，所以常用于对个别菜肴价格进行临时性的调整，以求出奇制胜。

（三）餐饮新产品的定价策略

对于新开张的餐厅或新开发的菜系、菜品，在制定菜品价格时，往往采取市场暴利价格、市场渗透价格或短期优惠价格等策略。

（1）市场暴利价格策略：有些餐厅，当其开发出新产品后，将新产品的价格定得很高，以牟取暴利。而当其他餐厅也推出同样产品加入竞争行列时，该餐厅才会降低价格。

（2）市场渗透价格策略：有些餐饮企业，自新产品一开发就将产品的价格定得很低。目的是为了使新产品迅速被消费者接受，能迅速打开并扩大市场，尽早在市场上取得领先地位，并长期吸引消费群体，有效防止竞争者挤入市场，保持自身长期占领餐饮市场的优势。

（3）短期优惠价格策略：许多餐饮企业在新开张期间或开发新产品时，为了使产品能迅速打入市场，暂时将价格压低，先入为主，吸引顾客来消费。一旦过了优惠期，便将价格恢复正常。

（4）餐饮折扣的优惠策略：餐饮业常运用价格折扣等优惠政策推销自己的产品。常见的方法有累积次数优惠法、团体用餐优惠法以及清淡时段优惠法等。

第三节　餐饮成本的控制

每个旅游接待企业都会面临这样一个重要问题："控制什么?"很显然，由于一家旅游企业的主要成本为人工、食品和饮料，所以管理人员想了解和控制这些费用的话，就必须监控这三项成本。食品和饮料的综合成本是餐饮企业两大高成本之一，不控制销售成本会使任何一家餐饮企业处于明显的竞争劣势。控制销售成本往往决定着一个企业的生存，而且对其赢利能力产生深远的影响。监控需要坚持不懈地对整个控制过程进行监督和管理。

一、餐饮成本控制的概念

餐饮成本控制是指在餐饮生产经营中，管理人员按照餐厅规定的成本标准，对餐饮产品的各成本因素进行严格的监督和调节，及时揭示偏差并采取措施加以纠正，以将餐饮实际成本控制在计划范围之内，保证实现酒店的成本目标。

二、餐饮成本控制的原则

餐饮企业在运营过程中，企业时常追求开源节流，使经济投资回报达到最大化，但是顾客却希望物美价廉，在餐饮企业经营过程中顾客的感受同样是保证餐饮企业声誉的重要指标。成本合理科学的控制是兼顾顾客感受，保障餐饮企业经营效益的重要手段。实现成本控制的目标应该做到及时性原则、节约性原则、责权利相结合原则、互相协作原则。

（一）及时性原则

及时性原则是指成本控制系统能够及时反映成本控制过程中实际发生与控制标准之间的偏差，使其能够及时消除偏差，恢复正常。如果成本控制系统中的偏差出现，但是无法及时纠正，此偏差会随着时间增大，成本消耗就增多。

（二）节约性原则

餐饮控制的最原始方式是开源节流，在餐饮经营中应该以求达到投资回报率最大化。而在餐饮成本控制工作中会相应产生一些相关费用，例如人工费用、办公费用等，这些费用一般称为控制成本。如果控制成本支出可以给餐饮企业带来更大收益，这样的成本支出即为合理的。

（三）责权利相结合原则

现代酒店管理中一般会将酒店成本控制部门隶属于财务部门，并推行责任会计制度。在实施成本控制的同时，会计部门会对成本控制的结果进行具体的分析与监督，并且落实奖惩措施，只有责任与权利相互对等，才能提高各个单位的积极性与主动性。

（四）互相协调原则

成本控制是一项系统的工程，会纵向、横向地牵涉酒店各个部门，甚至各个职工。要做好成本控制工作，不能只靠成本控制部门一个部门的工作，成本控制必须落实到每个部门、每个员工来沟通协调、有效完成。

三、餐饮成本控制的程序

（一）制定标准

主要包括质量标准、数量标准、成本标准、标准程序。例如食品原料具有不同等级的，采购人员应事先规定应采购何种等级的食品原料。每种菜肴的分量、每杯饮料的容量、员工每天的工作量等都应有数量、分量确定。应该确定每种菜肴、酒水的成本标准以及生产某种产品或者从事某项工作具体的工作方法、工作步骤等。

（二）实施成本控制

根据酒店、餐饮企业制定的标准成本，对于成本形成的全过程进行监督，并且通过酒店以及餐饮企业的每日、每月或者定期的成本与经营情况报告及时发现、揭示餐饮成本差异，并对餐饮产品的实际成本进行实时抽查与定期评估。例如：某五星级酒店的控本经理，最常检查的就是酒店餐厅后厨的垃圾箱，在垃圾箱里查找是否有没有必要的浪费出现。

（三）确定成本差异

成本差异是标准成本与实际成本的差额。酒店或餐饮企业管理人员会通过对餐饮产品的制作和销售中的实际成本和标准成本进行对比，最终计算出成本差额，并分析出差异产生的原因，并找出消除这种差异的方法。

（四）消除成本差异

通过分析成本差异，餐厅的管理人员与厨师长应调动员工的积极性，发掘员工的潜力，进而提出降低成本的新措施和新办法，或者修改原有标准成本，使生产与经营中的实际成本更加接近标准成本。

四、餐饮成本控制的内容

(一) 食品原料采购成本控制

1. 采购环节的控制

从最基本的层面上看，采购是非常重要的，因为餐饮经营必须购买食品、饮料和其他辅料以便生产和出售食品、饮料产品。但这并不是采购重要的唯一原因。采购过程运行的好坏将影响到资金的使用和流失。例如，如果采购的物品太少，出现库存短缺，销售额将减少，顾客会失望；如果采购的物品太多，资金将沉淀在不必要的存货上，不能满足他用。

采购活动是餐饮成本控制的起点，其控制包括对人、对物、对财三方面的控制，而且采购成本变动大，所以采购环节成了餐饮成本控制过程中最重要的一步。一般在采购的过程中，要做到以下这几个方面：

(1) 确定采购量，并且必须制定酒店常规情况下的材料用量标准。由于原材料性质的特殊性，酒店的采购量不能过大，以免造成变质引起的损失；同时，采购量也不宜过少，这样就可以减少因紧急采购导致的成本增加。因此，按照按需收购的原则，酒店常常根据季节、原材料市场状况、日常业务的统计和同行业标准的分析来确定酒店一定时期内的原材料采购数量。

(2) 对于特殊的节假日，采购活动必须提前进行，以防止节假日供需不平衡、原材料涨价带来的成本增加。例如：某五星级酒店位于某著名景区，节假日接待游客数量变化明显，十一长假时，酒店就会在9月份提前准备原材料的采购，以避开高峰期。

(3) 对于采购材料的质量，酒店根据自身的需要，在材料的产地、性能、等级、大小、个数、质地、肥瘦比例、色泽、切割情况、冷冻情况、粗加工程度等各个方面做出详细准确的描述和规定，确保采购的原材料符合酒店要求。

采购说明书样本

餐饮企业名称

1. 物品名称

2. 物品用途

详细介绍物品用途（例如肉饼，是做三明治还是汉堡，并标注烹饪方式为煎、炸等）

3. 物品概述

主要介绍物品的具体质量信息、标准（如冰冻莴苣，要求顶端鲜绿，不能出现变质、过脏或损坏等，外叶不超过10片，每箱24棵）

4. 详细内容

产地	规格	包装
品种	重量	每箱份数
类型	商标	容量规格

样式　　　密度　　　净食分量

等级

5. 物品检验程序

6. 注意事项以及要求

2. 采购员职业道德准则样本

作为职业采购员，我接受以下准则：

（1）对本公司的利益给予最大限度的关注；

（2）采购员采购花费的每一元钱都能获得最大的价值；

（3）积极参与业务小组活动以帮助提高自身知识水平和专业水平；

（4）愿意并接受来自同事、高层管理者和供应商的建议；

（5）公平、诚实地对待管理者、员工以及供应商代表；

（6）实施高效率并符合职业道德规范的程序以便搞好与供应商的关系；

（7）尽可能多地学习所需和所购买的产品和服务知识；

（8）履行我所有的职责并确保所作所为符合良好的职业规范采购人员的职业技能培训。

3. 采购人员的职业技能培训使采购人员具备专业的基础知识

（1）认料技能

认料技能是采购人员应具备的基础知识。

（2）选料的基本方法

选料的基本方法是采购人员必备的技能，若想以最低的成本采购到质量上乘的原料，采购人员必须精通各种原料。

案例链接

北京烤鸭是中国菜中唯一一个世界级名菜，烤鸭分两种：果木挂炉烤鸭和焖炉烤鸭，焖炉烤鸭首推便宜坊，挂炉烤鸭则首推全聚德。

全聚德均选用北京当地的鸭子、北京的甜面酱、山东章丘的竹竿大葱。之所以要选用山东章丘的大葱，是因为山东章丘的竹竿大葱是中国葱中最好的，质量口味与其他产地的大葱都有差别。

葱是典型的叶菜类植物，一根葱一般由6片叶子组成，在西亚各地均有出产，最后引进中原地区，在我国各地均有栽培，山东章丘的土质对于葱的生长繁殖最有利，因此章丘的葱是先甜后辣，北京的葱是先辣后甜。葱内含有的两种特质决定了葱的味道：一种是硫醇类化合物，产生葱的甜味；另一种是二硫化物，产生葱的辣味。章丘的大葱硫醇类化合物含量高，因此甜味在先，二硫化物含量少，因此辣味在后，而且章丘的葱纤细，而北京的葱与之相反。

市场上的商家都标榜自己出售的葱是章丘的葱，那么采购人员能否准确地辨识，这就需要具备认料知识。

案例链接

江苏省境内的阳澄湖以盛产大闸蟹著称，也就是大河蟹，市场出售螃蟹的摊位都标着阳澄湖大闸蟹的标签，但是不是真正的阳澄湖大闸蟹呢？这就需要采购人员有慧眼识珠的本领，阳澄湖大闸蟹与普通河蟹是有区别的：眼珠、毛色、爪子尖是黄色，其他部位是黑绿色，背面、腹面为白色，而其他河蟹少了那三点金黄。

采购人员要能够鉴别各种原料，否则采买回的原料名不符实，不仅对饭店而言是种浪费，误用还有可能对饭店的名誉造成不良影响，得不偿失。

（3）原料质量的优劣

原料质量的优劣对出材率具有直接影响，质量好的原料出材率为上成，质量不好的原料出材率极有可能不达标。

案例链接

将大虾去虾头、虾尾、虾皮、虾线、爪子后，1 斤大虾可出 7 两净肉，如果采购来的大虾质量不好或不在产季，很可能出材只有 6 两或 5 两，普通 1 斤大虾能出两盘菜，出材率不高的大虾一斤可能一盘菜都出不来，这会直接造成成本增加，毛利率降低。

4. 采购员选料的基本方法

在认料过程中，采购人员对认料知识的认知程度非常重要，目前餐饮行业急缺程控人员，原因在于会做菜的人多，而专门研究此科目的人才极少，选料的基本方法有四种：

（1）掌握原料的上市期，熟知原料的上市季节

案例链接

河北沧州的小枣闻名中国，将密云、山东乐陵、河北沧州出产的等十几种枣混在一起，其中只有一种是沧州的金丝小枣，采购人员要能够准确迅速地辨认出来。优秀的采购人员要能达到这种程度，否则在采购中很有可能将其他地区出产的枣当做沧州小枣购买回来，既浪费了成本，也影响了菜品。

如何区分沧州小枣？首先要掌握原料上市期，沧州小枣一般在阴历八月十五、阳历的十一月左右上市；其次沧州小枣与其他地区所产小枣相比有四处不同：皮薄、肉厚、核小、含糖量高，故在阳光下可拉出一尺长的丝，丝色金黄，如丝为白色则为银丝小枣。

（2）熟悉原料产地，了解原料产地的基本情况。

（3）会辨认原料的品种。

（4）了解原料各部位的性能。

以采购猪肉为例，如要做猪肉丝，必然要使用里脊或通脊，因为这部位的肌肉是横纹肌和斜纹肌，特别容易切出肉丝；若要切肉片，用里脊就不合适，不仅成本高而且肉质柴，切肉片就需要选用后臀尖，前臀尖肉老，后臀尖肉嫩；若要做腐肉或咕噜肉，使用上脑最合适；若做酱肉则选用猪头最好；各部位质量不同，用法也不同，采购人员要根据做菜需要加以区分。

采购人员必须熟练掌握选料的基本方法，采购的原料才能合格。

5. 影响出材率的因素

原料的质量优劣会直接影响出材率，出材率愈高相应的成本便愈低，但相同质量的原料也可能具有不同的出材率。

案例链接

某餐厅出售酱牛肉，采购回来发现牛肉严重注水，正常一斤牛肉酱完后出材率应在60%～65%，而这家餐厅酱的牛肉出材率只有20%～30%，由于采购人员的失误，为餐厅造成了相当大的经济损失。

据此案例分析，影响出材率的因素在于：

①牛肉注水过多，造成出材率不可能高。

②采购收受过多回扣，这是采购人员漠视原料质量的主要原因。

③加工技术水准也可能存在问题。

（二）验收环节的控制

验收控制的目的在于，必须根据酒店自身制定的食品原料质量规格，检验购进的原材料，核对购进原料价格、数量与报价和订货是否一致，并且应该将收到的各种原料及时送至仓库或者厨房。验收环节，实际上是保证优质、合格的原材料进入厨房和仓库的第一关。

现代酒店在发展中，验收过程会遵照“三方确认”的原则，即收到原材料的检查必须在供应商（原材料提供方）、收货部门（原材料检验部门）和厨师长（原材料使用部门）这三方验收合格的情况下才能入库。

验收应按照合同提供的进货信息，对材料进行包括质量和数量两方面的检查。检验质量采用分层抽样检查方法，对每层原材料进行随机抽样检查，检验是否与合同的要求有出入。如冷冻鲜肉，则要检查是否处于冷冻状态，有无异味，有无变质。同时还要检查数量，是否与包装上标明的数量一致，总体数量是否与合同内容保持一致。验收结果记录在案。要求采购与验收人每日填写“采购验收报表”，记录原材料供应情况，评价供应商的信用程度，并且做好相关检查与分析。

1. 收货注意事项

（1）货到后，收货部通知使用部门半小时后，仍然无人验收的，可直接与部门负责人联系。

（2）食品验收时，建议使用标签枪打印收货日期。

（3）收货汇总表上要盖收货章。请注意收货印章的使用及保管工作。

（4）仓库内的物品如与前期版样不同，需报告上级，再向使用部门征求意见。不得私自确认。

（5）赠送的物品也需要开收货记录，单价与金额写为零即可，数量要标明。

（6）化学品的收货也需要注意检查生产保质期。

（7）需要称重的物品收货时应清倒不必要的包装以及其他等，肉类要倒掉血水。

（8）注意收货转货间的卫生问题。

（9）年前、节假日前，大批量货物到货时，更应仔细收货，因为出现问题的几率较大。

（10）物品退货必须要经过收货部，使用部门不得私自退还供应商。

（11）当天气较热时，在每日上午的市场食品收货时，收货部应配备电扇，并将至少两部电扇全开，防止蚊蝇。

（12）非海鲜池内海鲜，需要进行粗加工再称量计数的，须在收货部转货间完成粗加工。

（13）供应商拿走退走的货物时，应当场确认质量与数量，并要供应商写收条并签字确认。

2. 收货人员的职责与技能

（1）收货人员的职责就是收货，即将最好的原料收入进来。验收人员应具备丰富的原材料知识，懂烹饪、识原料、善鉴别，且需要定期走访市场，掌握第一手的信息。要求具备良好的职业道德素质，诚实、精明、细心、秉公办事。

（2）收货人员的技能即收货人员自身的含金量，若想收到理想的货，首先要精通原料知识，其次要具备一定谈判能力。

3. 收货人员要具备对原料的认知度

各种原料均有各自的特点，例如质量好的黄瓜应瓜身笔直，长度 1 尺左右，瓜头不带大肚，含水量 90% 以上，顶花带刺，瓜身四周挂满透明刺体，并且围绕黄瓜上升的纵形有 10 条黄色棱线，符合以上标准的才是上等一级黄瓜。

案例链接

油焖大虾、鲜虾两吃、三吃、软炸大虾，都是非常受欢迎的菜品，其营养丰富、味道鲜美，收货人员应精通大虾的评判标准、产地以及季节情况。

大虾、对虾为我国特产，他国不产，每年阳历的四五月份，于山东青岛首现，然后沿海北上，经我国的威海、容城，到达蓬莱一带，再继续北上到达烟台等地，此时是大虾肉质最肥美的季节，虾的个体长、宽、大。

虾属大洋暖水性、回游性生物，属甲壳纲，十足对虾科。身上有黄、黑斑点，属野生虾，如果虾身全白则为养殖虾。养殖虾价格低、口感差，因此必须选野生虾，虾体长18～23厘米。通常150天生长期的对虾为极品对虾，如果在此时未经捕捞，任其沿海继续北上，经天津最终到达秦皇岛，在秦皇岛进行产卵之后，再经打捞，其质量相对就要相差很多，由于虾籽在母虾体内吸收虾体内的营养成分，产卵后的虾不仅口感差，蛋白质含量也不高，因此，青岛、烟台、威海一带四五月间所产的虾是最佳的。

案例分析：收货人员应该了解原料的产地、产期，优劣区分。以对虾为例，收货时要依据产期、产地做出初步评价，然后根据虾的外观判断虾的级别，极品对虾虾肉富有弹性、略带黏液、虾壳发亮、青果绿色、虾身两侧有不规则的黄、黑斑点，并且不掉头、不折须、爪须齐全，有一定弯曲度为上品。

4. 收货人员检验原料的方法

收货人员要对原料具备一定的认知度，原料在进入厨房选料时，有两种检验方法：

（1）理化检验

即通过一定的技术手段对食品原料的食用安全情况进行检验。

（2）感官检验

即用人的眼、耳、鼻、舌、手，对原料产生初步认识。

眼：视觉检验；

耳：听觉检验；

鼻：嗅觉检验；

嘴：味觉检验；

手：触觉检验。

现在酒店收货人员一般会采取感官检验的方法，凭借经验对货物进行验收。

例如在检验鱼时，如要判断是冻鱼还是鲜鱼，要靠手触摸感知其弹性；要判断西瓜是否成熟，要听其声音；要判断香蕉是自然成熟还是熏熟的，要用眼睛分辨其颜色是否为正黄，蕉瓣中间的颜色是否与蕉身的颜色相同，如果颜色不同则一定是后熟的，后熟的香蕉采购回来后，一般需要放置一定时间才能食用，如果失误购买了后熟的原料，就会影响正常食用；胡椒粉需要靠味觉检验，胡椒粉的颜色与棒子面差不多，因其质量不同价格差会达到500%，因此五官的检验非常重要。

（3）验收人要做到“三个不收”

第一，对于超量进货、质量低劣、规格不符的不收；

第二，未经批准采购的物品不收；

第三，对于价格和数量与采购单上不符的不收。

每日验收要有餐饮部人员参与。验货结束后验收员要填写验收凭证，如果以后发现质量问题，第一责任人要承担责任。

（三）入库环节的控制

库存控制的目的在于通过科学有效的仓库管理制度与管理措施，以最低的库存量保证酒店的运营。降低库存，加大酒店现金流量，是库存的真正目的。仓库的基本存量一般参照同行业标准，必须保证酒店10天的消耗量。

仓库的领用采用定额管理制度。仓库每日领用量有定额限制，如有需要超额领用，必须经过相关人员的批准。发放原材料采用“先进先出”原则，即先入库原料先提用，后入库原料后使用。对于鲜活产品（例如海鲜类）库存难度大，同时此类产品价格相对较高，为防止因库存原因导致的损失，酒店可以要求使用的鲜活产品由供应商在酒店设海鲜池，并有供应商派专业人员进行管理，这样可以方便将海鲜损耗风险降低。

酒店或者餐饮企业应严格做好相关物品保质期的管理。例如餐饮部的酒水、香烟等都有一定保质期，有些物料保质期短，有些可以长时间保存，仓储必须具有相应标签识别。

酒店或者餐饮企业应该建立严格的报损防丢失制度。对于原料、烟酒的变质、丢失应制定严格的报损制度，例如酒水、香烟等贵重物料应贴酒店标志。

酒店或者餐饮企业必须遵循月底盘存的制度。在盘存时，首先应对实物后对账；其次应该盘存在库物料的数量、质量。餐饮成本控制中仓库保管环节的最高目标是“零库存”。

一般酒店仓库入库注意事项：

（1）注意激光防伪LOGO的保管工作，从物品仓领出后最好由成本部来负责保管以及贴标。

（2）所有酒水（啤酒除外）及香烟出库时都需要粘贴酒店激光防伪LOGO。

（3）已领用出去的酒水及香烟，退库时应注意是否有酒店激光防伪LOGO。无标签的不得退库并询查原因。

（4）不同类的物品不能进行同库存放，以免串味，例如：果汁不可与肉类同存放等。

（5）非经上级批准，非仓库内物品不得进仓。特别是食品类样品，须严格要求。

（6）仓库应及时补仓，无意外情况，不得断货。

（7）天气变暖后，应及时做好杀虫工作，日常的防鼠工作以及潮湿情况下，打开抽湿机防潮。注意一些可能因环境因素而改变的物品：布草褪色、牙签发霉、红酒塞干裂、巧克力发霉、面粉长虫、茶叶受潮等。

（8）仓库货物样品的正常变更以及地域性缺货，应及时向采购部索要相关文件，并转发通知相关使用部门。

（9）成本控制审批时，需要在相应领料系统中核对前一天的销售情况是否与领货数量一致（并遵守新领货程序）。

（10）注意酒水仓库的温度，特别是夏天，温度会有可能升高许多，应防止酒水变质。

（11）注意仓库消防安全，消防器材不得随意搬动，定期请保安部巡查排查安全隐患，特别是春节等大节假前期。仓库内的消防灭火桶需要每年年检，注意其时间，及时反映给保安部。

（12）仓库内保证人走灯灭，不得浪费。

（13）关闭的冷库需要定期打开门通风，避免生潮。

（14）非仓库人员，在没有得到批准的情况下，不得进入仓库逗留。

（四）生产加工环节的控制

对于生产加工过程中的控制，关键在于厨房的标准化生产，即建立厨房生产加工标准体系。对生产质量、产品成本、制作规格进行数量化控制，并用于检查指导生产的全过程。应该做到：

1. 厨房根据各种原材料的数量、质量、净料率、涨发程度等制定加工处理标准，如《原材料切配标准》、《材料涨发标准》等。

2. 烹饪过程中的控制，前提是保证菜肴的质量，故它对厨师的操作进行了规范化控制，如使用原材料的数量、调配的材料、蒸烤的时间以及出菜的数量等，以实现产品的标准化，同时也有利于成本的统一核算和控制。

3. 建立标准成本卡

标准成本卡的建立，有利于控制生产加工过程。标准成本卡是针对每道菜的成本而做的管理。它将每一道菜的成本细分为每种材料（调制菜肴的原料）成本，而这些成本细目总结起来便成为一道菜的成本总额。根据这些资料可以计算出每桌宴席或套餐的成本，并可定出个别菜肴的最后售价。

案例链接

制作酱牛肉最好的原料是牛腱子肉，牛腱子肉价格不菲，下面以五香酱牛肉这道凉菜为例进行说明。

金钱牛腱 150G，单价 15.5 元/斤，出材率 60%；调料成本 0.5 元；燃气成本 0.5 元。

菜　名	五香酱牛肉
用料名称	金钱牛腱
毛料重量（G）	250
毛料单价（元/斤）	15.5
净料重量（G）	150
出材率	60%
主成本（元）	7.75
调料成本（元）	0.5
燃气成本（元）	0.5
总成本（元）	8.75
毛利额（元）	6.25
销售毛利率	42%

若要从某一道菜中获得一种始终一贯的利润，则需经常检查此道菜的生产成本，如此方可随时调整食物成品或菜肴售价。经理部门为了能够精密地监管菜肴成本，必须善于运用标准成本卡，对各种菜肴的售价也可做出合理评定。餐厅的成功营运，在于创造必需的利润，标准成本卡正是可以达成此一目标的利器。

热菜标准卡在标准成本卡的制作中最为复杂，因为热菜相对来说成本计算比较繁杂，因为热菜不仅仅涉及主料、调料、燃气，还会涉及配料，而且配料往往不止一种。

案例链接

著名的川菜鱼香肉丝，其主料使用通脊丝250G，单价12元/斤，通脊丝的出材率为70%；辅料使用冬笋丝150G，水发冬笋8元/斤，出材率60%；木耳25G，45元/斤，出材率800%。计算见下表：

菜　名	鱼香肉丝		
	主料	辅料1	辅料2
用料名称	通脊丝	冬笋丝	木耳
毛料重量（G）	357	250	3.1
毛料单价（元/斤）	12	8	45
净料重量（G）	250	150	25
出材率	70%	60%	800%
原料成本（元）	8.57	4	0.28
调料成本（元）	1		
油（元）	1		
燃气成本（元）	1		
总成本（元）	15.85		
售价	28		
毛利额（元）	12.15		
销售毛利率	43%		

4. 厨房和仓库对接，有利于原材料的入库、领用、使用、残料回收，以便进行统一核算，保证整个过程中控制的落实。

5. 通过配菜量的调整来降低成本。餐饮业的利润空间很大，而且变化大。产品质量并非以量多取胜。很多情况下，通过配菜量的调剂，能创造出更大的效益。例如使用萝卜雕花等廉价材料对菜进行美化，或者用下脚料做泡菜，从而降低成本，在成本基本不变的情况下，获取更大利润。

6. 充分利用边角料、余料等，制作高汤等。充分利用原本废弃的材料，制作非食用性产品或者配菜料，把每一分成本的效益最大化。

（五）酒水饮料成本的控制

酒水饮料成本控制是指饭店各餐饮点各类酒及饮料的成本控制，方法和食品成本控制方法基本相同，但也有不同之处。酒水成本的控制环节：采购→验收→库存→发货→调制、销售→成本核算。

1. 采购环节：应保持酒水生产所需的各种配料的适当存货，保证各种配料的质量符合使用要求，以保证按合理价格采购。

2. 验收环节：根据订单检验酒水质量、数量是否符合要求，饭店是否可以接收。

3. 库存环节：酒类在空气中极易被细菌侵入，导致变质；许多高级酒类价格昂贵，库存不善将造成酒水成本的大大提高。因此在这个环节应做到：防止酒水变质；从数量上防止酒水损耗。

4. 发货环节：在这个环节应做好以下两点：

第一，实行酒吧标准存货制。

为了便于了解每天应领用多少酒水、饮料，每个酒吧应备有一份标准存货卡。假设某白兰地的标准存货为 4 瓶，那么在每天开业前就应有 4 瓶这种白兰地。酒吧标准存货制可以保证酒吧各种存货数量固定不变，便于控制供应量。酒吧标准存货量既要保证满足顾客需要，又不能存货过多。对于特殊用途饮料（如宴会使用），酒吧应备足量，以便满足整个宴会的需要。

第二，运用酒瓶标记。

在发货之前，酒瓶上应做好标记。标记上应有不易仿制的标志、代号或符号。每个酒吧可采用不同的标志，这样可以防止服务员将自己的酒带入酒吧销售，然后自留现金收入。

5. 调制、销售环节：调制是指在客人提出某种饮料调制要求时，酒吧服务人员调配各种鸡尾酒或用鲜果压榨果汁的过程。在这个环节中，以标准饮料单为依据进行成本和质量的控制。

6. 成本核算环节：其内容与食品成本控制的类似，在此就不赘述了。

（六）菜肴销售成本管理与控制

饭店餐饮经理部门如能切实监管各种菜肴的销售量，便可全盘了解餐厅的每天营业状况。顾客的人数、菜肴销售量以及较受顾客欢迎的菜品，都是不可忽视的资料数据，因为它们对于采购作业和工作人员配置都有密切关系，甚至会影响到餐厅的未来营销计划。因此餐饮销售有三条线路，即食品酒水的销售、账单的开出、款项的收回。

借助于了解每天全部菜肴的销售总量和个别菜品的销售量，经理部门即可规划采购作业和人员配置，从而使成本的运用更为有效。菜肴销售管理可以向经理部门提供一种标准化的方法，以管理菜肴生产、追踪菜肴销售以及评估服务人员个人销售的业绩。此种管理包括的资料如下：生产报表、销售额综合比较以及服务员推销业绩评估。

1. 生产报表

用于调理菜肴的各种食品材料都要经由采购、验收及贮存等一系列的作业，而其数量则由经理部门预测的顾客需要来决定。生产报表是一种表格，上面列载酒席或套餐中的每一道菜，估计出来的各种菜肴的需求量就是采购作业以及生产计划和人力配置的重要依据。填写生产报表的先决条件是必须知道食品材料成本、菜肴销售价格以及食品材料成本在第一道菜肴成本中占有的百分比。这些数据乃是计算食品材料的实际成本、菜肴销售实际收益以及浪费的成本等的重要数据。

经理根据生产报表中的资料，即可详细地分析每一道菜的个别销售额。此一分析作业是经理部门的一项重要的技术，今天的餐饮业者极为重视此项技术。任何菜品如果销售量偏低，经理部门则可适度地调整菜单的配置方式。如果菜品的调理材料成本偏高，因其无法重新配置而造成浪费时，则可考虑将此菜品从菜单中剔除，而以其他相应的菜品替换，但此等菜品的调理材料成本应该较低一些，而且也能收到顾客的较佳反映。

2. 销售额综合比较

所谓销售额综合比较，是指行销一个月以上的每一道菜的个别销售额，而由经理部门将其做一相互的比较，并审查每一道菜的每天的销售额。此一比较审查的结果便成为经理部门制订未来营销计划的基本参考资料。

生产与服务是有效管理菜肴销售量的两个主要因素。在菜肴管理系统中运用生产报表的资料，经理部门便可监管菜肴的每天销售量，并可追踪菜肴调理材料的成本百分比。定期检视销售额综合比较表即可找出何种菜品的销售量较高或偏低，经理部门即可指导服务人员利用机会推销或推介某种菜品，从而增加其销售量以解决其销售量偏低的问题。

3. 服务员推销业绩评估

此项管理最有效的表格是一种电脑食品服务系统报表，它将每位服务员经手的账单上的资料转记入一个分开的电脑档案中，然后再由电脑编辑起来，以供经理部门审查。这样的处理程序如用人工操作则是相当费时费事的。但是那些不习惯于运用电脑食品服务系统作业的经理们，通常会忽视这种报表；殊不知这种经过电脑处理的资料对于任何餐厅在管理员工推销菜肴业绩方面具有极端的重要性。服务员在任何餐厅中都是最有效的推销人员，他们对于餐厅的菜肴推销都有一种直接的影响力或冲击力，他们往往可以有意无意地引导顾客对某种菜肴产生兴趣。经理部门如能严谨地分析服务员的菜肴推销方式，则可用以增加菜品的销售额，并创造赢利。

账单的平均销售额也可当做个别服务员的每位顾客销售额而用来和餐厅的账单总平均额互做比较。经理部门依据此一比较的结果从而正确地评估各个服务员销售额的高低，并可将每位服务员的销售额和餐厅的销售总额做一比较。

（七）人工成本控制

1. 主要影响人工费用的因素

人工费用的高低直接与所使用的员工人数和员工的工作效率有关。因此任何影响到用工数和工作效率的因素都会影响人工费用的高低。可能影响人工费用的因素：

（1）作业的复杂程度

如果餐厅购买现成制作好并预先分好份额的原料，只需要极少的制作功夫，只需要在销售前加热即可，那么就只需要较少的职工，也不需要什么厨师。如果所有购进的原料都需要进行复杂的粗加工，包括宰杀、切割、洗涤和切配，那么就需要较多的人工，还需要较高水平的厨师，需要专业的采购人员、验收人员，同时还增加了对管理人员的要求。企业若要减少人员的设置，可以减少加工环节和加工程度，多使用已加工的半成品。

（2）服务的类型

服务程度低的，如自助餐、快餐需要较少的服务员，对服务技术的要求也较低。反之，服务程度高的，服务程序复杂的就餐服务，如桌餐服务、宴会派菜服务就需要较多的服务员，同时对服务员的技能要求也较高。因此开发自助服务的产品可使企业减少人员的编制。

（3）销售品种

菜单品种较少的餐厅，只需要较少的烹调和服务人员，而且节省原料的采购和保管人员。反之，就需要较多的人员。

（4）设备

在厨房中使用现代化的加工机械代替传统的人工操作能节省时间，减少人工。例如使用洗碗机、削皮机、切片机、锯骨机等可以减少人工，同时提高工作效率。

（5）客流量和生产规模

由于餐饮企业产品的生产和销售几乎是同时进行的，产品的生产数量与当时客流量的大小直接相关。因而人员配备要与不同时段的销售数量相称。餐饮企业在配备职工人数和安排班次时必须预计不同时段的客流量，找出客流规律，合理地安排班次和员工人数。

（6）科学的操作规范和培训

对每一项服务或操作制定科学的操作程序，并通过培训使员工熟练实施，将会帮助员工提高工作效率，减少工作差错，也可达到少用工，多出活的效果。

2. 现代餐饮经营和管理应该从实际生产和技术出发，充分调动员工的积极性，发挥员工的潜力，对人工成本进行合理有效的控制，主要要做到以下几个方面：

（1）员工数量控制。

（2）工资总额控制。

（3）工时控制。

（4）提高劳动生产效率。

附表 1　**成本部仓库收货部工作注意事项**

1. 收货部内坐姿需端正，仓库内不得存放私人物品。
2. 不可在非吸烟区内吸烟，特别是收货部周围，需要提醒供应商。
3. 病假需要提前提出，不允许休假完后说是病假，未上班且未提前打招呼，属于旷工。
4. 报损单后需要附破损物品的照片。
5. 对于长期存放仓库内的滞留项目，应及时联系使用部门解决。
6. 不定期巡查厨房，发现是否有浪费现象。
7. 酒吧盘点时应注意所存酒水是否有酒店激光防伪 LOGO，没有的需要没收并说明原因。
8. 盘点时应抽查各营业点的存货是否过期，如过期应立即报损，不得再存放或使用。
9. 尽一切可能缩减仓库项目，减少库存。

附表 2　　**基本成本报表调查以及测试**

报表名称	报表说明	目前完成周期	最高完成周期
Daily Cost Report 每日成本报告	反映餐饮各营业点当日成本与月累计成本的报告	每天	每天
Duty Meal & Ent Cost Analysis 当值餐与宴请成本分析	当值餐与宴请成本分析的报告	每天	每天
Banquet Cost Report 宴会成本报告	反映宴会明细成本的报告	随宴会而更新	随宴会而更新
Beverage Spot Check 饮品抽样调查	对餐饮部各营业点饮品的进销存情况进行抽样调查	每月一次	每半月一次
Yield Testing Report 出材率测试报告	用于测试食品出材率的报告	市场调查样品测试后	灵活处理
Cig Spot Check 香烟抽样调查	对餐饮部各营业点香烟的进销存情况进行抽样调查	月底盘点时进行一次	月底盘点时进行一次
Top 50 Purchasing Item 前 50 项采购项目清单	按 OMR 要求完成	每月一次	/
Menu Engineering Analysis 菜单销售分析	对菜牌上的菜式的销售情况进行分析得出明星菜式	每月一次	每月一次
Store Inventory Turn Over Report 食品存货周转率报告	用于反映酒店各库存的存货周转情况	每月一次	每月一次
Monthly Cost Report 月度成本报告	对每月的餐饮成本进行分析回顾	每月一次	每月一次
Slow Moving 仓库滞留物品报告	仓库 90 天尚未发生出库的项目的清单	每月一次	每月一次
Store Expiry Items Report 逾期项目分析报告	仓库内即将过期的物品的清单，多用于食品	每月一次	每月一次
Return to Supplies 退货记录	收货中退货情况的记录报告	每月一次	每月一次
Store Inventory Variances Report 仓库差异报告	每月盘点后仓库差异的报告	每月一次	每月一次
Stock Par Level 库存定量报告	库存内项目的最低库存量与最高库存量的定量	半年一次	半年一次

续表

报表名称	报表说明	目前完成周期	最高完成周期
Blind Testing Report 蒙瞎测试	用于更换供应商或增加新品种的测试	按要求进行制作	灵活处理
Buffet Testing 自助餐测试	对自助餐的成本进行核算测试	按要求进行制作	每月选取三餐
Portion Control 例份控制测试	对系统 Recipe 进行调试	/	每月一次
Butchery Testing 肉类出材率测试	针对肉类的出材率测试	/	/

案例分析：某日，在一个五星级酒店里一位客人款待外宾，点了一份清蒸多宝鱼，结果厨房将一份蒸制时间较长的多宝鱼让服务生端上了餐桌，鱼上桌客人品尝后，认为鱼肉蒸制老了，口感板结，立即要求退换，而且因为此事还影响了客人的进餐心情。这不仅给饭店经济上造成了损失，并且影响了饭店的声誉。

思考：各种鱼的蒸制时间要求是不同的，烹制中厨师有没有严格按照标准菜谱认真执行标准制作程序？菜肴烹制制作生产标准、工作流程标准应该由什么部门制定？主要应该包括哪些内容？

本章习题

1. 餐饮成本的类型有哪些？
2. 餐饮企业核算内容是什么？
3. 餐饮成本控制的内容包括哪些？
4. 食品成本控制与饮料成本控制有哪些不同？
5. 如何在生产环节进行成本控制？

第十章 大众餐饮经营与管理

本章简介

改革开放以来，我国餐饮行业的发展迅猛，日新月异，各种具有风味特色、不同经营形式和功能结构的餐饮企业呈现百花争鸣的状态。大众餐饮作为餐饮行业的主体，其经营形式也得到社会的广泛认同。如何更新经营方式，拓展市场，建立和完善大众餐饮的品牌建设工作是经营者们需要长期探索的问题。同时，随着社会的不断进步，消费者对大众餐饮的消费需求也在发生深刻的变化，如众多的消费者已从基本饮食消费需求变化为更加注重饮食安全、崇尚健康、追求时尚的餐饮消费追求。从大众餐饮的发展趋势来看，品牌的建设与维护工作将是大众餐饮可持续发展的根本。本章将着重介绍大众餐饮的起源、发展及经营要求、品牌建设等内容以及如何在新形势下建立科学化、社会化的管理模式。

学习目标

了解大众餐饮的起源与发展的情况，大众餐饮的经营形态及内容。
理解餐饮品牌建设工作的重要性。
掌握餐饮组织文化建设的作用与意义。

第一节　大众餐饮的起源与发展

一、国内大众餐饮业的起源与发展

中国餐饮业的发展历史源远流长，从形成并发展至今，经历了一个漫长的历史过程。中国作为世界著名的三大烹饪王国之一，在其发展过程中已经孕育了诸如粤菜、鲁菜、川菜、苏菜、浙菜、闽菜、徽菜、湘菜著名的八大菜系。作为一个满足人类最原始需求的古老行业，其经营形态和操作方法都发生了根本的变化，而这种不断变化的活动在其漫长的发展过程中已经成为国人各种生产和商业活动的重要组成部分。大众餐饮作为国内餐饮行业的主体，其发展共经历了三个阶段。

（一）大众餐饮发展的初始阶段

餐饮活动是人类最基本的生存活动，当我们的祖先处于原始的穴居阶段时，便有了最简单的餐饮活动的出现，从初期只会食用生食到后期学会食用熟食，再到用石器进行简单的加工，餐饮的基本烹饪方式便发生着深刻的变化，而火的出现无疑标志着远古人类的餐饮活动进入了文明时代。随着生产力的发展和社会化分工的形成，出现了商品生产和相互交换的过程，并逐步由分散式向集中式发展，由此产生了人们外出经商和与之相关的一系列活动，于是便出现了早期的各种“客舍”或“亭栈”等，以解决当时人们外出的基本食宿问题。

到了唐宋时期，随着各种商贸活动的繁荣，交通工具的发展，在集市、城镇、码头等地方出现了专门的“客栈”或“店肆”，为过往的客商或旅行者提供简单的膳食和住宿服务，这些“客栈”或“店肆”便是现代住宿业的雏形。同时，餐饮活动也在此阶段从社会化的分工中分离出来，出现了专门从事餐饮生产的人员及店铺，如厨师、“店小二”、肉食铺、酒馆等。到了元代，由于生态环境的改变，加上多民族的融合，中外餐饮文化进行了融合，各种餐饮形式及文化得到不断的丰富，各种烹饪的技术也有了较大提升。进入明、清时期，中国餐饮的烹饪技术得到了全面的提升，厨房的分工更为明细，出现了很多名厨、名人食谱、美食家等，而著名的“满汉全席”的问世则代表着近代中国餐饮发展的最高水平。

在餐饮业发展初始阶段的末期，虽然部分企业在其发展的过程中具有了一定的行业格局，但并没有实际的行业理念和管理，因此在相当长的一段时间里，餐饮活动只处在维持基本的生存活动的水平上，人们对服务的概念较为模糊，因此，大众餐饮服务在这一时期内并不很发达。

相关链接：

中国美食文化的起源与发展

1. 石磨的普及。从新石器时代直到殷商时期，先民们对谷物的加工一直比较原始简单。先民们通过碾盘、碾棒、杵臼等对谷物进行粗加工，难以提供大量去壳净米。到了周代，石皑的出现，是谷物初加工方法的一次飞跃。石皑，即石磨，谷物的初加工也由以碾舂为主变为以磨为主。随着石磨的普及，周人的饮食状况有了很大的改善。

2. 肉类开始加工。与谷物加工相比，周代的肉类加工更为考究。而且，作为对肉类初加工的选割，与后期烹制具有同样的重要性。尤其是周王室贵族在祭祀、宴会时所享用的各种肉类，其选割及烹制，均由专设的官署“内饔”与“外饔”执掌。周人已完全懂得选择无病、无特殊腥臊异味而又健壮的畜禽，并能仔细辨别畜禽各部位，然后再施行宰割。在进食时，各式各样的菜肴都有固定的位置，取食也按一定程序进行，这些都是由肉类的切割形状所决定的。

3. 八珍的出现。周代“八珍”的出现，标志着烹饪成为一门重要的艺术，显示了周人的精湛技艺和饮食的科学性。以炮豚为例，首先将小猪洗剥干净，腹中塞枣，包以湿泥，烤干，剥泥取出小猪，再以米粉糊遍猪身，用油炸透，切成片状，配好作料，然后再置于小鼎内，再把小鼎放在大镬鼎中，用文火连续炖三天三夜，起锅后配以酱醋调味食用。这一道菜先后采用了烤、炸、炖三种烹饪方法，而工序竟多达十余道。“八珍”开创了采用多种烹饪方法制作菜肴的先例，后世令人眼花缭乱的各种菜肴，均是在此基础上发展而来的，甚至在菜名上也袭用“八珍”，如至今还有“八珍糕”、“八珍面”、“八宝粥”之类的菜名。

4. “四大菜系”的诞生。春秋战国时期，各个民族互相融合，在饮食文化上逐渐形成了南北两大风味。在北方，古齐鲁饮食文化历史悠久，烹饪技术比较发达，形成了中国最早的地方风味菜——鲁菜的雏形。在南方，楚人统一了东南半壁江山，占有今天的“鱼米之乡”。“春有刀鲚，夏有鲥，秋有肥鸭，冬有蔬”。一年四季，水产、畜禽、菜蔬连续上市，为烹饪技术的发展提供了优越的物质条件。由于又融汇了南方很多的民俗、民风和饮食习惯，逐渐形成了今天苏菜的雏形。在西边，秦国占领了古代的巴国、蜀国，接着派李冰将水患之乡改造成“天府之国”，加之有大批汉中移民的到来，结合当地的气候、风俗以及古代巴国、蜀国的传统饮食，产生了至今影响巨大的川菜的前身。秦国的统一大业进行到后期时，秦末发兵兼并了桂林、南海和象三郡，又建立了南越国，汉高祖十一年受封为南越王，由于广州地处东南沿海，加之珠江三角洲气候温和，物产丰富，可供食用的动植物品种繁多，水陆交通四通八达的优势，于是岭南的政治、经济、文化中心格局得以形成，所以这里饮食文化比较发达。目前广东的饮食文化，其实就是由赵佗将中原地区先进的烹饪艺术和器具引入岭南，结合当地的饮食资源，使“飞、潜、动、植”皆为佳肴，并流传至今，形成兼收并蓄的饮食风尚，产生了粤菜。至此，后称“四大菜系”的鲁菜（包括京津等北方地区的风味菜）、苏菜（包括江、浙、皖地区的风味菜）、粤菜（包括闽、台、潮、琼地区的风味菜）、川菜（包括湘、鄂、黔、滇地区的风味菜）雏形已经初成。

5. 吃在汉唐。随着中国统一局面的完全诞生，汉朝皇帝拥有当时全国最为完备的食物管理系统。负责皇帝日常事物的少府所属职官中，与饮食活动有关的有太官、汤官和导官，它们分别“主膳食”、“主饼饵”和“主择米”，这是一个人员庞大的官吏系统，皇帝和后宫的膳食开支相当于汉代中等水平百姓二万户的家产。在此时期，中国饮食文化的对外传播也加剧了。张骞等人除了从西域引进了胡瓜、胡桃、胡荽、胡麻、胡萝卜、石榴等物产外，也把中原的桃、李、杏、梨、姜、茶叶等物产以及饮食文化传到了西域。今天在原西域地区的汉墓出土的文物中，就有来自中原的木制筷子。我国传统烧烤技术中有一种啖炙法，也很早通过丝绸之路传到了中亚和西亚，最终在当地形成了人们喜欢吃的烤羊肉串。到了唐代，长安成为当时世界文化的中心，为各民族饮食文化的交流与融合提供了便利，于是胡族和汉族传统的饮食结构发生了重大变化，“食肉饮酪”开始成为汉唐时期整个北方和西北地区胡汉各族的共同饮食特色。我们今天日常吃的蔬菜，大约有160种，但在这比较常见的百余种蔬菜中，汉地原产和从域外引入的大约各占一半。在汉唐时期，中原内地通过与西北少数民族交流，引入了许多蔬菜和水果品种，如蔬菜有苜蓿、菠菜、芸苔、胡瓜、胡豆、胡蒜、胡荽等，水果有葡萄、扁桃、西瓜、石榴等，调味品有胡椒、砂糖等。与此同时，西域的烹饪方法也传入中原，在汉代传入的诸种胡族食品到魏晋南北朝时，已逐渐在黄河流域普及开来，受到广大汉族人民的青睐，其中尤以涮羊肉、烤全羊最为典型。汉唐时期也是中国传统饮食方式逐渐发生变化的时期。东汉以后，胡床作为一种坐具从西域传入中原地区，逐渐被普遍使用，由于坐胡床必须两脚垂地，这就改变了汉族传统跪坐的姿势。从魏晋南北朝开始的家具新变化，到隋唐时期也开始走向高潮，这一方面表现为传统的床榻几案的高度继续增高。另一方面是新式的高足家具品种增多，如椅子、桌子等都已开始使用。桌椅出现以后，人们围坐一桌进餐也就是自然之事了。同时，唐朝与域外饮食文化的交流非常多，人们的物质生活都有一种崇尚西域的风气，饮食风味、服饰装束都以西域各国为美，崇外成为一股不小的潮流，而且在当时的长安，胡人开的酒店也较多，并伴有花枝招展的胡姬相陪，李白等文人学士常出入这些“酒店”，且唐诗中有不少诗篇提到这些酒店和胡姬，因此，酒家与胡姬已成为唐代饮食文化的一个重要特征。

6. 茶食在辽金。随着茶叶贸易的发展，茶食也深入到辽金民族的日常生活中。金人在重大的婚姻典礼中，都会摆上茶食以视正规与隆重。而所谓茶食，只不过是先上一种像汉民族常食用的“寒具”，即炸麻花之类的大软脂、小软脂类的食物，再上一盘蜜糕。而只有待整个宴会结束，对来参加婚礼的上客，主人才端上“建茗”。因此，茶叶成了只有富者才能啜之的饮料，而粗者只能喝乳酪。

7. 忽必烈的涮羊肉。到了元朝，帝国的疆域发展到前所未有的广大，也带来了饮食文化的广阔发展。这一时期，涮羊肉在忽必烈的推捧下诞生；月饼，已经成为中秋不可少的一道点心；元大都成为有史可考的第一家烤鸭店的发源地；产生了至今众人都愿意品尝的名菜——烤全羊。而蒙古人西征以及元朝时期以各种身份从波斯、中亚细亚、阿拉伯等地大批签发或自愿东来的各族穆斯林，与当地民族融合成为元朝的一个新的民族——回族，并与其他穆斯林民族创造和发展了中国的清真饮食文化。

8. 宫廷的奢靡。明代的宫廷饮食奢靡无度。宫中的菜蔬有滇南的鸡枞，五台山的天花羊肚菜，东海的石花海白菜、龙须、海带、鹿角、紫菜等海中植物；江南的莴笋、糟笋等；辽东的松子，蓟北的黄花、金针；中都的山药、土豆；南都的苔菜；武当的莺嘴笋、黄精、黑精；北山的核桃、枣、木兰菜、蔓青、蕨菜等。而其他各种菜蔬和干鲜果品、土特产等，也应有尽有。

（二）行业的形成时期

中华人民共和国成立以后，我国的餐饮业进入了新的发展时期，餐饮业继承和发扬了民族饮食文化和传统，形成了以“粤、鲁、川、淮扬”等菜系为代表的中国菜。中国的饮食文化也得到了世界的认同，“食在中国”也成为一种饮食时尚。同时，为了便于管理，各级政府都相继成立了饮食服务机构或公司，餐饮业不但有了真正的管理部门，而且有了真正意义上的行业管理。饮食服务的专门机构或公司，不但注重企业的资产管理，而且十分注重菜肴产品的开发和生产，厨师队伍建设和管理人员的培养等工作，为饮食行业的进一步发展奠定了坚实的基础。经过数十年的发展形成一批像老正兴、全聚德、东来顺等闻名中外的老字号餐饮品牌。

（三）繁荣与发展时期

改革开放以后，随着国力的增强，人们生活水平的不断提高，餐饮行业在中国呈现前所未有的发展趋势，其规模不断扩大，一时间大小城镇里，饭店、餐馆、酒楼、美食城、茶楼、快餐店比比皆是，一片繁荣景象；餐饮一条街、美食一条街等都成了许多城市的风景线；消费者的家宴、喜宴、商务宴不但“移师”大酒店，而且成为许多大众餐饮经营的核心产品。红红火火的餐饮市场甚至吸引了许多“洋”品牌的入驻，如肯德基、麦当劳、必胜客等。同时人们的消费理念和消费方式有了根本性的改变，这种改变对餐饮业的进一步发展也起到推波助澜的作用，同时旅游业、饭店业的综合发展也为大众餐饮业的规范化、程序化建设起到了积极的促进作用。大众餐饮业不但在服务和管理水平上有了提高和改变，而且在经营业态、经营形式上不断创新、变化。在此期间，概括来讲，大众餐饮的发展也经历了三个大致不同的阶段。

第一阶段：宾馆、饭店餐饮消费群的分流阶段。从 20 世纪 80 年代到 90 年代初期，旅游业的发展拉动了饭店业的迅速崛起，大批的饭店、宾馆不断的建成，而且饭店餐饮的经营如沐春风，生意兴隆，而部分大众餐饮如酒楼、中型餐馆，也以地理优势、价格优势、灵活的服务形式等优势迅速进入市场，参与到餐饮消费者的分流与餐饮行业的竞争中来。在激烈的竞争环境中，饭店餐饮在管理体制、经营方式、市场拓展方面的软肋逐渐显现，从而导致了整个餐饮业的重新洗牌。而且，在这个过程中，饭店、宾馆餐饮的经营生意日渐萧条，而酒楼、中型餐馆的生意则开始升温。

第二阶段：规模型餐饮阶段。20 世纪 90 年代中期，完成了人才、资金、经验原始积累的酒楼以及从其他行业进入餐饮行业的商家，逐渐将餐饮做强、做大，而“规模比拼”成为此时餐饮业的竞争所在。在此阶段，大众餐饮果断抢占先机，并不断发展，一时间形成了各种区域性明显的餐饮航母，如盛极一时的以各种菜系为代表的大型社会餐饮机构以及以倡导自身餐饮文化为特色的各种文化型餐饮企业的出现等。在这个过程中，餐饮业的整体经营思想越来越贴近生活，也更加符合顾客的心理需求。在此阶段，大众餐饮所体现出来的优势特点：服务形式更加灵活，产品讲究创新并能开始满足不同的顾客需求，在满足需求的同时也保持了其“特色”的稳定性、持久性。

第三阶段：品牌餐饮阶段。20 世纪 90 年代中后期以来，随着餐饮业不断壮大与发展，群雄逐鹿的焦点逐渐转移到品牌的竞争上来。品牌的扩张成为餐饮业经济增长的新模式。大众餐饮老品牌枯木逢春，而新品牌开始粉墨登场，洋品牌渐渐大举入驻，并都以“吸引顾客眼球”作为争夺市场的利器。这种倡导以品牌经营为主导的新格局促进了餐饮业的规模化发展，而且促成了连锁经营、特许经营等新模式的出现，并在其群体性发展的过程中又催生了一大批新的餐饮品牌。

新世纪的餐饮行业，其竞争将会更加激烈，发展将会更加迅速，新业态和新形式将会层出不穷，迎接新的挑战将是现代餐饮企业所面临的共同问题。

相关链接：

中国餐饮的转型与发展

1. 重新洗牌、分化整合

根据中国烹饪协会发布的最新数据，2013 年 1 月至 6 月，全国餐饮收入实现 11 795 亿元，同比增长 8.7%，比去年同期下降 4.5 个百分点，比同期社会消费品零售总额增幅低 4 个百分点。其中限额以上单位餐饮收入实现 3 743 亿元，同比下降 2.2%，尽管降幅正逐月收窄，但餐饮业依然处于近年来的历史最低点。

权威人士姚坚表示，餐饮行业自 2008 年以来就基本呈现下降态势。并且根据商务部典型企业调查统计数据，受经济形势影响，餐饮企业经营效益普遍降低。"2012 年，餐饮企业营业利润、利润总额增长率均不到 1%，而成本却增长迅速，营业、管理和财务费用比上年增长 14.2%，增速远高于企业利润增速。综合来看，餐饮企业盈利能力下降，利润空间缩小。"

在 2012 年年底中央"八项规定"出台、公务消费日益规范的背景下，餐饮需求尤其是高端需求受到较大影响，加之厉行节约、反对浪费得到社会广泛支持，客单价格逐渐回落。姚坚表示，目前，餐饮行业面临着重新洗牌、分化整合的形势，"餐饮企业都在根据自身情况积极转型，转型也成为餐饮业发展的迫切任务"。

对此，中国烹饪协会常务副会长冯恩援认为，针对当前形势，餐饮企业的转型既要开源，也要节流。"在调整产品结构、扩大产品线、延长营业时间、多品牌经营、拓展服务领域、打造产业链等经营策略调整的基础上，餐饮企业也要通过信息化技术降低运营成本，通过节能减排增加效益，并进一步建立中央厨房加速标准化、建立产业联盟从而实现资源共享。"

2. 面向大众、面向世界

对于餐饮业的发展趋势，姚坚预测，随着厉行节约、反对浪费得到社会的广泛支持，节约消费理念渐入人心，节约消费、理性消费将成为餐饮行业的主题词；随着国家经济的发展、人民收入水平的提高，以健康和营养消费为主题的餐饮消费也将成为一个趋势。

据了解，为支持大众化餐饮企业发展，商务部正在研究一系列支持政策，包括将进一步加强行业法规和标准建设；进一步完善区域的标准化布局，让餐饮服务更贴近人民群众；发展简约化、连锁化经营，培育大众化餐饮品牌；支持技术创新，提升餐饮企业的信息化水平和自身的竞争力；完善诚信体系建设，规范经营行为，创造良好的经营环境；规范对入口食材、餐厨卫生的管理，把关餐饮企业的食品安全；此外，仍将进一步厉行节约、反对铺张浪费。"餐饮行业加强国际合作是做大、做强我国餐饮业的需要。"商务部服务贸易司司长周柳军表示，商务部对推进餐饮业的国际化发展也做了诸多铺路的工作。"首先商务部鼓励餐饮企业去学习和借鉴国际先进的经营理念，互访互派人员加强学习交流；其次，支持有实力的餐饮企业主动开拓国际市场，组织餐饮企业走出国门参展办展，为其提供政策咨询等服务；再次，依托旅游业的发展，为餐饮业拓展资源，并将致力于弘扬中华饮食文化，与行业协会合作为中国餐饮特色的烹调技艺进行推广、推介和不断努力。

二、国外餐饮业的起源与发展

（一）西方餐饮的发展历程

西方餐饮的发展历史受其文明进程的影响。早期的希腊、罗马等地为西方餐饮的发源地。当时，罗马帝国不断进行领土扩张，在地中海沿岸地区，经济也随着罗马帝国疆域的扩大而不断发展，为了配合其商旅经营的需要，新扩张的区域里开始出现许多形形色色的餐厅，但是这些餐厅都只是家族式经营的小餐馆，谈不上经营与管理，只具备基本的经营形态。中世纪，人们逐渐开始有了外出吃饭的习惯，而这些吃饭的场地当时主要集中在各交通枢纽的沿线、城镇或集市的周围，被称为“酒馆”（taverns）。起初，这些酒馆只允许经营酒水，在后来的发展过程中，部分小酒馆被特许经营一些开胃小食类的产品，直到“卡巴莱”（cabarets，有歌舞表演的餐馆）的出现和影响下，酒馆才开始慢慢演变为能为客人提供丰盛食物的餐厅。

16 世纪中叶，意大利成为文艺复兴运动的中心。当时的意大利人把吃视为一件重要的事情，其烹饪技艺在国际上也享有盛名，意大利因此被视作西餐的起源地。18 世纪中叶，法国成为欧洲经济、政治、文化的中心，起初，其烹饪技术深受意大利的影响，经过多年的传承与发展，法国的烹饪技术和菜肴逐渐位居欧洲首位，由于法国王室和平民都爱美食和美酒，首都巴黎迅速成为法国美食的中心。多年来，法国人在烹饪技艺上不断追求创新并将正宗的法式大餐一直发展并延续到了今天。18 世纪末，受英国工业革命的影响，欧洲的交通运输业发展迅猛，火车与轮船的出现带动了旅游业的发展，而餐饮业也呈现百花齐放的发展局面。而此时的餐饮业，无论菜肴还是服务品质都有了大幅度的提高，且餐厅的装潢和设施、设备的配备也有了较大的改善，同时，经营者们开始越来越多地关注客人的消费需求，并在需求的变化中，不断进行改进和完善。20 世纪后期，由于大量的旅馆和饭店的出现，行业的竞争开始慢慢地加剧，饭店、旅馆的经营者们也开始思考如何通过增加餐饮服务设施来提高餐饮收入以弥补客房收入的不足，同时，通过大胆的尝试与创新，餐饮经营被引入饭店，很多饭店的餐饮经营收入也迅速成为其的重要收入来源。同一时间，社会上的各种大众餐饮也开始不断兴起与发展，在变化经营模式的同时，其丰富而具有多样性经营的形式也愈加得到社会的广泛关注和认同。

相关链接：

法国是世界三大烹饪王国（中国、法国、土耳其）之一，其菜品为西餐中最有地位的菜，其亦是西方餐饮文化的一颗璀璨明珠。相传 16 世纪意大利女子 Catherine 嫁给法兰西国王亨利二世以后，把意大利文艺复兴时期盛行的牛肝脏、黑菌、嫩牛排、奶酪等原材料及烹饪方法带到法国，得到当时王室的钟爱，当时的王室领导人路易十四还曾为此发起了烹饪比赛。

曾任英皇乔治四世和帝俄沙皇亚历山大一世首席厨师的安东尼·凯莱梅写了一本饮食字典 *Dictionary of Cuisine*，成为古典法国菜式的基础。法国菜的特点是选料广泛，用料新鲜，滋味鲜美，讲究色、香、味、形的配合，花式品种繁多，重用牛肉、蔬菜、禽类、海鲜和水果，特别是蜗牛、黑菌、蘑菇、芦笋、洋百合和龙虾等，法国菜肴一般烧得比较生，调味喜用酒，菜和酒的搭配有严格规定，如清汤用葡萄酒、火鸡用香槟等。法国美食的特色在于使用新鲜的原材料，加上厨师个人的独特调理，完成独一无二的艺术创作，无论视觉、嗅觉、味觉、触感，都让人有无与伦比的感觉，而在食物的品质、服务和用餐气氛上，一定要求精致化的整体表现。在国内，法国菜所代表的是精致、浪漫、高雅和昂贵，真正名贵的法国料理，吃一餐可能达一人7千元左右，而价格则全依菜肴的种类而定。

近年来，法国菜不断追求精益求精，并将以往的古典菜肴的烹制方法融入新的烹调法（nouvelle cuisine），并相互运用，调制的方法更加讲求风味性、天然性、技巧性、美观性等。目前法国菜已经成为世界饮食之林中不可缺失的组成部分。

（二）西方代表餐饮业的发展现状

1. 美国餐饮业的发展

数十年以来，美国社会经济的发展和人均收入的增加，为餐饮业的发展奠定了良好基础。据美国官方统计，20世纪60年代，美国平均每人一年的可支配收入有8 000多美元，而到1998年则达到了近2万美元，增加了2.5倍。1970年美国餐饮业年营业额只有426亿美元，1990年达到2 388亿美元，到1999年已经达到3 540亿美元，其速度甚至超过国民经济和社会零售总额的增长速度，目前继续保持强劲的发展态势。另外，据美国餐饮协会调查，美国的快餐网点虽只占餐饮业的15%左右，但年营业额却占到行业的1/3。目前，美国餐饮加盟连锁企业中经营较好的企业占60%，经营持平的企业占34%，亏损企业占6%。企业竞争指数1998年为80点，1999年上升到85点，2000年达到90点，企业平均投资回收期也普遍由3~4年延长到了5~7年。竞争激烈的主要原因一方面是餐饮网点的不断增加。另一方面是消费者需求变化的影响。人们对餐饮业的追求已由价格低、用餐快、停车便利的基本需求转向为重视口味、质量及物有所值的深层次需求。专家们预测，美国的餐饮市场将越来越细化，突出个性化和多样性，特别是外卖、送餐的需求比例将越来越大，而且网络餐厅也将逐步兴起。

2. 法国餐饮业的发展

法国是著名的餐饮王国，在西餐领域享誉世界，被视为“西餐至尊”。法国人2000年外出就餐消费支出已达到552亿美元。目前，法国餐饮企业仍以“古典”为其主要特色，“古典的法式大菜”与“法国的古典建筑”，至今仍被尊为法兰西的“国宝”，享有特殊地位。法国餐饮业发达，餐馆数量众多，竞争十分激烈，但是企业之间的竞争都比较含蓄，在销售策略上一般将“人无我有”的特色经营作为主要营销手段。在巴黎、里昂的许多临街餐馆和饭店里，各种招牌装饰突出，外表显目且各具特色。有的挂上油画或名厨的照片；有的贴上曾来就餐的著名人士的照片，以此作为吸引顾客的一种方法；还有许多餐厅会在餐桌上预先放置红酒，或者将各种奶酪、水果、甜品放在餐厅中央的服务台上进行展示；也有部分餐厅会在台布上印上富有文化及特色与创意的餐馆标志；还有的餐馆会通过向顾客赠送精美的小纪念品等形式留住客人。而这些看似不经意的摆设或设计无形中增添了顾客的就餐情趣，在无意之间便完成了“特色营销活动”，颇有“无声胜有声”之功效。

法国餐饮作为烹饪王国的古老成员，其历史和文化底蕴都可与中餐的烹饪历史和悠久文化相媲美，且在讲究氛围与格调方面与中餐有异曲同工之妙。因此，在现代餐饮业的发展过程中也将面临与中餐类似的困惑和问题。但是法国餐饮业在传承与发展优点方面连接顺畅，在强调西餐的正宗、特色的基础上，注重吸纳现代科技精华，积极将现代管理理念和管理手段导入传统餐饮企业，推动特色餐饮企业走向集团化和正规化，这一点是中国餐饮业值得学习的地方。

相关链接：

相关数据显示，2002 年冬季至 2003 年的半年时间里，德国餐饮业营业额为 164.6 亿欧元，同比减少 8.5%，从业人数约 60 万人，同比减少 5%。餐饮企业数量逐年下降，已从 1994 年的 21 万下降至约 19 万家。据德国餐饮业协会的调查结果显示，68.2% 的企业从 2002 年下半年至 2003 年上半年营业额大幅下降，只有约 12.9% 的餐饮企业收益有所改善。2003 年第一季度德国餐饮业实现销售收入 77 亿欧元，同比下降 8.9%。另外，德国的餐饮业在所有服务行业里属于价格变动最小的国家。自 1995 年以来，德国餐饮业产品的平均价格只上涨了 8.2%，明显低于其物价的平均上涨幅度。受 2002 年年初欧元升值的舆论影响，76.1% 的企业价格在 2002 年夏以后，便没有了上涨价格的打算，而 7.6% 的企业反而下调了价格。在这一年里，德国餐饮业的投资也明显减少，有 50.7% 的餐饮企业大幅减少了投资，22.7% 的企业执行了裁员计划。这是近年来在世界餐饮行业领域中出现的较为罕见的行业负增长情况。

第二节　大众餐饮的经营形态及特点

一、大众餐饮的分类

大众餐饮通常可以根据其经营形态、形式及投资主体来进行分类。根据其经营的形态通常可以分为商业类餐饮和事业类餐饮。

（一）商业类餐饮

商业类餐饮通常以盈利为主要经营目的，根据其经营形态又可分为特色餐饮、中西式快餐、美食广场、休闲餐饮等。

1. 特色餐饮

特色餐饮是指那些独立经营的社会餐饮企业，它们既可以是独立经营的企业，也可以是连锁企业或特许加盟的企业。特色餐饮企业通常以某种地方风味特色为主，口味地道，风味独特。特色餐饮的经营场所往往装潢考究，设施、设备齐全，其服务水平和管理模式相对较为完善。特色餐饮一般以彰显地方特色或文化为主要经营方向。

2. 中西式快餐

中西式快餐是近几年在国内市场迅速发展起来的一种就餐形式，这一就餐形式满足了快节奏生活方式人群的的需要，尤其受到年轻人的喜爱。快餐厅的特色就是迅速、迅捷地服务顾客，虽然其经营形态各不相同，但是共同的特点为店面简单、餐单简单、产品标准化、产出量较大、加工迅速。快餐服务面对的主要是大众市场，其特点为消费价格低廉、服务内容较少。

3. 美食广场

美食广场常分布于车站、机场、码头或人流量比较集中的闹市、大商场的美食中心等区域。美食广场供应的品种以简餐、套餐、快餐、风味小吃为主，其服务简单，方便快捷，物美价廉，是购物休息时的好去处。

4. 休闲餐饮

休闲餐饮是近年来在沿海及大型城市盛行起来的餐饮形式，其是假日经济发展的产物，主要包括各种休闲咖啡厅、茶餐厅、中西式简餐厅以及融各种娱乐、休闲、健身等为一体的休闲中心。这种餐饮主要以二到四人为消费形式的主体，一般消费者都具有较高的消费能力，是国内餐饮消费未来的发展方向。随着经济的发展和消费水平的提升，休闲餐饮将越来越受到人们的青睐。休闲餐饮的特点为中西式结合、服务方式灵活、快捷，具有较强的市场竞争力。

（二）事业类餐饮

事业类餐饮主要为非盈利或微盈利型餐饮企业，主要为政府、机关、学校、军队等事业单位所投资经营的餐饮企业。此类餐饮企业一般不进行对外经营，主要作为对内服务保障的专门机构，其特点为餐饮产品的生产量较大、产品的出品形式固定、服务时间统一、一般为平价经营等。

相关链接：

餐饮业作为我国第三产业中一个传统服务性行业，经历了改革开放的起步、数量的扩张、规模连锁的发展和品牌战略的提升四个阶段。相关数据显示，目前，全国的餐饮网点已经多达500多万个，特别是2006年后，中国餐饮百强企业的利润总额已突破60亿。目前，随着中央十八大会议的召开，中国的餐饮业经营环境正在发生着“微妙”的变化，但是从宏观上来看，对于众多的餐饮经营者来说，这也许是一次新的机遇。俗话说“民以食为天”，中国人口基数大，需求旺盛，餐饮市场的发展远远不能满足市场的实际需求，如何在新形势、新政策的引导下做好餐饮经营模式的调整或转型，是餐饮经营者必须考虑的问题。同时，机遇与挑战往往是并存的，餐饮经营者们通过良好的运作与转型，在新的政策与市场环境下，实现中国餐饮业的再次飞跃，并非不可能的事情。

根据餐饮的经营形式，大众餐饮又可以分为独立经营、连锁经营、特许经营等形式。

（一）独立经营

独立经营是指经营者的餐厅、餐馆或其他餐饮设施的所有权归一个或几个业主所有，这些业主通常拥有一个或者几个餐厅，但是彼此之间风格迥异，并独立经营，独立管理或者是独立核算。独立经营的餐饮企业，每个餐厅的市场定位或所面对的客源结构都不同，生产的产品也不同，而且其管理模式、经营方法、服务形式等都相对独立，彼此之间关联不大。这种形式要求独立经营企业的经营者们必须独自承担所有的经营管理费用和工作，如菜单的设计、食品原材料的筹措、生产、销售的组织工作、专题促销、策划工作等。

（二）连锁经营

连锁经营的餐厅或餐馆通常为一个母公司或经营机构所拥有，在同一地区或不同区域拥有数家，甚至更多相同类型的餐饮实体店，所有的连锁实体店都使用统一的菜单，实行联合采购的经营模式，并且采用统一的经营管理和工作程序来为消费者提供服务。连锁餐饮的经营特点：人、财、物的管理高度统一，资源可以实现共享，销售活动的推广和组织能同步进行等。通常，连锁餐饮的经营与管理工作由母公司来进行统一安排，各实体店只需按照既定的操作流程或程序来负责具体的实施工作即可。一般情况下，连锁餐饮的母公司或机构可以由各种投资主体构成。

（三）特许经营

特许经营是连锁经营的一种特殊形式，是由特许经营者通过缴纳一定的特许经营费用，而获得特许经营授权者的商号、品牌、建筑设计、经营管理等使用权的形式。特许餐饮经营的特点如下：

（1）特许经营者完全拥有企业的资产；

（2）特许经营者负责筹措所有的运作或运营资金；

（3）特许经营者除了必须向授权者交纳特许经营费外，还需要交纳一定数量的特许经营使用保证金；

（4）特许经营者在日常的经营过程中必须保证并执行授权者的管理和质量标准，并接受授权者的经营管理监督和指导。

（5）特许经营者必须维护授权者所经营品牌的市场形象。

特许经营的授权者在与经营者达成合作协议并接受经营费用后，必须为经营者提供完整的商号、品牌使用授权书、餐厅设计装潢、企业形象识别系统、服务管理手册、设施设备筹措清单、人员管理结构和培训材料等资料。在实际的经营过程中授权者应有针对性地对经营者的工作进行指导和帮助，并及时对经营质量的监督和控制环节进行层层把关。

二、大众餐饮市场特点

三十多年的改革开放，我国国民经济的迅速发展，人民的生活水平有了很大的提高。大众餐饮在改革开放的浪潮中经过多年的发展，其经营、服务形式已经发生了根本变化，同时这种变化将伴随消费需求的改变而进一步加快。目前国内大众餐饮的发展主要具有以下特点：

（一）餐饮网点增多，经营多元化

改革开放之初，全国的餐饮网点只有10万多个，而截至2004年年底，全国的餐饮网点已经多达400多万个，是改革开放之初的40多倍。从目前的餐饮市场来看，各种餐厅星罗棋布，经营形式也越来越多样化，其档次的差异性也越来越突出。从经营的菜肴品种上来看，从传统的四大菜系到八大菜系再到现代的各帮各派的新菜系、地方菜系，菜肴出品的类别异彩纷呈，可以说是应有尽有。同时，随着全球国际化的加强，各种外来的餐饮形式也大举进入中国市场，其整体呈现多姿多彩、百花齐放的景象。

从经营形式上看，中西餐零点、宴会、自助餐等传统经营形式不断得到优化，而烧烤、各种快餐、美食街、酒吧、清吧、咖啡厅、简餐厅、茶楼、休闲餐饮等新的就餐形式越来越受到现代人的青睐。从经营方法上来看，餐饮业呈多元化的发展态势，如饭店餐饮突出精品策略，特色餐饮主要体现美食文化，休闲餐饮主要满足假日需求，快餐经营主要为了满足快节奏人群的生活需要，而大众餐饮为市场的主流等。

（二）投资主体多元化

随着餐饮企业的发展壮大和企业体制改革的不断推进，一大批大型餐饮集团在市场中发挥着骨干作用，同时各种社会投资成为大众餐饮发展的主要力量。相关调查显示，各种国企控股、股份制、外资、合资、独资、私营等形式的主体为目前国内大众餐饮市场的主要投资力量，而且这种投资结构正呈多元化的发展趋势。

（三）大众消费、假日市场火爆

随着家庭和个人餐饮消费需求能力的不断增强，居民消费观念的改变，大众消费逐步成为餐饮消费的主流。家庭、个人消费的持续增长促使餐饮消费经济呈良好的上涨趋势。而且各种以满足大众消费为目的的服务形式、产品类型也得到不断地丰富与完善。另外，假日消费、休闲消费成为大众餐饮发展中的新亮点，而且在竞争激烈的市场环境中，大众消费将显示出越来越重要的地位。

（四）个性化消费需求明显

顾客需求从传统的以价格为消费的取向标准逐步向品位、氛围、品牌、综合感受等方面转变，同时，选择性和理性化消费的特点明显增强。而且随着各种大众餐饮经营形式的丰富，个性化消费日趋明显，特色餐饮更加受到消费者的青睐。

近年来，随着大众餐饮的不断发展，顾客需求的变化已经深深影响到餐饮企业菜肴、菜式的变化。中国几千年以来形成了各种具有代表性的帮派菜系，这种体系在新的形势下正被逐步打破，出现了各种菜系之间相互融合、相互借鉴、取长补短的情况。如糅合众家之长，深受消费者喜爱的“迷宗菜”在当今的餐饮市场中十分流行，这种看似不甚专业的“菜系派别”深受大众喜爱，很好地迎合了大众消费者的口味变化与需求，而且具有极大的市场空间。

从宏观上来看，随着各种菜系、菜品的丰富与创新增多以及各种地方菜的纷纷崛起，名菜、名系欲相互融合的势头更加明显，崇尚自然、健康的美食深受大众的喜爱。

（五）食品安全得到高度重视

随着居民生活水平的提高，安全、健康、卫生的餐饮消费场所成为消费者的首选，而且食品卫生安全也受到社会大众的广泛关注。由于受“非典”、禽流感、毒牛奶等食品安全事件的影响，餐饮市场的消费需求也发生了较大改变，人们的消费习惯从关注菜品的“色、香、味”开始向菜品的安全、健康、营养等方面转变。各种绿色食品、有机菜品成为餐饮热销的产品，也成为餐饮美食创新与发展的方向。同时，倡导绿色食品也成为餐饮企业与消费者的共同追求。

相关链接：

大众餐饮不断发展的今天，食品卫生与安全越来越被社会关注。敢不敢开放你的厨房对于很多经营者来说着实是个挑战。如何改变传统中餐厨房的脏乱差问题是迎接挑战的根本。对于消费者来说，如果经营者能开放厨房，他们就会更加信任经营者，而对于经营者来说，开放厨房意味着你就有机会抓住这类信任你的消费者。海底捞在大堂明示其食品添加剂的使用种类和成分，就是获取顾客信任的有效手段。而新一代创新的透明餐饮厨房系统，则通过厨房安装的网络摄像头，将后厨、海鲜池、凉菜间等干净整洁的实时影像，传送到包房的电视屏幕上，供顾客随时观看，达到消除顾客对食品卫生安全的疑虑。目前，为了彻底消除顾客的疑虑，很多经营者都运用了适时的科技产品，如采用电子系统点菜时，电子菜谱中会有每道菜的介绍，原料构成、做法、营养成分等透明信息，这种全方位的信息消除了消费者最担心的食品安全问题，满足消费者的基本需求，同时也达到了对销售产品进行有效的广告宣传目的。

（六）国际化融合

中华美食已经成为世界餐饮行业重要的组成部分，随着中国经济的不断发展，餐饮业与国际接轨的发展势头已经日趋明显。同时，随着各种饮食文化交流的深入，各国之间的餐饮交流活动也更加频繁，餐饮文化也得以更好地融合，而这种融合将使各个国家的餐饮产品更加丰富和多样化，从而使得餐饮业的发展不断走向全球化。近年来，中国的餐饮业在自身发展的过程中，不但注重学习和借鉴国外餐饮业的发展经验，而且随着中国餐饮业的茁壮成长，一些较大的餐饮集团逐步将目光投向海外市场。

（七）餐饮连锁经营发展迅速

传统餐饮向现代综合型餐饮升级是中国大众餐饮发展的一个新特点。以连锁经营、品牌塑造、技术创新为代表的现代餐饮业正逐步代替依靠单店作坊、随意性生产、经营、管理的传统餐饮经营模式。这种连锁化、产业化、集团化的餐饮经营形式体现了现代餐饮发展的优越性，体现了中国大众餐饮的发展由量到质的转变，也为中国大众餐饮的发展指明了方向。相关数据显示，2003 年全国百强餐饮企业中有 79 家采取了连锁经营形式。同时，在实际运营过程中，连锁餐饮的经营形式体现出了统一配送、多品种生产、投入低、产出高、周转快的现代特点。

三、大众餐饮管理

大众餐饮的经营管理是有别于传统饭店经营管理模式的。作为一个独立运行的餐饮企业，大众餐饮管理与饭店餐饮管理存在相通之处，但是也存在部分差异。大众餐饮作为现代餐饮发展的经济产物要求企业经营者根据企业的实际情况，充分发挥自己的战略规划能力，自行组织与实施各种运营计划、人力资源筹措计划、培训计划、产品销售计划、品牌塑造规划等。同时经营者要独立负责各种社会关系的协调、资源优化、产品市场份额的调整与规划等工作。大众餐饮的经营者是企业的领导者，也是决定企业生存与发展的核心人物，同时是企业社会责任的直接承担者。

大众餐饮的经营管理内容主要包括以下几个方面：

（一）分析经营环境、设定管理目标

大众餐饮的经营形式是在社会发展的客观条件下产生的。一个好的经营者首先要对企业的市场环境和生存环境进行客观地分析，从而确定企业的市场目标和管理目标。充分分析经营环境要求经营者及时了解和掌握市场动态，为订立长期的经营目标而做好准备。对经营环境的分析主要包括：了解国家相关的政策与法规，特别是与自身餐饮企业经营相关的法律法规；了解市场的基本环境与发展动向、变化趋势；了解某一阶段内，大众对产品的消费需求以及需求所发生的变化；了解行业竞争对手的经营情况；对所获得的调研资料进行分析，结合企业的实际情况计划和筹措适合市场的产品并确定指导性的经营方针。

大众餐饮经营的目标设定工作是建立在充分的市场调研基础上的，它是对经营环境分析的进一步延伸。设定经营管理目标时，经营者应首先设定企业的总体战略目标，然后将战略目标细分为市场、销售、管理、效益等具体的目标，再通过管理目标的层层分解，转化为收入、成本、费用、利润等经济指标，落实到企业、部门、基层班组等各级管理部门和人员。

相关链接：

餐饮业的特点决定了它是一个比较持续稳定的行业，如果不是大的政策体制、社会风气以及经济大环境发生重大变化，一般很少起伏波动。不过，在过去的两年间，正是这三大因素的重大转变，带来了近二十年来最严酷的餐饮“寒冬”，令整个行业面临挑战。业

内预计，2013 年与 2012 年相比，高端餐饮降幅近 30%，中端餐饮降幅约 20%，大众餐饮降幅也在 10% ~15%，唯有大排档一类的非主流餐饮业态不降反升。尽管现在“寒冬”仍在持续，但站在 2014 年的起点上，我们还是可以预见，餐饮行业整体性回暖的趋势还是可以确定的。基于人口的继续增长，城镇化的推进，经济大势的好转以及人们生活节奏的加快等因素，我们还是可以确定，餐饮业的未来仍将充满潜力。当然，从回暖的幅度来看，2014 年全行业整体性的增幅不会很大，要回到 2012 年前的水平几乎是一种奢望。在 2012 和 2013 年的“八项规定”、“六项禁令”、“部队禁酒令”、“光盘行动”等一系列的政策导向下，整个社会风气更加倾向于节俭，餐饮消费也相应地倾向于健康，可以预见的是，在 2014 年这一趋势仍将持续下去。受此影响，餐饮行业的发展将更加倾向于健康稳定和理智成熟，在过去曾经风靡一时的“野味”、“天价餐”、“眼球营销”等标新立异之举将难以再赢得市场，而基于产品和服务品质提升的务实之举将更加有吸引力。从消费者的角度来看，“体验经济”的时代，人们正日渐摆脱对广告和营销的依赖，变得更加信赖自己亲身的体验。而随着人们的选择性越来越强，其消费行为的忠诚度也将会越来越低。因此餐饮业一方面要扎实做好产品和服务，另一方面也要加强开拓、创新和转型，才能保持对消费者的吸引力。

（二）合理的资源配置

大众餐饮管理经营过程中，进行合理的资源配置和管理规划要求经营者根据企业实际特点制订合理的管理目标，并保证企业的正常经营以及各部门、各环节能协调发展。大众餐饮管理的资源配资工作主要包括以下几个方面的内容：

（1）人力资源的规划与配置：包括合理的组织机构的设立、管理结构框架的制订、管理和工作人员的工作内容确立等。人力资源的配置应充分考虑企业经营的实际接待能力、经营范围、管理任务、产品特点等综合因素。如根据厨房的实际运营面积设定厨房的工作岗位和人数，根据餐厅运营结构或区域划分来设定管理人员岗位及服务员数量，根据财务工作实际需要及内容设立财务工作的编制等。

（2）服务项目的规划：通过市场调研，了解目标客源市场的需求和特点，设立符合企业文化的服务项目及内容，确立适合服务项目的产品销售方案，并及时优化服务项目的内容以满足客人多层次的消费需求，提高餐饮经营的整体效益。

（3）经营流程、活动规划：经营流程及活动规划的设定即为对餐饮产品的设计、生产、服务流程、市场推广等活动进行统筹安排和规划，使各项工作及关联环节能有效地衔接和统一，同时使各项工作的开展情况能更加系统化、程序化。

（4）管理资源的分配：大众餐饮的管理实际上是人、财、物的综合管理。人力资源的管理为基础，经营者在管理过程中应做到定额分配、定岗定编、人尽其才，同时在满足经营的前提下，最大限度地降低企业的劳动力成本和开支。财务资源的配置与管理是企业正常经营活动的重要保障，经营者应制订合理的采购成本、能源能耗支出、人力成本、杂项费用支出等控制计划，并制订合理的资金周转指标，以保证企业的正常运转。物资资源的分配要求经营管理者根据经营管理的实际需要从物资管理的各环节着手，如建立数字化、电子化物资供给记录体系，以确保各项经营工作的正常进行。

（三）业务流程的组织、实施与培训

餐饮经营管理活动是一个复杂而多变的过程，建立符合企业运营实际需要的业务流程、服务标准、管理制度是一件重要的事情。大众餐饮业务流程的制订与培训工作包括以下几点：

（1）各岗位基本工作流程、工作内容的设立。如服务员的基本工作流程与内容、厨师的工作流程与内容、采购的工作流程及内容等。

（2）制定各岗位基本管理制度，明确管理人员责任。如服务员、厨师的操作管理制度、领班、主管管理岗位的工作内容等。

（3）制定各部门之间工作衔接流程。如菜肴的生产与传菜服务的衔接工作流程、上菜服务与结账工作的衔接流程等。

（4）确定综合工作流程与执行标准。如从食品的采购到产品的包装、销售，再到具体的服务及客人离店等相关工作的综合流程，并设立与流程相对应的执行、监督标准等。

（5）制定综合管理制度。大众餐饮一般应执行严格的阶梯或垂直管理，以保证各项管理工作的顺利开展。

（6）进行有效的业务培训。大众餐饮企业的管理者除了应加强对下属的督导与管理外，更重要的是利用工作检查和督导的机会，对工作人员进行业务和管理培训，这项工作的意义在于提升自身的管理能力同时，并能确保员工达到统一的业务执行标准，从而实现管理目标的高度统一，良好的业务培训对提高综合服务质量和确保企业的正常经营有着重要意义。

（四）营收与成本控制管理

营收与成本控制管理是大众餐饮企业管理目标实现的重要保障。在实际的管理过程中，经营者应该重视影响企业经营利润的相关因素，如餐单的设计、产品的定价、产品销售的总额、物资及能耗的使用量、毛利率等。在考虑实际营收的同时，经营者还需考虑到顾客的消费水平及实际消费利益，不可因为追求高利润而损害顾客的利益。加强营收管理要求经营者对经营的各个环节进行有效的管理与控制，确保营收管理制度的贯彻与落实。餐饮的成本控制管理工作事实上是餐饮经营从采购、验收、贮存到厨房生产、人工控制、销售分析的全部过程。有效的餐饮成本控制管理对企业营收管理有着积极而重要的意义，对达成企业的长期管理目标也有着深远的影响。

（五）团队建设工作与氛围营造

餐饮业属于劳动密集型企业，在餐饮经营的过程中，餐饮工作涉及的人员多、环节多、管理工作琐碎且难度大。经营管理者除了应加强日常的统筹与管理工作外，还应该关注企业的团队建设工作，并及时协调好团队内部各种工作关系。营造良好的工作环境有利于企业上下员工形成良好的向心力及凝聚力，并能使管理工作的成效达到极致。大众餐饮的团队建设管理工作较饭店餐饮而言，其难度会更大，主要原因为大众餐饮的员工文化层次、教育背景、综合能力等与饭店餐饮的情况有一定差别。另外大众餐饮的经营模式、管理制度、福利制度、培训机制较饭店餐饮也有很大的差异，这种差异要求大众餐饮的经营

或管理者要能主动洞察员工，关心员工，了解员工，理解员工，并能充分带领员工为实现企业的管理目标而共同努力。同时作为企业的经营或管理者，应善于为员工营造良好的工作氛围并帮助员工制订合理的职业规划、发展计划等，为企业培养出更多优秀的后备人才而做好准备。

相关链接：

餐饮企业的团队建设工作是十分重要的。大众餐饮企业的经营方式和许多其他行业相比有着本质的差别，对于一个常态的企业来讲，其团队成员往往由许多性格不同、层次不同、文化背景等不同的"社会人士"组成，而这个企业仿佛是一个小社会一样，在这个小的社会群体中每个人都扮演着不同的角色，包括经营者、管理者、基层员工等。餐饮企业的负责人作为团队的领导者，如何在团队建设的工程中，平衡所有"团队角色"的关系，是一件很重要的工作，如何带领团队成员走向成功并发挥每位团队成员的最大效能是领导者必须认真思考的问题。因为，一个好的餐饮企业团队只有具备好的经营氛围、和谐的团队文化，具备人尽其才、以人为本的管理模式，这个团队才能在行业的发展中彰显其活力、潜力、生命力。从某种意义上来说，餐饮企业团队建设工作的核心在于团队成员之间就共同的价值观和某些原则达成共识，因此，餐饮团队建设工作的主要任务就是建立并达成这种团队共识，共同努力完成这项终极团队任务。

第三节　大众餐饮的品牌经营

随着大众餐饮的不断发展，21 世纪的大众餐饮市场竞争将更为激烈。产品与服务虽然仍然是餐饮产品的竞争核心，但是在高速发展并追求创新的大环境之下，品牌竞争将成为行业竞争的核心，因此，谁拥有了受消费者欢迎的品牌，谁就拥有了市场。餐饮企业的品牌，包括经营的特色、经营的理念、企业的文化、服务的个性化等方面。树立良好的餐饮品牌形象对餐饮企业的可持续发展和无形资产的增值有着重要的意义。

一、餐饮品牌的含义及构成

（一）餐饮品牌的含义

餐饮品牌是餐饮企业的生产者、经营者为了标志其产品，区别于竞争对手，体现产品自身特点和便于消费者识别而采用的显著标记，最终达到的某种市场效果。品牌可以是一个名称、一种术语、一种象征或某种设计，也可以是上述若干因素的组合。餐饮品牌通常采用文字表述、数字表达、视觉展示或口语表达等形式来体现。如著名的快餐品牌肯德基采用"山德士"的头像图案并辅以"KFC"的醒目标志作为其品牌形象的代言。餐饮的品牌一般包括三个方面的内容，即商标、招牌和美誉。品牌作为商标代表其使用权、所有权、转让权等法律意义；品牌作为招牌，代表了企业的产品，通过产品的特色和质量使消费者认知，如国内著名餐饮品牌“东来顺”、“全聚德”等；品牌的美誉则在于企业给客人留下深刻的印象和良好口碑。

著名的BMP公司的执行董事P. 费尔德维克对于品牌的解释：品牌是一种保障性的徽章创造的无形资产。从这种意义上来说，品牌并不等同于一个商标或标记，更重要的是由这个标记所延伸出来的无形资产。换句话说商标仅仅是品牌的一种标志或符号，而这种记号在判定品牌成功与否时，就能起到重要作用。

相关链接：

品牌与商标的含义是存在一定差异性的，多年餐饮行业的发展证明品牌不是一个单纯的商标。调查显示，许多餐饮企业都拥有自己的注册商标，但是这并不意味着注册了就会成为某种品牌，这是一种错误的解读。事实上，品牌与商标之间，两者既有联系，又有区别。有时候两个概念可互相替代，但是某些时候不能混淆或滥用，如武汉市有家著名的琥珀西餐厅，它的注册商标为“BERNSTAINS”，这家企业在本土的西餐领域是颇有名气的，但是目前“BERNSTAINS”还正在朝着“品牌”的方向努力前行着。对于顾客而言，品牌往往只存在于顾客的脑海中，当顾客没有注意到某个餐饮品牌时，品牌就不存在了，因为品牌是一种市场概念，它强调餐饮门店与顾客之间关系与发展。而商标只是品牌的一部分体现形式，不是品牌的全部，它更多的是品牌某种法律意义上的标志或符号，更强调对经营者合法权益的保护。

（二）餐饮品牌形象的构成

餐饮产品的品牌形象按表现形式可以分为内在形象和外在形象两个方面。内在形象主要体现为产品的质量特征、功能和附加特性，包括产品质量、信誉形象、文化形象、管理形象等；外在形象主要为品牌的标志形象，如适用性、实用性、功能性等。

（1）质量形象

质量是餐饮品牌的核心，也是餐饮品牌形成过程中的关键因素，是品牌战略发展的首要因素。

（2）服务形象

服务形象是品牌体现的重要形式。在品牌建设和维护的过程中，服务形象发挥着重要的作用，这是餐饮行业品牌竞争与发展的要求。创新的服务方式和服务手段对于提升企业的服务水平、服务质量，提升企业的形象和品牌的市场竞争力有着重要的意义。

相关链接：

海底捞官方网站上有一个“特色服务”小栏目，介绍了一些已经被列为标准项目的特色服务。凡是到过海底捞的顾客，都能切实感受到这些特色服务。但这些特色服务的可贵之处并不在于其自身给顾客提供了什么，而是在于这些服务是由一线的员工在现场服务的过程中发明或创造出来的，它亦不是管理者闭门造车、凭空想象后，来强制要求员工执行的。由于这些创意能够真真实实地感动顾客，并具备较强的普适性，才被整个海底捞企业选中并沿用，而成为一种标准化的操作规范。对于大众餐饮来说，服务的最大特点是不可复制性，在实际服务过程中，往往会出现种种意想不到的情况，任何一种制度与规范也不可能事先穷尽所有的情形，只有秉持某种原则，随机应变，才有可能在碰到问题时，给出完美的解决方案。而海底捞对顾客不同需求或诉求的处理方法完美而又贴切，他们总是做好了准备，这正是海底捞的服务不可复制的真正原因。对于任何一种服务形式，无论其是普适性的服务，还是个性化的服务，其内涵都是一致的，就是要为顾客提供超过其预期的超值服务。这种服务形式的应用也是一个企业在品牌建设的过程中不可多得的方法。

（3）信誉形象

信誉形象是指餐饮企业的社会诚信度，是品牌形象的立足之本。品牌形象源自于较高的社会认同程度，一个品牌如果失去了良好的信誉，得不到社会的认可，它将失去存在的意义与价值。信誉形象是企业的无形资产，树立良好的信誉形象能使企业在市场竞争之中达到事半功倍的效果，对企业规模发展、可持续发展有着重要意义。

（4）文化形象

文化形象是餐饮品牌的灵魂，是指顾客对品牌表现的文化内涵和对企业文化的认同和评价。餐饮的企业文化包括企业的价值观、信念、经营思想、道德规范、行为准则、社会责任等内容，这些内容是餐饮品牌构成的重要因素，也是餐饮品牌建设工作的重要组成部分。

（5）标志形象

标志形象就如企业的名片一样，是品牌形象的组成部分，同时它也是企业无声的推销员。品牌的标志形象可以直接影响到消费者的购买愿望或动机。

相关链接：

对企业而言，品牌是企业赖以生存的法宝，谁拥有了品牌，谁就拥有了占有市场的先机，谁就能引领潮流、引导消费，并赢得生存与发展的更大空间。成功的品牌可以给企业的发展带来无尽裨益，如无形资产的增值，获得较高的品牌溢价，市场占有率以及良好竞争优势的持续体现等。国内一些有名的老字号餐饮企业如北京的“全聚德”、天津的“狗不理”等无不是通过其过硬的品牌形象而逐步发展起来的。可见，一个知名品牌不仅对餐饮企业自身发展起着主导性作用，而且对行业的发展方向有着重要的引导作用。

二、餐饮品牌的作用

品牌在餐饮经营管理过程中发挥着重要作用，它不但可以提升企业的知名度，提高产品的美誉度，更重要的是，它是企业开拓市场，参与竞争的强有力武器。品牌的作用主要表现如下：

（一）品牌是效益的源泉

企业打造出好的品牌就意味着企业创造了好的效益。企业的品牌是企业发展过程中所精炼出的宝贵无形资产，它有着很强的社会效应、魅力效应和含金量。例如，必胜客是全球最大的比萨饼专卖连锁企业，其始终以醒目的“红屋顶”作为餐厅外观标志，而这个“红屋顶”早已俘获世人的心。因为必胜客的这种品牌效应通过多年的扩张与发展，早已成为世界的“比萨巨头”。目前，必胜客的餐厅遍布世界各地的100多个国家，每天接待超过400万名顾客，每天烤制并售出的比萨饼多达170多万个，企业的经济效益、社会效益恐怕用数字很难计算。

相关链接：

中国饭店协会发布的首个中国餐饮企业调查报告显示，中国餐饮市场将进入品牌消费时代，中国餐饮业将以16%的增速继续对扩大消费、促进就业发挥积极作用。

调查结果显示，中国餐饮企业经营规模不断扩大，排名前三十强的品牌营业额总额超过150亿，而前二十强餐饮单店年营业额则平均在一亿元以上。

在三十强品牌中，企业对上市融资扩张充满信心，其中有一半品牌企业在筹划上市。但目前，其资本扩张依然以自筹资金为主，资金筹集的市场化程度不高。

在接受调查的餐饮企业中，80%的企业开业年限超过三年，50%以上则是具有十年以上的历史，74%的企业为民营。特别是老字号企业经过这些年的市场锤炼，重现发展生机，在三十强品牌中占十席，老字号跨区域连锁扩张进入了一个新的阶段。

数据显示，接受调查的餐饮企业中，已有62%开展了特许经营，并把其视为品牌扩张和企业发展的重要路径。从集团化发展来看，餐饮企业越发重视集中采购、统一配送，并注重中央厨房、种养殖基地和餐饮食品加工方面的多元化发展。但是在计算机联网管理和餐饮信息化技术应用方面仍有待提高。

中国饭店协会有关负责人称，这份报告的数据表明：企业对餐饮市场长期向好趋势不变，餐饮业将继续快速健康发展，对大众餐饮、中心厨房、名菜名点成品、半成品加工、原辅材料基地建设充满信心；对会所餐饮、健康餐饮、精细化管理看好；对企业上市、融资扩张、连锁经营热情很高；对品牌提升、餐饮文化发展趋势表示乐观。

（二）品牌有利于产品参与市场竞争

世界著名品牌研究专家彻纳东尼和麦克唐纳教授在其所著的《创造强有力的品牌》一书中指出：“一个企业的品牌是其竞争优势的主要源泉和富有价值的战略财富。”

餐饮品牌与许多的商业品牌一样，具有产品的识别功能，它为企业对外宣传、广告打下了良好的基础，同时好的餐饮品牌可以引导客人积极消费。一个好的餐饮品牌因为其有良好市场知名度与美誉度，当有新产品投入市场时，品牌效应很容易让消费者接受或认同。同时，好的品牌在提高市场占有率与抵制不良竞争方面有着优越性。目前，品牌效应是建立品牌差异化竞争优势的助推剂，随着餐饮产品市场的同质化发展，顾客的消费日趋理性和成熟，经营者要想在市场中突出其产品优势，必须努力通过树立品牌形象，提升产品附加值，参与到市场的差异化竞争中来。

对于餐饮业而言，品牌是餐饮企业最公开的“脸面”，具有极强的传播能力。因此，品牌本身能够促进顾客对餐饮业的认知，可以吸引回头客，也方便了口碑宣传。餐饮品牌在市场上有很高的知名度，是餐饮门店经营和销售实力的具体体现，也是餐饮品牌进一步增强竞争实力、提高市场占有率的重要条件。

相关链接：

从“洋快餐”的发展来看品牌化的重要性

目前，“洋快餐”本土化进程的加速，使得中国餐饮行业竞争格局日渐激烈，由于传统中餐的制作特点，到最后往往只落个“视觉盛宴”，其成长速度远不及洋快餐们。一位餐饮业老总曾这样感叹，我们中国餐饮文化的历史那么悠久，可还是卖不过那些“汉堡包”。“洋快餐”品牌在中国发展之快就在于它的模式简单，可复制性强，同时加上其产品本土化及主题餐厅策略的推出，使得其未来在中国的发展更有势不可挡的趋势。肯德基推出的“嫩牛五方”，不过是百胜集团产品本土化的策略之一，而早在2005年4月，以“中国人的快速餐饮”为主打口号的“东方既白”落户上海，就已经彰显了百胜集团品牌本土化的整体策略。面对这样来势汹汹的“洋快餐入侵”，中国餐饮品牌在这一轮的较量中仍未显现出优势。而对于未来的发展，中国餐饮业将面临巨大挑战。

那么，如何才能在新一轮的竞争中取得优势并扩大战果，与洋品牌们缩小差距？分析认为，品牌化打造仍是行业的首要任务，上述曾谈到中国餐饮业有着自身的文化特点，中国人离不开“汤汤水水”，所以，“可乐”永远代替不了一杯“浓羹”，“汉堡”也永远代替不了传统的饺子，而如何能让这样具有中国特色的产品能高产出化、连锁化，便是下一步品牌打造的重要任务之一。

餐饮品牌的打造还在于品牌架构的丰满，也就是在餐饮主品牌的上、下游区域打造出一个完整的链条，使其从业态上形成呼应。创新多变，自成体系是品牌化整合的工作重点。现在中国的餐饮消费也已进入到第三重阶段，即看不见、摸不着的整体消费意识阶段，消费者在离开消费场所后在头脑中形成的整体感知回应是什么，这便体现出餐饮店的品牌文化建设水平，所以商家的独特体系已不仅仅是菜品、味道、服务、环境、音乐等，而是综合因素的整体体现。品牌化打造是中国餐饮业今后“突出重围”的重要手段之一，而实时的战略与战术运用更是餐饮业自成体系的重要方法，以便在不同的区域里都能创造精彩。

（三）品牌是质量的保障、所有权的象征

品牌从其诞生之初，就与产品的质量保证联系在一起了。经营者往往期望通过品牌建立起产品的质量保证。消费者对产品的最先认知也是通过产品本身特定的功能特性、质量的可靠性而获得的。目前，餐饮市场的竞争逐步转化为品牌竞争，其中很重要的一个原因就是品牌代表着一种产品或服务的所有权，从根本上来说品牌是财富所有权的象征。谁生

产和销售产品已经不很重要，重要的是谁拥有这一象征性的品牌。

（四）有利于维护消费者利益

餐饮品牌是产品在销售过程中，产品质量和来源的重要保障。面对市场上越来越多的同类、同质产品，消费者都在试图尽力减少购买决策过程中的风险。因为餐饮产品是容易被仿效的产品，但餐饮品牌却是独一无二的。同样的餐饮产品，因品牌不同，带给顾客的心理感受和体验是不一样的。因此，品牌带给顾客的意义与价值超过餐饮门店产品本身。当顾客对某种产品的质量有异议时，品牌能有效发挥其权益保障作用。调查发现，品牌决策的正确、品牌设计的科学、品牌保护的得力对企业的成功经营和消费者的权益保护有着积极的作用。

相关链接：

现代定义的“品牌”（brand）是用来区别和竞争者产品的名称、符号、设计或是合并用的工具。英文的“brand”一词来源于古挪威文字“brand”，它的中文意思是“烙印”。通常品牌常包括以文字、数字表示或用口语表达的名称以及偏向于视觉特性的品牌标志，以麦当劳为例，McDonald’s 是用口语表达的品牌的意思，而儿童喜爱的黄色的“M”图案标志，则是属于视觉上品牌标志。

通常，顾客是以品牌来区别各企业或各餐厅的，所以品牌也是各餐厅差异化的体现之一。餐厅可借用品牌来采取各种促销的方式，使其在顾客的心目中产生最真实的感觉，即我们说的“品牌形象”。虽然并不是每一项产品都需要品牌，但是有了品牌后，消费者对产品、对企业的辨识度会显著加强。

三、餐饮品牌的建设

（一）餐饮品牌的战略意义

餐饮品牌战略是指餐饮企业以品牌的营造、使用和维护为主导，在研究自身条件和外部环境的基础上所制订的企业行动的总体计划。

餐饮企业品牌战略的发展历程可以反映市场经济的演变历程，作为一种经济形态，餐饮品牌要受制于一定的经济条件。在大众餐饮发展的过程中，餐饮品牌的战略发展一般要经历几个阶段，即品牌的形成期、塑造期、发展期、成熟期。在品牌发展的初始阶段，企业的生产经营往往主导着企业的管理，企业的品牌化程度也很低，但是随着企业经营产品的社会化、市场份额的提高，消费者对企业产品的认知会逐步加深，产品的品牌化也将伴随着这种变化而进一步深入到市场，此时企业的品牌战略发展的意义也将彰显。随着大众餐饮不断发展，现代餐饮的生产力也推动了市场的信息化进程，这种信息化进程将促使市场的主动权从企业转移到消费者手中。餐饮品牌并非独立存在于市场中的某样东西，它是一种市场信念的综合累积，企业只有牢牢把握住这种市场信念，才能在总的行动规划中始终走在行业的前端。

（二）餐饮品牌的定位

成功的品牌定位对于大众餐饮企业拓展市场、整合营销资源起着巨大的作用。餐饮品牌定位的条件是拥有区别于同质产品的服务品牌。餐饮产品的定位通常根据企业自身产品的属性和功能来进行，这种定位方法强调产品独特价值，容易收到理想的营销效果，而且是竞争对手不容易模仿的。

经营者在进行品牌定位策略之前，应充分考虑以下基本问题：

（1）产品在消费者或潜在顾客心目中的形象如何。

（2）企业期望的产品定位是什么样的。

（3）产品的定位策略是否具备一定的持续性。

（4）产品的定位对于企业的财、物、人力的投入要求是什么样的。

（5）产品的定位策略是否具有市场适用价值。

通过对上述问题的分析，才可以选择合适的品牌定位策略，进行品牌定位工作。在大众餐饮的经营过程中，常用的品牌定位策略如下：

（1）根据产品质量定位。质量是产品的根本，根据产品的质量进行定位能唤起消费者的购买愿望，并可以在消费者心目中确立产品的基本位置。

（2）根据产品的档次进行定位。这是目前大众餐饮企业经常使用的产品定位策略，即根据产品在消费者心目中的价值分出不同档次，然后采取相应的定位策略。通常经营者可以根据产品在消费者心目中的综合价值将产品分为高档、中档、低档。这种档次定位策略能综合反映品牌的价值，不同价格、不同品质的产品不宜使用同一品牌，而应该因地制宜，采取多元化的品牌策略。

（3）根据顾客消费心理定位

根据顾客的消费心理定位是指根据产品带给顾客心理上的综合感受或价值的定位。这种定位策略会充分考虑产品的品牌效应带来的社会美誉度以及产品给顾客带来的精神感受等因素。根据消费者的心理定位的策略方法对提高产品的形象价值也有重要作用。

（4）根据餐饮文化定位

这种品牌定位策略是指根据企业的文化来进行定位，注重品牌的文化内涵。文化定位策略有利于产品的“综合包装”以及提升产品的层次。

通常了解可行性的策略后，经营者开始制订产品定位的规划，并实施定位工作。大众餐饮的品牌定位方法可以按如下步骤进行：

（1）明确竞争对手。明确竞争对手要求餐饮经营者对企业经营的竞争环境有充分的认识。

（2）评估竞争对手产品的市场效应。对竞争对手的了解，最重要的是要了解竞争对手产品的市场回馈情况，通过对回馈信息的分析，结合自身产品来进行横向比较，从而完善自身产品的品牌策略。

（3）了解同类产品中，消费者的市场偏好。每一个细分市场对于消费者而言，都具有选择性、偏好性。确定理想的产品可以帮助并引导客人在企业的目标市场中实现理想状态的消费目标。

（4）确定企业品牌定位，并关注定位效果。完成上述步骤后，企业可以明确自己的定位标准，并应该及时监控品牌在市场中所呈现的效果，追踪品牌所带来的企业效应、市场效应。

（三）餐饮品牌的建设

品牌是一个企业多元素的综合反映，包括出品、服务、管理、环境、文化内涵等多种因素。对于大众餐饮来说，打造餐饮品牌不仅是竞争、生存的需要，更是企业持续发展的要求。

餐饮品牌的建设就是要规范餐饮品牌的核心内容，明确品牌内容及品牌形象的一系列活动。

多年以来，大众餐饮的品牌建设工作逐步被重视，越来越多的经营者意识到，传统的经营手法和模式将已经不能适应现代餐饮业的发展需要了，因此餐饮品牌的建设工作已经成为企业经营者的重要工作之一。对于餐饮企业来说，创建品牌的首要任务是严格质量保证，增加顾客的满意度，实施优质服务，保持品牌信誉。同时应加强技术创新，完善新产品的开发与应用，满足多层次的市场变化需要，保证品牌的生命力。最后应树立良好的品牌形象，建设并锻造优秀的企业文化，树立正确的人才观、价值观，建立科学的管理模式以提高品牌的美誉度。

1. 人才建设策略

大众餐饮行业的竞争归根结底还是人才的竞争，餐饮品牌的建设过程同样需要大量优秀的人才。人才是餐饮品牌建设的基础，现代餐饮业必须树立正确的人才观，建立一套适合企业自身实际的人力资源发展规划，制定合理的人才选拔、培养、激励机制，真正做到人尽其才。在品牌建设的过程中企业应充分体现“以人为本”的管理模式，经营者更应该主动为建设一支高素质、高质量、富有责任心的队伍而不懈努力。

2. 产品建设策略

对于大众餐饮的发展来讲，产品好比企业的生命，生产完美的餐饮产品也是餐饮品牌建设的关键。消费者对餐饮产品的需求已从基本的饮食需求转化为对产品的心理需求和精神需求。同时餐饮产品建设工作要求经营者做好餐饮经营“硬环境”及“软环境”的综合工作。餐饮品牌打造过程中，餐饮产品的开发和创新也是一项十分重要的内容，随着消费者消费观念的转变，求新求变的消费特征也越来越明显。因此，不断开发和研制新产品也成为品牌建设维护工作中一项重要的内容。纵观世界著名的餐饮品牌我们不难发现，在餐饮品牌建设方面，应多采用产品个性化及差异化的手段，才能使产品达到真正占领市场的目的。因此，在创建品牌，开发产品时，经营者应把握好自身的产品特点和市场需求特点，有针对性地进行产品的创新和开发，避免产品开发的盲目性。

3. 资源建设工作

资源利用是餐饮品牌做大做强的助推剂。在企业实际的经营过程中，可利用的资源也会很多，物资资源、财务资源、人力资源、社会资源、行业资源、市场资源等，都会对品牌的建设工作提供有效的支持和帮助，企业经营者应牢牢把握各种资源，为企业的品牌建设工作打下坚实的基础。

4. 服务品牌与技术策略

餐饮品牌的打造离不开技术的支持和服务品牌的营造，技术与服务是企业参与市场竞争的重要支撑。餐饮行业本身就属于服务行业的范畴，对于经营者来说，服务水平的高低将直接影响企业的生存和发展。任何一家餐饮企业，不管其产品多么完善、价格多么合理，营销策略有多么高明，没有优质的服务体系为企业发展作保障和支撑，企业的发展空间将微乎其微。同时，任何品牌的发展与维护都少不了技术支持。提高自身产品的应用技术，充分运用现代餐饮生产的科技手段也是品牌建设工作的重要内容之一。

除此之外，质量、信息、价格等方面的策略因素也将是餐饮品牌建设工作必须考虑的重要内容。

相关链接：

“希尔顿”品牌的成功经验

康拉德·N. 希尔顿于1887年出生于美国新墨西哥的圣安东尼镇。他于1979年1月前病逝，终年92岁。从1919年和他的母亲、一位经营牧场的朋友和一位石油商合伙买下仅有50间客房的莫布雷旅馆算起，他在旅馆业一共奋斗了60个春秋。

1964年，他创立了希尔顿旅馆公司，总部设在美国加利福尼亚洛杉矶的贝弗利希利斯（Beverly Hills）。到了1986年年底，希尔顿旅馆公司已拥有271家旅馆，97 535间客房，居世界旅馆集团的第4位，拥有雇员3.5万人，处于美国最大综合服务公司的第91位。

1949年，随着业务的发展，希尔顿把眼光转向了全球市场，他要让他的“希尔顿”响彻世界，于是，希尔顿先生创立了作为希尔顿旅馆公司子公司的希尔顿国际旅馆公司，总部设在纽约市的第三大街，到1990年，希尔顿国际旅馆公司在世界上47个国家拥有142家旅馆，另外还有20家正在建造中。如我国的上海静安希尔顿酒店就是它的成员之一。

20世纪70年代，希尔顿注重品牌扩张，它的品牌经营战略上的一个重大突破是进驻了博彩业。它在拉斯维加斯有两大博彩旅馆，一个是拥有2 250个房间的弗拉明各希尔顿旅馆。每年博彩业的收入占希尔顿公司营业收入的35%。

创立希尔顿帝国的鼻祖拉德·希尔顿永远地离我们而去了，然而他的名字却永远地留了下来，闻名遐迩，蜚声于世。据1988年的一次调查表明，“希尔顿”是世界饭店中名声最好的名字。尽管对于他本人和他创造的事业也有“盛名之下，其实难副”的议论，但是，正如一位英国旅游者说：“对于希尔顿本人，许多人抱怨，不少人憎恶，但是，对他的旅馆，人们却是一而再、再而三地光顾。”

同样的道理，品牌就像是一个木桶，只有完成品牌知名度、忠诚度、品牌联想等资产的共同建设，才能实现百年的理想。

第四节　大众餐饮的组织文化建设

一、加强餐饮组织团队建设

一个企业组织中，一个团队就是一个运作单位，一个“运作团队”就是一个具有自我管理能力、有内在进取精神、能独立处理问题的一个运作单位。卡赠巴赫和史密斯在《团队的智慧》一书中给“团队”下了这样一个定义：团队即为数不多的，致力于某项共同使命、同一运作目标及同一工作方法，技能上相互弥补，共同承担责任的几个人。”

(一) 成功团队的共性

1. 他们拿得出成绩，有显著的经营效益，他们有赢利；
2. 他们在技能、效率、员工成熟度和组织效果诸方面竞争力很强；
3. 他们实行全面的质量管理；
4. 他们执行严格的程序管理；
5. 他们是“卓越目标”的领袖；
6. 他们在市场变化之中“游刃有余”；
7. 他们在组织整顿上下工夫：打破阻碍运营的机构屏障；
8. 他们对达成顾客的满意坚定不移；
9. 他们倡导的是共同目标；
10. 他们建立起一支充满活力、有能动力的员工队伍，他们给一线员工决策空间；
11. 他们给员工提供全面发展方面的培训；
12. 他们要求管理者讲究管理、领导艺术。

(二) 高效团队的基本特征

1. 团队总是有领导，但是团队个人不依赖于领导，愿意为团队的成败承担责任；
2. 团队能在一起工作，解决问题；
3. 团队成员之间的关系是开诚布公的，交流是开放的；
4. 团队成员讲求的是合作关系而非竞争；
5. 团队成员之间是相互信任的；
6. 团队成员之间相互支持，而非相互挑剔、批判；
7. 团队成员之间保持消息互通；
8. 团队目标至高无上；
9. 出现冲突矛盾时，团队能把精力集中在问题上，而非个人身上；
10. 团队成员相信团队的集体力量；
11. 团队成员有社交活动，能乐到一起。

(三) 团队成长的管理

团队成长与发展的过程中一般会经历四个阶段：成型期、磨合期、正轨期、工作开展期。

1. 成型期

成型期是团队发展的初始阶段。在本阶段，团队成员要了解自己的角色以及扮演新角色。团队的建立之初，成员会满怀信心和希望，但是这种乐观的情绪不一定具有持续性，此时团队成员要学会交流的艺术，并学会根据团队的核心来进行运作，维系团队的核心凝聚力。在成型期，经营管理者的角色就是帮助团队成员把注意力集中到目标和挑战上。在此阶段，经营管理者需要有足够的耐心，因为团队成员需要时间来适应新的管理方法。

2. 磨合期

磨合期是最困难的阶段。在此阶段，各种不确定因素会很多，当初期的热情过后，往往会出现一段时间的混乱，而且所有的团队成员开始意识到，摒弃、学习、修正有生以来的做事方法和习惯并非易事。团队成员在探索新的技能，在学会自己判断的过程中，挫折反复出现，甚至会担忧团队是否能生存下去。

在接受新管理、新制度，适应新的工作方法的过程中，可能会出现害怕犯错、混乱、逃避的心理状况。同时可能出现意见不统一、挑边站队，甚至对团队领导人的明智之举提出质疑的情况。同时，部分成员因看不到团队进展表示不耐烦，对团队应当采取哪些行动而争论不休。人们单纯依赖个人或专业上的经验来处理问题。此时，经营或管理者需明白，只要对团队的管理做出充满信心的表示，情况是会好转的。

3. 正轨期

本阶段是团队成员开始承认团队的过程。进入正轨期后，成员之间开始接受相互之间的个性特点，并能接受团队行为规章的基本特征。随着团队人际关系的改善，团队成员逐步从竞争、排斥的过程中走出，进而能进行相互合作，形成较好的协作关系。

当团队成员能清晰认识自己的角色扮演，并能了解团队个体之间的差异的时候，他们便能把时间和精力花在具体的工作上面，而且能取得工作上的进展，团队的自信心、凝聚力也随之加强。

4. 工作开展期

此时，团队内部的人际关系已经定型，团队成员明确了团队的目标以及对自己的期望和要求，形成了一个有效率、有凝聚力的单位。成员之间能进行相互学习，取长补短，并能在一起沟通问题、解决问题。团队成员的关系也得到进一步的改善与发展，能求同存异。在解决问题的过程中，能集思广益，并就某些共识达成一致。

经营或管理者在此阶段的首要工作是优化、梳理团队的内部关系，培养团队成员对团队的忠诚度，处理好协作集体之间的工作关系，并营造良好的团队进取、发展的竞争氛围，使团队能积极、健康地发展。

团队是一个不断建设、完善、优化的过程，是一个让员工慢慢成长和不断自我管理的过程。团队领导人员在团队建设的过程中，会碰到许多问题，因此领导者切勿操之过急、失去耐性，而影响到团队的自然发展。

卡赠巴赫和史密斯对加强团队建设有几点建议：

1. 建立紧迫感和方向性；
2. 紧紧抓住马上可以做起来、运作性强的任务和目标；
3. 根据技能和技能潜力而不是性格来挑选组员；
4. 特别注意初期的会议活动和建议；
5. 制定明确的行为准则；
6. 用新的事实、新的信息向组员提出不间断的挑战；
7. 充分运用正面的奖励、反馈与赏识的效力；
8. 和团队成员多花时间在一起。

二、餐饮团队的基层管理

大众餐饮企业的文化建设不能忽略团队的基层管理环节，基层管理工作就犹如打地基一样，一旦地基建设不牢靠，将影响整个团队的建设管理工作。大众餐饮的基层管理工作受制于餐饮行业的特点，在实际管理过程中，为了使管理工作能顺利开展而不出现断层，经营管理者必须有强烈的基层管理责任意识和培训意识。

（一）餐饮基层管理工作的特点

1. 受众面较大，管理内容多；
2. 员工层次参差不齐；
3. 介于点、线、面之间的管理；
4. 管理工作的统一性难以执行；
5. 具有较强的协调性、变化性；
6. 不可预见的情况多；
7. 基层管理者的经验值有所差异；
8. 人员的流动性较大；
9. 岗位人员的综合能力要求较高。

（二）餐饮基层管理工作的职能

1. 观察、分析、评估

观察是指关注客观事物或现象的才能或者行为。分析是将事物分成若干部分来确定事物的本质。评估是评价与估定。在企业的实际运营过程中，基层管理者往往具备一定的观察能力，但是这种观察能力往往停留在某一个点，而不能上升到某一个面，这也是基层管理与中、高层管理工作的最大差异。大众餐饮管理的观察工作应包含以下内容：工作任务、人力配备、设备使用、物资物料状态、收入、支出、工作方法、员工状态、客流及市场状况等。分析是对观察及执行结果的论证过程，管理者应对工作中所发现的问题进行全面分析，并将分析结果或成果进行分享。评估是餐饮管理各环节不可缺少的工作方法，是对员工状态、工作表现等综合因素的总结。管理者的评估应做到客观、公开、公平、公正。

相关链接：

员工出现不满情绪的主要原因

一、对工作不满

1. 多做一些和少做一些的心理不平衡；
2. 安排他去做一些他不愿做的工作内容；
3. 工作辛苦，工资低；
4. 精神或思想压力较大；

5. 长时间加班；
6. 对工作安排的内容不理解，对排班方式不认同；
7. 工作环境沉闷，有时候会感到个人得不到发展；
8. 工作岗位之间的相互调动；
9. 认为自己某些做法比现行的好却得不到重视。
二、对管理者的不满
1. 认为自己没有得到重视或受到尊重；
2. 被误会得不到解决与肯定；
3. 上级分配工作时语气太重；
4. 排班时没能满足自己的要求；
5. 管理者将责任推脱给自己；
6. 平时工作中过多的督导；
7. 说话时总是以命令的语气；
8. 认为管理工作不够客观。
三、对同事之间的关系不满
1. 认为某某同事不好相处；
2. 觉得同事孤立了自己；
3. 觉得工作的关系总得不到改善；
4. 感情纠葛。

2. 计划

计划是所有工作的行动纲要，制订好的工作计划可以避免浪费时间、浪费资源，并能保证工作目标的顺利实现。

3. 沟通

沟通是双向行为，通常管理者发出和接收信息种类及流向如下：

提供信息	流向	↑	←→	↓
下达任务、分配工作	流向	↓		
改变程序	流向	↓	←→	
回顾程序	流向	↑	←→	
评估、纪律	流向	↑	↓	
获得输入信息、信号	流动	↑	↓	←→

成功的沟通是指信息发出者向信息接收者发出信息，接收者在获取信息后向发出者反馈，使信息的发出与接收形成一个完整过程。餐饮行业的工作性质要求其沟通工作的高效性，所有的工作人员无论扮演何种角色，在信息沟通的过程中一定要遵循双向性原则，保证信息沟通的畅通与对接。在实际工作中，进行信息沟通应遵循如下要求：

（1）发出者使用简单、通俗的语言；
（2）解释详细认真、态度关注；
（3）沟通前组织好信息内容；

(4) 最好使用书写方式，或要求接收者记录；
(5) 最好进行举例说明；
(6) 沟通前做好防止干扰的准备；
(7) 沟通前先介绍全貌；
(8) 沟通内容确保完整；
(9) 用词准确，表述精准；
(10) 对要点内容一定要重复；
(11) 沟通内容力求精练，突出重点；
(12) 必须收取反馈信息；
(13) 让接收者复述信息内容；
(14) 最好采用面对面的沟通方式；
(15) 使用适当的媒介及渠道。

在信息沟通的过程中，为确保这项工作的顺利进行，可以通过信息核对的方法，如沟通者通过相互提问的方式进行信息核对，在核对过程中应尽量采用礼貌、婉转而不易导致对方抵触的措辞。同时，有效的倾听、良好的情绪控制对沟通工作的正常开展也起着重要的作用。

4. 激励

激励指的是为行为提供所需要的动力和刺激。积极性被调动起来是在人们的需要被确定和满足时。激励员工是现代餐饮管理的重要手段。基层管理过程中，激励员工通常有以下方法：

(1) 尊重员工的意愿，并能辅以充分的解释与鼓励；
(2) 适当地运用“摒弃”方法，获取双向理解；
(3) 对员工的正面表现表示接受与承认；
(4) 与员工谈话，倾听员工的意见。
(5) 回顾员工的工作表现，并表示肯定；
(6) 运用简单的动作表示认可，如轻拍员工的肩膀；
(7) 适当的调动员工的工作，增加其经历和丰富其阅历；
(8) 写表扬信或公开口头表扬；
(9) 发挥员工的创造潜力；
(10) 改善员工的工作环境；
(11) 组织员工参与社交活动或聚会；
(12) 正确、公正、公开地对员工进行表现评估；
(13) 尽量用激励的语言来取代批评性的语言。

5. 解决问题

解决问题是基层管理工作的根本。在运营的过程中，总会遇到大大小小的问题，而餐饮运营的管理工作是没有大小事之分的。通常，问题的产生会有多种原因，所有人为因素的问题处理应遵循以下原则：

（1）管理者应控制好自己的情绪；
（2）能够用客观的方法看待问题、解决问题；
（3）能够感受到别人的反应或情绪；
（4）对于容易重复出现的问题，应及时追踪与检查；
（5）注意力应集中在问题上而非个人身上；
（6）尽量找出事情的原因，不要急于肯定某个原因；
（7）达成一致意见，对所有员工负起解决问题的责任。

（三）提高管理效能

1. 高效管理的原则
（1）做事追求结果；
（2）理解经营管理的本意；
（3）一切以顾客为中心；
（4）促成团队协作；
（5）个人适应性强；
（6）不断发展自我；
（7）具备实施与完成能力；
（8）富有文化差异意识；
（9）具备培训他人的能力。
2. 对管理过程的梳理

餐饮管理的过程包括四个方面：计划，组织、协调、用人，指导与控制，检查结果环节。在执行管理环节的过程中应遵循以下原则：

（1）计划
① 制订计划前必须确立目标；
② 留出专门的时间来制订计划；
③ 收集必要的信息；
④ 让所有涉及计划的人参与到计划的制订中来；
⑤ 计划应留有余地，并坚决执行。
（2）组织
① 从上到下流畅的报告关系；
② 一个员工只有一名上司；
③ 考虑部门之间的关系；
④ 同类工作归同一部门；
⑤ 同类任务归同一职务。
（3）协调
① 经理必须有权执行任务；
② 协调包括部门内部与部门之间的协调。

（4）用人

① 工作应具体，任务应用文字详细报告；

② 职位说明书；

③ 收集应聘者的详细资料；

④ 通过筛选或检测方能用人；

⑤ 设计入职培训和评估计划；

⑥ 运用好调动、提升或降职手段。

（5）指导

① 确定合理的被指导人数；

② 对被指导人讲明对他的期望；

③ 企业目标与个人目标相结合；

④ 授权；

⑤ 变换领导风格；

⑥ 正面鼓励与正面纪律；

⑦ 公正、公平地对待员工；

⑧ 征求员工意见；

⑨ 对员工的良好表现表示感谢。

（6）控制

① 使用预算作为重要的控制工具；

② 采取预防性控制；

③ 制定预算界限与工作标准；

④ 采取必要的纠正行动；

⑤ 集中处理最大的障碍。

（7）评估

① 明确评估时间；

② 用评估结果制订新的目标；

③ 利用外界评估资源。

3. 解决问题

问题并不可怕，把它们看做机会，以此来检验自己的意愿与决心，运用自己的领导力，使用自己的影响范围，寻求团队支持。通常解决问题可以采用以下方式：忽略不管；向上级报告、下放给下属解决；亲自处理；转化为团队任务。

解决问题的步骤如下：

①确定是否为变革的机会：将问题陈述清楚，确定要解决的问题；

②对目标范围进行分析：确定检查标准；分析问题发生的过程；判断问题的根源；

③制订方案并实施：寻找所有可能方案；选择最优方案；制订行动方案并落实；

④评估结果。

案例链接

全聚德的成功与发展

世界上最出名的鸭子有两只：一只是美国迪斯尼的唐老鸭，另一只是中国的全聚德烤鸭。唐老鸭象征了美国式的诙谐幽默，全聚德烤鸭则代表了典型的中华美食。俗话说，“不到万里长城非好汉，不吃全聚德烤鸭真遗憾”！即便是居住在四川偏远山区的地震区人民，见到头戴“全聚德”字样帽子的厨师给大家切菜做饭，也都欢呼雀跃：“给外国元首做饭的大师傅来给咱们做饭了！”近年来，全聚德在体制、机制、营销、管理、科技、企业文化、精神文明建设等方面进行了一系列创新举措，这个享誉全球的百年老店走上了规模化、现代化和连锁化的经营道路。门店数量从集团组建初期的3家发展到如今的70多家，品牌价值由1994年时的2.69亿元猛增到2006年的106.34亿元，并于2007年作为中国餐饮行业的首家上市公司，成功登陆A股市场。有着“中国第一餐饮”美誉的全聚德正在向着“世界一流美食，国际知名品牌”的愿景迈进。

“全聚德”不仅以烤鸭而饮誉海内外，而且以全鸭席、特色菜、创新菜、名人宴为代表的系列精品菜肴形成了全聚德海纳百川的菜品文化。在全聚德厨师的手中，鸭子全身都变成了宝贝。历代厨师在制作烤鸭的同时，利用鸭膀、鸭掌、鸭心、鸭肝、鸭胗等原料，精心创制了各种美味的冷热菜肴。经过多年的积累，形成了以芥末鸭掌、火燎鸭心、烩鸭四宝、芙蓉梅花鸭舌、鸭包鱼翅等为代表的“全聚德全鸭席”。颇有意思的是，有一次王光英副委员长在全聚德用餐时说：“‘全鸭席’各种鸭原料都全了，唯独缺少一种菜。”大家都想不出是什么，他哈哈一笑：“是鸭蛋啊！”大家恍然大悟。经过细心研究，全聚德的菜单中又多了一道新菜——“水晶鸭宝”，填补了“全鸭席”的空白。1993年中国北京全聚德集团有限责任公司成立以来，通过实施品牌战略，不断坚持改革与创新，取得显著成效。集团公司发挥老字号品牌优势，强化精品意识，实施正餐精品战略。现已形成拥有50余家成员企业，年营业额近10亿元，销售烤鸭300余万只，接待宾客500多万人次，资产总量7亿元，无形资产价值106.34亿元的全国最大的餐饮集团之一。

传统而又现代的老字号在取得巨大经济效益的同时，全聚德集团也时刻感觉到行业间、地域间、体制间以及飞速发展的知识经济所带来的巨大压力和紧迫感，要想在激烈的竞争中立于不败之地，就必须创新。“老字号”在求变过程中，把连锁、扩张等新的理念也融入市场管理策略中，继续下大力创新“全聚德”品牌，使“老字号”更加辉煌。2003年11月，全聚德集团与华天饮食集团联合，成立聚德华天控股有限公司；2004年4月，全聚德集团和首都旅游集团、新燕莎集团实现战略性重组；2004年11月，中国全聚德（集团）股份有限公司成立；2005年1月，仿膳饭庄、丰泽园饭店、四川饭店3家老字号进入新公司。新集团公司的组建，标志着集团公司按照现代企业制度要求，初步搭建了完善的现代企业制度的基本框架，成为首旅集团六大板块中的第一大板块——“餐饮板块”，形成品牌化、专业化经营的集团公司；标志着全聚德从过去的烤鸭品牌扩展到餐饮品牌，从单一品牌经营扩展到多品牌经营，全聚德将代表着北京古老和新生的餐饮文化、历史文化概念的餐饮品牌，成为可以充分扩展全聚德历史文化内涵的符号。全聚德既是传统的，她历经142年锻造，铸就成驰名中外的民族品牌；全聚德更是现代的，她适应现代企业制度的要求，使传统老字号转变为现代餐饮集团；全聚德虽是古老的，她跨越了3世纪，历经百年沧桑；全聚德又是年轻的，她正走在21世纪的大道上，开拓着中华民族品牌的新事业。

结合以上案例，试分析以下问题：

1. “全聚德”成功的原因是什么？
2. 你认为中国大众餐饮的发展趋势将如何？

本章习题

1. 国内大众餐饮业的起源与发展的阶段及特点是什么？
2. 大众餐饮可划分为哪些类型？
3. 大众餐饮市场的特点有哪些？
4. 餐饮品牌及其形象构成是什么？
5. 餐饮品牌的作用有哪些？
6. 餐饮品牌建设的内容是什么？
7. 餐饮基层管理工作的特点有哪些？

参考文献

1. 陈临蓉，陈修仪．餐饮服务（第三版）．北京：高等教育出版社，2010.
2. 李贤政．餐饮服务与管理（第二版）．北京：高等教育出版社，2010.
3. 董全，陈宗道．餐饮企业必读．北京：化学工业出版社，2009.
4. 余炳炎．饭店餐饮管理．北京：旅游教育出版社，2004.
5. 孙丽坤．餐饮经营管理．北京：中国林业出版社，2010.
6. 杨新乐．餐厅服务与管理．北京：中国商业出版社，2011.
7. 牛志文．中西餐厅服务职业技能培训．北京：电子工业出版社，2008.
8. 蒋丁新．饭店管理（第三版）．北京：高等教育出版社，2010.
9. 张波．餐饮管理．重庆：重庆大学出版社，2008.
10. 黄文波．餐饮管理．北京：对外经济贸易大学出版社，2007.
11. 杨慧，蒋红，李静波．餐饮服务与管理．成都：电子科技大学出版社，2009.
12. 洪涛．饭店管理实务．南京：东南大学出版社，2007.
13. 赵建民．餐饮质量控制．沈阳：辽宁科学技术出版社，2001.
14. 李国茹，杨春梅．餐饮服务与管理．北京：中国人民大学出版社，2007.
15. 陈觉．餐饮服务要点及案例评析．沈阳：辽宁科学技术出版社，2004.
16. 周鸿．酒店管理工作细化执行与模块（第二版）．北京：人民邮电出版社，2011.
17. 嵇步峰．餐饮管理．北京：中国纺织出版社，2008.
18. 刘伟．前厅与客房管理（第二版）．北京：高等教育出版社，2007.
19. 沈涛，彭涛．菜单设计．北京：科学出版社，2010.
20. 胡建国，等．浅析餐厅菜单设计的要点．四川烹饪高等专科学校学报，2011（2）：24-25.
21. 蔡晓娟．菜单设计．广州：南方日报出版社，2002.
22. 肖晓等．餐饮管理实训教程．北京：经济管理出版社，2012.
23. 钟华，刘致良．餐饮经营管理．北京：中国轻工业出版社，2011.

24. 黄立波．餐饮管理．天津：南开大学出版社，2004.
25. 叶伯平．宴会设计与管理．北京：清华大学出版社，2011.
26. 叶伯平．宴会设计与管理．北京：清华大学出版社，2007.
27. 王珑．宴会设计．上海：上海交通大学出版社，2011.
28. 文通．新编现代酒店星级服务培训．北京：中国纺织出版社，2009.
29. 杨慧．餐饮服务与管理．成都：电子科技大学出版社，2009.
30. 易红燕，李萍娥．餐饮服务与管理．天津：天津大学出版社，2011.
31. 陈云川，张洪刚．现代餐饮营销．南京：东南大学出版社，2008.
32. 沙艳荣，薄立伟．现代餐饮营销．北京：北京理工大学出版社，2011.
33. 陈素娥．餐饮品牌营销一本通．北京：化学工业出版社，2012.
34. 蔡万坤．餐饮企业市场营销管理．北京：北京大学出版社，2009.
35. 张锡良，周力．饭店人力资源管理．上海：上海人民出版社，1990.
36. 蔡捷，陈海旺．酒店人力资源管理．北京：中国经济出版社，1994.
37. 乐盈，姚源．餐饮服务与管理．北京：旅游教育出版社，2002.
38. 杨慧，蒋红，李静波．餐饮服务与管理．成都：电子科技大学出版社，2009.
39. 姚李忠，齐新征．饭店管理实务．合肥：合肥工业大学出版社，2005.
40. 蔡万坤，蔡华程．新编现代酒店管理学．广州：广东旅游出版社，2004.
41. 叶伯平．餐饮企业人力资源管理．北京：高等教育出版社，2010.
42. 林增学，李俊．饭店人力资源管理．重庆：重庆大学出版社，2009.
43. 耿煜．新编现代酒店人力资源开发与管理全书．北京：企业管理出版社，2007.
44. 郭琰．餐饮管理．郑州：郑州大学出版社，2006.
45. 蔡万坤．餐饮管理．北京：高等教育出版社，2002.
46. 洪涛．饭店管理实务．南京：东南大学出版社，2007.
47. 张玉改．酒店人力资源管理．北京：中国林业出版社/北京大学出版社，2008.
48. 朱多生，黄文．餐饮企业管理．北京：中国纺织出版社，2009.
49. 郑昌江．餐饮企业管理．北京：中国轻工业出版社，2006.
50. 吕建中．现代旅游饭店管理．北京：中国旅游出版社，2004.
51. 郝树人，朱艳．旅游企业人力资源管理．大连：东北财经大学出版社，2004.
52. 翁钢民．现代饭店管理：理论、方法与案例．天津：南开大学出版社，2004.
53. 赵西萍．旅游企业人力资源管理．天津：南开大学出版社，2001.
54. 马勇，陈小连，马世骏．现代服务业管理：理论、方法与案例．北京：北京大学出版社，2010.
55. 巩隽，邢夫敏．餐饮服务与管理．北京：冶金工业出版社，2011.
56. 苏北春．餐饮服务与管理．北京：人民邮电出版社，2006.
57. 蔡万坤．新编酒店财务管理．广州：广东旅游出版社，2004.
58. 张荣春．餐饮产品定价策略与实施．价格月刊，2012.
59. 孙孝江．餐饮成本核算与控制．考试周刊，2011.

60. 龚玉琴．论酒店业如何进行餐饮成本控制．现代会计，2011.
61. 吴从青．酒店餐饮产品的成本管控．中国旅游报，2013.
62. 任艳青．浅析酒店业如何进行餐饮成本控制．预算与成本，2010.